新农镇志

1986—2004

上海市金山区新农镇志编纂委员会 编

方志出版社
Publishing House of Local Records

图书在版编目(CIP)数据

新农镇志:1986—2004 / 上海市金山区新农镇志编纂委员会编. —北京:方志出版社,2023.2
ISBN 978-7-5144-5006-4

Ⅰ. ①新… Ⅱ. ①上… Ⅲ. ①乡镇—地方志—金山区—1986-2004 Ⅳ. ①K295.15

中国国家版本馆 CIP 数据核字(2023)第 052639 号

责任编辑:刘珊
责任校对:刘玉霞
责任印刷:梅中英
出 版 者:方志出版社
地　　址:北京市朝阳区潘家园东里 9 号(国家方志馆 4 层)
邮　　编:100021
网　　址:http://www.zgfzcb.cn
发　　行:方志出版社图书营销中心(010－67110500)
印　　刷:上海信老印刷厂
开　　本:787 毫米×1092 毫米　1/16
印　　张:21
字　　数:534 千字
版　　次:2023 年 2 月第 1 版
印　　次:2023 年 2 月第 1 次印刷
定　　价:180.00 元

《新农镇志（1986—2004）》编纂委员会

主　任　高　楠
副主任　金慧奕　吴　瑕　庄子希

《新农镇志（1986—2004）》编纂委员会办公室

主　任　高文强

《新农镇志（1986—2004）》编写组

主　编　朱茅荀
副主编　陈道良　秦浩宏
编　辑　杨君喜　叶雷明
摄　影　朱茅荀
打　字　朱秀伟　吴　润　奚晓辉

《新农镇志（1986—2004）》提供资料人员

马桂芳　王广飞　王取珍　许天顺　朱小弟　朱仁根　朱四邱
朱华芳　朱亚强　朱来根　汤水平　沈吉英　沈永常　沈园妹
杨君泉　何卫明　张士忠　张国建　陆金华　陆建忠　陈石良
陈秩余　陈宝珍　陈金仙　陈辉荣　周仙云　周永林　胡仁弟
胡秀云　胡忠新　胡学勤　胡淼忠　夏红莲　夏喜观　唐亚生
唐亚娟　顾守云　顾国余　徐金连　康　珏　黄书根　黄建新
黄民扬　盛永正　钱仕强　彭龙辉　彭喜忠　龚桂兴　蔡仁甫

《新农镇志（1986—2004）》审定单位

金山区地方志办公室
中共金山区朱泾镇委员会
金山区朱泾镇人民政府

《新农镇志（1986—2004）》审定人员

王应华　何惠明　沈培兴

序 一

新农自 1957 年秋置乡，至 2005 年 3 月 28 日与朱泾镇合并，历时 48 年，行政建置画上句号。《新农镇志（1986—2004）》是《新农志》的续编，记载新农行政建置最后 18 年的历史。

这 18 年来，新农镇（乡）党委、政府团结和带领广大干部群众，坚持以经济建设为中心，积极投身改革开放，勇于拼搏，艰苦奋斗，开拓创新，全镇经济建设快速发展，村镇建设和教育、文化、卫生、体育等各项社会事业取得长足进步，人民生活水平显著提高。及时将新农这 18 年的发展变化和改革成就载入史册，既是对历史的负责，更是对未来的负责，值得庆贺。

时代在奔涌，社会在发展。置身于踔厉奋发、笃行不怠的新时代，我们坚信，在朱泾镇党委、政府的坚强领导下，勤劳、智慧、勇敢、善良的全镇人民一定会继承和发扬先辈们的优良传统和实干作风，以志为鉴，与时俱进，为实现“六个朱泾”以及“灵雨花海 活力水城”的建设目标，携手谱写更加辉煌灿烂的新篇章。

《新农镇志（1986—2004）》的编纂和出版，倾注了全体编纂者的辛勤劳动和资料提供者、社会各界的鼎力支持。在此，谨向他们表示衷心的感谢！

中共金山区朱泾镇委员会书记

金山区朱泾镇人民政府镇长

2022 年 12 月 16 日

序　二

《新农镇志(1986—2004)》是新农历史上第二部志书,也是《新农志》的续志。历时6年,经编写人员辛勤编纂,出版问世。这是新农镇(乡)经济发展和社会进步的记录,值得全镇人民为之庆贺。

《新农镇志(1986—2004)》以改革开放的时代特征为主线,坚持实事求是原则,比较完整地记述1986—2004年新农镇(乡)政治、经济、文化和社会发展历程,反映新农镇(乡)人民在中国共产党领导下,以邓小平理论、"三个代表"重要思想和科学发展观为指导,艰苦奋斗,聚焦发展,取得了经济快速发展,社会更加进步,文化日趋繁荣,人民生活水平显著提高的业绩。2004年,全镇完成地区生产总值52112万元,比1986年增加18.23倍;工农业总产值17.46亿元,比1986年增加48.65倍;财政收入7580.93万元,比1986年的101.13万元增加74.96倍;农民人均收入6899.90元,比1986年的674元增加10.24倍;各项指标均创历史最高。

值此《新农镇志(1986—2004)》出版之际,我们向为《新农镇志(1986—2004)》编纂鼎力相助的上级领导、有关部门和社会各方一并表示衷心的感谢。同时,祝愿广大干部群众,在朱泾镇党委、政府的领导下,坚持以习近平新时代中国特色社会主义思想为指导,团结奋斗,继往开来,积极发挥自己的勤劳和智慧,为朱泾镇社会和经济发展做出应有贡献。

中共新农镇委员会书记

新农镇人民政府镇长

2017年12月

凡　例

一、本志承1987年内部发行的《新农志》（下称“前志”），以1986年为上限，2005年3月28日撤销新农镇建制为下限，以马克思列宁主义、毛泽东思想、邓小平理论、“三个代表”重要思想、科学发展观、习近平新时代中国特色社会主义思想为指导，坚持辩证唯物主义和历史唯物主义的立场观点和方法，力求客观、全面、系统、准确地记载时限内新农镇在政治、经济、文化等方面的发展变化。

二、为保证相关内容的完整性，建置、地理等章节沿用“前志”部分资料，再按时间追溯。

三、本志以概述、大事记统率，以章、节、目为层次，按事物属性归类，分别记述，全志设28章。

四、本志采用现代语体文表述，述而不论。体裁以志、传、记为主，图、表为辅。卷首设彩照。志末有附录、编后记等。

五、人物坚持生不立传的原则，立传人物均为较有影响的已故人士，以卒年为序。在世的先进人物、劳动模范、正处级干部、高级职称技术人员，集中记述于人物名录中。

六、数字用法、标点用法分别执行国家标准《出版物上数字用法》（GB/T 15835—2011）、《标点符号用法》（GB/T 15834—2011），计量单位采用国家技术监督局1993年12月发布的《量和单位》系列国家标准。本志经济数据一般保留小数点后两位，采集于金山区（县）统计年鉴及新农镇（乡）统计资料汇编。有误差时，以区（县）统计年鉴及镇（乡）统计资料汇编为准。度量衡采用国家法定计量单位，为方便理解，个别事物记述采用旧制。

七、本志其他有关资料，采集于金山区有关的部、委、局及档案馆和新农镇政府机关档案室、基层单位及知情者口述等，文中一般不另注出处。

❶ 2003 年 5 月 17 日，上海市副市长杨晓渡（左一）考察新农镇“非典”防控工作

❷ 2003 年 5 月 23 日，上海市副市长周禹鹏（左三）考察新农镇慧农村卫生室

① 1992 年 1 月 17 日，上海市副市长赵启正（左三）考察金山毛衫厂

② 1996 年 1 月 15 日，上海市副市长夏克强（左三）出席同三国道通车仪式

① 1996 年 12 月 10 日，上海市副市长冯国勤（左一）考察小张泾水利工程

② 1987 年，上海市档案局局长姜文焜（右一）考察新农镇基层档案工作

❶ 1991 年 10 月，澳大利亚访华团参观新农奶牛场
❷ 2004 年，部分全国人大代表、上海市人大代表视察新农蔬菜基地

① 1992 年，中共金山县委书记徐其华（左三）、县长潘龙清（右二）到新农敬老院慰问

② 2003 年，金山区区长李毓毅（左三）调研新农镇发展规划工作

③ 2004 年，金山区区长李毓毅（左三）考察新农镇第二合作农场

1. 1994 年 9 月 28 日，新农召开撤乡建镇庆祝大会
2. 1994 年 9 月 28 日，新农举行撤乡建镇挂牌仪式
3. 2005 年 3 月，新农镇党委、人大、政府机关办公地

1 2001 年 12 月，中国共产党新农镇第十二次代表大会召开

2 2002 年 1 月 20—22 日，新农镇第十四届人民代表大会第一次会议召开

❶ 新农镇党委、人大、政府领导班子成员。左起：金志兵、庄建芳、俞绍林、孙明弟、钱益基、陈方林、赵慈文、杨伯良、曹幼松、陈忠、朱明建、朱纪林（2004 年）

❷ 新农镇召开“三个代表”重要思想学习教育活动动员大会

1

2

3

1. 新农乡举行集体婚礼
2. 新农乡召开计划生育工作会议
3. 新农镇开展学雷锋活动
4. 东方社区新农苑揭幕
5. 新农镇民兵集训

4

5

1. 新农派出所
2. 上海市金山区朱泾镇新农社区卫生服务中心
3. 金山区新农社区活动中心
4. 牡丹村办公楼
5. 金山区新农镇社区卫生服务中心慧农服务点

1

2

3

4

5

1

2

3

1. 新农镇万年村老年活动中心
2. 上海市金山区朱泾镇第二敬老院
3. 新农幼儿园
4. 上海市新农学校教学楼
5. 上海新天鸿名人高尔夫球场（位于牡丹、慧农村）
6. 上海马术运动场（位于牡丹村）

❶❷ 21世纪村民住宅
❸ 三峡移民住宅

❶ 新卫高速公路（S19）新农段

❷ 新农工业区主干道——鸿安路

❶ 乡村道路　　❷ 村道路桥　　❸ 新农集镇浦银路

1 灌溉机口
2 张泾河水闸
3 温河泾水闸

1 新农电信分局
2 新农邮政支局
3 农行新农营业所
4 农商行新农营业所

1

2

3

4

1 上海新农经济园区办公楼

2 3 上海烟草集团金山烟草糖酒有限公司示意图（位于牡丹村）

1 日资企业——芙其高针织有限公司

2 上海大众汽车特约维修站

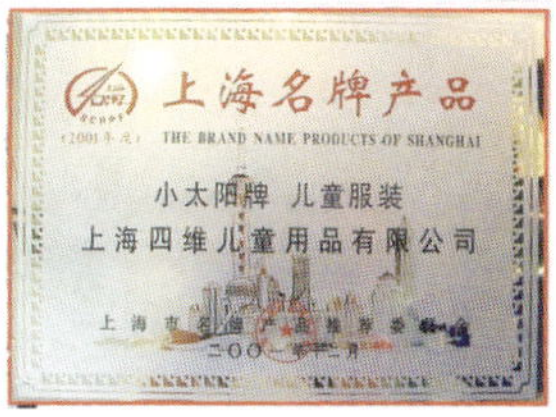

❶ 上海四维儿童用品有限公司
❷ 金康麻毛有限公司
❸ 上海鑫澳时装有限公司（位于慧农村）

1

2

3

1 五龙村青年科技示范田
2 开挖排水沟
3 收割水稻
4 养猪
5 养鸡
6 养鸽
7 葡萄
8 甜瓜
9 黄桃
10 大棚蔬菜
11 花卉

1. 新农乡第二届艺术节
2. 猜谜活动
3. 少年合唱
4. “传递真情 凝聚精神”新农学校庆“六一”各界人士恳谈会

5 家庭责任意识教育文艺巡回演出
6 金山区第四届十月歌会（表演唱）比赛
7 大合唱
8 “青春的节日”——“让青年走近经典”2003 年度上海青年文艺巡演活动
9 金山区第三届文化艺术节小品专场比赛

❶ 投篮
❷ 健身操
❸ 打高尔夫球
❹ 象棋比赛

5 健身活动

6 新农乡第一届运动会绳毽接力比赛获奖者合影

7 2002 年，新农镇代表队参加在湖南省长沙市举办的“英派斯杯”全国健身路径比赛

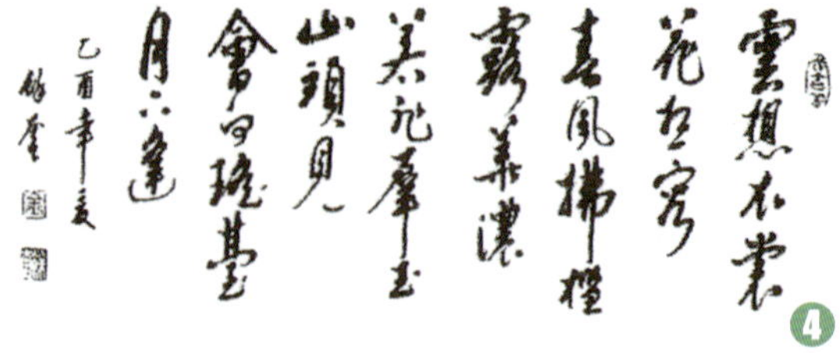

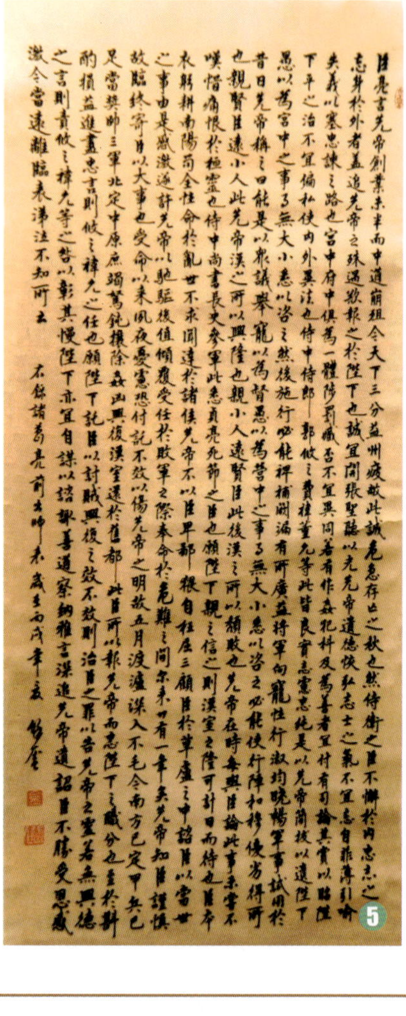

① 农民画《菜篮子》（获迎农运全国农民书画大赛一等奖）作者：朱永金

② 农民画《捕鱼》作者：朱永金

③ 国画《牡丹花》作者：顾乃安

④⑤ 书法作品 作者：金余奎

1 五龙禅寺（位于五龙村）
2 古银杏树（位于五龙禅寺内）
3 紫藤树（位于五龙禅寺内）
4 杨家庵古石桥（位于温河村）

《新农镇志（1986—2004）》编写组成员：
前排左起：朱秀伟、奚晓辉、朱茅荀；
后排左起：秦浩宏、杨君喜、叶雷明、陈道良

目　　录

第四章　新农镇人民代表大会

第五章　新农镇人民政府

第六章　群众团体

第七章　法　治

第八章　人民武装

第九章　民　政

第十章　社会保障

第十一章　农　业

第十二章　水　利

第十三章　工　业

第十九章　精神文明建设

第二十章　教　　育

第二十一章　文　化

第二十二章　文物古迹

第二十三章　体　育

第二十四章　医疗卫生

第二十五章　社会生活

第二十六章　方　言

第二十七章　行政村　居委会　集镇

第二十八章　人　物

概　述

新农镇地处上海市金山区北部，北纬 30°54′，东经 121°19′。南与干巷、吕巷两镇接壤；北沿大泖港，与松江区泖港镇相望；东依张泾，与松隐镇交界；西傍惠高泾、掘石港，与吕巷镇、朱泾镇毗邻，镇域南北长 7.5 千米，东西宽 5.5 千米，总面积 28.29 平方千米，其中耕地面积 1443.7 公顷。镇域距上海市区人民广场 58 千米，距金山区政府所在地 27 千米。镇域内古迹有五龙禅寺和上海市树龄最大的紫藤树（约 420 年）。

2004 年，全镇下辖 1 个居民委员会，7 个村民委员会，123 个村民小组，总户数 5708 户，总人口 19258 人。全年完成生产总值 5.21 亿元，比 1986 年增加 18 倍；工业总产值 18.67 亿元，比 1986 年增加 39.18 倍。

1994 年 9 月，撤销新农乡建制，建立新农镇。2005 年 3 月，撤销朱泾镇、新农镇建制，建立新的朱泾镇。

新农镇处低平原地区，地面高程（吴淞高程）南部最高处 4 米，北部最低处 2.8 米，平均 3.4 米，地形南高北低。耕地大部分属脱潜型水稻土，其中黄斑青紫泥居首，占耕地面积的 34.9%。镇域内河港纵横，水资源充盈，气候温和，雨水充沛，日照充足，四季分明，属亚热带季风气候。平均气温 16.07℃，年均降雨量 1178.6 毫米，无霜期较长，适宜动植物生长，物产丰富，交通便捷。

一

新农镇（乡）农业历来以种植业为主、养殖业为辅。种植业又以粮食作物为主，其他作物为辅。1986 年，全乡粮食年亩产 711 千克，皮棉亩产 48 千克，油菜籽亩产 118 千克，占全乡工农业总产值的 31.93%。1987 年始，建“三丰两田”（丰产方、丰产片、丰产带和高产田、试验田）。在不改变家庭联产承包的原则下，由村民委员会统一安排茬口、品种、病虫防治和肥水管理。是年，丰产方平均每公顷产量 8272.5 千克，其中温河村 7.2 公顷丰产方每公顷产量 9277.5 千克，获金山县公顷产量优胜奖。至 1990 年，全乡共建“三丰两田”302.87 公顷。1994 年起，建立“高优高”（高产、优质、高效）农业综合示范方，面积达 68 公顷。1995 年，全镇农业总产值首次突破亿元（10386 万元）大关，占全镇工农业总产值的 33.60%。1996 年 3 月，创办新农镇第一合作农场，繁育“寒优湘晴”“申优 161”“香粳稻”等优良水稻品种，并被金山县列为重点推广水稻良种。其中“申优161”获上海市科技成果二等奖。2000年,建立市级现代农业园区,总面积116.7公顷,占当年全镇耕地面积的6.11%。2001年,市级现代农业园区经调整改为镇现代农业园区。2004年,全镇农业总产值12092.8万元。

20世纪90年代起,新农镇(乡)借助市郊蔬菜基地向远郊辐射的机遇,迅速调整农业产业结构,将原以种植粮、棉、油为主的农业产业结构调整为农、林、牧、副、渔全面发展的多种经营格局。1993年,全乡开展“菜篮子”工程建设。2000年8月,全面推广以家庭环棚设施栽培经济作物为主的“家家富工程”,大幅度增加蔬菜和瓜果等种植面积。2004年,全镇蔬菜种植面积216.47公顷,生产各类蔬菜19932吨(西甜瓜1725吨),水果107.6吨,树木23.3万株。是年,种植业产值7076.30万元,占农业总产值58.52%。粮经比例由1997年的65:35调整为2003年的45:55。

新农镇(乡)养殖业以养猪为主,少量饲养家禽、家畜。1986年,主要副食品价格放开后,调动了农户养猪的积极性。是年,全乡养猪专业户39户,生猪饲养量23693头,上市15449头,家禽6万羽,鲜蛋71吨,鲜牛奶471吨,水产品261吨,产值达284.4万元。1988年,新农乡政府出台一系列扶持养殖专业户政策,进一步激发农户养猪热情。次年,全乡生猪饲养量猛增到26587头。1990年始,全乡养殖业生产向规模化、商品化、科学化方向发展。1994年,新农镇(乡)环棚养鸡试验获得成功,被金山县科学技术协会列为科技推广项目。至2001年,全镇建成千头养猪场3个、万羽蛋鸡场1个、专业户养鸡场11个,扩建奶牛牛舍3050平方米,新增奶牛床位300个、奶牛230头。2004年,全镇生猪饲养量4.13万头,出栏2.41万头,家禽39.45万羽,鲜蛋668吨,牛奶3447.5吨。另有少量的羊、兔和珍禽;水产品上市393吨,产值2613.6万元,占农业总产值的42.6%。

二

中共十一届三中全会后,新农乡工业生产发展迅速。1986年,全乡有工业企业36家,固定资产1401.60万元,从业人员6100人,完成工业总产值3589.60万元。其中乡办企业26家,产值2621.30万元,占全乡工业总产值的73.03%;村办企业10家,产值968.30万元,占26.97%。

1992年,随着改革开放不断深入,新农乡制定《关于发展新农经济的八项政策措施》。1993年起,转换集体工业企业经营机制,开展企业制度改革,全乡逐步形成多种经济成分并存的工业格局。1994年,新农镇借上海工业向郊区辐射的机遇,沿亭枫公路(东起小张泾,西接县工业开发区)建立新农工业开发区。2002年,建立新农东部工业区。1997年,成立新农经济小区。从此,新农镇工业生产逐步进入一个全盛时期。1999年,新农镇工业总产值44777.50万元,比1986年增长12.48倍。2004年,全镇有实业型工业企业114家,“三资”工业企业35家,个体和民营企业64家。工业类别有针织、服装、棉纺、印染、机械制造、电子电器、化工塑料、玩具制作、建材装潢、环保与消防器材等。是年,全镇完成工业总产值17.46亿元,利润5489万元,分别比1986年增加48.65倍和12.36倍。同时,开创一批名、特、优和高新技术产品,其中获国家和部级奖3个、市级奖3个、区级奖1个。

三

1980年起,新农乡商业以国营和供销社商业为主导,积极发展集体商业和个体商业。1986年,全乡有注册商业198家,其中国有商业8家,集体商业52家,个体商业138家,从业人员560人,社会消费品零售额1521万元。1988年始,国营、集体商业全面推行经理负责制和"一业为主,多种经营"的经营模式,逐步形成以个体商业占优势的多种经济成分并存的商品流通体系。1995年起,国营、集体商业(除少数单位外)实施抽资承包经营,自负盈亏。此后,个体、私营商业快速发展,超市连锁店相继落户新农,市场结构日趋完备。2004年,全镇有商业371家,其中个体商业367家,从业人员803人,社会消费品零售额22969万元,是1986年1521万元的15.1倍。

新农镇(乡)水陆交通环境优越。至2004年,流经镇域的市、区、镇级河道有16条,通航里程72.22千米。途经镇域的国家、区级公路有5条,通车里程共20千米,公路密度为0.71(千米/百平方千米)。乡村公路有8条,总长25.3千米。全镇形成四通八达的水陆交通网络。

新农镇(乡)邮政、电信事业快速发展。1986年,新建新农邮电所,邮政业务有信函实物邮寄、报纸杂志发行、电报收发。1989年,电话号码由6位升至7位。1995年8月,邮电大楼建成,开通2000门RASM数字交换机,实现电话交换数字化。同年11月,电话号码升至8位数。1997年4月,新农邮电所升级为新农邮电支局。1998年9月,新农邮电支局分设新农邮政支局和新农电信分局。2001年秋,开通FTTB宽带网,发展FTTB+LAN专线用户94户、ADSL 18户。2004年,邮递业务拓展到7个大类,计费业务总量3.58万件,单程邮路95千米,邮区服务面积28.94平方千米。全镇拥有移动电话用户5548户,电话交换机容量7013门,实占5908门。

四

新农镇(乡)文化、体育事业积极发展。镇建有文化站、图书馆、影剧场、广播站、社区活动中心等文化设施和娱乐活动场所。1985年起,每年交替举办两年一届的文化艺术节和"十月歌会"活动,推动新农社区文化、校园文化、企业文化蓬勃开展。1986年,为抢救濒临失传的民间文学遗产,收集整理出民间歌谣、故事、谚语3套文学集成资料,共13万余字。20世纪90年代中期起,推广广场文化,开展文化、科技、电影"三下乡"活动,使活动更贴近群众。部分优秀文艺节目、故事、书画、摄影等作品在区(县)、市乃至全国参展并得奖。图书、档案的管理形成镇、村(居)两级管理网络。1997年,被评为上海市社区图书网络建设先进乡镇单位;2000年,被评为上海市市级机关档案工作一级先进单位。1989年,全乡广播线路22.53杆千米。2004年,全镇有线广播喇叭4850个,入户率98.46%,通响率95%,入户率名列金山区第一位。1996年,新农镇发展有线电视,首批接通居民36户。2001年,有线电视网络覆盖全镇,实现有线电视村村通。2004年,全镇有线电视用户3549户,入户率53.87%。

1987年,新农乡成立体育运动委员会,开展球类、棋牌、田径、体操等各项体育活动。1995年5月,新农镇举办首届农民体育运动会,推进农村群众体育活动。1996年,新农镇成立农民体育运动协会,开展全民健身活动,组建太极拳、健美操、扇子舞、打莲湘、甩手操、关节操、健身路径等小组,参加全国、市、区(县)、镇各类竞赛活动。1998年,新农镇被评为上海市体育先进乡镇。至2004年,全镇建有健身点12个,占地6220平方米,设置双杠、单杠、吊环、扭腰器、上肢牵引器、云梯等健身器材161件。

新农镇(乡)教育事业大力发展。1986年,教育经费投入100.71万元。2004年,教育经费支出847.31万元,是1986年100.71万元的8.41倍。1986年开始,调整中小学布局,改造、更新教学楼,配置教学设备,改善教学条件。1987年,乡成人中等技术学校成立。至2004年,共举办培训班26期,学员1818人;大中专学历班8期,学员114人。

1990年起,新农中、小学校全面实施课程教学改革,注重素质教育,重视青少年保护,加强国情教育。1996年,新农中、小学合并,建立新农学校,这是金山县第一所九年一贯制试点学校。2000年,新农学校由"六三"学制改为"五四"学制。师资队伍经过业务培训,大、中师毕业生补充,人才引进,学历结构逐年上升,教学质量显著提高。2004年,全镇有幼儿园一所,入园幼儿236人;新农学校1所,学生1427人,其中小学生683人,中学生744人;民工子弟学校1所,学生420人;成人中等文化技术学校1所。小学生毕业合格率99%,初中生毕业合格率85.33%。教职工130人,其中高级职称4人,中级职称98人,初级职称28人。

新农镇(乡)医疗卫生事业全面发展,逐步形成镇(乡)、村、医疗机构三级医疗卫生保健网络。1992年,全乡有16280人参加合作医疗保健,参保率66.80%。至2004年,全镇有99.10%人口参加合作医疗保险。1997年,全镇13个村卫生室为甲级卫生室,达标率100%。2000年,实行镇、村卫生一体化管理,提高医疗卫生综合能力。进一步开展以除害灭病为中心的爱国卫生运动,加强计划免疫、疾病防治、卫生保健、农村改水和改厕等工作。2001年,启动农村生活垃圾收集处置工作,改善集镇市容卫生,全镇环境卫生大有改观。2002年,新农镇被评为上海市"初级卫生保健"先进集体。2004年,全镇有卫生院1所,核定床位20张;村卫生室7所,有医务人员78人,其中医技人员41人(中级职称8人,乡村医生27人);私人医疗诊所1所,医生1人。

五

随着社会经济的发展,新农镇(乡)村镇面貌焕然一新,乡村道路四通八达。城乡居民均住楼房,饮用自来水,生活用品电气化,出行以车代步。

2004年,全镇人均收入6899.90元,比1986年、1994年分别增加10.24倍和2.76倍;城乡居民储蓄余额110292万元,比1992年增加6.20倍。人民经济收入的增加,加快了生活水平的提高。至2004年,全镇有4765户村民新建、翻建房屋3471栋,建筑面积125.27万平方米,人均居住面积85.71平方米;集镇新建居民楼258栋,建筑面积16.12万平方米,人均居住面积 37. 19 平方米。家庭生活用品普遍包括液化气、洗衣机、液晶彩电、电冰箱、空调、电动车等;除此之外,不少家庭还拥有数码相机、电脑、新型灶具、微波炉、热水器、洁具、轿车等。

1986—2004 年,新农镇(乡)广泛开展爱国主义、崇尚科学、争做文明市民、学先进、献爱心等社会主义精神文明建设教育活动,全镇社会主义新风尚发扬光大,好人好事和先进人物不断涌现。其间,新农镇获评上海市农口系统文明单位 1 个,上海市文明村 2 个,上海市卫生村 6 个;荣获金山区(县)文明单位 67 个(次),金山区(县)文明村 16 个(次),金山区文明小区 11 个(次);全国五好文明家庭 1 户,上海市五好文明家庭 2 户,金山区(县)五好文明家庭 52 户;上海市敬老五好家庭 1 户;上海市好妈妈 1 个;金山区十佳好事 1 件;十佳巾帼文明岗 1 个;金山区(县)记功立业 50 件好事 1 件,20 件好事 1 件;金山区精神文明建设优秀组织者 1 个。

大 事 记

1986 年

3 月 27 日,新农乡第八届人民代表大会第三次会议在新农大礼堂召开。

4 月,新农乡政府与上海市园林局共同投资 1.19 万元,完成古树名木(银杏 5 棵、紫藤树 1 棵)围护工程。

7 月,新农贸易市场建设工程竣工开业。

8 月,新农乡政府设立乡财政所。

9 月,新农乡举办首届“十月歌会”。

10 月,中共新农乡第七次代表大会召开。会议选举产生由 7 名委员组成的中共新农乡第七届委员会;选举产生由 5 名委员组成的中共新农乡纪律检查委员会。

12 月 7 日,新农乡召开第二届消防运动会。

12 月,共青团新农乡第十一次代表大会在新农大礼堂召开。

是年,新农乡办企业——金山昌达袜厂建成投产。

是年,新农乡投资 12.9 万元,新建五龙小学校舍,面积 674 平方米。

是年,新农乡投资 12 万元,新建新农中学实验楼,面积 563 平方米。

1987 年

3 月 28—30 日,新农乡第九届人民代表大会第一次会议召开。会议选举沈连春为乡长。

4 月 10 日,新农乡举办第一期计划生育信息员培训班。

4 月 30 日,新农乡合作医疗管理站成立。

4 月,新农乡江南丝竹艺人张国芳被上海市文化局《中国民族民间器乐曲集成·上海卷》编辑部授予“优秀乐师”称号。

4 月,撤销新农人民公社,成立新农乡合作经济联合社。

6 月 30 日,新农乡第一届合作经济联合社社员代表大会召开,选举姚火云为董事长。

6 月,新农乡第一家沪港合资企业——上海金康麻毛有限公司建成投产。

7 月 17 日,金山县基层单位建立档案工作现场会在新农乡召开。

7 月 27 日，松江、金山、青浦、上海、奉贤 5 县档案局领导到新农研讨基层建档工作。

7 月，新农乡机关综合档案室成立。

8 月 5 日，光华村脱粒场地发生火灾，经济损失达 1200 元。

8 月 21 日，新农乡举办村级幼儿园教师培训班。

8 月 22 日，新农乡科学技术普及协会第二届会员代表大会召开。

9 月 14 日，新农乡举行第二届文化艺术节。

9 月 15—16 日，新农乡第七次妇女代表大会召开。

10 月 7 日，新农乡召开归侨、侨眷、港澳同胞及家属中秋茶话会。

10 月，新农乡社会福利基金会成立。

10 月，新农乡社会保障工作委员会成立。

是年，新农乡投资 20 万元，新建新农中学教学楼，面积 912 平方米。

是年，金山县人民政府命名新农乡为“外向型经济之乡”。

是年，新农乡投资 39.95 万元，新建乡文化中心大楼，占地面积 920 平方米，建筑面积 640 平方米。

1988 年

1 月，金山县政府同意恢复开放五龙庙。

2 月 9 日，新农乡政府为春节期间结婚的青年举行集体婚礼。

3 月 4 日，新农乡第九届人民代表大会第二次会议召开。

4 月，新农乡党委举办第二期党的基本路线教育学习班。

9 月 17 日，新农乡举办第二届“十月歌会”。

9 月 28 日至 10 月 2 日，乡文化站、上海自然博物馆联合举办古尸、畸胎、珍稀畸形动物展览，参观人数 3200 多人次。

12 月，共青团新农乡第十二次代表大会在新农大礼堂召开。

是年，新农乡投资 12 万元，新建新农中学语音室，面积 341 平方米。

是年，新农乡投资 25 万元，新建新农小学教学楼，面积 887 平方米。

是年，五龙庙重建大雄宝殿。

1989 年

3 月 21—22 日，新农乡第九届人民代表大会第三次会议召开。

3 月 23 日，中共上海市委副书记吴邦国到新农乡考察金山毛衫厂。

5 月，新农首批乡办企业（金山毛衫厂、上海第二毛衫厂金山联营分厂、电视元件厂）工会成立。

6 月 14 日，新农乡庆祝金山解放 40 周年暨第三届文化艺术节开幕。

7 月，新农乡机关工会工作委员会成立。

7 月，金山县土地管理局新农乡土地管理所成立。

11月28—29日,中共新农乡第八次代表大会召开。会议选举产生由7名委员组成的中共新农乡第八届委员会;选举产生由5名委员组成的中共新农乡纪律检查委员会。

12月,新农乡首届农民电影节开幕,放映电影10场,影片5部,观影观众7182人次。

是年,新建的新农乡敬老院竣工并投入使用。

1990年

3月27日,新农乡第十届人民代表大会第一次会议召开。会议选举陈道良为新农乡人大主席团常务主席,王海根为乡长。

5月,新农乡工会工作委员会成立。

夏,新农乡五龙庙更名为五龙禅寺。中国佛教协会副会长、上海市佛教协会名誉会长、龙华寺方丈明旸法师为五龙禅寺题写"五龙禅寺"匾额。

7月1日,新农乡第四次全国人口普查工作启动。

8月9日,新农乡"迎亚运"运动会在新农中心小学举行。

9月,新农乡中心幼儿园独立建制。

10月16日,新农乡第三届科学普及协会会员代表大会召开。

10月18日,新农乡第八次妇女代表大会召开。

11月23日,新农乡首批10名农村女青年赴香港维达制衣有限公司劳务输出。

12月14日,金山县政府组织各局行、县级机关干部,到新农乡参加疏浚小张泾义务劳动。

12月27日,上海市水利局局长带领24名机关干部,到新农乡参加疏浚小张泾义务劳动。

是年,新农乡建立合作经济养老基金。

是年,新农乡投资9.3万元,新建新农中学田径运动场,面积4662平方米。

1991年

1月8日,上海市水利局副局长带领机关干部30人,到新农乡参加疏浚新景河义务劳动。

1月15日,中共金山县委书记徐其华、副县长顾汉贻,在副乡长朱良宝陪同下考察新农敬老院。

1月17日,上海市副市长赵启正在县长潘龙清陪同下到新农考察,并参观金山毛衫厂。

1月30日,共青团新农乡第十三次代表大会召开。

2月,新农乡投资68万元,翻建新农大礼堂,建筑面积812平方米,设观众座位754个。

3月28—29日,新农乡第十届人民代表大会第二次会议召开。

4月,新农乡政府综合楼破土动工,建筑面积1040平方米。

6月,新农乡社会治安综合治理办公室成立。

7月6—14日,新农乡组织民工1479人次,抢修圩堤400多米,新筑圩堤1.3千米,加高圩堤 6.6 千米。

8 月 7 日，新农乡长浜、新范等 8 个村和部分企业遭受特大龙卷风袭击，造成 5 人重伤、6 人轻伤，84 户农户受灾，594 处房屋受损，其中长浜村受灾最为严重，经济损失 283.3 万元。

8 月 8 日，上海市农委宣传处处长陈先国、金山县委书记徐其华等领导，到新农乡慰问“8・7”龙卷风受灾群众。

10 月 14 日，澳大利亚维多利亚州乌瑞尔郡前议长泰伦斯・霍尔等一行 11 人到新农考察访问。

10 月，新农乡女职工委员会成立。

11 月 8 日，新农乡组织 248 名民工赴青浦疏浚太浦河。

是年，金山毛衫厂被上海市对外经济贸易委员会命名为上海市外贸明星企业。

是年，新农乡召开第一次残疾人会议，成立新农乡残疾人协会。

是年，新农乡体育专职干部姚喜观创作的故事《车祸之迷》，获第六届全国优秀作品幽默故事类二等奖。

1992 年

1 月 17 日，上海市副市长赵启正、市经贸委主任沙麟等领导到金山毛衫厂考察。

2 月 21 日，新农乡河闸管理站成立。

2 月 23 日，上海沪剧院一团送戏下乡，到新农乡演出。

3 月 11 日，中共上海市委副书记陈至立到新农乡考察金山毛衫厂。

3 月 12 日，朝鲜咸境南道外事局局长李昌成率代表团到金山访问，参观金山毛衫厂。

3 月 23—24 日，新农乡第十届人民代表大会第三次会议召开。

5 月 21 日，澳大利亚维多利亚州乌瑞尔邦郡牧业考察团到新农乡参观金山毛衫厂、中达丝绸时装有限公司。

7 月 1 日，中国美国人民友好协会代表团一行 16 人到新农乡，参观中达丝绸时装有限公司。

7 月 14 日，新农乡机关档案室被评为金山县先进单位。

7 月，新农乡妇女儿童保护委员会成立，朱良宝任主任。

7 月，新农乡创办上海中兴新型建筑材料厂。

是年，新农中心小学新建 200 米环形跑道。

是年，新农乡文化站经上海市文化部门考核，被评为达标文化站。

是年，新农乡姚喜观创作的故事《缘份》，获中国新故事学会首届全国微型故事赛微型故事奖。

1993 年

2 月 10—11 日，中共新农乡第九次代表大会召开。会议选举由 9 名委员组成的中共新农乡第九届委员会；选举产生由 4 名委员组成的中共新农乡纪律检查委员会。

2月28日,新农乡台资企业——上海聚大科技电子有限公司开业,并举行挂牌仪式。

3月8日,新农乡中日合资企业——上海新清和服有限公司开业。

3月25日,新农乡第十一届人民代表大会第一次会议召开。会议选举陈道良为新农乡人大主席团常务主席,何木良为乡长。

4月26日,共青团新农乡第十四次代表大会召开。

4月,新农乡农村养老保险基金管理所成立。

6月,新农自来水厂新建240吨/小时水力循环澄清池一个、240吨/小时重力无阀门过滤池一个、800吨水库一座。

7月31日,新农乡计划生育协会第二次代表大会召开。

7月,新农乡试行农村社会养老保险办法。

8月11日,金山县副县长顾汉贻到新农乡检查撤乡建镇工作。

8月19日,新农乡合作基金会建立。

11月26日,日本安其市友好代表团到新农乡参观中日合资企业——上海聚大科技电子有限公司。

12月,新农乡因机关档案管理工作突出,获上海市二级档案管理先进乡。

是年,新农乡被评为上海市乡镇船舶管理先进乡。

是年,新农乡经营管理站被批准为市级达标站。

1994年

1月28日,新农乡开展"郊县农民看上海"活动。

1月31日,程国辉任新农乡党委书记。

3月22—23日,新农乡第十一届人民代表大会第二次会议召开,补选查峥、蒋木金为副乡长。

3月,新农乡浦银居民委员会建立。

4月25日至5月1日,上海市委办公厅、市政府办公厅、市人大、市政协、市纪委、市民政局等11个单位领导,到新农乡慰问五龙村4组顾翠宝等4户烈属。

4月,新农乡姚喜观创作的故事《斗鸡眼打鸽子》,获第九届《故事会》全国优秀作品大奖赛三等奖。

4月,新农乡环境保护所成立。

5月4日,新农乡红十字会理事会成立。

5月12日,乌拉圭牧农渔业部部长佩德罗·萨拉维拂拉蒂率政府农业代表团,在农业部国际合作司司长刘从梦陪同下,到新农乡参观蔬菜基地。

5月31日,新农乡第九次妇女代表大会召开。

6月8日,日本富闰造园株式会社社长富闰正博到新农乡洽谈投资花卉出口业务。

6月17日,新农乡会计站成立。

7月20日,中共金山县委书记潘龙清考察新农蔬菜基地。

8月,新农乡红十字会第一次代表大会召开。

9月2日，上海市农委主任张燕考察新农蔬菜基地。

9月20日，嘉定区档案局领导到新农乡参观工业企业档案管理工作。

9月28日，新农乡撤乡建镇，建立新农镇人民政府。

同日，新农镇举办首届“十月歌会”。

11月18日，市、县档案局领导到新农镇调研“菜篮子”工程和中外合资企业建档工作。

11月29日22:30左右，位于新农镇境内的上海旺泰实业公司发生火灾，烧毁厂房960平方米，胶鞋1200双及大量制鞋原料，经济损失62770元。

12月1日，新农镇长浜村7个(2、4、5、6、7、12、13)组、幸福村7个(4、6、7、8、9、13、14)组、三浜村4组，计15个村民小组划归朱泾镇管辖。

12月30日，同三国道在金山新农段举行奠基仪式。

是年，金山县副县长顾大同、县委宣传部部长杜飚为新农镇农民街剪彩。

是年，上海澳星服饰有限公司破土动工。

1995年

3月10日，上海市水利局和郊县水利局领导到新农镇参观池泾河水闸和镇蔬菜基地水利设施建设。

3月11日，新农镇机关全体工作人员参加泖港塘义务植树活动。

3月21—22日，新农镇第十一届人民代表大会第三次会议召开。

3月30日，上海市政府办公厅副秘书长冯国勤到新农镇考察镇蔬菜园艺场。

4月12日，新农镇召开首届农民体育运动会暨镇农民体育协会1995年年会。

5月15日，三图村渡口，渡船与铁驳船相撞，新范村8组村民徐忠新落水身亡。

6月28日，部分全国人大代表、市人大代表到新农镇考察“高优高”农业示范区和市属蔬菜基地。

9月21日，金丽勤任新农镇党委副书记。

9月29日，新农镇首届艺术节闭幕。

9月，五龙小学和万年小学撤点。

11月10日，新农镇开展工业普查工作。

11月，五龙禅寺新建天王殿，建筑面积116平方米。

冬，上海市副市长冯国勤到新农镇考察冬季水利建设工程。

是年，新农邮电大楼落成，2000门程控电话开通。

是年，新农地区电话号码由7位升至8位。

是年，市民政局命名新农镇敬老院为上海市达标敬老院。

是年，新农中学教师叶雷明获全国优秀教师称号。

1996年

1月9日，中共新农镇第十次代表大会召开。会议选举产生由8名委员组成的中共新农镇第十届委员会；选举产生由5名委员组成的中共新农镇纪律检查委员会。

3月5日,三图村渡口发生渡船与铁驳船相撞,12人落水,其中11人获救,新范村8组1名4岁女孩溺水身亡。

3月6—8日,新农镇第十二届人民代表大会第一次会议召开。会议选举陈道良为新农镇人民代表大会主席,何木良为镇长。

4月4日,新农奶牛场失火,烧毁稻草堆2个,电话电缆50米。

4月26日,共青团新农镇第十五次代表大会召开。

7月6日,因连日暴雨、大风,泥土松动,致使慧农村大觉寺1棵古银杏树倒伏,压断高压电线,造成停电事故。

7月10日,新农镇组织基层党员干部开展学习孔繁森先进事迹活动。

7月14日至8月8日,新农镇文化站组织电影下乡活动,共计放映电影14场,观众5800多人次。

8月6日,新农镇成立体育辅导站。

8月8日,上海市农业局局长陈文泉率全市25家“三高”粮田示范单位到新农镇观摩“三高”粮田示范方。

8月,新农镇成立全民健身领导小组。

9月2日,新农中学、新农中心小学合并,组建上海市新农学校(全县第一所九年一贯制学校)。

9月9日,新农镇教育基金会成立。

9月25日,新农镇第四届科学技术普及协会会员大会召开。

9月28日,新农镇第二届“十月歌会”在新农礼堂举行。

10月15日15时,上海市副市长夏克强出席同三国道(金山段即新卫公路)通车典礼。

10月17日,金山县政府同意撤销三图渡口。

10月,新农镇朱永金创作的农民画《菜篮子》,获“迎农运”全国农民书画大赛一等奖。

11月8日,山东省平度市委副书记、市长张相逢率考察团到新农镇考察“三高”粮田示范方。

11月,五龙禅寺建造伽蓝殿,建筑面积105平方米。

12月4日,上海市人大常委会委员、财政经济工作委员会主任张燕到新农镇调研粮食生产,实地考察“三高”粮田工程建设。

12月10日,上海市副市长冯国勤到新农镇考察小张泾水利工程。

12月25日,上海市人大常委会委员、市政环境工作委员会主任王世雄和市人大常委会委员孙平,到新农镇考察“三高”粮田示范方工程建设和《中华人民共和国土地法》贯彻落实情况。

1997年

1月,新农镇图书馆经市文化局考核审定为市级标准图书馆。

1月23日,新农镇民营经济小区管理委员会成立。

2月6日,上海新农资产经营有限公司成立。

3月5—6日,新农镇第十二届人民代表大会第二次会议召开。

4月8日,新农镇第十二届人民代表大会第三次会议召开。会议补选李海新为副镇长。

4月,五龙禅寺建造观音殿,建筑面积621平方米。

4月,新农镇成立党风廉政监察站。

5月29日,中共金山区委书记刘国胜到新农镇调研工作,并考察中日合资企业——鑫佑实业公司和台资企业——上海聚大科技电子有限公司。

5月,金山撤县建区,新农镇隶属上海市金山区。

6月28日,新农镇举行庆"七一"迎香港回归文艺会演。

8月18日,新农镇遭18号强台风袭击,最高水位达4.2米,沿池泾河两侧工厂进水,经济损失达180万元。

9月11日10时整,新农镇举行第八届全国运动会火炬传递起跑仪式。

9月26日,新农镇"迎国庆、迎八运"运动会开幕。

10月15日,新农镇第十次妇女代表大会召开。

11月,新农镇被评为上海市社区图书馆网络建设先进乡镇。

12月,新农镇有线电视联网工程完工,214户居民安装了接收终端。

是年,长浜村8组沈顺云从武汉引进26对美蛙。

是年,全镇14个行政村、1个居委会建立图书室。

是年,上海市民政局命名新农镇敬老院为上海市二级敬老院。

是年,新农学校被国家体委命名为全国群众体育先进单位。

1998年

1月25日,金山区人大常委会主任蔡正德、区政协副主席叶连均到新农镇长浜村8组沈红法、三图村9组沈阿甫2户贫困户家中慰问。

3月12—13日,新农镇第十二届人民代表大会第四次会议召开。

3月31日,金山区图书工作会议在新农镇召开。

4月,新农镇被命名为上海市先进体育乡镇。

5月7日,欢送劳模顾守云参加市劳动模范表彰会。

6月,牡丹村胡美新被评为全国优秀乡村医生。

6月,共青团新农镇第十六次代表大会召开。

7月16日,新农镇境内合资企业金福木业有限公司董事长林珀湖次子林宜淘向新农镇教育基金会捐赠10万元。

9月10日,加拿大费希尔—罗斯蒙特中国有限公司向新农学校捐赠5.53万元教学设备,并资助23名贫困生完成基础教育。

11月9日,陈坚勇、庄建芳、何忠明调入新农镇工作,分别任党委组织委员和宣传委员,何忠明分管工业生产。

11月,五龙禅寺重建大雄宝殿,建筑面积307平方米。

12月,新农镇图书馆被破格评为上海市二级图书馆。

12月,上海石化股份有限公司捐赠16万元,为新农学校建造能容纳1000辆自行车的车棚一个。

12月,温河、光华、三浜、新范、牡丹5个村的档案室,被金山区档案局评审为区级合格档案室。

是年,新农镇投资60多万元,改造新农卫生院病房23间,翻建食堂257平方米。

是年,金山区公安局新农派出所社区民警高九弟获全国优秀民警、市优秀社区民警称号。

1999年

1月7—8日,中共新农镇第十一次代表大会召开。会议选举产生由7名委员组成的中共新农镇第十一届委员会;选举产生由3名委员组成的中共新农镇纪律检查委员会。

1月15日,为保障产妇安全分娩,新农镇卫生院停止接产。

1月27—28日,新农镇第十三届人民代表大会第一次会议召开。会议选举陈道良为镇人民代表大会主席,何木良为镇长。

3月3日,新农镇开展整治违法违章建筑工作。

4月,新农镇朱永金创作的农民画《厨房飘香》获市第十届"江南之春"画展三等奖。

5月18日,开展"塑造跨世纪金山人的新形象"大讨论。

5月20日,新农镇残疾人联合会第二次代表大会召开。

6月3日,新农镇举办"讲学习、讲政治、讲正气""三讲"学习班。

6月17日,新农镇计划生育协会第三次代表大会召开。

7月28日,新农镇工会第一次代表大会召开。

7月,长浜村1、3、8、9、10、11共6个村民小组划归幸福村管辖。

7月,新农镇农村第二次土地承包工作全面展开。

8月,新农镇举办招商引资工作培训班。

9月24日,新农镇举行庆祝中华人民共和国成立50周年暨文艺会演。

9月30日,新农镇机关举办迎国庆职工运动会。

9月,全镇村民直接选举村委会主任、副主任、委员人选。

12月13日,沈德兴任新农镇纪委书记,蒋永华调新农镇工作,分管文教卫生。

12月27日,金山区工商联新农镇第二届第一次会员代表大会召开。

是年,新农镇的"申优一号"单季稻杂交水稻制种技术获上海市科技成果二等奖。

2000年

1月24日,沈庄村8组女寿星张志英谢世,享年101岁。

1月,新农镇投资65万元,新建镇文化体育中心,于7月竣工启用,占地面积4795平方米,建筑面积604平方米。

2月17日,新农镇第十三届人民代表大会第三次会议召开。会议补选蒋永华为副镇长。

5月19日,新农镇第五次全国人口普查工作启动。

5 月 25 日，金山区副区长陈兆麟、民政局局长殷金荣到新农镇考察新农学校、敬老院、镇健身苑建设工地。

7 月，新农镇实施镇、村卫生机构一体化管理。

7 月，新农镇文化中心迁至新宾路 100 号。

8 月 23 日，上海市老年基金会金山办事处新农分部成立。

9 月，新农学校实行“五四”（小学 5 年，初中 4 年）学制教育。

9 月，三图村朱冲芳被评为全国村（居）民委员会优秀计划生育工作者。

10 月，新农镇全面实施新会计法。

11 月 1 日零时，进行第五次全国人口普查工作。经普查，全镇有 6376 户、23557 人（包括外来人口）。

12 月，新农镇机关被评为上海市级机关档案工作一级先进单位。

是年，新农镇全面完成农村改厕工作。

是年，新农镇被评为上海市（1999—2000 年）绿化先进集体。

2001 年

1 月，新农镇投资 340 万元，翻建温河泾水闸，于当年 7 月竣工启用。

3 月 12—13 日，新农镇第十三届人民代表大会第三次会议召开。会议补选杨伯良为新农镇人民政府镇长，柳霞为副镇长。

4 月，开展“三个代表”重要思想学习教育活动。

4 月，五龙禅寺建造玉佛楼，建筑面积 1296 平方米。

5 月 13 日，新农镇全面启动农村生活垃圾集中收集处置工作。

5 月 24 日，新农镇实施镇事业单位机构改革意见。

5 月，新农大礼堂资产置换给金山新河制衣厂。

5 月，新农学校举办首届科技节。

7 月 14 日，第一批三峡库区移民 14 户、60 人落户新农镇。

7 月，新农镇精简机关事业单位机构。由原来 16 个单位减少到 7 个（财政所、经济管理所、社会保障管理所、环境卫生管理所、土地房屋管理所、文化广播影视服务中心、农业技术推广服务中心）。

7 月，新农镇文化中心、广播站合并，建立新农镇文化广播影视服务中心。

8 月 9 日，上海市人大常委会副主任胡正昌、市教委副主任夏秀蓉到新农考察新农学校。

9 月 22 日 8 时，位于三图村境内的大泖港圩堤塌方约 60 米，新农镇及时启动应急预案，组织 400 多人，填土 2000 多立方米，抢在涨潮前修复圩堤。

11 月，新农镇获上海市农村群众性实用技术成果二等奖。

12 月 18 日，新农镇党政机构改革，由原来助理制改为科室制。

12 月 26—27 日，中共新农镇第十二次代表大会召开。会议选举产生由 7 名委员组成的中共新农镇第十二届委员会；选举产生由 3 名委员组成的中共新农镇纪律检查委员会。

12 月，新农镇社会事业办公室、工业贸易办公室成立。

12 月,全镇实现有线电视村村通,1800 户村(居)民安装了接收终端。

是年,全面完成农村生活垃圾收集处置工程。

是年,新农镇社会保障服务中心成立。

是年,新农镇获上海市“三五”法制宣传教育先进集体称号。

2002 年

1 月 20—22 日,新农镇第十四届人民代表大会第一次会议召开。会议选举陈方林为镇人民代表大会主席,杨伯良为镇长。

5 月,新农镇实行村级财务代理记账制,强化农村集体财务、资产管理和规范村级财务行为。

6 月,新农镇工会第二次代表大会召开。

7 月 20 日,经金山区人民政府批准,撤销爱国村、五龙村建制,建立新的五龙村。

7 月,新农镇市政市容小组建立。

8 月 14 日,新农镇残疾人联合会第三次会议召开。

8 月,新农镇投资 316.8 万元,完成扩建新农学校教学楼,建筑面积 3539 平方米。

12 月,经区政府批准,新农镇幸福村部分村民小组(除 1、3、5 组和新农集镇外)和新范村全部划归朱泾镇管辖。

是年,新建光华村、新范村、敬老院 3 个体育健身点。

是年,新农镇被评为上海市初级卫生保健先进集体。

是年,新农镇建立社会妇女儿童法律援助工作站。

2003 年

1 月,原幸福村 3 组、5 组划归牡丹村管辖。

2 月 27—28 日,新农镇第十四届人民代表大会第二次会议召开。会议补选庄建芳为新农镇人民政府副镇长。

3 月 18 日,金山区区长李毓毅到新农镇调研,并考察新农镇东部工业区。

5 月 17 日,上海市副市长杨晓渡到新农镇慧农村考察“非典”防治工作。

6 月 30 日,新农卫生院 48 名医护人员志愿报名参加抗击“非典”队伍。

7 月,经金山区人民政府批准,松隐镇南星村 5 个村民小组划归新农镇光华村管辖。

9 月,新农镇承办 2003 年“红双喜杯”上海市民千台万人乒乓球大赛新农赛区竞赛活动。

10 月,新农镇男女自行车载重队代表金山区参加上海市第五届农民运动会。

11 月 7 日,新农镇科学技术普及协会第五届代表大会召开。

11 月,新农学校被批准为联合国教科文组织环境人口和可持续发展教育项目(EPD)上海成员学校。

12 月 22 日,坐落在新农镇境内的上海新天鸿名人高尔夫球场举行奠基仪式。

12 月,新农镇投资 165 万元,新建镇社区活动中心。

12 月,历时 1 年的张泾河水利枢纽工程——张泾河水闸于 2003 年年底竣工,投资 7200 万元。

是年,万年村、三图村、慧农村、牡丹村“三室一点”(村办公室、卫生室、老年活动室,体育健身点)建设工程竣工并投入使用。

是年,新农镇人民武装部被评为上海市征兵工作先进基层单位。

2004 年

1 月,上海东方社区信息苑新农分部建立。

3 月 9 日,新农镇组织安全生产大检查。

6 月,上海市人大常委会委员杨颖顺、市卫生局农村合作医疗管理专职干部张文忠到新农镇考察农村合作医疗工作。

6 月 29 日,新农镇党员服务中心揭牌。

7 月 12 日,经金山区人民政府批准,撤销光华村、三图村建制,建立新的光华村;撤销牡丹村、沈庄村建制,建立新的牡丹村;撤销温河村、新民村建制,建立新的温河村。

7 月,新农镇开展第一次经济普查工作。

7 月,《新农镇志》编纂委员会成立。

8 月 5 日,第二批三峡库区移民 6 户、21 人落户新农镇。

9 月 3 日,新农镇启动扶贫帮困资金,全镇共捐赠 110 万元。

11 月 1 日,新农镇助老服务社成立。

12 月 28 日,新农镇贸易路桥建设工程竣工并通车。

是日,镇社区活动中心建设工程竣工启用。

2005 年

1 月,新农镇文化中心从新宾路 100 号迁至贸易路 55 号镇社区活动中心。

2 月 18—19 日,新农镇第十四届人民代表大会第四次会议召开。

3 月 28 日,经上海市人民政府批准,撤销朱泾镇、新农镇建制,建立新的朱泾镇。

第一章 地　理

新农镇位于金山区北部。东依张泾，与松隐镇为界；西傍惠高泾、掘石港，与吕巷镇、朱泾镇毗邻；南与干巷镇、吕巷镇接壤；北沿大泖港，与松江区泖港镇相望。新农镇南北长7.5千米，东西宽5.5千米，总面积28.29平方千米。镇域距上海市区人民广场58千米，距金山区政府27千米。

第一节 建　置

一、沿革

1986年至1994年8月，新农乡隶属金山县，实行乡管村的管理体制。1994年9月，撤乡建镇，建立新农镇，实行镇管村的管理体制。1997年5月，金山撤县建区，建立金山区，新农镇隶属金山区。

2005年3月，经上海市人民政府批准，撤销新农镇、朱泾镇建制，建立新的朱泾镇。

二、区划

1986年至1994年8月，新农乡下辖五龙、爱国、三浜、沈庄、万年、慧农、牡丹、幸福、新范、长浜、温河、光华、新民、三图村和浦银居民区，建有14个村民委员会（下设184个村民小组）和1个居民委员会（下设9个居民小组）。

1995年11月，经金山县人民政府批准，新农镇长浜村7个村民小组、幸福村7个村民小组和三浜村1个村民小组，共15个村民小组，面积3.04平方千米，成立仙居村，划归朱泾镇管辖。

1999年8月，撤销幸福村、长浜村建制，建立新的幸福村。至2002年6月，新农镇下辖13个村。

2002年7月，经金山区人民政府批准，撤销五龙村、爱国村建制，建立新的五龙村；12月，经金山区人民政府批准，新农镇新范村、幸福村除第1村民小组（划归浦银居委会）和第2、第3村民小组（划归牡丹村）外，均划归朱泾镇。是年底，新农镇下辖11个村和1个居民区，镇域面积27.40平方千米。

2003 年 7 月，松隐镇南星村（张泾河以西）5 个村民小组，面积 0.89 平方千米，划归光华村管辖。

2004 年 7 月，经金山区人民政府批准，撤销牡丹村、沈庄村建制，建立新的牡丹村；撤销温河村、新民村建制，建立新的温河村；撤销光华村、三图村建制，建立新的光华村。是年底，新农镇下辖五龙、三浜、万年、慧农、牡丹、温河和光华 7 个村（下设 123 个村民小组）和 1 个居民区（下设 9 个居民小组），全镇总面积 28.29 平方千米。

2005 年 3 月起，撤销新农镇、朱泾镇建制，建立新的朱泾镇。

第二节　自然环境

一、河流

新农镇（乡）共有大小河道 124 条，总长 139.10 千米，其中市、区、镇级河道 16 条（段），总长 72.22 千米，呈八横七纵状；村级河道 108 条（段），总长 66.88 千米。河网密度每平方千米 4.6 千米。

（一）市、区、镇级河道

大泖港（市级河道） 东接竖潦泾，西出小泖港、掘石港，中汇张泾流经新农镇三图、新民、新范、长浜 4 个村，全长 4.2 千米，面宽 150 米，底宽 80～100 米，底高 –10～ –7 米，边坡比 1∶4。可通航 200 吨级船舶。

掘石港（市级河道） 北接大泖港，南连惠高泾，流经新农镇长浜、幸福、三浜等村，全长 4 千米，面宽 92 米，底宽 50～70 米，底高 –7～ –5 米，边坡比 1∶3～1∶3.5。可通航百吨级船舶。

张泾（区级河道） 北起大泖港，南至金山卫城河，全长 26.4 千米，流经新农镇三图、光华、慧农、万年 4 个村，全长 8 千米，面宽 40 米，底宽 15～25 米，底高 –2.4～ –0.7 米，边坡比 1∶25～1∶1.35。可通航百吨级船舶。

惠高泾（区级河道） 北起掘石港，南至廊下山塘，全长 10.86 千米，流经镇域三浜、五龙 2 个村，全长 1.6 千米，面宽 26 米，底宽 6～12 米，底高 –1.5～0 米，边坡比 1∶2。可通航 40 吨级船舶。

池泾（区级河道） 西起掘石港，东至张泾，流经新农镇慧农、温河、光华、幸福、牡丹、三浜 6 个村，全长 5.16 千米，底宽 6 米，底高 0 米，边坡比 1∶2。可通航 25 吨级船舶。

小张泾（镇级河道） 南起新景河（六湾泾），北出大泖港，流经镇域新民、三图、温河、慧农、万年 5 个村，全长 5.98 千米，面宽 17 米，底宽 3 米，底高 –0.5～0 米，边坡比 1∶1.5～1∶1.12。可通航 10 吨级船舶。

石臼浦（镇级河道） 南起归泾，北至池泾，流经镇域幸福、沈庄、牡丹、慧农、爱国、万年 6 个村。全长 6.8 千米，面宽 15 米，底宽 3 米，底高 –0.5 米，边坡比 1∶1.15。可通航 5～10 吨级船舶。

新景河（镇级河道） 东起张泾，西至惠高泾，流经镇域万年、爱国、沈庄、五龙 4 个村，全长5.2千米,面宽17.5米,底宽3米,边坡比1:1.75。可通航10吨级船舶。

后桥港(镇级河道) 东起小张泾,西至掘石港,流经镇域慧农、牡丹、沈庄、三浜4个村,全长4.26千米,底宽2.5米,底高-0.5米,边坡比1:1.5。可通航5~10吨级船舶。

新风河(镇级河道) 东起小张泾,西至掘石港,流经镇域慧农、牡丹、沈庄、三浜等村全长4.16千米,面宽16米。

南朱泥泾(镇级河道) 南起新景河,北至池泾,流经镇域沈庄、三浜、幸福3个村,全长2千米,底宽2.5米,底高-0.5米,边坡比1:1.5。可通航5~10吨级船舶。

温河泾(镇级河道) 南起池泾,北出大泖港,流经镇域幸福、新范、温河、新民4个村,全长3.24千米,面宽19米,底宽5米,底高-0.5米,边坡比1:1.75。北出口处建有8米套闸和排涝能力20立方米/秒的排涝泵站。可通航15吨级船舶。

北朱泥泾(镇级河道) 南起池泾,北至大柳港,流经长浜、幸福2个村,长2.88千米,底宽3米,底高0米,边坡比1:1.75。可通航5~10吨级船舶。

新新河(镇级河道) 东起张泾,西至掘石港,中汇北朱泥泾、温河经、小张泾,流经镇域光华、新民、温河、新范、长浜5个村,全长4.6千米,面宽17米,底宽3米,底高0米,边坡比1:1.75。可通航5~10吨级船舶。

新幸河(镇级河道) 东起张泾,西至西王家湾,流经镇域光华、温河、新范、幸福、三浜5个村,全长5.54千米,底宽2.5米,底高-0.5米,边坡比1:1.15。可通航5~10吨级船舶。

新联河(镇级河道) 东起张泾,西至西王家湾,流经镇域光华、温河、新范、幸福4个村,长4.6千米,底宽2.5米,底高-0.5米,边坡比1:1.5。可通航5~10吨级船舶。

(二)村级河道

村级河道共108条,除湾四泾、卖盐港、归泾3条河道可通航10吨以下船舶,其余河道均为农业生产用河。

二、潮汐

新农镇域处杭嘉湖平原浙水下游,黄浦江上游,为不封闭的平原水网地带,水流受潮汐影响,为不稳定流向。主要是杭嘉湖上游来水和黄浦江潮水,年际和季节水位差异较大。近年来,由于上、下游地区水利建设的发展,水位有抬高趋势,若遇丰水年份,洪涝灾害威胁较大。

潮汐受月球引力影响,每天有两次涨潮,两次落潮,俗称日夜潮。每次涨、落潮在12小时左右,日与日之间来潮退后48分钟,15天为一个周期,潮位与月亮圆缺同步,每月农历十三和廿七为起汛,此后潮位逐日增高,初一和十六为午时潮,此时潮位最高。以后潮位又开始逐日下降,初十、廿四潮位最低,民间有“初十潮,呒得摇”的说法。

三、四季

新农镇域位于北亚热带季风气候区。境内气候四季分明,冬夏长、春秋短。其主要特点是:降水充沛,日照较多,无霜期较长,宜于农作物生长,但受台风、暴雨和大风影响较大。

春季 3月底或4月初至6月中旬,历时75天左右。春季冷暖空气活跃,时有低温和连阴雨,出现“倒春寒”。

夏季 始于6月中旬后期至9月中旬。6月中旬至7月中旬为梅雨季节,空气潮湿、暴雨多;7月中旬至8月中旬,是全年最热季节;8月中旬至9月中旬,天气由热转凉,是台风、暴雨和秋雨最多的季节。

秋季 9月中旬后期至11月下旬,历时65天左右。秋季冷空气逐渐增强,湿度较低,多数为秋高气爽的天气。秋末,常有一段秋雨时期。

冬季 11月下旬至翌年4月初,历时132天左右,是全年最长的季节。12月下旬至翌年2月上旬是全年最冷的时期,受北方冷空气(寒潮)影响,常有雨、雪、冰冻出现。最低气温降到0℃以下,常出现在1月至2月上旬。

四、气温 日照

(一)气温

新农镇域年平均气温16.07℃,年际变化在±1℃左右,不超过2℃,据1986—2004年气象资料记载,除1990年和1994年年平均气温低于16℃以外,其余年份均在16℃以上,1998年曾达17℃以上。

每年的7月气温为最高,日均气温27.8℃。2003年7月17日最高气温达38.1℃,少数年份立秋以后仍有高温天气出现,俗称“秋老虎”。1995年9月2日和7日的最高气温分别达35.2℃和36.4℃。每年1月气温为最低,日均气温4.29℃,极端最低气温出现在1991年12月30日,为-8.4℃。少数年份在2—3月还有低温、冻害出现,俗称“倒春寒”。

1986—2004年新农镇(乡)最高和最低气温情况表

表1-1

年份	最高气温		最低气温		年份	最高气温		最低气温	
	℃	出现日期	℃	出现日期		℃	出现日期	℃	出现日期
1986	35.5	8月12日	-7.4	1月6日	1991	36.2	5月25日	-8.4	12月30日
1987	35.8	8月4日	-7.5	1月14日	1992	37.2	7月29日	-4.1	1月16日
1988	37.7	7月16日	-7.1	12月17日	1993	35.5	7月12日	-6.6	1月29日
1989	35.5	8月12日	-3.1	1月15日	1994	36.7	7月1日	-3.1	12月22日
1990	36.2	7月5日	-6	2月1日	1995	37.1	7月20日	-5.1	2月6日
1996	35.5	7月18日	-5.2	2月10日	2001	36.5	6月30日	-5.3	1月16日
1997	35.6	6月6日	-4.3	1月12日	2002	36.4	7月15日	-4.1	1月8日
1998	37.2	8月15日	-6.0	1月25日	2003	38.1	7月17日	-4.7	1月5日
1999	34	9月9、11日	-6.9	12月23日	2004	36.1	7月24日	-5.8	1月22日
2000	35.9	6月26日	-5.9	2月9日	—	—	—	—	—

(二)日照

镇域光照充足,年平均日照时数为1925.36小时。7月和8月两月最多,分别为2726.2

小时和2520.8小时;1月和12月最少,分别为1497.5小时和1506.8小时。春、夏季昼长夜短,光照时数相对较多。但光照时数年际之间相差悬殊,2004年全年光照时数2189.9小时,比年平均日照时数多12.1%;1993年全年光照时数仅1672.5小时,相差517.4小时,比年平均日照时数少13.1%。

五、降水

新农镇域年平均降水日136.3天,年平均降水量1178.6毫米,每年3—9月降水相对集中,冬季并不显得干旱。3—5月为低温阴雨期。1986年至2004年3月降雨量平均118.7毫米。

初夏开始进入梅雨季节,俗称"黄梅天"。正常年景,6月上旬(芒种前后)开始入梅,到7月上旬出梅,延续一个月左右,年际之间有差异,少数年份梅雨期有迟早、长短现象。梅雨期降水最为集中,降雨日多且雨量大。据1986—2004年梅雨期统计,共降雨3502.6毫米,平均每次梅雨期降水184.3毫米。1991年和1999年较多,分别降水327.4毫米和593.6毫米。2003年和2004年的梅雨期降水较少,分别为54.8毫米和76毫米,为"干黄梅"年。

盛夏季节,往往形成热带风暴或台风,带来大风和暴雨。

1986—2004年新农镇(乡)雨日、雨量情况表

表1-2　　单位:天、毫米

年份	降雨天数	总降雨量	年份	降雨天数	总降雨量	年份	降雨天数	总降雨量	年份	降雨天数	总降雨量
1986	111	1149.5	1991	145	1397.7	1996	134	1015.0	2001	135	1153.2
1987	136	1333.9	1992	144	966.8	1997	151	1117.8	2002	141	1383.1
1988	129	855.1	1993	149	1453.4	1998	145	1248	2003	117	645.3
1989	144	1316.3	1994	136	980.1	1999	138	1715.7	2004	123	1011.7
1990	147	1329.8	1995	114	1234.5	2000	150	1086.7	—	—	—

六、霜　雪　雾

(一)霜

进入秋末冬初,新农镇域会出现低温寒潮,带来霜或暗霜。通常11月中旬初霜,到翌年3月底终霜,霜期130天左右。

(二)雪

镇域一般从当年12月到翌年3月期间有降雪,降雪日和降雪量不多。20世纪90年代,降雪日较少。1991年12月25—27日连降3天大雪,冰雪5天不化,还有少量冰雹。1988年3月15日夜,曾出现过雷暴雨、冰雹和降雪3种不同季节的天气现象。

(三)雾

镇域一年四季都有可能起雾,尤以冬、春两季为甚,民间有"春雾雨,夏雾热,秋雾风,冬雾雪"之说。

第三节 自然资源

一、土地资源

新农镇土壤母质类型主要有三种。第一种为湖相沉积型,占总面积的95.6%,质地一般为重壤到轻壤,有机质含量较高,无碳酸盐反应;第二种为湖河沉积型,占总面积的3.5%,质地为中壤到重壤,有不同程度的碳酸盐反应;第三种为近代江海相沉积型,占总面积的0.9%,质地为砂壤到轻壤,有碳酸盐反应。

具体分1个土类、3个亚类、8个土属、13个土种。

(一)土类

镇域耕作土壤的发育,经历了长期的水耕熟化过程并受水文影响,发育为基本上是单一的水稻土类型。

(二)亚类

沼潜型水稻土,主要分布于镇域中部和东部地区;脱潜型水稻土,交错分布于镇域周边几个村;潴育型水稻土,分布于镇域张泾西侧的几个村。

(三)土属

按母质来源和土壤质地定土属,镇域分为8个土属。

青泥土 以湖相沉积为主,无石灰反应,质地一般为重壤到轻黏质,保水、保肥性较好,渗透性差,作物生长属迟发型。

青小粉土 以河湖相沉积为主,有石灰反应,质地上部壤质,下部粉砂质,保水、保肥性能差,作物生长属前发型。

青紫泥 以湖相沉积为主,无石灰反应,质地为重壤到轻黏质,土壤保肥性较好,通透性差,作物"早期轰不起,后期稳不住"。

青紫土 以河湖相沉积为主,土质一般为壤质,下有轻微石灰反应,保肥性中等,作物属前发型到兼发型之间。

青紫头 以河湖相沉积为主,剖面上下质地、颜色分异明显,上青紫,下棕黄,有石灰反应。土壤较爽水,但保肥、保水性较差,作物生长属兼发型,既发小苗,又发老苗,不恋青迟熟。

青黄泥 以湖相沉积为主,一米深浅内无石灰反应,质地一般为重壤到中壤,保肥、供肥和通气渗透性均好。作物生长属稳发型,前期轰得起,中期稳得住,后期不脱力。

青黄土 河湖相或江湖海相沉积型,上部青紫,下部显黄,有不同程度石灰反应,通透性好,保肥性欠佳。作物属前发型,前期轰得起,后期易脱力,容易早衰。

黄泥 以近代江海相沉积为主,质地为中壤到重壤,石灰反应微弱,保水、保肥性好,供肥性较强。

以上土属中,青紫泥是最大的土属,各村均有分布,其他土属仅零星分布。

(四)土种

受水文作用和人为耕作活动的综合影响,镇域内分13个土种。

青泥土、青小粉土 分布在牡丹、万年(现慧农村)等村。

青紫泥 分布在五龙、牡丹、慧农等村。

黄斑青紫泥 分布在爱国(现五龙村)、温河、慧农等村。

黄底青紫泥 分布在原长浜村。

泥炭青紫泥 分布在原新民、三图(现温河村)等村。

青黄泥 分布在万年、慧农、光华(现温河村)等村。

黄底青黄泥 分布在万年(现慧农村)村和原新范、幸福(现长浜村)村。

砂身青黄土 分布在爱国(现五龙村)、慧农等村。

黄泥 分布在原新范(现长浜村)村。

黄斑青紫头 分布在三浜(现牡丹村)村。

砂心青紫土 分布在光华村(现温河村)。

青紫土 分布在长浜村。

二、植物资源

(一)粮食类

新农镇域内有水稻、三麦(大麦、元麦、小麦)和杂粮。水稻分为粳稻、糯稻。粳稻常规品种有"农垦58""沪选19""农虎6号""嘉农14号""嘉农新选""桂农12""农红73""幅农709""鉴37""秀水04""秀水06""秀水55""秀水48""桂农78-1"等;糯稻有"杨糯1号""京引15""红糯""江丰3号""祥湖14号""洋湖47""复红糯6号"等。大麦有"矮白洋""21-4""沪麦4号""泾大一号"等;小麦有"万年2号""吉利""沪麦3号""杨麦4号"等;元麦有"立夏青""矮秆齐""海麦1号"等少量种植。杂粮主要有番薯(俗称红薯)、玉米、大豆、蚕豆、赤豆、绿豆等。

(二)纤维类

镇域内主要是棉花,有"中棉(土棉)""岱字棉15""宁棉12""沪棉204"。

(三)油料类

镇域内有油菜籽、大豆、芝麻、向日葵、蓖麻籽、棉花籽等。油菜品种主要有"92—93""汇油50""浙油28""宁油7号"等;大豆有"踏扁青""慈菇青""西风毛豆""五月黄""六月白""七月青"等;芝麻有黑芝麻、白芝麻、黄芝麻等;向日葵,农户在自留地零星种植。

(四)蔬菜类

镇域内有白菜(黄芽菜)、甘蓝(卷心菜)、雪里蕻(雪菜)、芥菜、甜菜、苤蓝(大头菜)、菠菜、塌棵菜、莴笋、萝卜、茄子、大白菜、番茄、辣椒、甜椒、马铃薯(洋山芋)、芋艿、竹笋、葱、蒜、韭菜、米苋(海菜)、豇豆、扁豆、豌豆、刀豆、蚕豆、紫云英(红花头)、蘑菇、平菇、鸡腿菇、金针菇、香菇等。20世纪90年代中期引进芹菜、绿花菜、豌豆等新品种。

(五)瓜果类

镇域内有西瓜、甜瓜、黄瓜、南瓜、冬瓜、生瓜、丝瓜、苦瓜、佛手瓜、笋瓜(北瓜)等。

传统果类有桃、李、柿、梅、橙、橘、枣、枇杷、金橘、石榴等。20世纪80年代引进梨、葡萄。

90 年代引进草莓、无花果、猕猴桃、黄桃等。

（六）水生植物

镇域内有茭白、莲藕、菱、慈姑、水芹、荸荠、浮萍、水花生、菖蒲、水浮莲、水葫芦等。

（七）树木类

镇域内用材树种有水杉、池杉、落羽杉、樟树、白榆、银杏、朴树、榉树、悬铃木、麻栎、香椿、臭椿、泡桐、杞柳、榉树、楝树、桑树、杨柳等。观赏树种有雪杉、侧柏、女贞、棕榈、黄杨、桧柏、冬青、罗汉松、塔松、龙柏、紫藤树等。

（八）竹类

镇域内用材竹类有燕笋竹、杜燕竹、绿皮黄筋竹、篾竹等。观赏竹有凤尾竹、紫竹等。

（九）花卉

镇域内种有少量的梅花、杏花、桃花、蔷薇花、石榴花、荷花、凤仙花、桂花、菊花、芙蓉花、水仙花、蜡梅花、茶花、月季花、杜鹃花、鸡冠花、海棠花、米兰、美人蕉、石蜡红、茉莉花、太阳花、宝石花、文竹、牵牛花、仙人掌等。

（十）药材类

镇域内野生药材有枸杞、车前草、脱力（仙鹤）草、杜瓜、臭梧桐、金银花、薄荷、芦根、冬瓜皮、野菊花、枇杷叶、凤尾草、马齿苋、桃仁、扦扦活、菖蒲、金钱草、蛇莓、蒲公英、马兰、荠菜花、鸭舌草等。栽培药材主要有益母草、桑枝、合欢、女贞子、杭白菊、西红花、板蓝根、半夏、益母草、地肤、川芎等。野生兼栽培药材主要有紫苏、麦冬、牵牛子等。

三、动物资源

（一）兽类

有野生、饲养两类。新农镇域内野生类有老鼠、黄鼬（黄鼠狼）、野猫、刺猬、野兔、獾等。饲养类有猪、羊、兔、牛等，其中牛有水牛、荡脚牛、黄牛、奶牛等；猪以地方良种枫泾猪为主；羊以山羊为主，还有波尔山羊、绵羊、小尾寒羊等；兔有肉兔、剪毛兔，以大白兔为主；另有猫、狗等。

（二）禽类

镇域内野生禽类有麻雀、白头翁、乌鸦、八哥、啄木鸟、野鸡、野鸭、翠鸟、鹰、斑鸠、白鹭、黄伯劳、画眉、喜鹊、黄盾、百灵鸟、猫头鹰、十姐妹文鸟、野鹌鹑、鹁鸪等；饲养禽类有鸡、鸭、鹅、鸽、鹌鹑和引进的乌骨鸡、七彩山鸡等。

（三）淡水水产

镇域内天然水产有青鱼、鲢鱼（白鲢、花鲢）、鲤鱼、鲫鱼、鳑鲏鱼、乌鳢（黑鱼）、鲇鱼、鳊鱼、鲈鱼、鲌丝、泥鳅、黄鳝、虾、蟹、螃蜞、鳌、龟、蚬、螺蛳等。养殖水产有青鱼、草鱼、鲢鱼、鲈鱼、鲫鱼、美蛙、牛蛙等。

（四）昆虫、爬行类

镇域内有蜜蜂、胡蜂、马蜂、蝴蝶、粉蝶、蚕、萤火虫、螟虫、稻纵卷叶虫、稻苞虫、黏虫、蚜虫、红铃虫、红蜘蛛、苍蝇、蚊子、蟑螂、蚂蚁、蜻蜓、蝉、蟋蟀、蝼蛄、蚯蚓、蜗牛、壁虎、纺织娘、地鳖虫、白头虫、蜈蚣（百脚）、蛇、青蛙、牛蛙、蟾蜍、水蛭等。

第四节　自然灾害

新农镇历史上曾发生过涝灾、旱灾、风灾、雷击、低温冻害等多种自然灾害,其中涝灾最为严重,其次是台风、龙卷风造成的风灾。

一、暴雨

1989 年 4 月 28 日,日降暴雨 82.4 毫米,为 30 多年来同期日降水量之最。新农乡三麦、油菜生长遭受严重影响。

1995 年 7 月 20 日,日降暴雨 61.6 毫米,7 月 6 日又降暴雨 122.1 毫米,梅雨期间 5 天之内出现两场暴雨,新农镇 95% 蔬菜地被淹,经济损失严重。

1999 年 7 月 2 日凌晨,因连续 5 场大暴雨和江、浙客水下泄影响,金山大桥最高水位达 4.08 米,新农镇大部分农田被淹。

二、台风

1986 年 8 月 27 日,15 号强台风夹着暴雨来袭,最大风力 10 级,持续 18 个小时,新农乡受灾严重。

1997 年 8 月 18 日,11 号台风伴随暴雨、高潮位来袭,最大风力 11 级,镇域内河水位高达 4.2 米,造成池泾两岸圩堤溢水、工厂进水,农田被淹,经济损失 180 万元。

2000 年 9 月 14—15 日,代号为“桑美”的 14 号台风来袭,出现 8 ~ 9 级大风和暴雨,内河水位猛涨,金山大桥最高水位达 3.95 米,镇域内农作物受涝影响较大。

2002 年 6—9 月,受代号为“威马逊”和“森拉克”两个台风外围影响,普降中到大雨,镇域内农业生产遭受一定影响。

2004 年,受第 7 号台风“蒲公英”和 14 号台风“云娜”外围影响,普降中雨,镇域内部分农作物受到损坏。

三、龙卷风

1987 年 3 月 6 日晚 8 时 55 分,龙卷风夹带冰雹袭击新农乡北部地域,最大风力 10 级,历时近半个小时,倒塌新建楼房 13 幢,平房 36 间。

1991 年 8 月 7 日傍晚 8 时 10 分左右,特大龙卷风袭击新农乡北部长浜、新范等村和部分企业。造成 594 户农户房屋不同程度受损,其中 84 户房屋严重受损,5 人受重伤,6 人受轻伤,经济损失 283.3 万元。

四、雷暴

1991 年 7 月 14 日,新农乡遭受雷暴袭击,造成少数企业厂房倒塌和电视机、电话机等家用电器毁坏,经济损失较严重。

1996 年 6 月 24 日下午,雷暴雨袭击新农镇,有 4 个村、6 家企业受灾,105 幢房屋屋顶不同程度遭到损坏。

五、寒潮

1991 年 4 月 1—3 日，出现春霜和低温。新农乡瓜、菜和早稻遭受严重冻害，并出现死亡。是年 12 月下旬，天气异常：25—27 日起连续三天大雪和强降温，27—31 日连续 5 天冰雪不化，27、28 日两天日平均气温降到 -4.9℃，30 日最低气温 -8.4℃。全乡油菜冻害率达 78.6%，三麦冻害率达 64.5%，蔬菜冻害更为严重。

第二章　人　口

1986 年,新农乡总人口 25766 人,自然增长率 6.21‰。2004 年,新农镇总人口 19258 人,自然增长率 -3.27‰。人口素质和结构明显变化,人口老龄化程度日趋加快,人口期望寿命不断攀升。

第一节　人口规模

一、人口总量

户数　1986 年,新农乡户籍数 6820 户。1987—1993 年,全乡户籍数逐年增加。1994—2004 年,因行政区域 3 次变动,全镇户籍数明显减少。2004 年,新农镇户籍 5708 户,比 1986 年减少 1112 户。

人口　1986 年,新农乡总人口 25766 人。1987—1993 年,全乡人口有增有减。1994—2004 年,因行政区域调整和计划生育等因素,全镇连续 11 年出现人口负增长。2004 年,新农镇总人口 19258 人,比 1986 年减少 6508 人。

1986—2004 年新农镇(乡)户籍、人口情况表

表 2-1　　　　单位:户、人

年份	总户数	总人口	其中		年份	总户数	总人口	其中	
			男	女				男	女
1986	6820	25766	12518	13248	1992	7310	25840	12560	13280
1987	6936	25850	12547	13303	1993	7393	25684	12497	13187
1988	7089	25824	12514	13310	1994	7380	25503	12415	13088
1989	7155	25784	12533	13251	1995	7359	25331	12331	13000
1990	7220	25956	12620	13336	1996	6758	23154	11271	11883
1991	7268	25966	12598	13368	1997	6734	22906	11142	11764

续表 2－1

年份	总户数	总人口	其中		年份	总户数	总人口	其中	
			男	女				男	女
1998	6693	22618	11013	11605	2002	5639	18949	9258	9691
1999	6640	22353	10877	11476	2003	5772	19358	9478	9880
2000	6603	22176	10798	11378	2004	5708	19258	9436	9822
2001	6588	22116	10757	11359	—	—	—	—	—

二、人口分布

1986 年，新农乡总人口 25766 人，其中，非农业人口 689 人，占总人口的 2.67%；农业人口 25030 人，占总人口的 97.14%；未落（新生儿）常住户口的 47 人，占总人口的 0.18%。1990 年，新农乡总人口 25956 人，其中，非农业人口 943 人，占总人口的 3.63%；农业人口 24871 人，占 95.82%；未落（新生儿）常住户口的 142 人，占总人口的 0.55%。2000 年，新农镇总人口 22176 人，其中，非农业人口 1645 人，占总人口的 7.42%；农业人口 20297 人，占总人口的 91.53%；未落（新生儿）常住户口的 234 人，占总人口的 1.06%。2004 年，新农镇总人口 19241 人，其中，非农业人口 4956 人，占总人口的 25.73%；农业人口 14285 人，占总人口的 74.18%；未落（新生儿）常住户口的 4 人，占总人口的 0.09%。

三、人口密度

1986 年，新农乡户籍人口 25766 人，人口密度为每平方千米 745 人；1990 年，全乡 25956 人，人口密度为每平方千米 750 人。

2004 年，全镇人口密度有所下降，每平方千米 676 人。全镇人口密度最高的是温河村，每平方千米 705 人，比全镇每平方千米人口密度高 9 人，人口密度最少的是三浜村，每平方千米 612 人。

1986—2004 年新农镇（乡）人口分布、密度情况表

表 2－2　　单位：户、人

年份	每平方千米人口密度	户口性质				年份	每平方千米人口密度	户口性质			
		农业		非农业				农业		非农业	
		户数	人数	户数	人数			户数	人数	户数	人数
1986	745	6820	25030	—	689	1990	750	7220	24871	—	943
1987	747	6936	24977	—	752	1991	751	7268	24861	—	950
1988	747	7089	25949	—	802	1992	747	7310	24668	—	953
1989	745	7155	24747	—	943	1993	742	7391	24364	—	968

续表 2-2

年份	每平方千米人口密度	户口性质				年份	每平方千米人口密度	户口性质			
		农业		非农业				农业		非农业	
		户数	人数	户数	人数			户数	人数	户数	人数
1994	737	7380	23703	—	1426	2000	703	6603	20297	564	1645
1995	732	7359	23455	644	—	2001	701	6588	20119	555	1828
1996	734	6758	21461	519	1253	2002	600	5639	16607	590	2198
1997	726	6734	21210	518	1288	2003	707	5772	16518	687	2809
1998	717	6693	20965	511	1306	2004	676	5708	14285	1286	4956
1999	708	6640	20688	572	1402	—	—	—	—	—	—

说明:新农镇(公社、乡)各个时期区域面积(平方千米)不同,1957—1995 年为 34.60 平方千米;1996—2002 年为 31.56 平方千米;2003 年为 27.4 平方千米;2004 年为 28.29 平方千米

第二节 人口变动

一、自然增减

1986 年,新农乡人口出生率 11.99‰,自然增长率 6.21‰。1989 年,人口出生率 12.29‰,自然增长率降为 5.97‰。1997—2003 年,新农镇人口出生率 3.67‰,人口自然增长率 -4.85‰。2004 年,全镇户籍人口计划生育率 100%,人口自然增长率 -3.27‰。

1986—2004 年新农镇(乡)人口自然增减情况表

表 2-3　　单位:人、‰

年份	总人口	出生		死亡		自然增长率
		人数	比率	人数	比率	
1986	25766	309	11.99	149	5.78	6.21
1987	25850	378	14.62	161	6.23	8.39
1988	25824	274	10.61	169	6.54	4.07
1989	27784	317	12.29	163	6.23	5.97
1990	25956	278	10.71	155	5.97	4.74
1991	25966	252	9.71	152	5.85	3.86
1992	25840	269	10.41	146	5.65	4.76
1993	25684	286	11.14	177	6.89	4.25

续表 2 - 3

年份	总人口	出生		死亡		自然增长率
		人数	比率	人数	比率	
1994	25503	232	9.10	182	7.14	1.96
1995	25331	207	8.17	171	6.75	1.42
1996	23154	171	7.39	171	7.39	0.00
1997	22906	147	6.42	170	7.42	-1.00
1998	22618	141	6.23	165	7.30	-1.07
1999	22353	125	5.59	172	7.70	-2.11
2000	22176	128	5.77	145	6.54	-0.77
2001	22116	121	5.47	167	7.55	-2.08
2002	18949	160	8.44	171	9.02	-0.58
2003	19358	71	3.67	165	8.52	-4.85
2004	19258	76	3.95	139	7.22	-3.27

二、机械增减

新农镇(乡)人口流动较小,常住人口相对稳定。1985—1990 年,迁入新农乡人口有 145 人,其中,由上海市区、本市乡镇迁入 61 人,占迁入人口总数的 42.07%;其他省市迁入 84 人,占 57.93%。在迁移人口中,属工作调动的有 30 人(男 28 人、女 2 人),占迁入人口总数的 20.70%;分配录用的 9 人(男 5 人、女 4 人),占 6.21%;务工经商的 37 人(男 25 人、女 12 人),占 25.52%;投亲靠友的 7 人(男 2 人、女 5 人),占 4.83%;退休退职的 9 人,均为男性,占 6.21%;随迁家属 9 人(男 4 人、女 5 人),占 6.21%;婚嫁的 32 人(男 9 人、女 23 人),占 22.07%;其他 12 人(男 9 人、女 3 人),占 8.26%。

1994 年 12 月,新农镇行政区域第一次调整,人口减少 2073 人。

2001 年 7 月,重庆市云阳县三峡库区移民 14 户、60 人移居新农镇。

2002 年 12 月,新农镇行政区域第二次调整,人口减少 3183 人。

2003 年 7 月,金山区松隐镇南星村 5 个村民小组共 165 户、568 人,划归新农镇。

2004 年 8 月,重庆市万州区三峡库区移民 6 户、21 人移居新农镇。

2004 年,全镇户籍人口比 1986 年减少 3896 人。

1990—2004 年新农镇(乡)迁入、迁出情况表

表 2 - 4　　　　单位:人

年份	迁入人口			迁出人口		
	合计	市外迁入	市内迁入	合计	市外迁出	市内迁出
总计	1386	554	832	4710	396	4314
1990	122	44	78	223	57	166
1991	123	24	99	219	47	172
1992	115	19	96	364	27	337
1993	138	14	124	400	36	364
1994	114	18	96	345	35	310
1995	116	32	84	324	31	293
1996	140	22	118	2317	29	2288
1997	120	25	95	341	30	311
1998	40	22	18	51	17	34
1999	33	31	2	26	20	6
2000	52	39	13	24	22	2
2001	105	105	—	32	1	31
2002	48	44	4	29	29	—
2003	41	37	4	8	8	—
2004	79	78	1	7	7	—

第三节　人口构成

一、自然构成

性别　1986 年,新农乡总人口 25766 人,其中,男性 12518 人,占总人口的 48.58%,女性 13248 人,占总人口的 51.42%;性别比为 94.50(女性为 100,下同)。1990 年,新农乡总人口 25956 人,其中,男性 12628 人,占总人口的 48.63%;女性 13328 人,占总人口的 51.32%;性别比 94.65。2004 年,新农镇总人口 19258 人,其中,男性 9436 人,占总人口的 49%;女性 9822 人,占总人口的 51%;性别比 96.07。

1986—2004 年新农镇(乡)户籍人口性别比情况表

表 2-5 单位:人

年份	性别比	年份	性别比	年份	性别比	年份	性别比
1986	94.50	1991	94.23	1996	94.85	2001	94.70
1987	94.32	1992	94.58	1997	94.71	2002	95.53
1988	94.02	1993	94.77	1998	94.90	2003	94.82
1989	94.58	1994	94.86	1999	94.78	2004	96.07
1990	94.63	1995	94.85	2000	94.82		

说明:1986 年、2004 年新农镇(乡)总人口和男、女人数均按金山区(县)统计局统计资料为依据

年龄 1990 年第四次全国人口普查时,新农乡总人口 25970 人,0～19 岁 6983 人,占总人口的 26.89%;20～59 岁 15922 人,占总人口的 61.31%;60 岁以上 3065 人,占总人口的 11.80%。

2000 年第五次全国人口普查时,新农镇总人口 23557 人,0～19 岁 4328 人,占总人口 18.37%;20～59 岁 15589 人,占总人口的 66.18%;60 岁以上 3640 人,占总人口的 15.45%;14 岁以下少年儿童 3124 人,占总人口的 13.26%,老少比为 116.52(以儿童人口为 100)。60 岁以上老年人与 1990 年相比,增加 3.65 个百分点。

"四普""五普"时新农镇(乡)人口年龄结构情况表

表 2-6 单位:人、%

年龄段	1990 年				2000 年			
	合计	男	女	占总人口比率	合计	男	女	占总人口比率
0～4 岁	1600	794	804	6.16	687	358	329	2.92
5～9 岁	1556	782	774	5.99	1049	531	518	4.45
10～14 岁	1988	1006	982	7.66	1388	686	702	5.89
15～19 岁	1839	952	887	7.08	1204	427	777	5.11
20～24 岁	2481	1188	1293	9.55	1664	742	922	7.06
25～29 岁	2661	1305	1356	10.25	1631	843	788	6.94
30～34 岁	2549	1244	1305	9.82	2193	1095	1098	9.31
31～39 岁	2665	1321	1344	10.26	2433	1217	1216	10.33
40～44 岁	1852	893	959	7.13	2150	1057	1093	9.13
45～49 岁	1397	684	713	5.38	2467	1215	1252	10.46
50～54 岁	1093	519	574	4.21	1721	873	848	7.31
55～59 岁	1224	563	661	4.71	1330	678	652	5.65
60～64 岁	971	469	502	3.74	900	447	453	3.82

续表 2-6

年龄段	1990 年				2000 年			
	合计	男	女	占总人口比率	合计	男	女	占总人口比率
65~69 岁	930	430	500	3.58	1021	460	561	4.33
70~74 岁	563	254	309	2.16	739	339	400	3.14
75~79 岁	365	148	217	1.41	581	218	363	2.65
80~84 岁	183	64	119	0.71	281	101	180	1.19
85~89 岁	39	10	29	0.15	96	28	68	0.41
90~94 岁	13	2	11	0.05	20	5	15	0.09
95~99 岁	1	—	1	—	2	—	2	—

说明:据 1990 年、2000 年全国人口普查资料(电子计算机汇总)数据

二、社会构成

文化 1990 年第四次全国人口普查时,新农乡总人口 25970 人,大专以上 72 人,占总人口的 0.28%;高中、中专 1462 人,占 5.63%;初中 7031 人,占 27.07%;小学 10795 人,占 41.57%;文盲、半文盲 4797 人,占 18.47%;学龄前儿童 1813 人,占 6.98%。

2000 年第五次全国人口普查时,新农镇总人口(包括外来人口)23557 人,大专以上学历 179 人,占总人口的 0.76%;高中、中专 1766 人,占 7.50%;初中 9103 人,占 38.64%;小学 8580 人,占 36.42%;文盲、半文盲 3061 人,占 12.99%;学龄前儿童 868 人,占 3.69%。

2000 年,新农镇接受高等教育人数与 1990 年相比,增加 2.49 倍,文盲、半文盲比 1990 年的 4797 人减少 1736 人。2000 年,全镇接受高等教育 179 人中,女性 52 人,占接受高等教育人数的 29.05%。

"四普""五普"时新农镇(乡)人口文化程度情况表

表 2-7 单位:人、%

项目	大专、专科以上		中专、高中		初中		小学		文盲、半文盲		学龄前儿童	
	人数	占比	人数	占比	人数	占比	人数	占比	人数	占比	人数	占比
"四普"(1990 年)	72	0.28	1462	5.63	7031	27.07	10759	41.57	4797	18.47	1813	6.98
"五普"(2000 年)	179	0.76	1766	7.50	9103	38.64	8580	36.42	3061	12.99	868	3.69

职业 1986 年,新农乡就业人口 15342 人,其中,从事农副业的 6975 人,占就业人口的 45.46%;从事工业和运输业的 6849 人,占就业人口的 44.64%;从事商业的 75 人,占就业人口的 0.49%;从事文教、卫生的 156 人,占就业人口的 1.02%;从事个体经营、外出打工及其他人员 1287 人,占就业人口的 8.39%。

1990 年,全乡就业人口 17788 人,其中,从事农副业和水利的 6169 人,占就业人口的 34.68%;从事工业生产的 8361 人,占就业人口的 47%;从事建筑业的 1052 人,占就业人口的 5.92%;从事交通运输、邮电通信业的 698 人,占就业人口的 3.92%;从事商业、公共饮食、物资供销和仓储业的 672 人,占就业人口的 3.78%;从事房地产、公用事业、居民服务和咨询服务的 115 人,占就业人口的 0.65%;从事卫生、体育和福利事业的 94 人,占就业人口的 0.53%;从事教育、文化艺术、广播电视电影事业的 296 人,占就业人口的 1.66%;从事科学研究和综合技术服务的 1 人,从事金融、保险业的 24 人,占就业人口的 0.14%;从事机关和社会集体工作的 306 人,占就业人口的 1.72%。

2004 年,全镇就业人口 8858 人,其中,从事农副业的 3640 人,占就业人口的 18.90%;从事工业的 3986 人,占就业人口的 20.69%;从事建筑业的 286 人,占就业人口的 1.48%;从事交通运输业的 152 人,占就业人口的 0.80%;从事批发和零售、餐饮业的 225 人,占就业人口的 1.17%;从事财政、金融、保险业的 28 人,占就业人口的 0.15%;从事医疗卫生业的 54 人,占就业人口的 0.28%;从事教育、文化艺术、广播电影业的 169 人,占就业人口的 0.88%;从事机关和社会团体的 96 人,占就业人口的 0.50%;其他从业人员 222 人,占就业人口的 1.15%。

民族　1986 年,新农乡人口均系汉族。20 世纪 90 年代起,因婚姻嫁娶、人才交流和工作调动等原因,民族有所增加。2004 年,全镇有 11 个民族,其中,汉族 19226 人;少数民族 10 个,32 人。

“五普”时新农镇民族情况表

表 2-8　　　　单位:人

民族	合计	男	女	民族	合计	男	女
汉族	19226	9427	9799	满族	3	2	1
蒙古族	12	3	9	土家族	2	1	1
维吾尔族	1	1	—	仫佬族	3	1	2
藏族	2	—	2	仡佬族	2	1	1
回族	1	—	1	壮族	2	—	2
苗族	4	—	4	—	—	—	—

婚姻　2000 年,全国第五次人口普查(对全镇 10% 家庭户抽样调查)资料统计显示,新农镇 15 岁及以上人口为 1960 人,婚姻状况是:未婚 219 人,占 15 岁及以上人口的 11.17%;初婚有配偶的 1559 人,占 79.54%;再婚有配偶的 53 人,占 2.70%;离婚 17 人,占 0.87%;丧偶 112 人,占 5.71%。

家庭　1986 年,新农乡家庭人口平均每户 3.78 人。1990 年第四次全国人口普查时,家庭户规模多数为 3 人户,计 2098 户,占总户数的 29.44%;其次是 4 人户,1763 户,占 24.74%;再次是 5 人户,1278 户,占 17.93%;2 人户的家庭占有一定的比例,计 754 户,占 10.58%;其余为 1 人户和 6 人户,其中 1 人户多于 6 人户。1996 年,新农镇家庭人口平均每户3.59人。2004年,新农镇总户数5708户,总人口19258人,平均每户家庭3.37人。

姓氏 2004年,新农镇5708户,总人口19258人。至2004年12月,全镇共有姓氏105个,其中,以陈姓人口为最多,1753人,占总人口的9.1%;沈姓1654人,占8.59%;张姓1220人,占6.34%。

2004年新农镇姓氏情况表

表2-9 单位:人

序号	1	2	3	4	5	6	7	8	9	10	11	12	13	14	15
姓氏	陈	沈	张	胡	朱	陆	王	顾	周	蒋	黄	杨	唐	赵	吴
人数	1753	1654	1220	955	945	844	821	676	663	592	546	546	478	463	354
序号	16	17	18	19	20	21	22	23	24	25	26	27	28	29	30
姓氏	高	徐	叶	姚	金	蔡	何	干	马	许	严	彭	盛	潘	李
人数	352	343	332	301	281	248	209	199	194	181	179	171	165	158	155
序号	31	32	33	34	35	36	37	38	39	40	41	42	43	44	45
姓氏	冯	倪	汤	夏	俞	秦	谢	卫	曹	褚	罗	孙	葛	钱	阮
人数	151	148	140	137	119	105	95	90	88	84	80	79	76	74	72
序号	46	47	48	49	50	51	52	53	54	55	56	57	58	59	60
姓氏	钟	施	项	姜	屠	郭	毛	奚	杜	鲁	袁	包	尤	田	刘
人数	68	67	62	60	60	57	52	49	46	43	42	37	34	33	31
序号	61	62	63	64	65	66	67	68	69	70	71	72	73	74	75
姓氏	丁	邬	庄	焦	薛	宋	骆	裴	戚	邵	陶	莊	封	寿	章
人数	31	31	31	27	25	25	24	23	19	19	19	19	18	17	17
序号	76	77	78	79	80	81	82	83	84	85	86	87	88	89	90
姓氏	吕	巫	万	范	兰	董	伍	邱	郑	林	费	平	季	程	单
人数	16	15	15	14	13	13	11	10	10	10	9	9	9	7	7
序号	91	92	93	94	95	96	97	98	99	100	101	012	103	104	105
姓氏	江	祁	郁	柳	戴	游	华	龚	方	孟	管	康	戈	樊	尹
人数	7	7	6	6	6	6	5	5	5	5	4	4	3	3	3

第四节 人 寿

2004年年底,新农镇人均寿命从新中国成立初期的42岁升至80.29岁(男性寿命78.1岁,女性寿命82.5岁),老年人口比例不断上升,人口年龄结构趋向老龄化。

一、高龄老人

1990 年，新农乡总人口 25970 人，其中，70 岁以上老年人 1164 人，占总人口的 4.48%。2000 年，新农镇总人口 23557 人，其中，70 岁以上老年人 1719 人，占总人口的 7.30%。

2004 年，新农镇总人口 19258 人，其中，70 岁以上老年人 1736 人，占总人口的 9.01%；90 岁以上老年人 27 人，占 60 岁以上人口的 0.66%。

截至 2004 年新农镇 90 周岁以上老年人一览表

表 2－10

姓　名	性　别	出生年月	家庭住址
严杏林	男	1913.6	慧农村 14 组
黄金宝	女	1912.5	慧农村 15 组
沈宝宝	女	1912.5	慧农村 17 组
曹企宝	女	1911.5	万年村 9 组
兰四宝	女	1913.10	万年村 16 组
沈婉宝	女	1914.6	五龙村 21 组
沈火宝	女	1911.12	五龙村 7 组
陈娟宝	女	1910.8	三浜村 6 组
周秀英	女	1913.3	三浜村 10 组
徐五宝	女	1914.4	三浜村 8 组
胡秀宝	女	1914.8	温河村 1 组
冯杏宝	女	1909.4	温河村 5 组
朱园宝	女	1912.2	温河村 6 组
陈亚珍	女	1909.4	温河村 5 组
王毛弟	女	1914.2	牡丹村 10 组
马惠宝	女	1913.11	牡丹（沈庄）8 组
叶三宝	女	1914.10	牡丹（沈庄）8 组
徐巧珍	女	1907.1	光华村 3 组
黄娟英	女	1911.10	光华村 5 组
张书宝	女	1913.10	光华村 5 组
沈书英	女	1914.11	光华村 6 组
沈引娥	女	1911.12	光华村 6 组

续表 2-10

姓　名	性　别	出生年月	家庭住址
胡美宝	女	1912.11	光华(三图)1组
张阿妹	女	1914.5	光华(三图)1组
赵小妹	女	1914.12	温河(新民)5组
陈俞氏	女	1911.11	牡丹(沈庄)12组
周惠宝	女	1914.3	五龙村21组

二、百岁老人

张志英(1899—2000),女,汉族,新农镇牡丹(沈庄)村19组人。张志英出身于现金山区亭林镇林家桥贫苦农村家庭,21岁婚嫁至新农镇沈庄村八组,一生务农,83岁丧偶,生有1子5女。老人性格开朗,言语不多,生活起居有规律,饮食从不挑剔。88岁时还能下田劳动,98岁时还可做一些家务。于2000年12月12日谢世,享年101岁。

第五节　计划生育

一、管理机构

乡镇级计划生育管理机构始建于1979年。1984年,改称新农乡计划生育领导小组。由1名分管副乡长任组长,配备1名计划生育专职干部,负责全乡计划生育工作。各村委会、企事业单位相应建立计划生育领导小组,由单位1名领导任组长,妇女主任兼管计划生育工作。

1989年11月,新农乡成立计划生育协会,由乡人民政府分管副乡长兼任协会理事长,计划生育专职干部兼任计划生育协会秘书长。

2001年12月,新农镇实施机构改革,组建社会事业办公室,镇计划生育办公室划归镇社会事业办公室管辖,内设新农镇人口与计划生育办公室。配备专职计划生育干部1人,负责全镇人口与计划生育工作。

二、政策法规

1994年11月1日,执行《上海市流动人口计划生育管理暂行规定》。1997年1月,《上海市外来流动人口计划生育管理条例》颁布。1998年9月,《上海市外来流动人口计划生育管理办法》发布。外来流动人口计划生育从教育管理转为法制管理。

2000年,执行《中华人民共和国人口与计划生育法》。符合晚婚年龄(男年满25周岁、女年满23周岁)的初婚夫妻、符合晚育年龄(女年满24周岁)的,符合计划生育做节育手术的享受晚婚假、晚育假和节育手术假，其假期按公假处理。

2004 年 4 月，执行上海市政府办公厅下发的《上海市人口与计划生育条例》。“独生子女证”改为“独生子女父母光荣证”。增加晚婚假、晚育假，其配偶享受晚育护理假，晚婚假期间享受婚假同等待遇，晚育假、晚育护理假享受产假同等待遇。依法生育子女的妇女，享受生育保险待遇。2004 年，全镇有 1411 人独生子女父母领取“独生子女父母光荣证”。

2004 年 7 月 1 日，实施上海人口与计划生育委员会、上海市财政局制定的对本市农村计划生育家庭奖励扶助政策。奖励扶助对象：本人及配偶均农业户口，1993 年 1 月 1 日以后出生，生育或者依法收养过子女，男年满 60 周岁，女年满 55 周岁；1990 年 8 月 1 日至 2001 年期间生育子女没有违反计划生育法律法规和政策规定，无子女（即生育或者依法收养的子女均已死亡），或者只有一个子女或只有两个女儿。奖励扶助标准：符合条件的奖励扶助对象，按每人每年 600 元发放，从 2004 年 7 月 1 日起实行补贴。是年，全镇享受计划生育奖励扶助 267 人。

三、宣传教育

1986—1989 年，新农乡每年在冬春计划生育宣传月，法定节假日、中共中央发表《关于控制我国人口增长问题致全体共产党员、共青团员的公开信》纪念日、“世界人口日”等，多层次、多渠道、多形式开展计划生育政策、法规宣传教育。贯彻上海市人民政府《关于上海市农村照顾生育第二个孩子条件和几个具体问题的说明》，全乡开展计划生育基本国策不变、执行计划生育政策不变、提倡一对夫妇只生一个孩子的“三不变”宣传教育。

1990—1992 年，全乡开展人口与计划生育基础知识普及宣传教育三年行动；举办计生干部、信息员培训班 9 期，编出宣传画廊、黑板报 24 期，撰写广播稿、组织宣传图片 65 篇（幅）。组织 2500 多人参观“人类与生殖健康”展览，发放宣传资料 6000 多份。

1993—1995 年，新农镇（乡）贯彻落实中共中央关于控制人口增长，提高人口素质精神，开展以“六期”（青春期、恋爱期、新婚期、孕育期、生育后期、更年期）为主要内容的生育健康知识教育三年行动计划。全镇（乡）6365 对育龄夫妇接受计划生育基础知识教育，受教育率 95%。

1996—2001 年，新农健全镇、村两级计划生育协会，镇计生协会会员增至 1095 人；开展《家庭与生殖健康》教育活动 5 次，2500 多人参加；举办新婚夫妇培训班 6 期，300 多对夫妇参加。

2002—2004 年，宣传《中华人民共和国人口与计划生育法》《上海市人口与计划生育条例》等法律法规。全镇共举办学习班 6 期，360 多人参加，上街宣传 21 次；建立计划生育志愿者队伍 11 支，140 多人参加；为育龄妇女上门服务 6150 人次。

四、管理与服务

行政管理　1986 年，金山县实行乡镇计划生育工作纳入乡镇干部岗位责任制百分考核，列入乡规民约，列为文明单位（村）、五好家庭、先进个人评比条件。1989 年，实行人口与计划生育目标管理责任制。1993 年，实行人口与计划生育党政一把手负责制。计划生育管理机制逐步完善。1997年,全镇人口自然增长率首次出现负增长,为-1.00‰。2004年,全镇人口出生率为3.95‰,比1986年下降8.04个千分点。

业务管理 1986年,全乡避孕药具实行供给制,由药具发放员因人制宜,免费送药具上门。1989年,避孕药具供给制改为承包制,一定三年不变。1994年,全乡形成乡、村、企事业单位、村民小组"三级"避孕药具管理网络。2000年8月,镇建立计划生育保健综合服务站,开展计划生育生殖咨询服务,举办家庭知识竞赛、避孕药具知识培训班等活动。每三年一次免费为全镇育龄妇女B超检查。2004年,全镇户籍人口计划生育率达100%,比1986年的99.34%上升0.66%。

1993年起,新农乡外来流动人口计划生育工作启动。是年,贯彻《金山县流动人口计划生育管理实施办法》,开展外来流动人员登记、建卡、发证和服务工作。1998年起,执行《上海市外来流动人员计划生育管理办法》,实行与户籍人口同宣传、同管理、同服务。每年2~4次对外来流动育龄妇女开展检查。2001年,对全镇1300余人外来育龄妇女进行查证、验证,有婚育证明的735人,验证合格率56.54%。2004年,镇人口与计划生育管理站,外来人口管理服务站与区人口信息交换网实行互联网。

1986—1990年,新农乡连续3次获上海市计划生育先进集体称号;1985年,新农乡被评为金山县计划生育先进集体;1990年,新农乡获金山县计划生育目标管理考核优秀奖。2000年,三图村朱冲芳获全国村(居)民委员会优秀计划生育工作者称号。2001年,新范村谢炳芳获全国婚育新风进万家活动先进个人称号。

1986—2004年新农镇(乡)户籍人口计划生育情况表

表2-11

年份	计划生育率(%)	出生率(‰)	死亡率(‰)	自然增长率(‰)	节育情况			独生子女领证	
					已婚育龄妇女(人)	节育(人)	节育率(%)	领证人数(人)	领证率(%)
1986	99.34	11.99	5.78	6.21	5167	4865	68.81	2736	52.95
1987	99.75	14.62	6.23	8.39	5489	4936	89.83	2811	51.21
1988	99.83	10.61	6.54	4.07	5708	5279	92.48	3174	55.61
1989	100	12.29	6.23	5.97	6319	5795	91.71	3197	50.59
1990	99.87	10.71	5.97	4.74	6420	5968	92.96	3076	47.91
1991	100	9.71	5.85	3.86	6303	5967	94.33	2940	46.47
1992	100	10.41	5.65	4.76	6297	5960	94.65	3220	51.14
1993	100	11.14	6.89	4.25	6341	5938	63.64	3381	53.32
1994	99.80	9.10	7.14	1.96	6260	5967	95.32	1959	31.29
1995	100	8.17	6.75	1.42	6302	5941	94.27	3854	61.16
1996	100	7.39	7.39	0.00	5596	5365	95.87	4485	80.14

续表 2－11

年份	计划生育率(%)	出生率(‰)	死亡率(‰)	自然增长率(‰)	节育情况			独生子女领证	
					已婚育龄妇女(人)	节育(人)	节育率(%)	领证人数(人)	领证率(%)
1997	98.29	6.42	7.42	－1.00	5407	5204	96.25	2712	50.16
1998	100	6.23	7.30	－1.07	5366	4977	92.75	1819	33.89
1999	100	5.59	7.70	－2.11	5393	5135	95.22	2383	44.19
2000	100	5.77	6.54	－0.77	5401	5073	93.93	2275	41.10
2001	100	5.47	7.55	－2.08	5351	5277	98.63	2065	38.59
2002	98.38	8.44	9.02	－0.58	5263	5086	98.88	2148	
2003	100	3.67	8.52	－4.85	4292	4230	98.55	1279	29.79
2004	100	3.95	7.22	－3.27	5426			1411	26

第三章　中共新农镇委员会

1986—2004 年,中共新农镇(乡)委员会,先后召开中共新农镇(乡)第七至十二次党员代表大会,每次党代会选举产生本届镇(乡)党委领导机构,并按党代会决议,开展党的各项工作。

第一节　代表大会

中共新农镇(乡)代表大会代表由各村(居)、企事业单位党(总)支部召开党员大会选举产生。

一、中共新农乡第七次代表大会

1986 年 10 月 20—22 日,在乡政府大礼堂召开。出席代表 172 人。代表全乡 37 个党(总)支部,1168 名党员参加会议。会议听取和审议乡党委书记沈连春所作的《深化改革,发展经济,加强新农乡两个文明建设》工作报告;听取和审议乡纪律检查委员会书记沈宏所作的《中共新农乡纪律检查委员会工作报告》。大会选举产生中共新农乡第七届委员会委员 7 人;选举产生中共新农乡纪律检查委员会委员 5 人。通过相应决议。

二、中共新农乡第八次代表大会

1989 年 11 月 28—30 日,在乡政府大礼堂召开。出席代表 156 人,代表全乡 47 个党(总)支部,1294 名党员参加会议。会议听取和审议乡党委书记徐建国所作的《坚定改革信心,积极治理整顿,为夺取新农乡两个文明建设的新胜利而努力奋斗》工作报告;听取和审议乡纪委书记沈奇云所作的《中共新农乡纪律检查委员会工作报告》。大会选举产生中共新农乡第八届委员会委员 7 人;选举产生中共新农乡纪律检查委员会委员 5 人。通过相应决议。

三、中共新农乡第九次代表大会

1993 年 2 月 10—11 日,在乡政府综合楼二楼会议室召开。出席代表 128 人,代表全乡 48 个党(总)支部,1289 名党员参加会议。会议听取和审议乡党委书记徐建国所作《解放思想,抓住机遇,为加速发展新农经济而奋斗》的工作报告;听取和审议乡纪委书记蔡又新所作的《中共新农乡纪律检查委员会工作报告》。大会选举产生中共新农乡第九届委员会委员9人；选举产生中共新农乡纪律检查委员会委员4人。通过相应决议。

四、中共新农镇第十次代表大会

1996年1月9—10日，在镇政府综合楼二楼会议室召开。出席代表125人，代表全镇50个党(总)支部，1269名党员参加会议。会议听取和审议镇党委书记程国辉所作的《开拓创新，真抓实干，为新农经济再上台阶而奋斗》工作报告；听取和审议镇纪委书记蔡又新所作的《中共新农镇纪律检查委员会工作报告》。大会选举产生中共新农镇第十届委员会委员8人；选举产生中共新农镇纪律检查委员会委员5人。通过相应决议。

五、中共新农镇第十一次代表大会

1999年1月7—8日，在镇政府综合楼二楼会议室召开。出席代表125人，代表全镇45个党(总)支部，1294名党员参加会议。会议听取和审议镇党委书记程国辉所作《解放思想，真抓实干，为实现新农跨世纪目标而奋斗》的工作报告；听取和审议镇纪委书记李春花所作的《中共新农镇纪律检查委员会工作报告》。大会选举产生中共新农镇第十一届委员会委员7人；选举产生中共新农镇纪律检查委员会委员3人。通过相应决议。

六、中共新农镇第十二次代表大会

2001年12月26—27日，在镇政府综合楼二楼会议室召开。出席代表131人，代表全镇39个党(总)支部，1312名党员参加会议。会议听取和审议镇党委书记赵慈文所作《坚定信心、团结拼搏、真抓实干、开拓创新，为实现新农新三年的发展目标而努力奋斗》的工作报告；听取和审议镇纪委书记钱益基所作的《中共新农镇纪律检查委员会工作报告》。大会选举产生中共新农镇第十二届委员会委员7人；选举产生中共新农镇纪律检查委员会委员3人。通过相应决议。

2001年12月26—27日，中国共产党新农镇第十二次代表大会召开

第二节　党　委　会

一、全会选举

1986年10月至2005年3月，新农镇(乡)召开第七至第十二次党员代表大会，共选举产

生六届中共新农镇(乡)委员会组成人员。每届委员会选出后,举行党委全委选举会议,选举产生新一届中共新农镇(乡)委员会书记、副书记,批准中共新农镇(乡)纪律检查委员会全会选举会议选举产生的新一届中共新农镇(乡)纪律检查委员会书记、副书记。

二、组成人员

新农镇(乡)第七次至十二次党员代表大会共选举产生六届中共新农镇(乡)委员会。每届委员会选出后,在召开的第一次委员会会议上选举产生书记、副书记。届中,区(县)委另行任免书记、副书记、委员。

中共新农镇(乡)第七至十二届委员会组成人员情况表

表3-1

届次	职务	姓名	籍贯	任期	备注
七届 1986.10—1989.11	书记	沈连春	上海金山	1986.10—1987.5	其间,县委任命书记2人、副书记1人、委员2人,免去书记2人、副书记1人、委员1人
		沈金谷	上海金山	1987.7—1989.5	
		徐建国	上海金山	1989.5—1989.11	
	副书记	高明达	上海金山	1986.10—1987.2	
		王海根	上海金山	1986.10—1989.11	
		沈宏(女)	上海金山	1986.10—1989.11	
		沈连春	上海金山	1987.5—1989.2	
	委员	高雪明	上海金山	1986.10—1987.2	
		朱良宝(女)	上海金山	1986.10—1989.11	
		严维新	上海金山	1986.10—1989.11	
		朱四邱	上海金山	1986.10—1989.11	
		沈仙强	上海金山	1987.7—1989.11	
		陈道良	上海金山	1987.5—1989.11	
八届 1989.11—1993.2	书记	徐建国	上海金山	1989.11—1993.2	其间,县委任命委员1人
	副书记	王海根	上海金山	1989.11—1992.10	
		陈道良	上海金山	1989.11—1993.2	
		何木良	上海金山	1992.10—1993.2	
	委员	朱四邱	上海金山	1989.11—1993.2	
		严维新	上海金山	1998.11—1993.2	
		沈仙强	上海金山	1989.11—1993.2	
		沈奇云	上海金山	1989.11—1993.2	
		陈明忠	上海金山	1992.11—1993.2	

续表 3-1

届次	职务	姓名	籍贯	任期	备注
九届 1993.2—1994.9	书记	徐建国	上海金山	1993.2—1994.2	其间,县委任命书记1人、委员1人
		程国辉	上海金山	1994.2—1994.9	
	副书记	何木良	上海金山	1993.2—1994.9	
		陈道良	上海金山	1993.2—1994.2	
		朱良宝(女)	上海金山	1994.2—1994.9	
	委员	杨明成	上海金山	1993.2—1994.9	
		沈仙强	上海金山	1993.2—1994.9	
		盛炳兴	上海金山	1993.2—1994.9	
		张仁良	上海金山	1993.12—1994.9	
		朱四邱	上海金山	1993.2—1994.9	
		陈明忠	上海金山	1993.2—1993.12	
		蔡又新	上海金山	1993.2—1994.9	
撤乡建镇 1994.9—1996.1	书记	程国辉	上海金山	1994.9—1996.1	1994年9月撤乡建镇期间,县委任命副书记2人、委员1人,免去副书记1人、委员1人
	副书记	何木良	上海金山	1994.9—1996.1	
		朱良宝(女)	上海金山	1994.9—1995.9	
		曹幼松	浙江海宁	1995.4—1996.1	
		金丽勤	上海金山	1995.9—1996.1	
	委员	朱四邱	上海金山	1994.9—1995.11	
		沈仙强	上海金山	1994.9—1996.1	
		盛炳兴	上海金山	1994.9—1995.11	
		蔡又新	上海金山	1994.9—1996.1	
		张仁良	上海金山	1994.9—1996.1	
		沈国忠	上海金山	1995.11—1996.1	
十届 1996.1—1999.1	书记	程国辉	上海金山	1996.1—1999.1	
	副书记	何木良	上海金山	1996.1—1999.1	
		金丽勤(女)	上海金山	1996.1—1996.11	
		曹幼松	上海金山	1996.1—1999.1	
		李春花(女)	山东平度	1996.11—1999.1	
	委员	沈仙强	上海金山	1996.1—1999.1	
		沈国忠	上海金山	1996.1—1998.11	
		张仁良	上海金山	1996.1—1999.1	

续表 3-1

届次	职务	姓名	籍贯	任期	备注
十届 1996.1—1999.1	委员	蔡又新	上海金山	1996.1—1998.11	
		庄建芳(女)	上海金山	1998.11—1999.1	
		陈坚勇	上海金山	1998.11—1999.1	
十一届 1999.10—2001.12	书记	程国辉	上海金山	1999.1—2001.10	其间,区委任命副书记1人,免去副书记1人
		赵慈文(女)	上海金山	2001.10—2001.12	
	副书记	何木良	上海金山	1999.10—2001.3	
		曹幼松	上海金山	1999.1—2001.12	
		李春花(女)	山东平度	1999.1—1999.11	
		沈德兴	上海金山	1999.12—2001.10	
		杨伯良	上海金山	2001.3—2001.12	
		钱益基	上海金山	2001.10—2001.12	
	委员	庄建芳(女)	上海金山	1999.1—2001.12	
		陈坚勇	上海金山	1999.1—2001.10	
		沈仙强	上海金山	1999.1—2001.10	
		金志兵	上海金山	2001.10—2001.12	
		朱明建	上海金山	2001.10—2001.12	
十二届 2001.12—2005.3	书记	赵慈文(女)	上海金山	2001.12—2005.3	其间,区委任命副书记1人、委员1人,免去委员1人
	副书记	杨伯良	上海金山	2001.12—2005.3	
		曹幼松	上海金山	2001.12—2005.3	
		钱益基	上海金山	2001.12—2005.3	
		孙明弟	上海金山	2003.3—2005.3	
	委员	庄建芳(女)	上海金山	2001.12—2005.3	
		朱明建	上海金山	2001.12—2005.3	
		金志兵	上海金山	2001.12—2005.3	
		陈忠	上海金山	2002.12—2005.3	

第三节　工作机构

1986年10月,中共新农乡第七届委员会下设办公室、组织、宣传、纪律检查。政法工作由党委副书记兼管。统战工作由党委1名委员主管,下设1名兼职统战员。

1987 年 6 月，成立中共新农乡委员会党校。

1987 年 9 月，成立信访接待室。1990 年，信访接待室更名为新农乡信访办公室（简称信访办）。

1990 年 9 月，成立统战工作领导小组。

1994 年 10 月，撤销中共新农乡委员会，建立中共新农镇委员会。

1997 年 4 月，成立党风廉政监察站，由镇纪委书记任站长。

2001 年 12 月，新农镇党委、政府机构改革，党委办公室和政府办公室合并，设置党委、政府办公室，党委组织部门和政府人事部门合并，设置组织人事科。党委其他部门不变。

2004 年，新农镇党委下设工作机构有党政办公室、组织人事科、宣传科、纪律纪查委员会、党校。

2005 年 3 月 28 日，经沪府〔2005〕22 号文批复撤销新农镇、朱泾镇建制，建立新的朱泾镇。中共新农镇委员会撤销。

第四节　基层党组织

1986 年，中共新农乡委员会辖党支部 37 个，党员 1168 人。至 2004 年年底，全镇有党（总）支部 38 个，党员 1242 人。

1986—2004 年新农镇（乡）党组织基本情况表

表 3－2

年份	党（总）支部数（个）	党员数（人）			文化程度（人）					年发展党员数（人）
		合计	男	女	大专以上	高中中专	初中	小学	文盲	
1986	37	1168	1006	162	11	116	290	668	83	45
1987	44	1249	1076	173	10	135	336	687	81	45
1988	46	1257	1083	174	16	134	395	619	93	30
1989	47	1294	1075	219	37	211	403	581	62	25
1990	48	1262	1077	185	13	143	424	596	86	16
1991	47	1265	1074	191	10	166	366	652	71	22
1992	48	1289	1090	199	11	183	388	639	68	32
1993	50	1306	1110	196	21	175	387	651	72	33
1994	50	1307	1102	205	26	176	387	649	70	14
1995	50	1269	1066	203	32	176	389	605	67	20
1996	51	1281	1073	208	32	218	386	580	65	21
1997	49	1276	1068	208	37	206	392	578	63	21
1998	45	1294	1075	219	37	211	403	581	62	20

续表 3－2

年份	党(总)支部数(个)	党员数(人)			文化程度(人)					年发展党员数(人)
		合计	男	女	大专以上	高中中专	初中	小学	文盲	
1999	40	1293	1073	220	61	201	489	531	11	16
2000	39	1318	1089	229	66	217	494	531	10	14
2001	39	1315	1088	227	61	213	500	531	10	11
2002	37	1301	1075	226	71	203	498	519	10	4
2003	37	1201	938	281	70	188		943		15
2004	38	1242	1010	232	93	203		946		17

1986 年 1 月至 2005 年 3 月新农镇(乡)各村(居)历任党(总)支部书记更迭表

表 3－3

党(总)支部名称	历任书记姓名和任职时间
光华村支部	黄水观(1984.11—1987.4) 章　振(1987.4—1990.4) 徐爱国(1990.4—1994.4) 杨连生(1994.4—1995.9) 唐亚生(1995.9—2000.11) 徐金连(2000.11—2005.3)
三图村支部(2004.7 撤并)	朱仁弟(1984.11—1986.5) 徐金连(1986.5—1987.6) 朱仁根(1987.6—1993.4) 沈藕林(1993.4—1995.9) 胡道根(1995.9—1997.4) 冯健飞(1997.4—2003.4) 朱仁弟(2003.4—2004.7)
新民村支部(2004.7 撤并)	杨再水(1984.11—1988.10) 朱永强(主持)(1988.10—1989.5) 冯明弟(1989.5—1996.4) 蒋明强(1996.4—1997.11) 吴永平(1997.11—1999.7) 杨再水(1999.7—2004.7)
温河村支部	沈桂林(1983.12—1986.11) 胡学勤(1986.11—1992.12) 胡仁弟(1992.12—1994.4) 陈凤根(1994.4—1999.12) 胡仁弟(1999.12—2005.3)
万年村支部	陈宝珍(1984.11—1987.6) 蔡爱根(1987.6—1991.11) 周四根(1991.11—1996.4) 顾国余(1996.4—2005.3)
慧农村支部	黄书根(1984.11—1991.3) 盛炳兴(1991.4—1993.4) 陈亚高(1993.4—1994.4) 盛炳兴(1994.4—1996.4) 陈石良(1996.4—2005.3)
牡丹村支部	王新民(1984.11—1988.9) 王伟良(1988.9—1994.12) 王广飞(1994.12—1996.4) 张决心(1996.4—1997.2) 杨再水(1997.2—1998.5) 陆金华(1998.5—2004.6) 陈秋余(2004.7—2005.3)
沈庄村支部(2004.7 撤并)	何水根(1984.11—1989.5) 陈秋余(1989.5—2004.7)
三浜村支部	顾龙观(1984.11—1990.4) 干亚明(1990.4—1991.11) 万敏棣(1991.11—1998.5) 顾龙观(1998.5—2003.4) 盛永正(2003.4—2005.3)
五龙村支部	沈伯华(1984.11—1986.5) 平金明(1986.5—1987.4) 顾秀龙(1987.4—1989.3) 顾寿林(1989.3—1991.4) 平金明(1991.5—1994.4) 沈喜芳(1994.4—1995.9) 平金明(1995.9—1999.2) 陆春根(1999.2—1999.12) 张士忠(1999.12—2005.3)

续表 3-3

党(总)支部名称	历任书记姓名和任职时间
爱国村支部(2002.7 撤并)	周丙华(主持)(1984.5—1986.5) 朱邱观(1986.5—1987.6) 唐引华(1987.6—1989.3) 蔡四根(1989.3—1993.4) 陈补林(1993.4—1996.4) 祁建林(1996.4—1998.5) 胡仁弟(1998.5—1999.12) 金照泉(1999.12—2002.7)
幸福村支部(2002.12 划归朱泾镇)	张金泉(1985.4—1986.5) 朱金忠(主持)(1986.5—1986.11) 钱桂林(1986.11—1990.7) 徐建昌(1990.8—1991.9) 陈忠观(1991.9—1994.4) 顾龙观(兼)(1994.4—1994.12) 钱桂林(1994.12—1995.12) 王中英(1995.12—1997.2) 高森云(1997.2—1997.11) 吴文新(1997.11—1999.7) 吴永平(1999.7—2001.3) 胡玉云(2001.3—2002.12)
新范村支部(2002.12 划归朱泾镇)	何海林(1984.11—1986.5) 周永林(1986.5—1991.11) 蒋木金(1991.11—1993.4) 王金华(1993.4—1994.3) 胡明松(1994.4—1994.8) 谢炳芳(1994.8—2002.12)
长浜村支部(1997.12 撤并)	沈保兴(1984.11—1992.4) 金纪红(1992.4—1995.12) 胡玉云(1995.12—1997.12)
浦银居委会支部(1994.6 建)	王广飞(1994.6—1994.12) 陈亚高(1994.12—2002.5) 吴文新(2002.5—2005.2) 朱仁弟(2005.2—2005.3)

第五节 纪律检查委员会

一、机构设置

1985 年 5 月,经中共金山县委批准,建立中共新农乡纪律检查委员会(简称纪委),设委员 5 人,由乡党委副书记兼任纪委书记。纪律检查委员会主管党风廉政建设,对党员、干部实行党风廉政教育、监督、党纪检查和违纪案件查处。

1997 年 4 月,新农镇建立党风廉政监察站,由镇纪委书记任站长,聘请监察员 12 人。监察站在镇党委、纪委领导下,开展党内外监督,发挥群众监督作用。

中共新农镇(乡)第七至十二届纪律检查委员会组成人员名录表

表 3-4

届次	职务	姓名	籍贯	任期
七届 (1986.10—1989.11)	书记	孙宏(女)	上海金山	1986.10—1987.5
		陈道良	上海金山	1987.5—1989.11
	委员	张毓	上海金山	1986.10—1989.11
		王志达	上海金山	1986.10—1989.11
		徐爱国	上海金山	1986.10—1989.11
		朱秀龙	上海金山	1986.10—1989.11

续表 3-4

届次	职务	姓名	籍贯	任期
八届 (1989.11—1993.2)	书记	沈奇云	上海金山	1989.11—1993.2
	委员	徐建昌	上海金山	1989.11—1993.2
		朱秀龙	上海金山	1989.11—1993.2
		王志达	上海金山	1989.11—1993.2
		沈雪根	上海金山	1989.11—1993.2
九届 (1993.2—1996.1)	书记	蔡又新	上海金山	1993.2—1996.1
	委员	张爱忠	上海金山	1993.2—1996.1
		张国凯	上海金山	1993.2—1996.1
		朱秀龙	上海金山	1993.2—1996.1
十届 (1996.1—1999.1)	书记	蔡又新	上海金山	1996.1—1999.1
	副书记	张决心(女)	上海金山	1998.5—1999.1
	委员	胡学勤	上海金山	1998.5—1999.1
		张爱忠	上海金山	1998.5—1999.1
		龚桂兴	上海金山	1996.1—1999.1
		杨君泉	上海金山	1996.1—1999.1
十一届 (1999.1—2001.12)	书记	李春花(女)	山东平度	1999.1—1999.11
		沈德兴	上海金山	1999.12—2001.10
		钱益基	上海金山	2001.10—2001.12
	副书记	张决心(女)	上海金山	1999.1—2001.7
		盛天观	上海金山	2001.7—2001.12
	委员	胡学勤	上海金山	1999.1—2001.12
十二届 (2001.12—2005.3)	书记	钱益基	上海金山	2001.12—2005.3
	副书记	盛天观	上海金山	2001.12—2005.3
	委员	胡学勤	上海金山	2001.12—2005.3

二、党风廉政建设

(一)教育

1986 年 4 月下旬,新农乡党委举办支部书记以上干部学习班,着重在党员中开展党性、党风、党纪教育。在党风、党纪检查中,发现个别干部存在拖欠集体资金和集体财产占为己有等不正之风,对此进行严肃查处和及时纠正,要求党员、干部过好“五关”(金钱关、用人关、用权关、人情关、廉洁关)。

1989年，乡党委开展宣传“两院”（最高人民检察院、最高人民法院）《关于贪污、受贿、投机倒把等犯罪分子必须在限期内自首坦白的通告》。乡领导班子人员下基层与群众、干部对话，加强廉政宣传、教育。组织党员观看《沉溺》《新时期的先锋》等教育片。

1991年，乡党委组织党员学习中纪委文件《党纪党规选编》，参加学习的人数达80%以上。学习中抓住“三个重点，四个结合”（以学习中纪委1号文件、内容以文件中8个条件、对象以党员和干部为重点；与查处案件、贯彻县乡有关文件、党风廉政建设、转变领导工作作风相结合），提高实效。

1993年，乡党委针对少数党员干部的拜金主义、享乐主义、用公款学开车等现象开展教育，并作出退款等处理。

1994年，镇（乡）党委认真贯彻县委提出的“三早一严”（早教育、早预防、早纠正和严格要求）的方针，抓好常规教育，抓典型事例，警钟长鸣。在各节日期间，开展“三提倡、三反对”（提倡科学进步、反对封建迷信；提倡健康文化、反对聚众赌博；提倡勤俭节约、反对铺张浪费）的教育活动。要求党员带头移风易俗、厉行节约，不赌博，不搞迷信活动。

1996年，镇党委、纪委加强党风廉政建设，组织专题报告或讨论会7次。基层党政班子人员、新任镇管干部、中青年骨干等600多人参加。

1998年，镇党委开展“牢记党的宗旨，接受人民监督”的主题教育活动。组织党员、干部观看《在权与钱面前》《金山不蚀》等录像片；举办基层党政班子人员学习班，学习《中国共产党党员领导干部廉洁从政若干准则（试行）》和党纪、政纪处分条例等。开展“廉内助”活动，致干部家属公开信，吹好廉政风，制止公款吃喝玩乐的不正之风。

1999年，镇党委以党课形式开展党风党纪教育，受教育人数1786人次。

2000年，镇党委开展“争当世纪好公仆”主题教育活动，有1200人次观看警示教育片，2030人次接受党课教育。

2001年，镇党委组织基层干部和党员学习中共十五届六中全会关于加强和改进党的作风建设的决定，开展“八个坚持，八个反对”（坚持解放思想、实事求是，反对因循守旧、不思进取；坚持理论联系实际，反对照搬照抄、本本主义；坚持密切联系群众，反对形式主义、官僚主义；坚持民主集中制，反对独断专行、软弱涣散；坚持党的纪律，反对自由主义；坚持艰苦奋斗，反对享乐主义；坚持清正廉洁，反对以权谋私；坚持艰苦奋斗，反对享乐主义；坚持任人唯贤，反对用人上的不正之风）的教育活动。

2003年，镇党委、纪委在处级干部中开展“四同”（即与家属同看一本书，同看一部警示片，同访一户贫困户，同谈学习体会）教育。同时，与26名领导干部家属进行谈心，开展思廉、促廉活动。

2004年，镇党委在党员中开展学习中国共产党党内监督条例和党纪处分条例的活动。

（二）制度

1986年起，新农乡党委、政府制定一系列党风廉政制度。侧重干部廉洁自律方面的制度有《关于实行党风廉政责任制的规定》（1987年）、《关于领导干部廉洁自律的若干意见》（1993年）、《关于企业领导干部廉洁自律规定的实施意见》、《关于党政机关厉行节约，制止奢侈浪费行为的若干规定》（1998年）、《关于加强政府自身建设若干规定》（2000年）、《关于开展“廉洁工程”建设的意见》（2002年）。侧重加强财政纪律方面的制度有《关于严格控制非生产性开支的若干规定》(1992 年)、《关于实行村务、政务公开制度的通知》(1999 年)、《关于实施村级财务代理记账制度的意见》、《关于开展清理“小金库”和银行账户工作的意见》(2001 年)、《关于在机关干部、村、事业单位领导干部中实行通信工具职务消费货币化办法的通知》(2002 年)等。侧重会议、纪律和干部管理方面的有《新农镇党政班子工作准则》《中共新农镇委员会议事决策规则》《新农镇党政班子中心组学习制度》《关于整顿会风,提高会议效果的通知》《关于学习贯彻〈党政领导干部选拔任用工作条例〉的实施意见》等。

(三)监督

1987 年,新农乡党委、纪委加强领导干部自身廉洁自律工作,提出“从我做起,向我看齐”的廉政要求。

1993 年,根据《领导干部廉洁自律若干规定》,乡党委、纪委作出领导干部不准在活动中接受酬金、礼品、礼券,贵重物品要上缴的规定。

1995 年,镇党委要求领导干部对收受的礼金、贵重物品等方面如实报告。是年,全镇拒收和上缴“三礼”折合 3 万余元。1996—2002 年,镇领导拒收和上缴“三礼”折合 14 万余元。

2004 年,镇党委在处级领导干部中开展述廉、评廉工作,由基层 54 名党员、干部,对处级领导干部的廉洁自律情况进行无记名评分。

对基层单位领导,每年通过民主生活会和民主测评、民意调查等形式,加强廉洁自律教育。

(四)案件查处

根据群众举报、信访部门反映及有关部门审计检查,对党员、干部违纪违法案件,新农镇纪委采取诫勉谈话、党纪处分或移交司法部门处理。1986—2004 年,全镇开除党籍 15 人,留党察看 2 人,严重警告 13 人,警告 23 人。

1986—2004 年新农镇(乡)违纪党员处分情况表

表 3－5　　单位:人

年份	警告	严重警告	留党察看	开除党籍	年份	警告	严重警告	留党察看	开除党籍
1986	—	2	—	—	1996	—	1	—	—
1987	1	—	—	—	1997	3	—	—	1
1988	1	—	—	1	1998	2	1	1	—
1989	—	—	—	—	1999	1	1	—	—
1990	—	2	—	—	2000	1	1	—	—
1991	7	—	1	—	2001	—	—	—	—
1992	—	—	—	1	2002	2	2	—	—
1993	2	1	—	1	2003	—	—	—	—
1994	2	—	—	—	2004	1	1	—	11
1995	—	1	—	—	合计	23	13	2	15

第六节　组织工作

一、组织建设

组织设置　新农镇(乡)以村(居)、机关、企事业、区(县)属(双管)单位建立党(总)支部,规模较小、党员较少的企事业单位建立联合党支部。1986年,全乡有37个党支部。1995年,镇建立全县第一个个体工商户党支部,个体工商户中的党员属该党支部领导。2004年,全镇建新经济组织党支部16个。是年,全镇设党委1个、党(总)支部38个。

(一)健全制度

1986—2004年,新农镇(乡)党委根据《中国共产党章程》规定和中共金山区(县)委的精神和要求,先后制定和完善《党政班子学习制度》《党政领导班子民主生活会制度》《党政领导班子廉政建设制度》《党务公开制度》《关于开展党支部目标管理工作的意见》《关于流动党员管理办法》《关于加强村级组织建设若干问题的规定》等一系列规章制度。

(二)目标管理

1990年,新农乡党委按照金山县委要求,制定《关于开展党支部目标管理工作意见》,对全乡47个党支部分三批实施党支部目标管理。首先在温河村、慧农村、砖瓦厂、金山毛衫厂、新农中心校5个党支部进行试点,在取得经验的基础上,全乡各党支部全面实施党支部目标管理工作。同时,乡党委还制定《党支部、党员目标管理考核细则》。考核内容有一级指标3项:经济建设、党建工作和精神文明建设,考核分值100分。二级指标50项,分别确定考核分值,年终或次年1月,由乡各职能部门或主管部门逐项考核计分,考核采用自评、互评、测评的方法,考核结果与党支部领导干部年终报酬挂钩。新农乡基层党支部目标管理工作的经验在县委召开的有关会议上交流。1991—2004年,均参照1990年党支部目标管理工作的意见和考核细则开展工作和组织考核。

(三)"五好"党(总)支部创建

1996年10月,新农镇党委在慧农、光华村首先开展"五好"(建设一个好的领导班子、培养一支好的党员队伍、选定一条适合农村经济发展的好路子、完善一个好的经营机制、健全一套好的管理制度)党(总)支部创建活动。1997年,慧农村党支部创建成为金山区"五好"党支部;1999年,光华村党支部被评为区先进党支部;2001年、2003年,新范村、温河村党总支部分别被评为金山区先进基层党组织;1991年、1995年,三浜村两次被评为新农镇(乡)先进党总支部;2003年,五龙村党支部被评为新农镇先进党支部。

二、党员管理

(一)党员发展

1986年,新农乡有中共党员1168人,其中,男性1006人,女性162人。2004年,有中共党员1242人,其中,男性1010人,女性232人。

1986年,按照党员发展工作"三早"(早送优秀苗子、早培养教育、早重点帮助提高)的精神,坚持做到成熟一个,发展一个。是年,发展新党员45人。1992年,乡党委在发展党员工作中贯彻“坚持标准,保证质量,改善结构,慎重发展”十六字方针。1996年起,根据发展党员十六字方针和“一线、一流、青年”为重点的要求,使一批政治素质好、有活力、有能力、有文化的青年积极分子加入党的队伍。2001年起,发展党员和预备党员转正实施公示制度。

1986—2004年,全镇共发展党员421人。

(二)民主评议

1989年年初,新农乡党委制定《关于开展民主评议党员的意见》。民主评议党员按照组织准备、学习动员、个人总结、民主评议、总结提高、检查验收6个阶段进行,以先进党务工作者、先进党员、合格党员、基本合格党员、不合格党员为标准,由党员自评、互评和群众测评、考评。是年,全乡47个党支部,1081名党员参加评议,被党内除名1人,劝其退党2人,自愿退党4人,限其改正1人,合格和基本合格党员1075人。1990年,全乡48个党支部,1251名党员参加民主评议,评出一类党支部16个,优秀党员122人,合格和基本合格党员1129人。1991年,新农乡党委被中共金山县委评为民主评议党员先进单位。

(三)流动党员管理

1994年8月,新农乡党委制定《关于流动党员管理办法(试行)》,明确流动党员组织关系,做好组织关系接转等工作。建立联系卡登记制度,加强对流动党员管理。1995年,对全镇76名外出党员发放“外出流动党员活动证”。

(四)开展“一日捐”活动

1998年起,为了帮助特困党员和老干部,每年“七一”期间,新农乡党委在全体党员中开展“一日捐”活动,建立党员帮困基金。1999年,全镇1293名党员共捐款15040元,慰问老党员、老干部和特困党员48人次,发放慰问金11000多元。2003年,全镇1201名党员,“一日捐”共捐款15909元,慰问老党员、老干部和特困党员90人次,发放慰问金27000多元。

(五)建立党员服务中心

2004年5月,建立新农镇党员服务中心,设有党员接待室、电化教育室、阅览室、活动室等。开展接待登记、组织关系接转、教育、管理、服务等工作。

三、干部队伍建设

1990年3月,新农乡党委加强对村党支部的组织建设,较大幅度调整基层党组织领导班子人员。在对机关、村、企事业单位党政班子进行全面考察的基础上,调整充实干部65人,使干部队伍结构更趋合理。又采用民主推荐方法,由基层党组织推荐后备干部88人,经党委组织部门调查、考核、筛选后,确定40人作为后备干部考察对象。

1991年,乡党委对全乡200多名党支部委员和行政正副职干部及总会计,普遍进行一次谈心活动。同时,对28个基层单位的领导班子进行调整和充实,涉及干部60多人。

1994年,镇党委制定《新农镇党建工作三年规划》,把培养后备干部作为一项重要工作列入规划,确定56人(文化程度在初中以上)作为重点培养的后备干部。

1997年,镇党委从生产第一线的大中专毕业生、退伍军人、后备干部中选拔14名青年干部,担任14个行政村的村主任助理。

2000年,镇党委在镇管干部中开展“争当世纪好公仆”活动。在听取意见,自评、互评的基础上，全镇评出“世纪好公仆”5 人。

2003 年 6 月，通过“二推一定”（由群众、党员推荐，党组织考察确定），镇党委在复退军人和大中专毕业生中选拔后备干部。通过考察，有 8 名青年充实到村级领导班子中，担任村主任助理，平均年龄 26 岁。

2004 年，镇党委选派青年干部到经济小区、工业园区、土地、城建等经济工作第一线的单位实践锻炼，熟悉经济工作，培养既懂管理又懂经济的复合型干部。同时，举办由后备干部、党务干部参加的以实用知识为主的专题培训班。

第七节　宣传工作

一、政治学习

1986 年秋，新农乡党委组织全乡党政领导干部学习《中共中央关于社会主义精神文明建设指导方针的决议》和邓小平《坚持四项基本原则》《建设有中国特色的社会主义》两本书。

1990 年 5 月，乡党委制定《关于 1990 年干部、党员学习教育的意见》，重点学习毛泽东《整顿党的作风》《为人民服务》，邓小平《坚持四项基本原则》，江泽民《在庆祝中华人民共和国成立四十周年大会上的讲话》等，建立一支理论上更成熟、政治上更坚定、思想上更统一、内部更团结、同群众关系更密切的干部队伍。

1993—1995 年，镇（乡）党委开展重点学习中共十四届三中、四中、五中全会文件，邓小平建设有中国特色社会主义理论和市场经济知识。先后下发《金山县干部、党员理论学习的意见》《关于在全镇（乡）干部、党员中开展学习理论、学习党章活动的意见》。

1995 年，镇党委对村、企事业单位的领导干部开展民主集中制专题学习教育活动，学习《中共中央关于加强党的建设几个重大问题的决定》《列宁、毛泽东、邓小平论民主集中制有关论述》《严格党的纪律，维护和坚持民主集中制》等有关论述和资料。

1996 年，镇党委建立理论学习中心组，组织镇、基层党政班子成员，学习中共十四届五中、六中全会精神和江泽民相关讲话等。

2002 年，镇党委采用举办培训班、报告会，开展知识竞赛和书写学习体会文章等多种形式，组织全镇干部学习江泽民《努力开创建设有中国特色社会主义事业新局面》讲话和中共十六大精神。

2003 年，镇党委邀请专家学者作“形势、任务、责任”和“三个代表”重要思想学习辅导报告，组织全镇干部学习《“三个代表”重要思想学习纲要》《公民道德建设实施纲要》《中华人民共和国行政许可法》，加深理解其精神实质。

二、教育活动

1986—1988 年，新农乡党委通过报告会、专题学习讨论等形式，在党员、干部和人民群众中，进行“一个中心，两个基本点”（以经济建设为中心，坚持四项基本原则、坚持改革开放）

的基本路线教育和建设有中国特色的社会主义教育活动。开展以“五讲、四美、三热爱”(讲文明、讲礼貌、讲卫生、讲秩序、讲道德;心灵美、语言美、行为美、环境美;热爱共产党、热爱祖国、热爱社会主义)为主要内容的社会主义精神文明建设教育活动,评选文明单位、文明家庭和新风户等工作。

1989—1991 年,乡党委开展重点学习中共十三届四中、五中全会精神教育活动。举办学习班 7 期,召开座谈会 8 次,有 800 多名党员、干部参加学习。在职工中加强热爱社会主义、热爱中国共产党的思想教育,教育面达 70% 以上。在企业中配备专职或兼职政工干部 174 名,加强企业的政治思想教育工作。在党员、干部、企事业职工中开展“三德”(社会公德、职业道德、家庭美德)教育,加强思想、道德建设。

1992—1997 年,镇(乡)党委组织党员、干部先后学习邓小平南方谈话和社会主义市场经济理论,学习孔繁森先进事迹,在群众中开展“七不规范”(不随地吐痰、不乱扔垃圾、不损害公物、不破坏绿化、不乱穿马路、不在公共场所吸烟、不说粗话脏话)教育。开展建功立业、献计献策和“金山要发展,我们怎么办”的专题讨论;开展“让人民高兴、让人民放心”和营造规范文明行为、养成文明习惯的活动。提高领导干部的政治思想素质,永葆人民公仆本色。

1998—2000 年,在中共十一届三中全会召开 20 周年之际,镇党委宣传部门组织编写《新农镇二十年改革发展成果》宣传材料,制成 56 块宣传板,在全镇巡回展出。同时,利用广播、画廊、党课等形式,大力开展宣传,让人民群众从大量事例和切身体会中,感受党的改革开放成果。为纪念新中国成立 50 周年、上海及金山解放 50 周年和迎香港回归,举办“颂祖国”文艺综合演出,并举办征文、摄影展。镇党委举办“双月报告会”,由镇领导或邀请有关领导、专家作专题报告,开展形势和任务教育。在“跨世纪金山人新形象”大讨论中,镇成立领导小组,拟定 7 个专题,开展群众性讨论 54 次,有 1560 人参加,形成 28 条共识。

2001—2004 年,镇党委成立“爱我新农,发展新农”的宣传活动小组,组织广大党员和群众学习中共十六大精神和胡锦涛总书记“七一”重要讲话精神,先后开展“谈乡情,看国情”“看金山三年大变样”“塑造跨世纪金山人新形象”“看成就,谈体会”“责任意识教育”“世博与上海新一轮发展”“立新功,作表率,比贡献”等一系列的主题教育和专题讨论活动。

第八节　政法工作

一、工作机构

1991 年,新农乡成立社会治安综合治理领导小组,由分管政法工作的党委副书记任组长。领导小组下设办公室(简称综治办),配备一名专职干部任主任。各村、企事业单位相继建立社会治安综合治理领导小组,负责本单位的治安、调解等工作。

1995 年 4 月,新农镇成立以党委书记为组长的维护社会稳定工作领导小组,同时建立镇政法工作领导小组,由党委分管政法工作的副书记任组长。8 月,设立镇法制宣传工作领导小组办公室(简称法制办),负责日常法制宣传工作。

二、主要工作

20世纪80年代起，新农乡派出所会同治安联防队开展“拉网式”严打活动，严厉打击刑事犯罪分子。90年代起，建立群防群治网络，维护社会秩序。对拦路抢劫、强奸、敲诈勒索等恶性案件和卖淫、嫖娼、传播淫秽物品、聚众赌博、吸毒和利用封建迷信骗财害人等社会丑恶现象，开展统一行动，严厉打击。

1991年起，新农镇（乡）政府每年与村、企事业单位行政领导签订《治安目标责任书》，落实治安领导责任制。1996年起，镇党委每年与基层党支部签订《社会治安综合治理目标责任书》，党支部书记为第一责任人。

1992年，乡组织力量对赌博歪风进行专项治理，召开有党员、干部1500多人参加的禁赌大会。同时，发挥妇女半边天作用，开展“保证自己丈夫、子女不参赌，争创新风户”签名活动，有3980人参加，还成立妇女禁赌队28个。1994年前后，举办有关宪法、教师法、婚姻法、劳动法、合同法、工会法、票据法等专题讲座和知识测验。是年，集中对棋牌室等场所进行整治，取缔赌博活动场所。每年元旦、春节期间，加强宣传和查处力度，有力遏制赌博之风的蔓延。

1995年，开展以“灯光、铁门、车棚”为代表的“六小工程”创建工作，建安全小区和平安小区。在小区内增加防盗门窗200扇，自行车棚16个，装楼道灯近百盏。在一些单位设立报警点，在重要场所安装报警装置（部分还与“110”联网）。派出所民警和联防队员加强夜间值班巡逻，有效遏制案件发生。

1996年，组织1500多人观看法制宣传文艺节目。整治路边店、公共娱乐场所366处，查处水上船只10艘。处理违法人员15名，追缴赃款、赃物近4万元。

1999年，对刑释人员，分层次落实帮教措施，建立帮教工作网络等长效机制。

1996—2004年，开展“一五”至“四五”全民普法教育活动。通过法律知识专题讲座、测验、竞赛、法律咨询和文艺演出、图片展示、黑板报、宣传专栏等方式，进行法制宣传教育。

1996—2004年，全镇破获刑事案件340余起，有力打击刑事犯罪，确保一方平安。

第九节　统战工作

一、工作机构

1990年起，新农镇（乡）建立统战工作领导小组，一名副镇（乡）长任组长，配备统战员一人，负责日常统战工作。基层单位中，由一名党支部委员分管统战工作。1995年，成立金山县工商联新农镇分会，选举产生区工商联新农镇第一届执委会，沈国忠任会长；1999年12月，选举产生金山区工商联新农镇第二届执委会，陈坚勇任会长；2002年12月，选举产生金山区工商联新农镇第三届执委会，陈忠任会长。

统战工作对象涉及民族、宗教、侨台、工商联、民主党派及党外知识分子、干部等，2004年，新农镇域内统战工作对象有170余人。

二、主要工作

建立例会制度,及时了解统战工作动态及统战对象的生活、工作、建议和要求等情况,组织学习政治、时事,提高统战对象对统战工作的认识。

建立通报制度,通过通报会、座谈会、联谊会、发送《新农情况》等,向统战对象通报有关情况,让他们了解海内外形势,新农镇社会经济发展情况。

1988 年 11 月,新农乡政府召开归侨、侨眷、港澳同胞家属代表会议。

建立联系制度,1990 年起,镇(乡)统战工作领导小组人员和基层单位分管统战工作人员均落实联系统战对象及联系时间。

1994—1995 年,结合农民看上海、看家乡活动,镇组织统战对象参观上海、金山等地。

2004 年中秋节前夕,镇统战工作领导小组,走访落户在新农镇的少数民族人员,了解他们的生活、工作、家庭情况,对少数民族特困户送去慰问金、慰问品。

是年,镇党、政、人大领导与 11 位统战对象建立联系制度,还邀请他们参加镇组织的有关活动,发挥参政议政作用。

第十节　党校工作

1987 年,成立中共新农乡委员会党校。乡党委书记任校长,党委组织委员(或宣传委员)任副校长,党委组织部门负责党校日常工作。

党校的办学宗旨是围绕党的中心工作,开办培训班(或学习班),提高党员干部政治觉悟、理论水平和道德修养。培训班以短期培训班为主,每年 5 期左右。教学形式有:专题报告、讲座,专题学习、调研,专业知识辅导,外出考察等。党校学习采用“三结合”方式,集中学习与自学相结合,考察调研与总结报告相结合,邀请镇(乡)领导上课与外请教师上课相结合。在学习期间,对学员进行考察、考核,成绩合格者发给结业证书。

党校培训的对象主要是基层党员、干部(党政、条线、中青年干部)及后备干部和入党积极分子。

党校学习培训的主要内容有邓小平理论、社会主义初级阶段理论、社会主义市场经济理论、“三个代表”重要思想和现代科学知识和实用技术等。

1990 年,乡党校举办各类培训班 10 期,1484 人参加培训。

1991 年 8 月,乡党校对 854 名党员分 5 期轮训,内容有党的宗旨、党纪党规、党员标准等。

1994 年,镇党校举办党政干部理论学习班 4 期,轮训人员 306 人。

1995 年,镇党校分 8 期对基层党政正职、条线、后备干部、车间主任、村民小组长、党小组长及入党积极分子进行培训和轮训。培训内容有中国特色社会主义理论,党章、党纪、党规,先进事迹教育,受教育人员为 625 人,其中 188 名党员还参加农村实用技术培训。

1996 年,镇党校举办各类培训班 10 期,邀请有关领导和专家上课,受训人数 736 人次,其中 119 人接受企业经营、市场营销等知识培训。

1997—1999 年,镇党校共举办各类培训班 35 期,受训 2208 人次。

第四章　新农镇人民代表大会

1986—2005 年，新农镇（乡）先后召开九届、十届、十一届、十二届、十三届、十四届人民代表大会，听取和审议镇（乡）政府工作报告、财政预决算报告、人民代表大会主席团工作报告，选举镇（乡）人民政府正、副镇（乡）长，并作出有关决议。1987 年，新农乡设立人民代表大会（简称人大）主席团常务主席，负责乡人民代表大会闭会期间的工作。人大主席团常务主席由乡党委副书记兼任。1990 年 3 月，新农乡召开第十届人民代表大会第一次会议，选举产生新农乡人民代表大会主席团常务主席。1994 年 9 月，改名为新农镇人民代表大会主席团常务主席。1996 年 3 月，改名为新农镇人民代表大会主席。至 2005 年，先后任新农镇（乡）人大主席（主席团常务主席）6 人次。

新农镇（乡）人民代表大会及其主席团，认真履行宪法和法律赋予的职责，制定和完善一系列规章制度；依法选举基层国家机关领导人员；开展普及法律知识教育；组织代表视察、调查、研究、执法检查等活动，为代表履行职责创造条件；督办代表书面意见和建议的处理，促进全镇（乡）经济建设和社会各项事业的发展，发挥基层国家权力机关的作用。

第一节　代表选举

一、区（县）人大代表

1986 年 3 月至 2005 年 2 月，新农镇（乡）共经历了 5 届次区（县）人民代表大会代表的换届选举工作。

新农乡选举出席金山县第九届人民代表大会代表换届选举工作，于 1986 年 11 月起，至 1987 年 3 月结束。选举产生县九届人大代表 11 人，其中，男性代表 9 人，占代表总数 81.82%；女性代表 2 人，占 18.18%。非中共党员代表 2 人，占 18.18%；中共党员代表 9 名，占 81.82%。

新农乡选举出席金山县第十届人民代表大会代表换届选举工作，于 1989 年 12 月起，至 1990 年 3 月结束。选举产生县十届人大代表 11 人，其中，男性代表 7 人，占总数的 63.64%，女性代表 4 人，占 36.36%；非中共党员代表 3 人，占 27.27%；中共党员代表 8 人，占 72.73%。

新农乡选举出席金山县第十一届人民代表大会代表换届选举工作,于1992年11月起,至1993年3月结束。全乡18周岁以上选民18954人,划分为8个选区,参加投票选举的选民16671人,参选率87.96%。选举产生县十一届人大代表11人,其中,男性代表8人,占代表总数的72.73%,女性代表3人,占27.27%;非中共党员代表3人,占27.27%;中共党员代表8人,占72.73%。

1997年5月,金山撤县建区,经金山县人民代表大会常务委员会决定,金山县第十一届人民代表大会的代表转为金山区第一届人民代表大会代表,新农镇的11位县人大代表出席金山区第一届人民代表大会。

新农镇选举出席金山区第二届人民代表大会代表换届选举工作,于1997年11月开始,至1998年3月结束。全镇18周岁以上选民19163人,划分为6个选区,参加投票选举的选民18109人,参选率94.50%。选举产生金山区第二届人大代表11人,其中,男性代表8人,占代表总数的72.73%,女性代表3人,占27.27%;非中共党员代表4人,占36.36%;中共党员代表7人,占63.64%。

新农镇选举出席金山区第三届人民代表大会代表换届选举工作,于2002年12月下旬开始,至2003年3月完成。全镇18周岁以上选民17278人,划分为7个选区,参加投票(包括委托投票)选举的选民16664人,参选率96.45%。选举产生金山区第三届人大代表11人,其中,男性代表8人,占代表总数的72.73%,女性代表3人,占27.27%;非中共党员代表1人,占9.90%;中共党员代表10人,占90.10%。

二、镇(乡)人大代表

新农乡第九届人民代表大会代表换届选举工作,于1986年11月开始,至1987年3月完成。全乡18周岁以上选民18319人,划分为57个选区,参加投票选举选民17145人,参选率93.59%。选举产生新农乡第九届人民代表大会代表65人,其中,男性代表51人,占代表总数的78.46%,女性代表14人,占21.54%;非中共党员代表32人,占49.23%;中共党员代表33名,占50.77%。

新农乡第十届人民代表大会代表换届选举工作,于1989年12月开始,至1990年3月完成。全乡18周岁以上选民18319人,划分为55个选区,参加投票选举选民17143人,参选率93.58%。选举产生新农乡第十届人民代表大会代表67人,其中,男性代表48人,占代表总数的71.64%,女性代表19人,占28.36%;非中共党员代表24人,占35.82%;中共党员代表43名,占64.18%。

新农乡第十一届人民代表大会代表换届选举工作,于1992年11月开始,至1993年3月完成。全乡18周岁以上选民18954人,划分为55个选区,参加投票选举选民16671人,参选率87.96%。选举产生新农乡第十一届人民代表大会代表76人,其中,男性代表58人,占代表总数的76.32%,女性代表18人,占23.68%;非中共党员代表25人,占32.89%;中共党员代表51名,占67.11%。

新农镇第十二届人民代表大会代表换届选举工作,于1995年11月开始,至1996年3月完成。全镇18周岁以上选民18547人,划分为47个选区,参加投票选举选民16667人,参选率89.86%,选举产生新农镇第十二届人民代表大会代表53人,其中,男性代表35人,占代表总数的66.04%,女性代表18人,占33.96%;非中共党员代表23人,占43.40%;中共党员代表30人,占56.60%。

新农镇第十三届人民代表大会代表换届选举工作,于1998年10月开始,至1999年1月完成。全镇18周岁以上选民19168人,划分为23个选区,参加投票选举选民17916人,参选率93.46%。一次选举成功22个选区,二次选举成功1个选区。选举产生新农镇第十三届人民代表大会代表55人,其中,男性代表36人,占代表总数的65.46%,女性代表19人,占34.54%;非中共党员代表18人,占32.73%;中共党员代表37人,占67.27%。

新农镇第十四届人民代表大会代表换届选举工作,于2001年11月开始,至2001年12月24日完成。全镇18周岁以上选民19855人,划分为22个选区,参加投票选举选民18407人,参选率92.71%。选举产生新农镇第十四届人民代表大会代表55人。其中,男性代表38人,占代表总数的69.09%,女性代表17人,占30.91%;非中共党员代表20人,占36.36%;中共党员代表35人,占63.64%。

金山区(县)和新农镇(乡)历届人大代表选举工作情况表

表4-1

届次	选举工作起讫日期	选民总人数(人)	划分选区数(个)	参加投票选民数(人)	参选率(%)	选出代表数(人)	当选代表比率(%)		
							男性代表	女性代表	非中共党员代表
金山县第九届人民代表大会	1986.11—1987.3	18319	9	17145	93.59	11	81.81	18.19	18.19
新农乡第九届人民代表大会	1986.11—1987.3	18319	57	17145	93.59	65	78.46	21.54	49.23
金山县第十届人民代表大会	1989.12—1990.3	18319	8	17143	93.58	11	63.64	36.36	27.27
新农乡第十届人民代表大会	1989.12—1990.3	18319	55	17143	93.58	67	71.64	28.36	35.82
金山县第十一届人民代表大会	1992.11—1993.3	18954	8	16671	87.96	11	72.73	27.27	36.36
新农乡第十一届人民代表大会	1992.11—1993.3	18954	55	16671	87.96	76	76.32	23.68	32.89
新农镇第十二届人民代表大会	1995.11—1996.3	18547	47	16667	89.86	53	66.04	33.96	43.40
金山区第二届人民代表大会	1997.11—1998.3	19163	6	18109	94.50	11	72.73	27.27	36.36
新农镇第十三届人民代表大会	1998.10—1999.1	19168	23	17916	93.46	55	65.46	34.54	32.73
新农镇第十四届人民代表大会	2001.11—2001.12	19855	22	18407	92.71	55	69.09	30.91	36.36
金山区第三届人民代表大会	2002.12—2003.3	17278	7	16664	96.45	11	72.73	27.27	9.09

新农镇(乡)历届人大代表结构情况表

表4－2　　单位:人

届次	代表数	性别		年龄			政治面貌		文化程度				代表组成			
		男	女	35岁以下	36岁~55岁	56岁以上	中共党员	群众	大学、大专	高中、中专	初中	小学	工人	农民	干部	其他
第9届	65	51	14	26	35	4	33	32	2	11	39	13	19	31	10	5
第10届	67	48	19	12	54	1	43	24	2	17	30	18	24	32	7	4
第11届	76	58	18	—	50	26	51	25	2	19	37	18	30	32	12	2
第12届	53	35	18	4	28	21	30	23	5	12	24	12	15	27	8	3
第13届	55	36	19	17	38	—	37	18	6	17	27	5	14	30	7	4
第14届	55	38	17	8	47	—	35	20	7	17	26	5	14	32	7	2

新农乡出席金山县第九届人民代表大会代表一览表

表4－3

姓名	性别	年龄(岁)	文化程度	政治面貌	职务	工作单位
顾龙观	男	34	初中	中共党员	党支部书记	三浜村
姚匡	男	56	高中	中共党员	检察长	金山县检察院
陈宝珍	女	35	初中	中共党员	党支部书记	万年村
胡明松	男	44	高小	—	副村长	新范村
胡学勤	男	34	初中	中共党员	党支部书记	温河村
柯美英	女	37	中师	中共党员	党支部书记	中心校
殷建康	男	40	大专	—	办公室主任	新农中学
徐木根	男	45	中专	中共党员	党支部书记	供销社
王希奎	男	41	初中	中共党员	厂长	金山毛衫厂
何堂囡	男	41	初中	中共党员	厂长	农机厂
沈连春	男	36	初中	中共党员	党委书记	新农乡党委

新农乡出席金山县第十届人民代表大会代表一览表

表4－4

姓名	性别	年龄(岁)	文化程度	政治面貌	职务	工作单位
支秋娣	女	45	初中	中共党员	妇女主任	沈庄村
王杰士	男	42	初中	—	农业副主任	三浜村

续表 4－4

姓名	性别	年龄(岁)	文化程度	政治面貌	职务	工作单位
沈钦康	男	52	高中	中共党员	办公室主任	金山县人大办公室
黄书根	男	34	初中	中共党员	党支部书记	慧农村
朱纪方	男	45	初中	—	农业副主任	长浜村
朱仁根	男	43	高小	中共党员	党支部书记	三图村
陆星球	女	32	高中	中共党员	生产科科长	工艺品厂
沈桂芳	女	45	高小	中共党员	妇女主任	新范村
蔡元弟	男	54	初小	中共党员	厂长	新农砖瓦厂
王海根	男	33	中专	中共党员	副乡长	新农乡政府
吴巧华	女	53	大专	—	教师	新农中学

新农镇出席金山县第十一届人民代表大会代表和金山区第一届人民代表大会代表一览表

表 4－5

姓名	性别	年龄(岁)	文化程度	政治面貌	职务	工作单位
平金明	男	41	初中	中共党员	党支部书记	五龙村
周四根	男	39	初中	中共党员	党支部书记	万年村
沈雪花	女	44	高小	—	农民	幸福村
陈凤根	男	46	初中	中共党员	主任	温河村
金则刚	男	54	中师	中共党员	局党委书记	金山县教育局
李智琦	男	58	大学	—	厂长	金康麻毛有限公司
何木良	男	41	高中	中共党员	党委副书记、镇长	新农乡政府
张引娣	女	31	初中	—	副厂长	新农毛衫二厂
陈道良	男	46	中专	中共党员	党委副书记	新农乡党委
叶伯云	男	40	初中	中共党员	厂长	联华铸造厂
王蓉娟	女	45	大专	—	园长	新农中心幼儿园

新农镇出席金山区第二届人民代表大会代表一览表

表 4－6

姓名	性别	年龄(岁)	文化程度	政治面貌	职务	工作单位
褚仁基	男	55	大专	中共党员	教科文主任	金山区人大
蒋效良	男	52	大专	中共党员	干部	金山区人大
俞菊云	女	44	初中	—	妇代会主任	五龙村

续表 4－6

姓名	性别	年龄(岁)	文化程度	政治面貌	职务	工作单位
何银宝	女	45	小学	—	组长	沈庄村 3 组
朱伟方	女	35	高中	—	副厂长	上海金山毛衫厂
陈道良	男	51	中专	中共党员	人大主席	新农镇人大
徐金连	男	45	初中	中共党员	党支部书记	上海龙井机械实业公司
唐亚生	男	39	中专	中共党员	党支书、主任	光华村
何木良	男	46	大专	中共党员	党委副书记、镇长	新农镇政府
高曙光	男	47	初中	—	所长	新农镇财政所
陆金华	男	44	初中	中共党员	主任	牡丹村

新农镇出席金山区第三届人民代表大会代表一览表

表 4－7

姓名	性别	年龄(岁)	文化程度	政治面貌	职务	工作单位
陈秋余	男	47	初中	中共党员	党支书、主任	沈庄村
郭俭	男	43	大学	中共党员	党组书记	金山区人民法院
王取珍	女	39	初中	中共党员	妇代会主任	三浜村
陈方林	男	50	大专	中共党员	人大主席	新农镇人大
杨伯良	男	45	大专	中共党员	党委副书记、镇长	新农镇政府
胡菊华	女	37	初中	—	技术科长	鑫澳时装公司
金达华	男	49	大普	中共党员	教科文卫副主任	金山区人大常委会
胡仁弟	男	48	初中	中共党员	党支部书记	温河村
朱冲芳	女	51	初中	中共党员	妇代会主任	三图村
唐亚生	男	43	大专	中共党员	党支部书记	新农经济小区
何连林	男	39	大专	中共党员	支部副书记	新农学校

第二节　人民代表大会

新农镇(乡)自 1987 年至 2005 年共召开 6 届人民代表大会。

一、新农乡第九届人民代表大会

第一次会议　1987 年 3 月 28—30 日，在新农大礼堂举行。出席代表 64 人，列席 107 人。会议听取和审议乡长高明达所作《深化改革，扎实工作，为建设文明乡而努力奋斗》工作报告、副乡长沈本忠所作《关于新农乡 1986 年财政决算和 1987 年财政预算(草案)》的报告、乡人大主席团常务主席孙宏所作《新农乡人民代表大会主席团工作报告》。会议选举产生新农乡人民政府乡长1人,副乡长3人。通过有关决议。

第二次会议　1988年3月5—6日,在新农大礼堂举行。出席代表66人,列席110人。会议听取和审议乡长沈连春所作《政府工作报告》、乡财政所所长朱秀龙所作《关于新农乡1987年财政决算和1988年财政预算(草案)》报告、乡人大主席团常务主席孙宏所作《新农乡人民代表大会主席团工作报告》。通过有关决议。

二、新农乡第十届人民代表大会

第一次会议　1990年3月27—29日,在新农大礼堂举行。出席代表67人,列席117人,特邀11人。会议听取和审议乡长王海根所作《围绕治理整顿,继续深化改革,为促进城乡两个文明建设而努力奋斗》工作报告、乡财政所所长朱秀龙所作《关于新农乡1989年财政决算和1990年财政预算(草案)》报告、乡人大主席团常务主席陈道良所作《新农乡人民代表大会主席团工作报告》。会议选举产生新农乡第十届人大主席团常务主席1人,新农乡人民政府乡长1人,副乡长3人。通过有关决议。

第二次会议　1991年3月28—29日,在新农乡政府综合楼二楼会议室举行。出席代表65人,列席133人。会议听取和审议乡长王海根所作《团结一致,振奋精神,为发展新农经济和社会各项事业而努力奋斗》工作报告、乡财政所所长朱秀龙所作《关于新农乡1990年财政决算和1991年财政预算(草案)》报告、乡人大主席团常务主席陈道良所作《新农乡人民代表大会主席团工作报告》。通过有关决议。

第三次会议　1992年2月23—24日,在新农乡政府综合楼二楼会议室举行。出席代表65人,列席133人。会议听取和审议乡长王海根所作《转变观念,开拓进取,为加快新农经济和社会事业发展而努力奋斗》工作报告、乡财政所所长朱秀龙所作《关于新农乡1991年财政决算和1992年财政预算(草案)》报告、乡人大主席团常务主席陈道良所作《新农乡人民代表大会主席团工作报告》。通过有关决议。

三、新农乡第十一届人民代表大会

第一次会议　1993年3月25—27日,在新农乡政府综合楼二楼会议室举行。会议出席代表76人,列席83人,邀请20人。会议听取和审议乡长何木良所作《求实创新,锐意改革,为实现三年大变样的目标而努力奋斗》工作报告、乡财政所所长朱秀龙所作《关于新农乡1992年财政决算和1993年财政预算(草案)》报告、乡人大主席团常务主席陈道良所作《新农乡人大主席团工作报告》。会议选举产生新农乡第十一届人民代表大会主席团常务主席1人,新农乡人民政府乡长1人,副乡长3人。通过有关决议。

第二次会议　1994年3月22—23日,在新农乡政府综合楼二楼会议室举行。出席代表70人,列席85人。会议听取和审议乡长何木良所作《改革进取,求实创新,为加速发展新农经济和社会各项事业努力奋斗》工作报告、乡财政所所长冯齐飞所作《关于新农乡1993年财政预算执行情况和1994年财政预算(草案)》报告、乡人大主席团常务主席陈道良所作《新农乡人民代表大会主席团工作报告》。会议接受朱良宝辞去副乡长职务的请求,补选本届人民政府副乡长2人,通过有关决议。

第三次会议 1995年3月21—22日,在新农镇政府综合楼二楼会议室举行。出席代表74人,列席113人。会议听取和审议镇长何木良所作《新农镇人民政府工作报告》、镇财政所所长冯齐飞所作《新农镇1994年财政预算执行情况和1995年财政预算(草案)》报告、镇人大主席团常务主席陈道良所作《人大主席团工作报告》。通过有关决议。

四、新农镇第十二届人民代表大会

第一次会议 1996年3月6—8日,在新农镇政府综合楼二楼会议室举行。出席代表53人,列席59人。会议听取和审议镇长何木良所作《认定目标,真抓实干,为新农经济再上新台阶而奋斗》工作报告、镇财政所所长冯齐飞所作《关于新农镇1995年财政预算执行情况和1996年财政预算(草案)》报告、镇人大主席团常务主席陈道良所作《人大主席团工作报告》。会议选举产生新农镇第十二届人民代表大会主席1人,新农镇人民政府镇长1人,副镇长4人。通过有关决议。

第二次会议 1997年3月5—6日,在新农镇政府综合楼二楼会议室举行。出席代表51人,列席59人。会议听取和审议镇长何木良所作《认清形势,明确目标,开拓创新,真抓实干,努力促进我镇两个文明建设》工作报告、镇财政所所长高曙光所作《关于新农镇1996年财政预算执行情况和1997年财政预算(草案)》报告、镇人大主席陈道良所作《人大工作报告》。通过有关决议。

第三次会议 1997年4月8日,在新农镇政府综合楼二楼会议室举行。出席代表41人,列席60人。会议接受杨明成辞去副镇长职务的请求,经新农镇第十二届人民代表大会第三次会议选举,补选新农镇人民政府副镇长1人。

第四次会议 1998年3月12—13日,在新农镇政府综合楼二楼会议室举行。出席代表50人,列席59人。会议听取和审议镇长何木良所作《解放思想,增强信心,把握机遇,开拓进取,推进新农经济和社会各项事业稳步发展》工作报告、镇财政所所长冯齐飞所作《关于新农镇1997年财政预算执行情况和1998年财政预算(草案)》报告、镇人大主席陈道良所作《人大工作报告》。通过有关决议。

五、新农镇第十三届人民代表大会

第一次会议 1999年1月27—29日,在新农镇政府综合楼二楼会议室举行。出席代表55人,列席46人。会议听取和审议镇长何木良所作《新农镇人民政府工作报告》、镇财政所所长冯齐飞所作《关于新农镇1998年财政预算执行情况和1999年财政预算(草案)》报告、镇人大主席陈道良所作《人大工作报告》。会议选举产生新农镇第十三届人民代表大会主席1人,新农镇人民政府镇长1人,副镇长3人。通过有关决议。

第二次会议 2000年2月17—18日,在新农镇政府综合楼二楼会议室举行。出席代表51人,列席53人。会议听取和审议镇长何木良所作《新农镇人民政府工作报告》、镇财政所所长冯齐飞所作《关于新农镇1999年财政预算执行情况和2000年财政预算(草案)》报告、镇人大主席陈道良所作《人大工作报告》。会议接受沈德兴辞去副镇长职务的请求,补选副镇长1人。通过有关决议。

第三次会议 2001年3月12—13日,在新农镇政府综合楼二楼会议室举行。出席代表

45 人，列席 53 人。会议听取和审议副镇长何忠明所作《关于新农镇国民经济和社会发展第十个五年计划（草案）》的报告、镇财政所所长冯齐飞所作《关于新农镇 2000 年财政预算执行情况和 2001 年财政预算（草案）》报告、镇人大主席陈道良所作《新农镇人大工作报告》。会议接受何木良辞去镇长职务、蒋永华辞去副镇长职务的请求，会议补选镇长 1 人，副镇长 1 人。会议审议通过《新农镇人民代表大会议事规则》等有关决议。

六、新农镇第十四届人民代表大会

第一次会议　2002 年 1 月 20—22 日，在新农镇政府综合楼二楼会议室举行。出席代表 54 人，列席 50 人。会议听取和审议镇长杨伯良所作《新农镇人民政府工作报告》、镇财政所所长冯齐飞所作《关于新农镇 2001 年财政预算执行情况和 2002 年财政预算（草案》）报告、镇人大主席陈道良所作《新农镇人大工作报告》。会议选举产生新农镇第十四届人民代表大会主席 1 人，新农镇人民政府镇长 1 人，副镇长 3 人。通过有关决议。

2002 年 1 月 20—22 日，新农镇十四届一次人代会召开

第二次会议　2003 年 2 月 27—28 日，在新农镇政府综合楼二楼会议室举行。会议听取和审议镇长杨伯良所作《新农镇人民政府工作报告》、镇财政所所长冯齐飞所作《关于新农镇 2002 年财政预算执行情况和 2003 年财政预算（草案）》报告、镇人大主席陈方林所作《新农镇人大工作报告》。会议接受柳霞辞去副镇长职务的请求，补选副镇长 1 人。通过有关决议。

第三次会议　2004 年 2 月 3 日，在新农镇政府综合楼二楼会议室举行。出席代表 50 人，列席 74 人。会议听取和审议镇长杨伯良所作《新农镇人民政府工作报告》、镇财政所所长冯齐飞所作《关于新农镇 2003 年财政预算执行情况和 2004 年财政预算（草案）》报告、镇人大主席陈方林所作《新农镇人大工作报告》。通过有关决议。

第四次会议　2005 年 2 月 18—19 日，在新农镇政府综合楼二楼会议室举行。出席代表 50 人，列席 74 人。会议听取和审议镇长杨伯良所作《新农镇人民政府工作报告》、镇财政所所长冯齐飞所作《关于新农镇 2004 年财政预算执行情况和 2005 年财政预算（草案）》报告、镇人大主席陈方林所作《新农镇人大工作报告》。通过有关决议。

新农镇（乡）第九至第十四届人大主席团常务主席和人大主席名录表

表 4－8

届次	主席	任职时间
第九届	人民代表大会主席团常务主席　沈　宏	1987.3—1990.3
第十届	人民代表大会主席团常务主席　陈道良	1990.3—1993.3

续表 4-8

届次	主席	任职时间
第十一届	人民代表大会主席团常务主席　陈道良	1993.3—1996.3
第十二届	人民代表大会主席　陈道良	1996.3—1999.1
第十三届	人民代表大会主席　陈道良	1999.1—2002.1
第十四届	人民代表大会主席　陈方林	2002.1—2005.3

第三节　主要工作

1986年至2005年3月,新农镇(乡)人大主席团先后对《中华人民共和国工会法》、《中华人民共和国劳动法》、《中华人民共和国土地管理法》(简称《土地管理法》)、《中华人民共和国农业法》(简称《农业法》)、《中华人民共和国审计法》、《中华人民共和国食品卫生法》、《中华人民共和国经济合同法》、《上海市计划生育工作条例》、《上海市青少年保护条例》、《上海市老年人保护条例》、《中华人民共和国义务教育法》(简称《教育法》)等法律、法规的实施情况进行法律监督。同时围绕镇(乡)人民代表大会历次会议决议和镇(乡)国民经济发展规划,加强对工农业生产、文教卫生、社会保障等工作的监督,对与人民群众密切相关的热点和难点问题,进行监督检查。

一、行使监督权

法律监督　1995年,新农镇人大主席团组织部分代表会议,听取政府职能部门贯彻实施《土地管理法》的情况汇报,对镇土地管理所贯彻实施《土地管理法》工作中,严格按照法定程序进行的行为给予充分肯定,并提出建议。

是年,镇人大主席团对镇政府及青保委贯彻《上海市青少年保护条例》的工作在给予肯定的同时,建议政府和职能部门要加强《中华人民共和国未成年人保护法》《青少年保护条例》的宣传教育,落实青保工作检查、督促、协调,创造一个有利于青少年健康成长的整体环境。

1996年,新农镇人大组织文教卫生代表组全体代表,听取政府职能部门关于贯彻《教育法》依法兴教的情况汇报。代表们对政府重视教育事业,制定教育发展规划,逐年增加教育经费投入,不断改善办学条件等方面予以肯定。建议政府采取有力措施,从政治上、工作上、生活上关心教师,调动广大教师的工作积极性,提高教学质量,保证学校教育顺利开展。

1997年,新农镇人大组织代表对政府和职能部门贯彻实施《中华人民共和国老年人权益保障法》,建立和健全老年人权益保障体系和工作机构等方面表示满意。建议政府进一步加强对老龄工作的领导,做好对老年人纠纷的调解工作,为老年人多办实事、好事,确保老年人老有所养、老有所医、老有所为、老有所乐。

是年,镇人大组织代表先后视察镇第一、第二农业合作农场和万头养猪场,对政府和职能部门贯彻实施《农业法》的工作过程中,坚持把农业生产放在第一位,搞好家庭联产承包责任制，实施科技兴农，不断增加农业生产的投入，提高防洪抗台能力，确保农业生产稳定发展的行动给予充分肯定。建议政府发展社会化服务体系，引导农民走共同富裕的道路。

1999 年，新农镇人大组织代表对《中华人民共和国食品卫生法》（简称《食品卫生法》）的贯彻实施情况进行检查，建议政府和职能部门要加大《食品卫生法》宣传力度，严禁销售“三无”食品和霉变食品；取缔无证生产食品个体户；对饭店、熟食店、食堂要进行经常性检查，发现问题限期整改，保障人民群众的身心健康。

2000 年，新农镇人大组织代表对政府和职能部门贯彻实施《中华人民共和国环境保护法》和《上海市环境保护条例》开展检查，建议政府和职能部门大力宣传环保法，提高人民群众环保意识和参与能力；并以保护水源为重点，加强对排污单位的监督检查。

2004 年，新农镇人大组织部分代表听取镇派出所、社会治安综合治理办公室贯彻落实《上海市外来流动人口管理条例》情况汇报，对新农派出所及政府职能部门，严格按照《上海市外来流动人口管理条例》要求，建立外来流动人员管理服务站，落实“二点一证”（落脚点、工作点、暂住证）管理措施；经常开展联合执法检查等工作表示满意。建议政府及职能部门进一步加强对外来人员的教育和管理。

工作监督　镇人大主席团围绕镇在改革开放和经济发展中存在的一些薄弱环节及群众议论的“热点”问题，深入基层，开展调查研究。1994 年，镇人大参与集体资产管理现状的调查，写出专题调查报告，及时向政府反馈，为镇人大主席团议事和政府决策提供依据。

1995 年，新农镇人大组织代表对全镇乡村道路建设和养护管理进行视察。代表们针对全镇 26 千米乡村道路的不良状况，建议镇政府采取措施，制定乡村道路养护管理办法，建立乡村道路养护小组，切实加强道路管理，确保道路平整、畅通。

1998 年，新农镇人大组织代表听取镇及职能部门关于企业改制、招商引资、招商引税情况汇报。针对部分企业转制不彻底，集体资产流失现象依然存在的情况，建议政府在今后企业转制中引起重视。

1999 年，镇人大代表对镇财政预算执行情况和预算外资金管理进行检查。建议镇财政所积极组织收入，合理安排支出，使财政为镇经济建设和社会各项事业持续、健康发展，发挥积极作用。

2000 年 6 月，新农镇人大代表对新农学校的教育工作进行视察，听取学校教学工作情况汇报。建议政府进一步改善学校的办学条件，为教学和学生学习营造良好环境。

是年 8 月，镇人大代表对全镇调整农业产业结构，促使农业增效，农民增收进行视察。建议政府做好产前信息服务，产中技术服务，产后销售服务工作，解除农户农产品销售的后顾之忧。

2001 年 4 月，新农镇人大组织代表对镇土地整理工作进行视察。建议政府和职能部门按照政府制定的土地整理十年规划，进一步抓好土地整理和复垦还耕工作。

同年，镇人大组织代表视察防汛抗台风工作。对圩区整体抗灾能力薄弱等问题，建议政府和职能部门要以高度的责任感和使命感，切实加强圩区的防汛抗台风工作。

2002 年 10 月，新农镇人大财政预算审查委员会听取和审议了镇财政所《关于 2002 年 1—9 月财政预算收支情况的汇报和调整预算方案的说明》。建议政府调整预算方案，要严格控制财政支出总量，确保财政收支平衡。

2004 年,新农镇人大对镇第十四届人民代表大会第三次会议通过的 5 件实事项目进行视察。经视察,对政府在财力比较紧张的情况下,完成生活用水设施改建、社区卫生服务中心改建;北部工业区道路设施建设、动迁户安置房建设和设立扶贫帮困基金会等实事项目表示满意。同时,提出有关建议。

二、行使决定权

1986—2005 年,新农镇(乡)人大(主席团)根据法律和法规赋予的职权,评议政府工作,作出历届、历次人民代表大会的报告和决议 58 份,依法选举镇(乡)人大主席(主席团常务主席)6 人次,镇(乡)人民政府正、副镇(乡)长 11 人等方面行使决定权。

新农镇(乡)在历届区(县)、镇(乡)人民代表大会代表换届选举前,建立和健全换届选举领导小组,设立镇(乡)选举委员会。

第四节　代表工作

1987 年,新农乡第九届人民代表大会第一次会议后,乡人大不定期组织代表开展视察,评议、检查政府工作等活动。乡第十届人民代表大会第一次会议和历次人代会后,人大主席团制定代表活动计划,将人大代表分为农副业组、工业组、村镇建设组和文教卫生、社会治安组,规定每年代表组活动不少于 4 次,组织代表学习宣传法律法规知识和党对农村工作的一系列方针、政策,检查人代会决议、评议实事项目落实情况,对人民群众关心的热点、难点问题开展视察,听取意见和建议,及时转告政府和职能部门处理。人大主席团不拘形式地听取代表意见,为代表知政、知情、参政议政创造条件。根据区(县)人大常委会精神,区人大新农代表组及时组织区(县)人大代表积极开展各项活动。

一、履行人大代表职责

1989—1990 年,新农乡人大先后 6 次组织县、乡人大代表 276 人次,听取政府汇报,实地视察温河丰产方、千头养猪场,工业产品结构调整,乡卫生院改造工程,对服装二厂在生产管理中碰到的困难,提出意见和建议。

1993 年,新农乡人大主席团组织代表学习《中华人民共和国全国人民代表大会和地方各级人民代表大会代表法》《中华人民共和国地方各级人民代表大会和地方各级人民政府组织法》,举办法律法规知识讲座,增强当好人大代表的光荣感、使命感。

1994 年,新农镇人大进一步完善《人大主席团议事规则》《新农镇人大代表活动制度》《新农镇人大代表联系选民制度》《新农镇关于议案、代表建议、批评和意见处理办法》,规范人大工作。

1996—1998 年,新农镇人大组织人大代表评议政府工作和开展视察活动 17 次;听取政府及职能部门工作汇报 20 个;对 9 个法律法规贯彻实施情况和人民群众关心的问题进行监督检查。

2000 年,镇人大制定《新农镇人大主席团成员会议制度》和《新农镇人大代表视察制度》。

2002—2004 年,新农镇人大先后 10 次组织代表听取政府和职能部门关于经济小区建设、“家家富”工程实施和外来流动人员管理等情况的汇报;5 次组织人大代表对重点建设项目进行视察活动;举办 2 期学习《中华人民共和国宪法》为主要内容和《上海市实施“代表法”办法》的培训班;审议政府 2002 年财政预算决算调整方案。同时,对区人大新农代表组 5 年来提出的书面意见和建议实施情况进行审议。2004 年,邀请 30 名选民代表对 3 名镇人大代表在镇人代会期间行使代表权利,闭会后参加代表活动、联系选民、反映民情、发挥代表作用开展述职评议。

二、督办人大代表书面意见和建议的处理

1986 年,新农乡第八届人民代表大会第三次会议至 2005 年新农镇第十四届人民代表大会第四次会议期间,代表们共提出书面意见和建议 465 件。镇(乡)人大主席团专门召开会议,对代表们提出的书面意见和建议认真梳理,及时提交镇(乡)政府办理和落实。做到件件有答复,事事有着落。

三、视察和评议政府工作

1986—1989 年,新农乡人大主席团组织代表先后视察工业、农副业、教育、城镇建设、敬老院在建项目等方面工作;并听取和审议政府对上述工作的实施情况汇报。

1990 年,乡人大主席团将本届 67 名代表分为 4 个代表小组,听取和评议政府上半年工作及 8 件实事项目建设的进展情况,分别视察爱国村土地复垦、牡丹村地膜育秧和工艺品厂、乡卫生院改造等。

1991 年,新农乡人大组织农副业、工业、文教卫生代表组,分别对乡办服装厂、化工厂的技术改造、龙井消防器材厂产品结构调整和路南圩区、集镇建设等方面进行视察,对乡财政所上半年财政预算执行情况和《土地管理法》执行情况进行评议。

1994 年,新农镇人大主席团组织代表对镇市属蔬菜基地、工业在建项目、镇区建设进展状况等进行视察,并提出建设性建议。

1996 年,镇人大组织代表对镇十二届二次会议通过的八件实事项目进行视察,建议政府及职能部门积极筹措资金,对实事项目在建设中所欠工程款及早兑现。

2000 年,新农镇人大组织代表听取政府关于农业产业结构调整情况汇报,视察第一合作农场、蜗牛养殖专业户、上海天高种鸽养殖有限公司等单位。

2002 年,新农镇人大组织代表听取和评议政府上半年工作及下半年工作设想。提出加大宣传力度,营造良好的投资环境,兼顾好常规农业技术服务指导,高起点编制好新农镇总体规划等建议。

2003—2004 年,新农镇人大组织代表视察工业园区建设、非典型性肺炎防治、农村生活垃圾集中收集处置、实事项目完成情况等工作,听取政府及职能部门关于“四五”普法宣传教育、社会治安综合治理、农村养老保险等工作汇报,向政府提出增强中心意识、责任意识、服务意识三点建议。

第五章　新农镇人民政府

1984 年 3 月，恢复乡建制，建立新农乡人民政府。1994 年 9 月，撤乡建镇，建立新农镇人民政府。镇政府机关驻新农集镇浦银路 438 号。

1985 年 4 月至 2005 年 3 月，新农镇（乡）第八届、第九届、第十届、第十一届、第十二届、第十三届、第十四届人民政府的工作报告，每年提交镇（乡）人民代表大会审议，通过决议后实施。

历届政府坚持以经济建设为中心，坚持改革开放，转变工作职能，先后制订“八五”“九五”“十五”国民经济和社会发展计划及年度工作计划，编制镇域、集镇总体规划和农田水利、土地利用、生态环境保护等专业规划。适时制定国民经济和社会发展政策措施，推进全镇经济、政治、文化、教育、卫生和城乡建设等社会各项事业的发展，确保人民生活水平逐年提高。2004 年，全镇国内生产总值 5.21 亿元，比 1986 年的 2859 万元增加 18.22 倍；工农业总产值 18.67 亿元，比 1986 年的 4765 万元增加 39.18 倍；财政收入 7580.93 万元，比 1986 年的 101.13 万元增加 74.96 倍；农民人均收入 6899.90 元，比 1986 年的 674 元增加 10.24 倍。

第一节　行政机构

1984 年 3 月，恢复乡建制，实行党、政、企分设，重新建立新农乡人民政府，设乡长 1 人，副乡长 2 人。

1994 年 9 月，撤销新农乡建制，建立新农镇人民政府，实行镇管村体制，设镇长 1 人，副镇长 4 人。

2005 年 3 月，撤销朱泾镇、新农镇建制，建立新的朱泾镇。

1984 年 4 月至 2002 年 1 月，新农镇（乡）第八届至第十四届人民代表大会的第一次会议分别选举产生新农镇（乡）第八届至第十四届人民政府领导人。镇（乡）人民政府依法设置工作机构，建立工作制度。

一、政府换届

新农乡第八届人民政府（1984.4—1987.2）　1984 年 4 月 11—13 日，新农乡第八届人民代表大会第一次会议选举产生乡长 1 人，副乡长 2 人。

1985 年 4 月 1—2 日，新农乡第八届人民代表大会第二次会议接受乡长辞职请求，补选乡长 1 人，副乡长 1 人。

新农乡第九届人民政府（1987. 3—1990. 3）　1987 年 3 月 28—30 日，新农乡第九届人民代表大会第一次会议选举产生乡长 1 人，副乡长 3 人。

新农乡第十届人民政府（1990. 3—1993. 3）　1990 年 3 月 27—29 日，新农乡第十届人民代表大会第一次会议选举产生乡长 1 人、副乡长 3 人。

新农乡第十一届人民政府（1993. 3—1994. 9）　1993 年 3 月 25—27 日，新农乡第十一届人民代表大会第一次会议选举产生乡长 1 人、副乡长 3 人。

1994 年 3 月 22—23 日，新农乡第十一届人民代表大会第二次会议，接受副乡长 1 人辞职请求，补选副乡长 2 人。

新农镇人民政府（1994. 9—1996. 3）　1994 年 9 月，撤销新农乡建制，建立新农镇，设镇长 1 人、副镇长 4 人。

新农镇第十二届人民政府（1996. 3—1999. 1）　1996 年 3 月 6—8 日，新农镇第十二届人民代表大会第一次会议选举产生镇长 1 人，副镇长 4 人。

1997 年 4 月 8 日，新农镇第十二届人民代表大会第三次会议接受副镇长 1 人辞职请求，补选副镇长 1 人。

新农镇第十三届人民政府（1999. 1—2002. 1）　1999 年 1 月 27—29 日，新农镇第十三届人民代表大会第一次会议选举产生镇长 1 人，副镇长 4 人。

2000 年 2 月 17—18 日，新农镇第十三届人民代表大会第二次会议接受副镇长 1 人辞职请求，补选副镇长 1 人。

2001 年 3 月 12—13 日，新农镇第十三届人民代表大会第三次会议接受镇长和副镇长各 1 人辞职请求。补选镇长 1 人，副镇长 1 人。

新农镇第十四届人民政府（2002. 1—2005. 3）　2002 年 1 月 20—22 日，新农镇第十四届人民代表大会第一次会议选举产生镇长 1 人、副镇长 3 人。

2003 年 2 月 27—28 日，新农镇第十四届人民代表大会第二次会议接受副镇长 1 人辞职请求，补选副镇长 1 人。

新农镇（乡）第八届至十四届人民政府镇（乡）长、副镇（乡）长一览表

表 5 - 1

届次	职务	姓名	籍贯	任　期
第八届	乡长	沈连春	上海金山	1984. 4—1985. 4
		高明达	上海金山	1985. 4—1987. 2
	副乡长	高雪明	上海金山	1984. 4—1987. 2
		孙宏（女）	上海金山	1984. 4—1985. 11
		沈本忠	上海金山	1985. 4—1987. 2

续表 5－1

届次	职务	姓名	籍贯	任　期
第九届	乡长	沈连春	上海金山	1987.3—1989.12
	副乡长	王海根	上海金山	1987.3—1990.3
		朱良宝(女)	上海金山	1987.3—1990.3
		胡美忠	上海金山	1987.3—1990.3
第十届	乡长	王海根	上海金山	1990.3—1993.3
	副乡长	叶金明	上海金山	1990.3—1992.11
		朱良宝(女)	上海金山	1990.3—1993.3
		周明海	上海金山	1990.3—1993.3
第十一届	乡长	何木良	上海金山	1993.3—1994.9
	副乡长	周明海	上海金山	1993.3—1994.9
		朱良宝(女)	上海金山	1993.3—1994.9
		杨明成	上海金山	1993.3—1994.9
		查峥	浙江海宁	1994.3—1994.9
		蒋木金	上海金山	1994.3—1994.9
第十一届	镇长	何木良	上海金山	1994.9—1996.3
	副镇长	周明海	上海金山	1994.9—1996.3
		杨明成	上海金山	1994.9—1996.3
		查峥	浙江海宁	1994.9—1995.11
		蒋木金	上海金山	1994.9—1996.3
第十二届	镇长	何木良	上海金山	1996.3—1999.1
	副镇长	杨明成	上海金山	1996.3—1997.4
		沈德兴	上海金山	1996.3—1999.1
		俞绍林	上海金山	1996.3—1999.1
		盛天观	上海金山	1996.3—1998.11
		李海新	山东	1997.4—1998.8
第十三届	镇长	何木良	上海金山	1999.1—2001.3
		杨伯良	上海金山	2001.3—2002.1
	副镇长	何忠明	上海金山	1999.1—2001.11
		沈德兴	上海金山	1999.1—2000.2
		俞绍林	上海金山	1999.1—2002.1
		蒋永华	上海金山	2000.2—2001.3
		柳霞(女)	江苏苏州	2001.3—2002.1

续表 5－1

届次	职务	姓名	籍贯	任　期
第十四届	镇长	杨伯良	上海金山	2002.1—2005.3
	副镇长	朱纪林	上海金山	2002.1—2005.3
		柳霞(女)	江苏苏州	2002.1—2003.2
		庄建芳(女)	上海金山	2003.2—2005.3
		俞绍林	上海金山	2002.1—2005.3

二、机构设置

(一)常设机构

行政　1986 年,乡政府机关设办公室、工业、农业、民政、司法、科技、计划生育、卫生、教育、财粮、基建、安全、环保、统计、人民武装部 15 个职能部门,干部实行助理制。1990 年,乡政府机关设办公室、民政、司法、科学技术、基本建设、文教卫生、计划生育、劳动人事、武装部、行政监察室共 10 个职能部门。1991 年,规范乡政府助理设置,设办公室、经济助理、民政助理、教育助理、卫生助理、科协助理、财粮助理、司法助理、计划生育助理、安全助理、环保助理、综治办主任及人民武装部。是年 12 月,政府设置人事专职干部 1 人(后称劳动人事助理),列入乡政府机关行政编制序列。1992 年,成立乡统计室,设统计助理。

1994 年 9 月,撤乡建镇,乡政府助理制改为镇政府助理制。

2001 年 12 月,政府机构改革,政府助理制改为部门制,政府行政机构设“六办一科一部”。政府办公室(与党委办公室合署办公,内设档案室)、工业贸易办公室、农业经济办公室、社会事业管理办公室、村镇建设办公室、社会治安综合治理办公室、组织人事科、人民武装部。2003 年 2 月,增设司法科。

事业　1986 年,新农乡政府事业机构有财政所、农经管理站、法律服务所、劳动服务所、广播站、文化站、爱卫办、农机管理站、农科站、水产推广站、渔政站、兽医站、林业站 13 个单位。1989 年 7 月,成立土地所。1994 年 10 月,新农镇政府事业机构有财政所、工业管理站、农经管理站、审计室、劳动服务所、农保所、爱卫办、市容监察队、土地所、文化站、广播站、电影放映队、农科站、农机站、林业站、兽医站、水产推广站、渔政站共 18 个单位。

2001 年 7 月,镇事业单位实施机构改革,18 个事业单位精简为 7 个。即财政所、经济管理所,社会保障管理所、城乡环境管理所、房屋土地管理所、文化广播影视服务中心、农业技术推广服务中心(简称“五所二中心”)。

2002 年 9 月,镇成立社会救助事务管理所(挂靠社会保障管理所)。2003 年 1 月,成立镇合作医疗基金管理站(挂靠镇社会事业保障管理所)。是年 7 月,镇社会保障管理所更名为镇劳动保障事务所。

(二)非常设机构

新农镇(乡)人民政府为组织协调和加强有关方面的工作,设置若干非常设机构,其办事机构一般挂靠在与其工作任务相关的常设机构,在工作任务完成后自然撤销或镇(乡)政府依法行文予以撤销。1985 年至 2004 年 10 月,新农镇(乡)政府先后设置的非常设机构有 110 多个。

1985—2004 年新农镇(乡)部分非常设机构名称一览表

表 5－2

机构名称	设置时间
保密工作领导小组	1985.10
“普法”工作办公室	1986.2
会计档案清理领导小组	1986.3
防汛领导小组	1986.5
改水工作领导小组	1986.7
安全生产领导小组	1987.4
清理农村集体资产领导小组	1997.4
消防安全委员会	1987.5
双拥工作领导小组	1987.8
成人教育委员会	1987.10
爱国卫生运动委员会	1987.12
环保领导小组	1988.4
交通安全领导小组	1988.7
社会治安综合治理领导小组	1991.6
妇女儿童保护委员会	1992.7
土地利用总体规划编制领导小组	1993.5
集体资产管理领导小组	1994.4
镇域规划领导小组	1994.10
国防教育委员会	1995.4
维护社会稳定工作领导小组	1995.4
政法工作领导小组	1995.4
防汛抗台领导小组	1996.4
妇女儿童工作委员会	1996.5
抗灾救灾领导小组	1996.6
全民健身领导小组	1996.8
土地清查办公室	1997.5
国家安全工作领导小组	1998.8
水资源普查领导小组	1999.5
刑释解教人员安置帮教办公室	1999.6
“110”公安、司法联合行动领导小组	1999.8
依法治镇领导小组	1999.8
农业服务体系市场化工作领导小组	2000.3

续表 5－2

机构名称	设置时间
实事项目工作领导小组	2000.3
农业综合开发项目领导小组	2000.7
镇、村卫生机构一体化管理委员会	2000.7
重大项目质量监督领导小组	2002.2
土地置换管理领导小组	2002.2
农村税费改革领导小组	2002.2
居家养老工作领导小组	2002.6
外来流动人口管理工作领导小组	2003.2
征用土地劳动力补偿安置工作领导小组	2003.7
再就业工作领导小组	2003.10
推进小城镇社会保险工作领导小组	2003.10
劳动就业培训推介领导小组	2004.5
新农镇志编纂委员会	2004.7
清理拖欠工程款领导小组	2004.9

1986—2005 新农镇机关事业单位行政领导一览表

表 5－3

	单位名称	姓名	任期
政府口	政府办公室	严志明 蒋木金 朱忆平 周金连 何正方 朱忆平 蒋木金 朱明建 沈仙强	1987.8—1989.3 1989.3—1990.3 1990.4—1993.4 1993.4—1995.4 1995.4—1997.6 1997.6—2000.2 2000.2—2001.9 2001.9—2001.12 2001.12—2005.3
	档　案	蒋木金 严邱观 朱茅苟 王球球	1987.8—1989.3 1989.3—1990.5 1990.5—2001.7 2001.7—2005.3
	社会治安综合治理办公室	杨启均 盛天观 沈仙强 张爱忠 沈奇云	1991.6—1999.2 1999.2—2001.1 2001.1—2001.12 2001.12—2003.1 2003.1—2005.3
	司　法	王志达 张爱忠	1984.05—1992.12 1992.12—2005.03

续表5-3

	单位名称	姓名	任期
政府口	信　访	孙余方 王志达 严志明 盛天观 彭喜忠	1990.4—1993.4 1993.4—1997.12 1997.12—1999.2 1999.2—2001.12 2001.12—2005.3
	法律服务所	沈仙强 张爱忠 王志达 张爱忠 沈奇云 张爱忠	1986.5—1987.7 1987.7—1988.3 1988.3—1992.12 1992.12—2001.12 2003.1—2003.11 2003.11—2005.3
	社会事业管理办公室	李道明	2001.12—2005.3
	民　政	张四龙 黄晓弟 张四龙 朱秀龙 张决心 李道明	1984.5—1989.5 1989.5—1990.6 1990.6—1993.11 1993.11—1994.4 1994.4—1997.2 1997.2—2005.3
	计划生育	沈园妹	1985.6—2005.3
	文　教	蔡仁甫 张纪明 朱德林 朱明建	1984.2—1987.2 1987.2—1988.8 1988.8—2001.3 2001.3—2005.3
	卫　生	陈金仙 蒋木金 倪水芳	1987.8—1996.8 1996.8—1996.10 1996.10—2005.3
	残　联	朱良宝 查　峥 沈德兴 蒋永华 柳　霞 庄建芳	1991—1994.3 1994.3—1995.5 1995.5—1999.12 1999.12—2001.3 2001.3—2003.2 2003.2—2005.3
	老　龄	孙余芳 严志明 朱四邱 严维新 李道明	1986—1997.12 1997.12—1999.2 1999.2—2001.3 2001.3—2002.4 2002.4—2005.3
	村镇规划建设管理办公室	陈金仙 黄建新	1984.2—1987.8 1987.8—2005.3
	社会救助事务所	李道明	2002.11—2005.3
	农业经济办公室	黄书根	2001.12—2005.3
	工业经济办公室	朱纪林 卢宏辉	2001.12—2003.1 2003.1—2005.3
	环境保护管理所	吴文新	2001.7—2005.3

续表 5－3

	单位名称	姓名	任期
政府口	科学技术	周秀忠 张纪明 朱德林 蒋木金 彭喜忠 蒋木金	1984.7—1987.8 1987.8—1988.8 1988.8—1990.7 1990.7—1996.5 1996.5—2003.11 2003.11—2005.3
	监察室	蔡又新 李春花 沈德兴 钱益基 盛天观	1993.6—1998.2 1998.2—2000.3 2000.3—2001.3 2001.3—2003.11 2003.11—2005.3
	劳动安全	蒋伯康 沈奇云 卢宏辉	1987.8—1993.3 1993.3—2003.1 2003.1—2005.3
事业口	财政所	朱秀龙 冯齐飞 高曙光 冯齐飞	1987.1—1993.11 1993.11—1996.6 1996.6—1998.3 1998.3—2005.3
	综合经济管理所（经管站）	赵敏秀 蔡又新 杨君泉 朱纪林 杨君泉	1984.8—1987.4 1987.4—1993.2 1993.2—2001.7 2001.7—2002.1 2002.1—2005.3
	统　计	彭喜忠 秦浩宏	1987.4—2001.12 2001.12—2005.3
	审　计	杨君泉 钱仕强	1994.4—1995.11 1995.11—2005.3
	社会事业保障管理所	汤水平 汤水平	2001.7—2002.7 2003.10—2004.12
	农保所	姚雪龙 汤水平	1994.4—1995.6 1995.6—2001.7
	劳动服务所	叶荣林 周炳华 王广飞	1988.3—1990.8 1990.8—1994.2 1994.2—2001.7
	房屋土地管理所	屠效忠	2001.7—2005.3
	土地所	屠效忠 黄建新 屠效忠	1989.7—1994.4 1994.4—1997.2 1997.2—2001.7
	文化广播影视服务中心	陆建忠	2001.7—2005.3
	文化中心影剧场	朱茅苟 陈补林 陆建忠	1978.8—1990.7 1990.7—1991.9 1991.12—2001.7

续表5-3

	单位名称	姓名	任期
事业口	广播站	严邱观 严志明 杨君喜 干亚明 严正飞 褚水龙	1986.11—1989.4 1989.4—1990.6 1990.7—1994.5 1994.5—1996.4 1996.4—1998.8 1998.8—2001.7
	农业技术推广服务中心	黄书根	2001.7—2005.3
	农业公司	黄建新 陆品良 何堂囡 蒋木金 何堂囡 盛天观 黄书根	1985.3—1987.4 1987.8—1990.4 1990.4—1993.4 1993.4—1994.1 1994.1—1994.12 1994.12—1996.4 1996.4—2001.7
	副业公司	高土云 平金明 陆堂生 蒋木金	1984.3—1987.4 1987.8—1988.8 1988.8—1993.4 1993.4—1994.1

第二节　政务工作

一、施政方略

1986—2004年,新农镇(乡)人民政府把发展经济作为第一要务,制定实施国民经济和社会发展"七五""八五""九五""十五"计划,提出在各个阶段经济发展的指导思想和完成规划的具体措施。经镇(乡)人代会审议通过后实施。

(一)"七五"(1986—1990年)期间

新农乡政府坚持以经济建设为中心,坚持农副工三业协调发展,先后颁发《进一步完善乡村企业供销人员(酬利挂钩责任制)》《企业双增双节若干措施》和《为乡村企业发展作出贡献人员实施奖励办法》等文件,调动各方面积极性,使全乡经济持续增长。1990年,全乡工农业总产值1.48亿元,比1985年的0.50亿元增加2.96倍,年均递增24.24%;国内生产总值0.35亿元,比1985年的0.28亿元增加1.89倍,年均递增4.56%。

(二)"八五"(1991—1995年)期间

新农镇(乡)政府贯彻落实县委、县政府制定的《关于进一步加强农业若干问题的规定(试行)》精神和县委七届三次全会确定的"市场定向、科技推动、集约经营"的三大战略,树立"以农为本"思想,坚持"一靠政策、二靠科技、三靠投入"的农业发展方针,加强对农业生产的领导,完善农业社会化服务体系,优化农副业生产结构。1995年,全镇工农业总产值6.60亿元,比1990年的1.48亿元增加4.46倍,年均递增34.85%;国内生产总值1.48亿元,其中第一产业 0.41 亿元、第二产业 0.90 亿元、第三产业 0.17 亿元,分别占国内生产总值的 27.70%、60.81%、11.49%。

(三)"九五"(1996—2000 年)期间

新农镇政府按照区委、区政府提出的"稳中求进、有所发展"的要求,主攻第二产业,加快发展第三产业,优化提高第一产业,推动全镇经济和社会各项事业的发展。2000 年,全镇工农业总产值 7.68 亿元,比 1995 年的 6.60 亿元增加 1.08 亿元,年均递增 3.08%;国内生产总值 2.54 亿元,比 1995 年的 1.48 亿元增加 1.06 亿元,年均递增 11.41%;财政收入 2780 万元,比 1995 年的 919 万元增加 1861 万元,年均递增 24.98%。新镇区开发初具规模,占地面积 20 公顷,比 1995 年扩大 4 倍,住宅面积 7 万平方米。同时,实施九年一贯制义务教育,创建卫生城区,发展文化广播事业,完善农村养老保险和合作医疗制度,完成"三五"普法教育,社会治安稳定,人民生活明显提高。2000 年,全镇人均收入 3745 元,劳均收入 6072 元,比 1995 年的 2764 元、4422 元分别增长 35.49% 和 37.31%。

(四)"十五"(2001—2005 年)期间

新农镇政府围绕提升综合经济实力为核心,一面拓展第二产业,建立以针织服装、新型建材、箱包皮革、化工塑胶、电子机械等五大行业生产体系。一面调整提升第一产业,创建现代农业园区,营造以五龙村为主体的西甜瓜种植;市属蔬菜基地为重点的创汇蔬菜种植;第一农场的种鸽、肉鸽、野鸡、野鸭、珍禽养殖;沈庄、慧农村的优质杂交水稻制种;爱国、万年两村的花卉、苗木栽培;光华村的蜗牛特种养殖;新民、新范村的河虾水产养殖;慧农村的休闲观光农业八大种养特色。第一、二产业的发展,带动第三产业的发展,全镇创建农产品、针织服装和新型建材市场,开辟仓储业。2004 年,全镇工农业总产值实现 18.67 亿元,比 2000 年增加 2.43 倍;国内生产总值 5.21 亿元,比 2000 年的 2.54 亿元,年均增长 15.45%,二、三、一产业比例为 68∶15∶17。

二、分工负责

1986 年至 2005 年 3 月,历届新农镇(乡)人民代表大会第一次会议闭幕后,新一届政府召开第一次镇长办公会议,讨论镇长分工和政务运作规范。

历届政府工作由镇(乡)长主持,副镇(乡)长按各自分工或镇(乡)长的委托做好工作。政府工作自觉接受镇人大的监督检查。政府各职能部门和基层单位以对政府和人民负责的态度,认真负责地做好各自的工作。凡以政府名义向上级机关的报告、请示以及向基层单位发文,由镇(乡)长签发,属分管副镇(乡)长职责范围的由分管副镇(乡)长签发。

镇(乡)长、副镇(乡)长根据各自分工,一般不参加部门一般性工作会议。如工作部门以政府名义召开的全镇(乡)性会议,出席对象按需要确定,会议由镇(乡)长或根据职责范围分管的副镇(乡)长主持,议题一般由镇(乡)长或副镇(乡)长审定。

镇(乡)长办公会议,一般由镇(乡)长、副镇(乡)长、政府办公室主任参加;镇(乡)长办公扩大会议,根据需要由相关部门负责人或政府助理以上干部列席会议。会议由镇(乡)长主持召开。会议主要任务是传达上级指示精神、镇(乡)党委重要工作,研究和处理政府日常工作中的重大问题,部署阶段性工作。

三、行政监察

1997年4月,建立新农镇党风廉政监察站,蔡又新任站长,韩秉威任常务副站长,聘请20名在职、退休党员、干部和群众代表担任监察员。镇党风廉政监察站在纪律检查委员会和监察室领导下开展工作,利用广播、会议和宣传画廊等形式,加强党风廉政宣传教育,提高党员、干部廉洁从政、从业的自觉性。同时围绕政府中心工作,履行监察职能,开展监察活动。

1997年4月,在党员、干部中开展清理回收公款、公物专项治理,累计收回党员、干部拖欠公款公物3.78万元。是年,镇党风廉政监察站会同业务主管部门对涉农负担问题进行监察。同时,在全镇范围内全面推广"一卡(农民交费监督卡)、一表(农民负担情况统计表)、一审计(内部审计)"制度,发放"农民交费监督卡"6403张。

1998年,贯彻落实中共中央、国务院《关于党政机关厉行节约,制止奢侈浪费行为的若干规定》,清理公费安装通信工具,严格控制会议和庆典活动,制止公款吃喝玩乐等3项工作。是年4月,会同政府办公室重点清理公费安装住宅电话和机关事业单位移动通信设备,共清理公费住宅电话2部、移动电话26部,全部作价归私。

1999年3月,对群众反映较强烈的6个企业开展监察审计工作,公开纠正兼职取酬1例,明确债权债务2例,批评教育4例,澄清事实2例。同年8月,调整和充实党风廉政监察站组成人员,制定《党风廉政监察站若干工作意见》。年内,对农村财务收支、农民负担等情况进行检查,纠正农民不合理负担50余万元。

2001年9月,镇党风廉政监察站分别对全镇13个村民委员会和浦银居委会村(居)务公开的实效性、及时性、真实性、公开性,采取听、看、议、发放调查问卷等形式开展调研。同时,对政府实事项目——镇文化体育活动中心第一期工程、卫生院改建和镇社会保障服务中心办公用房等工程款进行审计。

2002年9月,镇党风廉政监察站,分别到慧农、沈庄、幸福、温河等村对有关农村税费改革情况进行调研。同年12月,镇党风廉政监察站按照镇2000年度党风廉政建设责任制考核意见,对牡丹等9个村民委员会、浦银居民委员会进行党风廉政建设考核。

2003年,镇党风廉政监察站组织部分监督员,对村级经济管理进行专题调研,并参与镇行政机关政风评议工作。

2004年,对镇领导干部超标用车、通信费报销和在企业兼职等现象进行清理。

四、信访工作

1987年8月,建立新农乡信访接待室,由一名副乡长分管信访工作,聘请1名退休老干部为专职信访接待员,负责接待和受理群众来信来访工作。是年,全乡14个村民委员会、30个企事业单位相继组建信访工作小组,共有信访接待员46人,组长均由党支部书记兼任,形成纵向到底、横向到边的信访工作网络。1990年,乡建立由党委副书记、办公室主任为正副组长的信访工作领导小组,下设办公室,配备2名信访专职人员,负责受理和处理日常信访工作。

(一)制度

1987年,建立乡、村两级信访工作网络,完善和建立来信来访登记、岗位责任、阅办复信、调处结报、统计上报、整理归档和分级负责、归口办理等工作制度。1990 年起，每周四启动分管副镇（乡）长审阅和授权镇（乡）信访工作人员处理来信来访制度。1998 年 3 月，建立镇党政领导周四上午接待群众来访日制度。

（二）受理

镇（乡）信访办按照“分级负责、归口办理”的原则，1986—2004 年，共受理来信来访 2504 件（次），镇（乡）历届党政领导亲自批阅来信 1433 件，占受理信访总数的 57.29%。来信来访主要内容分为 6 类：批评建议类 32 件；举报类 126 件；申诉类 37 件；求决类 2141 件；纠纷类 114 件；其他类 64 件。

1986—2004 年新农镇（乡）来信来访情况表

表 5－4

年份	受理信访（件）	办结率（%）	比上年增减（%）	其中				分类					
				镇来信件数（件）	来访		上级转来件数（件）	批评建议（件）	举报（件）	申诉（件）	求决（件）	纠纷（件）	其他（件）
					批数（批）	人次（人）							
1986	175	—	—	39	103	103	33	4	9	2	153	6	1
1987	410	93.8	134.3	70	315	315	25	2	6	3	390	4	5
1988	210	98.6	－48.8	49	129	129	32	5	14	4	171	12	4
1989	241	—	14.8	31	186	187	24	4	7	1	218	3	8
1990	151	100	－37.3	21	102	102	24	1	10	1	106	5	28
1991	135	100	－10.6	14	99	99	21	8	13	5	80	24	5
1992	70	—	－48.1	14	32	32	23	1	7	3	51	4	3
1993	33	100	－52.9	8	19	19	6	—	2	2	26	2	1
1994	64	100	93.9	3	41	65	15	1	2	3	49	17	2
1995	76	93.4	18.8	9	34	39	28	—	4	1	68	3	—
1996	48	95.8	－36.8	5	23	66	18	—	5	2	41	—	—
1997	177	100	268.8	12	141	153	12	—	3	1	167	3	3
1998	94	96.7	－46.9	3	59	170	27	—	9	—	85	—	—
1999	46	93	－51.1	1	12	12	32	—	13	—	34	—	—
2000	167	100	263	5	114	132	34	—	13	1	148	5	—
2001	112	95	－32.9	1	60	72	24	1	—	4	106	—	1
2002	86	100	－23.2	—	63	91	23	2	—	1	81	2	—
2003	77	100	－10.5	3	37	37	35	—	4	—	67	5	1
2004	132	100	71.4	10	67	67	40	3	5	3	100	19	2
合计	2504	97.9	—	298	1636	1890	476	32	126	37	2141	114	64

五、政务信息

1986—2004年,新农镇(乡)政府办公室不定期编印《新农情况》《新农政讯》下发各科室,作为传递政令、情况交流的信息渠道。同时,镇(乡)政府要求各下属单位建立报告制度,定期或不定期用报告形式及时向上级反映信息。

2004年5月,新农镇成立政务信息公开工作领导小组,配备一名专职工作人员,设立信息申请受理点,建立通信网,及时准确提供信息服务。

2004年5月至2004年年底,镇政府主动公开信息90条,申请公开信息5条。在主动公开的信息中,有关政策法规的4条,规划计划的3条,业务方面31条,重大事项23条,其他29条。

第三节 实事项目

1990年起,新农镇(乡)人民政府提出办好与人民生活密切相关的实事项目。2000年3月,成立新农镇实事项目工作小组。1990—2004年,全镇(乡)列为实事项目共83件。主要有道路桥梁、圩区建设、农村改水、改厕、翻建校舍、文化设施、农贸市场、居民住宅建设等。

1990年8件:实施南圩区水利大包围规划,年内有部分工程启动;完成牡丹村自来水建设工程,新增325户农户饮用自来水;改造农村小学校舍1所;修筑通往幸福、新民小学道路2条;完成居民住宅楼830平方米;改建亭枫公路至新农卫生院、卫生院至中学道路2条;建立千亩丰产方74.87公顷;改造千头养猪场(南场)1个。

1991年5件:改建乡大礼堂812平方米;新建乡政府综合楼1040平方米;改建新农中心小学校舍4110平方米;新建新民小学1055平方米;完成沈庄、慧农、温河、幸福4个村的自来水改水工程。

1992年8件:完成光华、新民、三图、三浜4个村的改水工程;改造、扩建新农中学校舍1050平方米;新建新农小学运动场4800平方米;新建新长路850米,计5100平方米;完成南圩区水利大包围整体工程;建立杂交水稻制种基地,建成153.3公顷农业丰产方;建造新农候车站;改造新农农贸市场。

1993年4件:完成4座农桥修建任务;整修乡村道路26.5千米;改建乡卫生院门诊大楼850平方米;完成自来水厂第三期扩建工程,日供水1万吨,全乡完成农村改水工程。

1994年5件:翻建农桥1座;完成“农民街”建设工程;浇筑乡村水泥路10000平方米;修筑达标圩堤13千米;提高农村老年人养老金,每人每月增加3元。

1995年8件:完成农村改厕1360户;新建邮电大楼1100平方米;浇筑南集镇区水泥路6000平方米;改造北集镇区道路和下水道工程;翻建中、小学校舍;新建居民小区住宅楼2000平方米;完成牡丹路拓宽工程;完成集镇电网改造。

1996年8件:建设集镇区浦银路二期工程;翻建中、小学校食堂;整顿幸福村电源线,实行标准化用电计量;建成4个电话村;农村改厕完成1361户;实施集镇区卫生设施配套工程;新建、翻建农桥3座,整修石驳岸、圩堤1.3千米;镇自来水厂新增1台二级水泵55千瓦,埋设950米出厂自来水总管。

1997年8件:新建农民集资房14024平方米;建设牡丹路两侧、新卫路出口形象工程;接通镇区有线电视;建立14个村和浦银居民委员会图书室;改造机口3座;埋设地下渠道2.2千米;农村改厕完成1530户;调整40户动迁户承包田。

1999年4件:新建农民集资房8000平方米;铺设集镇区道板2000平方米,新增绿化面积1500平方米;完成镇区亮灯工程;加快发展农村电话,创建电话镇。

2000年5件:新筑乡村道路4.2千米,翻建农桥3座;完成新范、慧农村有线电视联网;新建居民健身苑;扩建镇敬老院;建设牡丹路一条街。

2001年5件:完成文化体育中心二期工程;改造新农学校教学楼;新筑5.05千米乡村道路(白色路面2.9千米、沥青路面2.15千米);完成新范、牡丹、爱国、光华4个村改水工程;实施农村生活垃圾收集处置。

2002年5件:改建新农学校教学楼3539平方米;完成万年、温河、沈庄、新民、三图5个村改水工程;新建光华、新范村和镇敬老院3个健身点;改造新农集镇区健康路、文化路和部分乡村道路5.2千米、修建农桥4座;完成南部圩区达标工程、新筑工业区干道1.55千米。

2003年5件:新建镇社区活动中心,建筑面积1100平方米;翻建新农幼儿园食堂;创建成5个村标准化卫生室,搞好牡丹、万年、五龙村“三室一点”(办公室、卫生室、老年活动室、健身点)建设;完成吕新路至金石路主干道(沈三路)浇筑任务;完成农村自来水管网改造、翻建农桥5座。

2004年5件:增设新农水厂净水容量,日供水量达17000吨;改建镇社区卫生服务中心,实现标准化;新筑镇工业区水泥路3千米,铺设下水道4千米,绿化1.49万平方米;新建农民动迁安置房12000平方米;筹措资金,设立镇扶贫帮困基金。

第六章　群众团体

新农镇(乡)群众团体有工会、共青团、妇女联合会、科学技术普及协会、残疾人联合会、红十字会、商会等。各团体在中共新农镇(乡)委员会领导下,加强组织建设,依法按时换届选举,团结广大人民群众,发挥各自优势,积极开展各项活动,为新农镇(乡)政治、经济、文化建设和社会事业的发展作贡献。

第一节　新农镇(乡)工会

一、组织机构

1989年,新农乡成立工会筹备组。1990年上半年,成立新农乡工会工作委员会,由乡党委副书记陈道良兼任主任,严志明任副主任。是年,上海华丰衬衫厂、金山羊毛衫厂、新农第二服装厂、新农砖瓦厂、新农电视元件厂、新农工艺品厂、新农化工厂、新农第二毛衫厂8个企业和政府机关建立工会组织。1995年12月,由朱四邱任镇工会主任。1996年,全镇共建立工会组织17个,其中乡镇企业工会7个、外商投资企业工会8个、私营企业工会1个、机关工会1个,共下设工会小组82个,经费审查小组17个,女职工委员会13个。全镇工会会员2771人,占职工总数(3859人)的71.81%,其中女会员1877人。

1999年6月,建立新农镇工会筹备委员会。是年7月,选举产生新农镇工会委员会。庄建芳任主任,朱四邱任副主任。

2001年,新农镇建立私营企业工会联合会(简称联合工会)。至12月底,全镇有76个基层工会组织,建会率87%;会员4272人,入会率93.8%。

二、代表大会

新农镇工会第一次代表大会　1999年7月28日,在镇政府综合楼二楼会议室召开。出席代表50人,特邀21人。镇党委宣传委员、镇工会筹备委员会主任庄建芳作工作报告。会议选举产生由庄建芳、朱四邱、陈宝珍、沈奇云、干亚明5名委员组成的新农镇第一届工会委员会,庄建芳当选为主席,朱四邱当选为副主席。选举产生由朱四邱、胡森忠、陆文君3名委员组成的工会经费审查委员会,朱四邱当选为主任。

2002 年 1 月,新农镇第一届工会委员会召开第三次全体会议,同意庄建芳辞去工会主席职务,补选金志兵为工会主席。

新农镇工会第二次代表大会　2002 年 6 月 18 日,在镇政府综合楼二楼会议室召开。出席代表 65 人,列席 18 人。镇工会主席金志兵代表镇第一届工会委员会向大会作工作报告。会议选举产生由金志兵、朱四邱、陈宝珍、沈奇云、干亚明 5 名委员组成的新农镇第二届工会委员会,金志兵当选为主席,朱四邱当选为副主席。选举产生由朱四邱、胡森忠、陆文君 3 名委员组成的工会经费审查委员会,朱四邱当选为主任。

三、主要活动

生产　1990 年,新农乡工会围绕经济建设,组织职工开展"比奉献、增效益"为主要内容的岗位建功、争当先进、技术比武等劳动竞赛活动。1991 年,乡工会帮助遭受"八七"龙卷风袭击的受灾户清理废墟、重建家园,组织赈灾等活动,累计组织 264 人次,捐款 1.44 万元。1993 年,全乡 14 个基层工会组织职工开展技术比武、技术练兵等劳动竞赛 18 次,参赛人数 1626 人次。1994 年,镇工会组织职工开展"创优质、夺高产、战高温"活动。其中金山毛衫厂参赛人数 570 人,完成 10 万件羊毛衫编织任务,创利润 37.5 万元。1996 年,镇工会组织职工开展以"市场、质量、效益"为主要内容的建功立业活动。1998—2004 年,镇工会根据金山区总工会等单位提出的"十万职工大练兵"活动要求,以技术创新、产品创优为目的,开展各种形式的技术培训、岗位练兵、劳动竞赛等活动。

帮困　1990 年起,新农镇(乡)工会组织各基层工会,开展扶贫帮困、帮贫助耕等活动,建立帮困档案,健全帮困网络。1996—1998 年,为 10 户结对帮困户和 143 人次困难补助对象发放补助金 3.47 万元。1999 年起,镇工会每年发动全镇工会会员,开展"一日捐"活动,先后为镇内 410 名困难职工进行扶贫济困救助,共发放救济补助金(不含基层工会帮困)10.51 万元。每年发动职工参加上海市职工保障互助会推出的各类医疗补充保险,参保人数累计 1460 多人次。先后有 50 人次获得理赔,金额 7.35 万元。

文体　1990 年起,新农镇(乡)工会不定期组织基层工会开展文艺汇演、歌咏会、联谊会等文体活动;举办拔河、乒乓球、中国象棋、自行车慢行和迎亚运体育知识竞赛。1991 年,乡工会组织基层工会举办中秋联谊会和中小型体育竞赛活动 17 次,参加人数 925 人次。是年,组织运动队参加金山县体育运动会,其中踢毽子比赛获金山县女子组第六名,跳绳比赛获得县第四名。1992 年,乡工会选拔 40 名运动员组建体育代表队,参加金山县第四届职工运动会,获男子单脚荡格比赛第二名,男子花式跳绳第六名和女子 1500 米赛跑第七名。

第二节　共青团新农镇(乡)委员会

一、组织机构

1984 年,恢复乡建制,共青团新农公社委员会更名为共青团新农乡委员会。1994 年 9 月,撤乡建镇,更名为共青团新农镇委员会,下辖团总支 6 个、团支部 28 个,团员 756 人,其中女团员374人,男团员382人。至2003年,全镇有共青团总支1个,团支部13个,团员198人,其中女团员146人,男团员52人。

二、代表大会

1986—1998年,共青团新农镇(乡)委员会先后召开6次代表大会。

共青团新农乡第十一次代表大会 1986年12月25—26日,在新农乡大礼堂召开。出席代表150人,列席19人,特邀34人。会议听取和审议乡团委书记陈补林所作《以主人翁精神,为新农繁荣富裕奋发进取,建功立业》工作报告。会议选举产生由张决心、何林弟、陆妙红、陈补林、周金泉、俞建新、高森云、黄忠法8名委员组成的共青团新农乡第十一届委员会,陈补林当选为书记。

共青团新农乡第十二次代表大会 1988年12月26—28日,在新农乡大礼堂召开。出席代表150人,列席12人,特邀36人。会议听取和审议乡团委书记陈补林所作《振奋精神,知难而进,团结全乡青年为振兴新农而艰苦奋斗》工作报告。会议选举产生由陈补林、周金泉、何林弟、黄忠法、张决心、陈国棣、何连林、陈水梅8名委员组成的共青团新农乡第十二届委员会,陈补林当选为书记。

共青团新农乡第十三次代表大会 1991年1月30—31日,在新农乡供销社三楼会议室召开。出席代表120人,列席11人,特邀33人。会议听取和审议乡团委书记陈补林所作《团结奋斗,再创佳绩,努力把我乡共青团工作继续推向前进》工作报告。会议选举产生由陈代英、朱明建、张爱君、朱忠新、朱春英、马桂芳、蒋亚强7名委员组成的共青团新农乡第十三届委员会,陈代英当选为书记。

共青团新农乡第十四次代表大会 1993年4月26—27日,在乡政府综合楼二楼会议室召开。出席代表96人,列席8人,特邀72人。会议听取和审议乡团委书记陈代英所作《求实创新,开拓进取,为推进改革振兴新农建功立业》工作报告。会议选举产生由陈代英、朱明建、张爱君、马桂芳、朱春英、蒋亚强、陈忠华7名委员组成的共青团新农乡第十四届委员会,陈代英当选为书记。

共青团新农镇第十五次代表大会 1996年4月26日,在镇政府综合楼二楼会议室召开。出席代表71人,列席4人,特邀68人。会议听取和审议团委书记陈代英所作《解放思想,积极进取,团结和带领青年为新农的振兴而努力奋斗》工作报告。会议选举产生由朱明建、张华梅、奚新彪、何哲源、马桂芳、沈丽丽、徐连明7名委员组成的共青团新农镇第十五届委员会,朱明建当选为书记。

共青团新农镇第十六次代表大会 1998年11月6日,在镇政府综合楼二楼会议室召开。出席代表37人,列席5人,特邀26人。会议听取和审议朱明建所作《振奋精神,求实创新,为两个文明建设再创新业绩》工作报告。会议选举产生由朱明建、沈丽丽、黄强华、何哲源、谢斌峰、奚新彪6名委员组成的共青团新农镇第十六届委员会,朱明建当选为书记。

三、主要活动

拥军帮困 1986年起,新农乡团委组织20支(250人)青年帮困助耕队,义务为26户烈军属、特困户、大农户挑稻、插秧9.21公顷,修筑道路200余米,整修房屋204平方米。

建功立业　1987—1990 年，新农乡团委先后开展以“家乡振兴我建功，新农兴旺我成才”为主题的建功立业活动。1000 余名团员青年参加横机编织、压机、缝纫、拉丝等技术比武。唐凌玲、戴询、张华梅、陈补林获“上海市十路青年人才”称号；金山毛衫厂技术攻关小组被评为上海市郊红旗标兵单位。1991—1992 年，团委组织团员青年参与千亩丰产方活动。全镇 12 个村团支部均建立青年科技示范田。1994—1995 年，新农镇团委组织团员青年立足岗位建功，争当行业能手、百日劳动竞赛 50 多次。镇卫生院护理部被共青团金山县委命名为青年文明岗。

志愿服务活动　1996—2004 年，新农镇团委组织团员青年开展志愿服务活动 340 余次，有 2800 多人次参与活动，受服务人数 1000 多人次。

文化体育　1986—2003 年，新农镇（乡）团委不定期组织团员青年开展文化体育活动 21 次。

四、少先队

队伍建设　20 世纪 80 年代起，新农镇（乡）历届团委重视少先队工作，专设少年委员，关心指导学校少先队工作。各中、小学校均抓好少先队队伍建设，健全少先队大队部，聘请热爱少先队工作的老师兼任大队辅导员。

1986 年，全乡中、小学共建有 13 个少先大队，下设 93 个少先中队，有少先队队员 3325 人，辅导员 93 人。后因村校撤并，至 2004 年，全镇中心小学仅建有 1 个少先大队，下设 32 个少先中队，有少先队队员 1437 人，辅导员 35 人。

主要活动　针对少年儿童的特点，少先队活动以学校为单位开展生动活泼、健康向上为主题的各项系列活动。较有影响的有“学雷锋、学赖宁、学张献军”“红领巾读书读报奖章”“面向新世纪、争做小主人”“跨世纪雏鹰争章”“金山—六安手拉手”等活动；并开展“二史”（中国近代史、中国现代史）、“一情”（中国国情）教育和中华传统美德教育，使少年儿童从小树立爱祖国、爱人民、爱劳动、爱科学、爱护公共财物等良好的精神风貌。

1988 年，新农中心小学五（一）中队被评为上海市少先队优秀集体。1992 年，新农中心小学少先队被评为上海市少先队优秀集体。1993 年，新农中心小学在学赖宁导读活动中，受到金山县教育局、共青团上海市委学校部的好评。1996 年，新农中心小学三（一）少先中队被评为上海市雏鹰中队。1997 年，新农学校六（二）少先中队被评为上海市雏鹰中队。

第三节　新农镇（乡）妇女联合会

一、组织机构

1986 年，新农乡妇女联合会（简称妇联）下辖 14 个村、16 个企事业单位妇女代表委员会（简称妇代会），224 个妇代小组。1994 年 9 月，新农乡妇女联合会改名为新农镇妇女联合会。1995 年起，因镇域变化，村与村撤并、企业改制等因素，至 2004 年，新农镇有 9 个村（居）基层妇代会，127 个妇代小组，6 个基层女职工委员会，4 个直属女工小组。

二、代表大会

1987—2001 年,新农镇(乡)妇女联合会先后召开 5 次代表大会,选举产生 5 届镇(乡)妇女联合会。

新农乡第七次妇女代表大会 1987 年 9 月 15 日,在新农大礼堂召开。出席代表 95 人,列席 13 人,特邀 64 人。会议听取和审议乡妇联主任朱良宝所作《团结奋进,坚韧开拓,在新农两个文明建设中建功立业》工作报告。会议选举产生由陈宝珍、朱龙宝、沈园妹、倪水芳、封维秀、杨金华、陈桂珍、朱冲芳、支秋娣 9 名委员组成的新农乡第七届妇女联合会,陈宝珍当选为主任。

新农乡第八次妇女代表大会 1990 年 10 月 18 日,在新农大礼堂召开。出席代表 111 人,列席 12 人,特邀 62 人。会议听取和审议乡妇联主任陈宝珍所作《全乡妇女弘扬奉献精神,为两个文明建设继续发挥"半边天"作用》工作报告。会议选举产生由陈宝珍、沈园妹、倪水芳、朱良宝、朱冲芳、支秋娣、张决心、胡敏芳、叶爱妹 9 名委员组成的新农乡第八届妇女联合会,陈宝珍当选为主任。

新农乡第九次妇女代表大会 1994 年 5 月 31 日,在乡政府综合楼二楼会议室召开。出席代表 80 人,列席 19 人,特邀 35 人。会议听取和审议乡妇联主任陈宝珍所作《开拓创新,积极进取,为加速和发展新农两个文明建设而努力奋斗》工作报告。会议选举产生由陈宝珍、倪水芳、沈园妹、李月华、朱冲芳、张美芳、周惠英、谢炳芳、蒋彩萍 9 名委员组成的新农乡第九届妇女联合会,陈宝珍当选为主席。

新农镇第十次妇女代表大会 1997 年 10 月 15 日,在镇政府综合楼二楼会议室召开。出席代表 78 人,列席 11 人,特邀 36 人。会议听取和审议镇妇联主席陈宝珍所作《自强不息,求实创新,为发展新农而建功立业》工作报告。会议选举产生由陈宝珍、倪水芳、张决心、谢炳芳、沈园妹、张美芳、周惠英、蒋彩萍、赵婉梅 9 名委员组成的新农镇第十届妇女联合会,陈宝珍当选为主席。

新农镇第十一次妇女代表大会 2001 年 8 月 17 日,在镇政府综合楼二楼会议室召开。出席代表 82 人,列席 11 人,特邀 50 人。会议听取和审议镇妇联主席陈宝珍所作《求实创新,锐意进取,为新农的建设和发展而努力奋斗》工作报告。会议选举产生由陈宝珍、倪水芳、谢炳芳、沈园妹、蒋彩萍、朱春英、李凤珍、沈永华 8 名委员组成的新农镇第十一届妇女联合会,陈宝珍当选为主席。

三、主要活动

1986 年起,新农乡妇联,组织全乡妇女开展爱岗敬业、开拓进取;济贫问苦、乐于奉献;敬老爱幼、和睦相处;热心公益、美化环境,争创"五好家庭、新风户"等活动。

双学双比 1989 年,乡妇联成立"双学双比协调小组",在农村妇女中开展"学文化、学技术、比成绩、比贡献"竞赛活动。1990 年,在"双增双节"活动中,全乡妇女提出合理化建议 456 条,被采纳 97 条,节约资金 3.01 万元。是年,乡"双学双比协调小组"被评为金山县"双学双比"先进协调小组。1991 年 8 月,乡妇联组织全乡 660 名妇女参加上海市举办的"大江杯"农副业知识大奖赛,获市一、二、三等奖各一个,获县团体二等奖。是年,乡"双学双比"

协调小组被评为市“双学双比”先进协调小组。1993年，组织农村妇女开展以种植业、养殖业、家庭手工业为主的“双学双比”女能手竞赛，有286个参赛户参加角逐，获县“双学双比”成果展览展示二等奖。1997年，开展“万元产值千斤粮”和“立足市场抓管理，提高效益作贡献”等竞赛活动。1989—2004年，共举办文化学习和各种实用技术培训班462期，接受培训妇女12728人次。至2002年，全镇（乡）被评为上海市女能手6人，上海市三八红旗手12人；金山区（县）三八红旗集体7个，金山区（县）三八红旗手37人，金山区（县）女能手50人；新农镇（乡）三八红旗集体15个，新农镇（乡）三八红旗积极分子248人。

帮困助学　1989年起，镇（乡）妇联开展帮困助学、百万母亲奉献行动和支援西部地区建设的捐资、捐物活动。1991年，全乡妇女为安徽省灾区人民和新农乡长浜、新范等村遭受“八七”龙卷风袭击的村民捐献衣、物21673件（条），募捐现金1.93万元。1992年，为中华女子学院捐款9314元。1999年，全镇妇女献爱心捐资1.26万元。2000年，参与全国妇联开展的“举全国妇女之力，建西部美好家园”捐资活动中，捐赠1万元。至2004年，全镇各级妇女组织先后为116名特殊困难学生提供经费1.67万元；为104名品学兼优的特殊困难学生向市慈善基金会申请资金9.87万元；为生活有特殊困难的姐妹和儿童捐赠资金1.25万元。

家庭教育　1987年，乡妇联开展争创“五好文明家庭”“新风户”活动。1988年，乡妇联会同宣传部门、团委开展移风易俗教育活动，举办集体婚礼、开展“谈乡情，看国情”和“三爱”（爱党、爱国、爱乡）等活动。1996年，镇妇联发动成立家庭志愿者队伍，有1469人参加志愿者活动。1998年，镇妇联与镇广播站联合开设《家庭美德专栏》广播节目。是年，配合村民委员会开展家庭文化活动，建立家庭书架子。1987—2003年，举办公民道德教育演讲会，推进社区精神文明建设。全镇（乡）有48户获市、区（县）“五好文明家庭”称号，433户获镇（乡）“五好文明家庭”称号，4389户被评为镇（乡）新风户，1户被评为市“敬老好家庭”，1户被评为市活力钙（孝星）称号。

维护权益　2002年，镇妇联成立社会妇女儿童法律援助工作站，为弱势妇女群体、经济困难的儿童提供法律法规咨询服务和帮助。1987—2004年，镇（乡）妇联接待来信来访114件，办结率98%。配合镇卫生院在全镇范围内进行了6次妇女病普查，参检人数23015人次，并做好跟踪服务工作。

第四节　新农镇（乡）科学技术普及协会

一、组织机构

1984年，成立新农乡科学技术普及协会（简称科协），下设10个专业学组，有会员104人。1994年，撤乡建镇，新农乡科学技术普及协会改名为新农镇科学技术普及协会。至2003年，新农镇科学技术普及协会辖5个（农业、副业、工业、文教、卫生）专业学组，7个（特色农业、精品西瓜新品种、水稻科技种植、特色蔬菜、工业技改、科技教研、新品种水产养殖）专业研究会，有会员128人。

二、代表(会员)大会

1984—2003年,新农镇(乡)科学技术普及协会,先后召开科协代表(会员)大会5次。

新农乡科协第一次会员大会 1984年7月23日,在新农大礼堂召开。出席会员104人。会议听取周秀忠在科学技术普及协会成立大会的讲话。会议选举产生由黄建兴、朱小弟、朱邱观、朱德林、周秀忠、陆品良、胡仕强、钱火根、蔡仁甫9名委员组成的新农乡科学技术普及协会第一届委员会,周秀忠当选为主席。

新农乡科协第二次会员大会 1987年8月20日,在新农大礼堂召开。出席会员104人。会议听取和审议陈金仙所作《深化改革,振兴经济,运用科学技术推进"两个"文明建设》工作报告。选举张纪明、张纪生、施通平、朱德林、朱小弟、朱邱观、陈金仙、钱火根、胡仕强9名委员组成的新农乡科学技术普及协会第二届委员会,张纪明当选为主席。

新农乡科协第三次会员大会 1990年10月16日,在新农大礼堂召开。出席会员115人。会议听取和审议朱德林所作工作报告。会议选举产生由陈金仙、张纪生、朱德林、陈补林、朱小弟、朱邱观、周金连、钱火根、胡仕强、施通平、蒋木金11名委员组成的新农乡科学技术普及协会第三届委员会,蒋木金当选为主席。

新农镇科协第四次代表大会 1996年9月25日,在镇政府综合楼二楼会议室召开。出席代表60人。会议听取和审议镇科协主席蒋木金所作《加速新农科技进步,开创科普工作新篇章》工作报告。会议选举产生由彭喜忠、黄书根、胡树雷、干仲伟、叶仁芳、朱明建、朱德林、何堂囡、胡学勤、沈秋云、冯明弟、钱仕强、唐亚生13名委员组成的新农镇科学技术普及协会第四届委员会,彭喜忠当选为主席。

新农镇科协第五次代表大会 2003年11月7日,在镇政府综合楼二楼会议室召开。出席代表64人。会议听取和审议彭喜忠所作《与时俱进,为新农实现"科技兴镇"而努力奋斗》工作报告。会议选举产生由蒋木金、黄书根、陈秋余、沈金花、叶仁芳、叶雷明、胡树雷、徐金连8名委员组成的新农镇科学技术普及协会第五届委员会,蒋木金当选为主席。

三、主要活动

科技教育 1984年起,新农镇(乡)科协认真开展普及科学技术知识教育;举办各种类型的技术培训班和农技知识讲座;开设科技特色学校,完善科普工作网络;实施科技兴镇(乡)方略,为农村经济建设服务。

科技兴农 1993年起,镇(乡)科协,坚持为农服务,积极推广应用免耕直播稻轻型栽培新技术;协调配合沈庄村水稻"寒优湘晴"新品种制种技术的开发和利用,达到优质高产的目的,被上海市科委立为"三百"科技示范项目,种子商品基地示范村。镇蛋鸡场进行"育青鸡新技术"试验和镇奶牛场牛奶高产新技术应用项目,均获县科技二等奖。

科技兴工 1994年起,镇科协组织工业企业科技工作者,开展技术革新和星火项目开发。上海五矿新农铁丝制品厂科技人员,将煤壁炉改为电锅炉,有效地把烟尘排放(二氧化硫)浓度控制在300/米以下,全年节约资金5.88万元;镇工艺品厂的"五罗真丝丧服"、龙井消防器材厂2B210型组合式冷凝器等项目列为上海市"星火"项目。

科技兴教 1996年起,镇科协注重学校科技教育,以学校为基地,培养和引导学生开展小发明、小创造科技活动，先后获上海市科技项目奖1项、金山区（县）科技项目奖18项。同时，被上海市教育局、金山区教育局命名为“科技特色学校”。

第五节　新农镇商会

一、组织机构

1995年，成立新农镇商会。是年，召开新农镇商会第一届会员大会，选举产生新农镇商会第一届执委会，沈国忠当选会长。

1999年12月，召开新农镇商会第二届会员大会，选举产生新农镇商会第二届执委会，陈坚勇当选会长。

2002年12月，新农镇商会召开第三届会员大会，中共新农镇委员会组织委员陈忠作《与时俱进，奋发有为，努力开创新农镇商会工作新局面》工作报告。大会通过《新农镇商会工作细则》，选举产生由12人组成的新农镇商会第三届执委会，陈忠当选会长，蒋木金、蒋明仙、秦传辉、马爱英当选副会长，蒋木金兼任秘书长。聘请杨伯良、曹幼松为名誉会长。2002年，新农镇商会共有会员34户，其中集体企业2家，私营企业27家，个体户5户，从业人员3100人。

二、主要活动

1995年起，新农镇商会保持与非公经济会员的密切联系，鼓励、引导他们健康、快速发展经济，运用商会职能，维护会员的合法权益，协助会员解决在发展生产中的实际困难；开展爱国、敬业、守法的宣传教育，树立致富思源、穷而思进观念；动员企业积极参与捐资助学、扶贫帮困等慈善事业和社会公益事业活动。

第六节　新农镇（乡）残疾人联合会

一、组织机构

1991年，新农乡残疾人协会（简称残联）成立，由副乡长朱良宝兼任乡残疾人协会主席，乡民政干事姚雪龙任秘书长。1993年6月，乡残疾人协会改名为新农乡残疾人联合会。1994年9月，撤乡建镇，乡残疾人联合会改名为新农镇残疾人联合会，副镇长查峥兼任镇残联主席，民政助理张决心兼任秘书长。

二、代表大会

新农镇残联第二次代表大会　1999年5月20日，在镇政府综合楼二楼会议室召开，出席代表60人。会议听取和审议镇残联副主席李道明所作《发展经济，稳定社会，把残联工作推向二十一世纪》工作报告。会议选举沈德兴为新农镇第二届残疾人联合会主席,庄建芳、李道明为副主席,沈洁英为理事长。聘请党委副书记曹幼松为名誉主席。

新农镇残联第三次代表大会 2002 年 8 月 14 日,在镇政府综合楼二楼会议室召开,出席代表 55 人。会议听取和审议第二届理事长沈洁英所作《振奋精神,与时俱进,积极探索新农镇残联工作新路子》工作报告。会议选举柳霞为新农镇第三届残疾人联合会主席,金志兵为副主席。

三、主要活动

残疾人评定 1991 年起,新农镇(乡)残联每年开展对残疾人的体检测评,至 2004 年,新农镇共有残疾人 481 人,其中视力残疾 33 人,听力障碍 6 人,语言残疾 34 人,肢体残疾 239 人,智力残疾 135 人,精神病 34 人。

康复、助困 1992 年,乡残联建立社区健康服务站。1993 年,支付 11.1 万元医疗补助费,为 2 名肢残病人装配假肢;5 名白内障患者进行复明手术;13 名重度精神病患者通过康复治疗解除关锁。1998 年,镇残联对 17 名重残无业贫困户每户补助 600 元,为 9 户贫困残疾人修理房屋补助 4.5 万元。是年,采取区、镇、村三级负担的原则,为全镇 2/3 因残致贫家庭补贴 7 万元。1999—2001 年,全镇累计助学 65 人次,金额 1.8 万元;助医 7 万元;慰问残疾人 150 多人次,补助金 3 万多元。2002 年,镇政府对 77 名重残无业人员实施经济救助,凡属城镇户籍的残疾人,每月发救助金 280 元和 25 元粮油帮困卡,农村每人每年救助 2000 元。

就业安置 1993 年起,镇(乡)残联开展创办福利企业。至 2001 年,全镇有福利企业 11 家,安置有劳动力的残疾人 297 人。

第七节 新农镇(乡)红十字会

一、组织机构

1994 年 5 月,成立新农乡红十字会,设名誉会长、会长各 1 人,副会长 2 人,秘书长 1 人,理事 8 人,由分管文教卫生副乡长查峥兼任红十字会会长。是年,新农乡先后有乡政府机关、5 个企事业单位、14 个行政村建立红十字会。新农乡红十字会还建立救护队,浦银居委会和温河村、慧农村建立红十字卫生站。1994 年 8 月,新农乡红十字会第一次代表大会召开,选举产生乡红十字会理事会成员。是年 9 月,新农乡红十字会改名为新农镇红十字会。1996 年后,及时充实调整镇红十字会会长及成员。1994—2004 年,新农镇(乡)历任红十字会会长:查峥、沈德兴、蒋永华、柳霞、庄建芳。至 2004 年,全镇有红十字会组织 17 个,会员 1535 人。

二、主要活动

1994 年 6 月起,新农镇(乡)红十字会,根据红十字会有关法律、法规,积极开展“救死扶伤、扶贫济困、敬老助残、千万人帮千家”等活动，每年组织会员开展献爱心募集救灾款物等活动，举办技术急救操作培训班。2001 年，新农学校红十字会不定期组织学生开展卫生活动和四项（心肺复苏、止血方法、急救包扎、骨折固定）技术急救操作训练，培养学生爱卫生和自救互助能力。2003 年 8 月，镇红十字会与市、区红十字会慰问遭受龙卷风、冰雹袭击的受灾农户，送去慰问金 5500 元。是年，在纪念《中华人民共和国红十字会法》颁布十周年之际，镇红十字会会同新农学校开展对红十字会的起源、发展史、标志使用和国际人道法等知识的学习和宣传，参加人数 2454 人次。

第七章 法　治

1986—2004 年，新农镇（乡）治安部门不断加强队伍建设，严厉打击刑事犯罪活动，查处治安案件，整治交通秩序，完善户籍管理，确保一方平安。镇（乡）司法部门认真做好民事调解工作，提供法律服务，开展普法教育，提高人民群众法律意识，营造良好社会法治环境。

第一节　治　安

一、机构

（一）新农派出所

1982 年，成立金山县公安局新农公社派出所，有民警 3 人，办公地点设在公社机关内。1984 年，改名为金山县公安局新农乡派出所。1993 年，派出所迁至新农集镇文化路 36 号办公。1994 年，改名为金山县公安局新农镇派出所。1997 年，改名为上海市公安局金山分局新农派出所。2004 年，派出所有干警 13 人。历任所长：阮华庆、张毓、沈雪根、张国凯、龚桂馨、陆军、张国辉。

（二）治安联防队

1981 年，成立新农人民公社治安联防队，有队员 12 人。1984 年，改名为新农乡治安联防队。1994 年，改名为新农镇治安联防队，队员由复退军人、农民及企业中的积极分子组成。由派出所负责指导管理，办公地点设在派出所。联防队主要任务是开展夜间值勤巡逻，协助派出所维护地方社会治安，参与外来人口管理等工作。2004 年，联防队有队员 33 人。历任队长：黄小弟、吴小弟、周四根、姚宏明、胡金文、倪林根、顾文彬、王永华。

（三）社会治安综合治理领导小组

1991 年，新农乡成立社会治安综合治理领导小组，由党委分管政法副书记任组长，分管政法工作的副乡长、派出所所长任副组长，组员由武装部、派出所、民政和司法等部门负责人组成。下设综合治理办公室，历任主任：杨启君、盛天观，沈仙强、张爱忠、沈奇云。

（四）治保委员会

20 世纪 80 年代起，新农乡（公社）各村（大队）和企事业单位都建立治保委员会，组织和发动群众搞好防特、防盗、防火、防毒等工作，维护社会治安。各基层治保委员会配置专职或兼职人员3~5人、治保主任1人。1986年,全乡有基层治保委员会42个(农村14个,企事业单位28个),成员160人。2004年,全镇有基层治保委员会50个(农村7个,企事业单位43个),成员150人。

二、综合治理

1991年起,新农镇(乡)人民政府每年与各行政村及企事业单位签订《社会治安综合治理目标责任书》,坚持"谁主管谁负责"的原则,明确党政一把手是综合治理第一责任人,贯彻"打击和防范并举,治表和治本兼顾,重在治本"的方针,开展联合执法,整治社会治安。2004年,镇政府与50个单位签订《社会治安综合治理目标责任书》,签约率98%。

1992年起,全镇(乡)不断加强治安防范设施建设,形成社会治安协防网络。2004年,全镇建治安岗亭1个,设"110"报警点1个,安装与"110"联网的电子报警装置32个,安装"陆地生根"保险箱37个,90%以上的集镇居民安装简易防盗装置。

1993年起,全乡开展制止搓麻将,严禁赌博的专项治理活动;对集镇内的旅馆、餐饮店、茶室、棋牌室、理发店、足浴店、公共场所等特种行业加强管理,每年进行整顿。凡符合规定的给予办理治安许可证,不符合条件的责令停业。全镇较固定的公共场所和特种行业31家基本符合规定。

1999年起,全镇实施"110"公安、司法联合行动,充分发挥社区民警和调解干部的作用,及时处置社会不安定因素和民间纠纷,控制治安案件的发生。

2002年起,在镇司法信访综合服务窗口内增设"社区矫正"和"安置帮教"业务,配备专管人员2人,每年对"两劳"(劳动改造、劳动教养)释放解教人员、有犯罪前科和吸毒等重点对象实施监控和帮教,并解决生活和就业问题,帮助他们回归社会。

1986—1990年,全乡共查处治安案件188起,查处人数658人。1995—1999年,全镇共查处治安案件181起,查处人数634人,清查公共场所34次。2000—2004年,全镇共查处治安案件174起、查处人数563人,清查公共场所36次,实施"社区矫正"对象15人、"安置帮教"对象24人。

1986—2004年,新农镇(乡)共建成治安安全小区58个,其中,市级8个,区级20个,镇级30个。1992年起,全镇(乡)综合治理工作经区(县)综治委验收逐年达标。2002—2004年,新农镇被评为金山区"社区矫正"和"安置帮教"工作先进集体。

三、打击刑事犯罪

20世纪80年代起,新农乡(公社)派出所会同乡(公社)治安联防队每年开展"拉网"式的打击刑事犯罪活动。从重、从快地破获一批刑事案件,控制刑事案件发生率。1986—1989年,全乡共破获刑事案件180起,拘捕19人,劳教5人。

20世纪90年代起,新农镇(乡)不断完善治安管理组织,建立群防群治网络,强化社会治安防范机制,继续开展"严打"斗争,坚持"两手抓"(一手抓严打,一手抓安全防范),做到"以防为主,打防结合",进一步稳定新农地区的社会秩序。1996—1999年,全镇共破获刑事案件172起,拘捕12人,劳教3人。2000—2004年,全镇共破获刑事案件166起,拘捕9人,劳教2人。

1998 年,新农派出所获上海市“人民满意派出所”称号。民警高九弟获“全国优秀民警”和“上海市社区优秀民警”称号,先后受到市公安局和金山公安分局的 6 次嘉奖。

四、户籍管理

1982 年起,居民户籍由当地公安派出所管理,并以户为单位发放户口簿。1985 年,新农乡派出所对年满 18 周岁的中华人民共和国公民签发居民身份证(第一代身份证)。嗣后每年根据年龄达标或证件遗失等情况,申请办证和补证。2004 年起,原签发的居民身份证全部更换为新的居民身份证(第二代身份证)。全镇共换发身份证 18323 张。

1997 年起,新农派出所为企事业单位、集镇和农村的居住房舍,编制门牌号码。2004 年,全镇共编制门牌号码 6339 块,其中企事业单位 236 块、集镇 745 块、农村 5358 块。1999 年起,为农村被征地人口办理“农转非”户籍手续。至 2004 年,全镇共办理“农转非”户口 543 户,2172 人。

2003 年,新农派出所建立外来流动人口管理站,站长由派出所所长兼任,配备专职人员 2 人,具体负责外来流动人口办理暂住证,核查居住情况,建立房屋租赁制度,做好卫生防疫、计划生育、法制宣传等工作。1986—2004 年,全镇(乡)外来流动人口从 100 余人增加至 3690 余人;办理暂住证 3543 人,办证率 96%。

五、消防管理

1984 年起,新农乡安全生产委员会和派出所,分别落实专人主管消防工作,各基层单位均配备专职或兼职消防管理员,制定消防安全制度,防火重点单位及规模型企业还建立义务消防队、配置一定数量的消防设施和器材。乡每年举办 1~2 次义务消防队员培训班。逢“119”消防日,开展防火宣传和消防技能比赛等活动,在高温干旱时期和重要节假日前,组织消防安全大检查。各基层单位定期不定期开展消防演习和检查等活动。1989 年,全乡共有 25 家企事业单位建立义务消防队,有队员 175 人。共备置消防龙头 8 个,各类灭火器 478 个,其中:泡沫灭火器 286 个,二氧化碳灭火器 122 个,干粉灭火器 54 个,100 公升手推式灭火器 10 个,手推泵 6 个。1986—1989 年,全乡共举办消防队员培训班 12 期,消防运动会 4 次,未发生重大火灾事故。1986 年,在金山县消防运动会上,新农乡代表队获 10 项个人名次。

1990 年起,新农镇(乡)人民政府把消防工作列入政府工作的议事日程,镇(乡)安全部门和派出所对基层单位进行防火级别分类,制定具体活动规定。全镇列为区(县)级重点防火单位 36 个,每年开展消防活动 3 次;列为镇(乡)级重点防火单位 30 个,每年开展消防活动 2 次;列为一般防火单位 41 个,每年开展消防活动 1 次。活动内容主要是消防知识讲座和考核、消防技能培训和竞赛、消防器材操作和保养等。2004 年,全镇有 66 个单位建立义务消防队,有消防队员 650 人。各基层单位共备置消防龙头 65 个,二氧化碳灭火器 856 个,干粉灭火器 423 个,121 型灭火器 132 个,100 公升手推式灭火器 15 个。1990—2004 年,全镇共举办各类消防活动 224 次,其中镇(乡)级举办 15 次、基层单位举办 209 次。1994 年 12 月 29 日,上海旺泰实业公司因电焊工操作不慎发生火灾,造成经济损失 6.5 万元。

1996—1998 年,金山毛衫厂被评为上海市消防工作先进单位。上海鑫澳时装有限公司和上海新阳纺织厂被评为金山区消防工作先进单位。新农派出所民警胡志强被评为2000—2001年度上海市消防工作先进个人。

六、交通管理

1984年起，新农乡派出所设立交通组，每年举办交通安全学习班3～4次，配合上级主管部门对机动车、船舶做好检测、验证、上牌、换牌等工作，及时处理交通事故，维护交通秩序。1986—1989年，全乡水陆交通未发生交通事故。

1995年5月和1996年3月，大泖港三图村渡口发生2次恶性事故。1996年10月，大泖港三图村渡口撤销。1998年，建立乡村道路养护检查制度，镇政府出资金，行政村出人力，对乡村道路实行包干养护。1997—2004年，全镇水陆交通实现安全无事故。

第二节　司　　法

一、民事调解

1984年，新农乡人民政府设专职司法助理，由司法助理联合团委、妇联等部门组建乡调解委员会。各行政村及较有规模的企业也组建调解委员会，调解和处理各类民事纠纷。全乡共组建调解委员会35个，配备调解人员88人。1986—1993年，全乡共受理民事纠纷案件1425件，调解处理1381件，调处率96.9%。

1994年，撤乡建镇，新农镇人民政府继续加强司法和民事调解工作。全镇共组建调解委员会26个，配备调解人员78人，新增调解信息员194人。

2002年，新农镇人民政府建立司法科，设立新农镇司法信访综合服务窗口，配备工作人员4人。窗口与镇信访办合署办公。全镇共组建调解委员会25个，调解人员75人，调解信息员146人。

2004年，因行政村合并及企业改制等原因，全镇共组建调解委员会18个，配备调解人员64人，调解信息员123人。1994—2004年，全镇共受理民事纠纷案件1079件，调解处理1055件，调处率97.8%。

2002—2004年，新农镇调解委员会被评为上海市乡镇调解工作先进集体。新农镇司法信访综合服务窗口被评为金山区司法信访服务先进集体和五星级窗口。张爱忠被评为金山区司法服务工作先进个人。

1986—2004年新农镇(乡)民事纠纷案件调处情况表

表7－1

年份	受理数（件）	其中		调处数（件）	调处率（%）
		新农镇(乡)（件）	上级转来（件）		
合计	2504	2028	476	2434	97.2

续表 7-1

年份	受理数(件)	其中		调处数(件)	调处率(%)
		新农镇(乡)(件)	上级转来(件)		
1986	175	142	33	170	97.1
1987	410	385	25	384	93.7
1988	210	178	32	207	98.6
1989	241	217	24	235	97.5
1990	151	127	24	151	100
1991	135	114	21	131	97
1992	70	47	23	70	100
1993	33	27	6	33	100
1994	64	49	15	64	100
1995	76	48	28	71	93.4
1996	48	30	18	46	95.8
1997	177	165	12	177	100
1998	94	67	27	91	96.8
1999	46	14	32	46	100
2000	167	133	34	162	97
2001	112	88	24	107	95.5
2002	86	63	23	86	100
2003	77	42	35	76	98.7
2004	132	92	40	129	97.7

二、法律服务

1986 年,成立新农乡法律事务所,配备工作人员 1 人。1988 年,改名为新农乡法律服务所,配备工作人员 2 人。1994 年,改名为新农镇法律服务所,配备工作人员 4 人,开始实行有偿服务,经济上自收自支。法律服务所的职能是:开展法制宣传、人民调解、协助办理公证诉讼等律师业务。新农镇(乡)法律服务所历任所长:沈仙强、王志达、张爱忠。

新农镇(乡)法律服务所,先后为全镇(乡)14 个行政村(现为 7 个行政村)和 13 个规模型企业担任常年法律顾问。1986—2004 年,新农镇(乡)法律服务所为民代写法律文书 2500 余件,提供法律服务 5000 余次,参加诉讼和代理申诉 1400 余件,办理鉴证业务 300 余件,参加调解和仲裁活动 1600 余次,帮助顾问企业催讨回收拖欠款 2000 多万元。

1994—1997 年,新农镇法律服务所连续 4 年被评为金山区催收拖欠款超 400 万元先进单位。2004 年,张爱忠被评为上海市司法行政先进个人。

三、普法教育

1986 年,新农乡成立普法教育领导小组,由武装部、综治办、派出所、法律服务所、劳动服务所、土地所、文广中心、工会、团委、妇联等部门负责人组成,党委分管政法副书记和政府分管政法副乡长分别担任普法教育领导小组正、副组长。下设普法教育办公室,政府司法助理任普法教育办公室主任,全乡 14 个行政村和 25 个企事业单位相继建立法制教育领导小组,并确定领导小组负责人及辅导人员。全乡共组成 118 人的法制教育队伍。

"一五"(1986—1990 年)和"二五"(1991—1995 年)普法教育 教育对象为:镇(乡)党政领导班子和机关工作人员、企事业单位班组长、各村村民小组长以上干部、农村土地承包户和青少年等。教育方法为每年举办普法培训班、法制宣传日和宣传周,利用广播、黑板报及各种会议等进行教育和宣传。主要开展以《中华人民共和国宪法》《中华人民共和国刑法》《中华人民共和国刑事诉讼法》《中华人民共和国行政许可法》《中华人民共和国婚姻法》《中华人民共和国兵役法》《中华人民共和国土地管理法》《中华人民共和国未成年人保护法》《中华人民共和国治安管理处罚条例》和《中华人民共和国村民委员会组织法》等为内容的法制宣传和教育。1986—1995 年,全镇(乡)共举办各类普法培训班 42 期、法制宣传日和宣传周活动 50 余次,发放法律知识读本和宣传资料 16000 余份,接受教育者 23360 余人次。98% 以上受教育者取得"普及法律合格证"。

"三五"(1996—2000 年)和"四五"(2001—2005 年)普法教育 通过举办普法培训班和开展法制宣传等方法,以学习《中华人民共和国宪法》为核心,组织普法教育对象学习《中华人民共和国公司法》《中华人民共和国物权法》《中华人民共和国劳动法》《中华人民共和国经济合同法》《中华人民共和国治安管理处罚法》《工会法》《中华人民共和国行政诉讼法》《中华人民共和国民事诉讼法》《中华人民共和国就业促进法》和《教育法》等内容。1996—2004 年,共举办各类普法教育培训班 46 期,发放法律知识读本和宣传资料 19400 份,接受教育者 29180 人次,其中举办企事业单位人员和企业经营者普法教育培训班 12 期,受教育者 5530 余人次;外来务工经商人员普法教育培训班 18 期,受教育者 6650 余人次;中小学生普法教育培训班 16 期,受教育者 17000 人次。96% 受教育者达到普法合格要求。

第八章　人民武装

新农镇(乡、公社)人民武装部(简称人武部)始设于1963年,1986—2004年,新农镇(乡)人武部配部长和干事各一人,具体负责民兵的组织建设、政治建设、军事训练和武器管理;办理兵役登记、征兵和预备役工作;组织和发动民兵参加社会主义建设,完成政府下达的各项突击任务,配合公安部门维护社会治安等。历任部长:胡美忠、沈仙强、朱明建。

第一节　兵役工作

一、兵役登记

《中华人民共和国兵役法》规定,凡年满18周岁的男性公民都应当在当年9月30日前,按照兵役机关的安排,进行兵役登记,经初步审查合格的为应征公民。1986—2004年,新农镇(乡)政府设兵役登记站,每年对年满18~22周岁的男性适龄公民进行兵役登记,经兵役机关审核确定,发放"上海市公民兵役证"。

二、兵役征集

应征公民符合现役条件的,经兵役机关批准发放入伍通知书,应征服役。兵役征集(俗称征兵)自新中国成立初期起,先后实行志愿兵役、义务兵役和志愿兵役相结合的制度。征兵时间多数在当年冬季(俗称冬季征兵),少数在当年春季(俗称春季征兵)。

历次征兵,新农镇(乡)政府均成立征兵领导小组,由镇(乡)长任组长,武装部负责征兵具体工作。全镇(乡)适龄青年积极响应国家号召,踊跃报名应征,接受国家挑选,经体格检查、政治审查合格后,由金山区(县)征兵办公室批准入伍。

三、预备役

凡应征公民未被征集现役的服预备役,年龄为18~35周岁,其中18~28周岁服一类预备役,29~35周岁服二类预备役,超过35周岁退出预备役。退伍军人回到金山区(县)民政局办理报到手续时,同时办理预备役的有关手续。

1986—2004年,新农镇(乡)人武部按照上级要求,每年认真办理预备役登记,使民兵预备役工作按要求顺利开展。

1997 年 9 月，上海市组建预备役步兵师。1999 年 7 月，上海组建陆军预备役某团，金山区（县）组建预备役营，新农镇组建预备役排。

第二节　民兵工作

一、组织建设

1986—2004 年，新农镇（乡）的民兵组织，每年都进行一次整组工作，办理正常的入出、转队手续，确保民兵、预备役组织稳固、结构合理、队伍纯洁、战斗力强。

二、政治建设

1986 年起，新农乡民兵组织开展对民兵的政治教育。基干民兵每月一课，普通民兵每季一课，后改为结合每年的民兵整组、军事训练等，进行政治教育。教育内容根据不同时期的形势任务而有所变动，主要有中国共产党的路线、方针、政策教育，爱国主义和革命英雄主义教育，学雷锋、学好八连、发扬革命光荣传统教育等。1990 年起，新农镇（乡）人武部每年为民兵连订阅《东海民兵》《中国民兵》等学习资料，配合民兵政治教育。2000 年起，新农镇人武部建立每月一次的民兵干部学习例会制度，每年组织民兵干部考核和先进民兵连评选活动。

三、军事训练

1986 年起，新农乡民兵组织每年利用农闲季节，开展以基干民兵为主的军事训练，训练时间为 15 ~ 20 天。训练内容主要有：民兵的装备、武器性能和操作、射击和投掷、队列和战术等科目。1990 年起，新农镇（乡）民兵组织每年选送一批预备役干部和士兵，参加由市和区组织的军事训练。1986—2004 年，全镇（乡）基干民兵及预备役士兵进行军事训练。

四、社会活动

1986—1998 年，新农镇（乡）民兵组织配合公安部门，破获各类治安和刑事案件 35 起，抓获犯罪人员 28 人。在 1991 年奋战“龙卷风”袭击和 2001 年抢修“大泖港”河堤坍塌中，广大民兵奋不顾身、冲锋在前、抢险救灾，保护人民生命财产安全。2002 年起，镇民兵组织积极开展扶贫帮困工作，每个民兵连都确定 1 个贫困户，与其签订扶贫帮困协议，制定扶贫帮困计划，落实扶贫帮困措施。至 2004 年，全镇共有 12 户贫困户，在民兵组织的帮助下逐步脱贫。2003 年，在防控“非典”期间，镇民兵组织按照金山区人武部的紧急通知精神，出动民兵 100 多人次，参与和配合区公安、卫生、交通等部门防控“非典”执勤，每天对过境车辆进行检测，完成防控“非典”任务。

第三节　国防教育

20 世纪 90 年代起,新农镇(乡)开展国防教育。镇(乡)人民政府成立国防教育领导小组,镇(乡)人武部组建国防教育讲师团,切实加强对国防教育的领导和实施。国防教育对象为民兵、预备役士兵、中学初一新生等。国防教育每年一般进行 1 次,民兵和预备役士兵一般安排在农闲季节进行,时间每次 15 ~20 天;中学初一新生一般安排在入学前的暑期进行,时间每次 5 ~7 天。教育内容根据不同时期的国防形势任务而定,教育形式有举办国防知识报告会、参观革命历史纪念地、开展国防知识竞赛和军事训练等活动。

1990—2004 年,新农镇(乡)共开展国防教育 18 次。每次国防教育,镇(乡)人武部组织力量,在镇(乡)主要道口、学校和村委会所在地等公共场所,张贴宣传标语 100 多条,悬挂宣传横幅 10 多幅,为各基层单位印发国防教育宣传资料 2000 多份,举办国防教育有关活动 2 ~3项。接受国防教育人数为每次 1600 人左右,其中中学初一新生 300 人左右。经考核,每次受教育者的综合成绩及格率 96% 以上,综合成绩优秀率 69% 以上。1998 年,新农镇 2 次开展国防教育,组织民兵预备役士兵及初中学生进行“全民国防知识”书面答卷竞赛,答卷人数 1920 人,成绩及格率 98%,被评为金山区国防教育先进单位。1996—2004 年,新农学校在国防教育中,获“金山区现场急救技能竞赛”三等奖 1 次,获“上海市航空火箭模型竞赛”奖 9 次。

第九章 民 政

1984 年起，新农镇（乡）人民政府设民政助理 1 人，主管优抚安置、婚姻登记、村级民主建设、社会救助、扶贫帮困、助残、老龄、移民安置等工作。

第一节 优抚安置

1984—2004 年，新农镇（乡）民政工作由政府民政助理主管。历任民政助理：王志达、张四龙、朱秀龙、张决心、李道明。

一、优抚

1985 年起，新农镇（乡）实行应征义务兵，入伍和安置两张通知书同时下发，现役军人服役期间的优待金，由所在单位参照同等劳动力（职工）年总收入的 50% 发给其家属，后提高到 100%。1986 年起，对烈、军属困难户按月补助，对残疾军人发放年抚恤金，凡残疾军人亡故，给予家属一次性丧葬费补助。1987 年起，对革命烈士、现役军人家属，残疾、复员、退伍军人等每月发放补助，对因病、因伤退役军人根据有关文件规定标准给予适当补贴。1999 年起，义务兵的优待金由金山区财政统筹，按全区农村劳动力年总收入的 100% 发给其家属。对烈属和残废、复退、抗美援朝复员军人的优抚金，均根据规定标准按月发放。

1996 年起，镇民政部门会同镇人武部每年实行两个“专访”，即专访烈、军属和残废、复退军人，专访新入伍战士。

至 2004 年，镇（乡）、村两级组织，坚持每年春节前夕召开烈、军属和复退军人座谈会，开展对烈、军属慰问和拜年活动，按户贴上“光荣人家”条幅。

1989 年，五龙村民委员会、三图村民委员会被评为金山县拥军优属先进单位。1991 年，新农乡被评为金山县拥军优属先进乡镇。

二、安置

1985 年前，新农乡（公社）贯彻“从哪里来，回哪里去”的安置原则，即凡属城镇居民的由县统一安排到县属单位工作，原是农村的仍回乡务农。但随着乡村企业的发展，优先安排农村复员退伍军人进企业工作。

1986年起,新农镇(乡)对城镇退伍军人,继续贯彻由县统一安排到县属单位工作的办法。对农村实行征兵、安置合一的做法,即应征青年入伍时,由镇(乡)政府统一安排进镇(乡)办企业编制,退伍后回该企业工作。

2002年起,新农镇鼓励复退军人自主择业,政府给付其服役期优抚金总额的30%作一次性安置费。政府原则上不再安置,但帮助推荐复退军人就业。1986—2004年,新农镇(乡)共安置(或推荐)复退军人201人。

第二节　婚姻登记

20世纪80年代起,新农乡(公社)实施中华人民共和国第五届全国人民代表大会通过修改的《中华人民共和国婚姻法》,男女结婚登记的法定年龄为男22周岁,女20周岁。同时提倡晚婚、晚育。晚婚年龄为男25周岁,女23周岁。婚姻登记工作由新农乡人民政府民政部门办理。婚姻登记的男女双方须各持户口簿、单位介绍信及有关证明(体检表),申请结婚登记。

20世纪90年代起,新农镇(乡)的男女结婚登记手续,由金山区(县)民政局婚姻管理所统一办理。1995—2004年,新农镇共有1594对男女青年办理结婚登记手续。

1995—2004年新农镇婚姻登记情况表

表9-1

年份	结婚登记(对)	年份	结婚登记(对)
1995	182	2000	151
1996	159	2001	171
1997	154	2002	149
1998	137	2003	165
1999	145	2004	181

第三节　村级民主建设

1984年,恢复乡、村体制。1985年,新农乡各村选举产生第一届村民委员会,以后每3年换届选举一次。村民代表以村民居住区域为单位,按照5~15户产生一名代表的原则,由村民民主推荐产生。每个村村民代表不少于35人,代表每届任期3年。村民委员会主任、副主任及委员候选人的产生方法,前五届采取有5人以上有选举权的村民提议,再进行民主协商、预选,由过半数有选举权的村民投票,得票多的为正式候选人。然后,实行无记名投票和差额选举的方法，选举产生村民委员会主任、副主任及委员。1999 年，村民委员会换届选举工作进行改革，不再先确定候选人名单，凡年满 18 周岁有选举权的村民，直接参加无记名投票进行差额选举，选举产生村民委员会主任、副主任及委员。任何组织和个人不得指定候选人或委派村民委员会成员。至 2004 年，新农镇(乡)共进行 6 次村民委员会换届选举。

1985—1993 年，新农乡有 14 个村民委员会；1994—1996 年，新农镇有 14 个村民委员会和 1 个居民委员会；1999 年，新农镇有 13 个村民委员会和 1 个居民委员会；2002—2003 年，新农镇有 10 个村民委员会和 1 个居民委员会；2004 年，新农镇有 7 个村民委员会和 1 个居民委员会。

1985 年起，全镇(乡)各村民委员会先后制订村规民约和村民代表大会等制度。村规民约的主要内容有：拥护中国共产党的领导，热爱社会主义，热爱祖国，热爱集体，自觉接受村党(总)支部和村委会的领导，积极参加村务活动，自觉执行村民代表大会的决议和决定，尊老爱幼，增强法制观念。村民代表大会每年召开 2 次，村民代表大会必须有 2/3 以上村民代表出席方可举行。所作决议与决定必须有半数以上村民代表通过方为有效。

1997 年起，全镇各村民委员会实行村务、财务管理的公开制度。村务管理公开的内容有：全村经济和发展规划、项目投资及承包方案、村干部年度工作目标及完成情况、村干部年度工资报酬、村民负担情况、经济承包方案、征用及批租土地、计划生育指标及落实情况、救灾及救济款物发放、其他需要公开的事项。财务管理公开的内容有：财务计划及执行情况、各项收入及各项支出、集体资产及负债情况、其他需要公开的财务事项。

2002 年起，实行村级财务代理记账制，全镇配备 3 名联村会计，具体负责村级财务管理工作，各村不再设总会计，只设 1 名出纳会计(或报账员)。

2004 年，新农镇各村委会对《村民代表会议议事决策制度》《村务、财务公开制度》《村级经济合同管理制度》《村两委班子任期目标制度》《民主评议村干部制度》《村两委班子成员戒勉制度》等 8 项制度进行整理、汇总和实施。

1989—2004 年，新农镇光华、三图、温河、慧农、牡丹、沈庄 6 个村，先后获得多项金山区和上海市先进荣誉称号，受到表彰和奖励。1991 年，牡丹村王广辉被评为上海市先进村委会主任。

1984—2004 年新农镇(乡)村民委员会及居民委员会变动情况表

表 9 - 2　　单位:个

年份	村数	居委会数	变动情况
1984	14	—	恢复乡、村建制、全乡 14 个大队管理委员会改名为 14 个村民委员会
1994	14	1	撤乡建镇，新建浦银居民委员会 1 个
1999	13	1	长浜村并入幸福村，撤长浜村村民委员会
2002	10	1	幸福、新范村划归朱泾镇和爱国村并入五龙村，撤幸福、新范和爱国村村民委员会
2004	7	1	沈庄村并入牡丹村，新民村并入温河村和三图村并入光华村，撤沈庄、新民、三图村村民委员会

1992—2003 年新农镇(乡)各村获荣誉称号情况表

表 9-3

单　位	年　份	荣誉称号
慧农村	1992—1999	上海市安全小区
	1993—1994	金山县文明单位
	1995	金山县村民自治示范村
	1997	金山区五好党支部
	2000—2001	金山区安全小区
牡丹村	1998—2001	上海市安全小区
	2001	上海市卫生村
	2004	上海市文明村
沈庄村	1999—2000	金山区安全小区
光华村	1996	上海市安全小区
	1998	上海市卫生村
	2001—2002	金山区村务管理示范村
	2003	上海市文明村
温河村	2002	上海市卫生村
三图村	1989—1990	金山县卫生先进单位
三浜村	2003	上海市卫生村

第四节　社会救助

20 世纪 80 年代起,新农镇(乡)社会救助工作全面启动。1987 年 10 月,新农乡社会保障委员会和新农乡社会福利基金会相继成立。2002 年 11 月,新农镇社会救助事务所成立。1986—2004 年,全镇(乡)共发放社会救助金 294.96 万元,年均发放社会救助金 15.52 万元。

1991 年,长浜村遭受龙卷风袭击,灾情严重。全乡有 4854 人投入募捐,募集衣被 1.02 万件,现金 1.81 万元。1998 年,湖北等省、市受灾,全镇有 4508 名干部群众投入募捐,募集衣被 1.29 万件,现金 10.51 万元。2000 年,安徽等省、市受灾,全镇有 4428 人投入募捐,募集衣被 1.11 万件,现金 1.09 万元。2002 年,四川、贵州等省、市受灾,全镇有 4556 人投入募捐,共募集衣被 0.24 万件,球鞋 0.05 万双(折合金额 2.00 万元)、现金 10.93 万元。2004 年,云南、江西等省、市受灾,全镇有 43 家机关及企事业单位 4326 人投入募捐,募集衣被 0.43 万件,现金 10.32 万元。

1986—2004 年,新农镇(乡)社会救助金共发放 294.96 万元。

1986—2004 年新农镇(乡)社会救助金发放情况表

表 9－4　　单位:万元

年份	金额	年份	金额
1986	4.89	1996	17.44
1987	5.10	1997	21.72
1988	6.20	1998	22.68
1989	6.30	1999	23.12
1990	6.82	2000	25.26
1991	7.02	2001	26.07
1992	7.30	2002	27.43
1993	7.34	2003	28.50
1994	10.03	2004	29.62
1995	12.12		

第五节　扶贫帮困

1997 年,新农镇有贫困户 54 户,占镇总户数的 0.81%,其中缺乏劳动力致贫 14 户,缺乏资金及技术致贫 8 户,因病、残疾及从业下岗致困 25 户,不善于当家过日子等原因致困 7 户。

1998 年起,新农镇、村二级成立扶贫帮困领导小组,加强对扶贫帮困工作的领导,开展结对帮困活动。具体措施是:引导贫困户制订脱贫致富计划,安置贫困户劳动力进企业工作,帮助贫困户发展家庭副业或手工业,减免贫困户医药费用,资助贫困户子女入学等。每年召开 2 次镇、村扶贫帮困领导小组工作会议,研讨及检查扶贫帮困工作、筹措及发放扶贫帮困资金。2004 年,镇专设扶贫帮困资金 110.06 万元,制定发放标准及办法。

1998—2004 年,全镇共发放扶贫帮困资金 354.25 万元,有 80% 贫困户脱贫。

1998—2004 年新农镇扶贫帮困资金发放情况表

表 9－5　　单位:万元

年份	金额	年份	金额
1998	17.45	2002	60.80
1999	24.20	2003	74.30
2000	30.40	2004	101.60
2001	45.50	合计	354.25

第六节　老龄工作

1986年,成立新农乡老龄问题委员会。2002年4月,改名为新农镇老龄工作委员会(简称老龄委),分别由一名党委副书记和一名副镇长任正、副主任,下设老龄工作办公室,主管全镇老龄工作的日常事务和开展各项老龄活动。村(居)委会均建立老龄协会,配备专人负责老龄工作。新农镇(乡)老龄工作办公室历任主任:沈余芳、王志达、严志明、朱四邱、严维新、李道明、盛炳兴。

1986—2004年,新农镇(乡)针对有老年人家庭,由子女签订《家庭赡养协议书》,签约率98%,开展敬老文明家庭及好媳妇创建活动。全镇(乡)评出敬老文明家庭54户,其中被评为市级3户、区级14户、镇(乡)级37户;评出好媳妇13人。每年为年满70岁老年人办理"高龄老人优待证",持证者可享受旅游门票及住院医疗费等减免50%的优惠。每逢敬老日和春节,镇(乡)村两级党政领导,分别拜访90岁和80岁以上的高龄老人,送上慰问金和慰问品。同时,以村为单位,分批组织退休党员干部开展"金山人民看上海、金山人民看金山"等一日游活动。

1998—2004年,新农镇完成镇、村两级老年活动室创建工作。各老年活动室均有茶水供应,设置棋牌、电视、书报阅览等,镇老龄委向各老年活动室赠送彩色电视机。

村老年活动室

1998年,在新农镇社区活动中心,开办新农镇老年大学,每年开设1～2个班,每月上课1次;村开设老年班,每半年上课1次。授课人员根据课程内容安排,分别邀请有关领导、专家和学校老师担任。至2004年,全镇共有入学老年人1911人次。2002年5月,镇老年大学还成立书画、摄影、拳操、花卉、文艺5个兴趣组,由70人参加各组每星期活动1次。2003年春节,展出各兴趣组创作的年画36幅、书法32幅、摄影91幅。

新农敬老院建于1988年,坐落在镇浦银路,占地面积4302平方米,建筑面积1152平方米,拥有床位57个,总投资105万元。2004年,入院老人46人(收养老人31人,寄养老人15人),职工11人。1990年,新农敬老院职工陈美珍被评为金山县民政系统先进个人。1992年,新农敬老院被评为金山县先进敬老院,职工吴金凤被评为金山县民政系统先进个人。1994年,新农敬老院被评为上海市农村合格敬老院。1995年,新农敬老院被命名为上海市达标敬老院。1997年,新农敬老院被命名为上海市二级敬老院。1995年、1996年、2000年,新农敬老院3次被评为金山区(县)开拓老年事业先进集体。

2002 年 6 月,新农镇成立居家养老领导小组,由分管老龄工作副镇长和镇老龄办主任分别任正、副组长,下设新农镇助老服务社,具体负责全镇居家老人护理、照料等工作。服务社设在镇敬老院,负责人由镇敬老院院长兼任。2004 年,助老服务社配备服务员 5 人,护理居家老人 15 人,其中五龙村 3 人、三浜村 4 人、万年村 2 人、温河村 2 人、光华村 4 人。

1998—2004 年新农镇老年活动室情况表

表 9－6

年份	个数(个)	面积(平方米)	日均参加活动人数(人)
1998	16	500	698
1999	15	500	698
2000	15	600	728
2001	14	655	755
2002	13	705	850
2003	11	1000	1870
2004	8	1000	1400

1998—2004 年新农镇老年人教育情况表

表 9－7　　单位:人

年份	合计		镇老年大学		村老年班	
	班级数	学员数	班级数	学员数	班级数	学员数
1998	1	63	1	63	—	—
1999	1	74	1	74	—	—
2000	1	69	1	69	—	—
2001	1	70	1	70	—	—
2002	14	605	2	125	12	480
2003	12	540	2	140	10	400
2004	8	490	1	140	7	350

1998—2004 年新农镇敬老院收养人数情况表

表 9 - 8

年份	床位数(只)	房屋面积(平方米)	收养人数(人)
1998	33	866	31
1999	33	866	29
2000	57	1152	28
2001	57	1152	35
2002	57	1152	45
2003	57	1152	42
2004	57	1152	46

第七节　助残工作

1996 年以前,新农镇(乡)的残疾人工作由民政助理负责。

1997 年,新农镇成立残疾人联合会(简称残联),配备理事长 1 人,由沈洁英担任,专管全镇残疾人工作。

20 世纪 90 年代中起,新农镇(乡)对有劳动能力的残疾人,通过创办福利企业,分期分批给予劳动就业安置。1995—2004 年,全镇(乡)先后创办 11 个福利企业(主要生产经营石油溶剂、塑料制品、服装、针织品、电子、箱包、建材、印刷等),安置有劳动能力的残疾人年均 333 人,占镇残疾人年均总数 489 人的 68.1%。

20 世纪 90 年代末起,新农镇(乡)对无劳动能力的残疾人(重残)按年发给生活补助金,标准根据镇(乡)经济实力而定。1999 年,城镇每人年补助金 3360 元,农村每人年补助金 1800 元;1999—2004 年,全镇无劳动能力的残疾人年均为 67 人,占镇残疾人年均总数的 13.7%(城镇 1 人,农村 66 人),共发放生活补助金 98.42 万元。其中,2000—2004 年,城镇每人年补助金 4560 元,农村每人年补助金 3080 元;均分月发给。对重残单身无生活自理能力的残疾人,由镇出资送往敬老院寄养。

2002—2004 年,新农镇残联先后建立残疾人服务社和助残服务社,广泛开展对残疾人的服务活动。

2001 年新农镇福利企业基本情况表

表 9－9　　单位：人、万元

企业名称	建办日期	主要产品	职工人数	产值	利润	税金
合　计	—	—	1029	12810.3	366.4	645.9
上海金新化工厂	1990.10	石油溶剂	76	1115.7	22	29.8
上海市金山区新华塑料印刷厂	1992.1	塑料制品、印刷	83	665	56.1	54.3
上海金山星光针织厂	1993.6	服装	30	346.6	4.2	58.9
上海新阳纺织厂	1995.9	化纤纱	200	825.5	10.3	67.4
上海市金山区新兴电子配件厂	1995.1	电子配件	25	200.5	24.3	13.4
上海张泾实业有限公司	1996.3	针织毛衫	50	1229.1	31	86
上海同三经济实业有限公司	1997.5	服装	380	7185.9	136.8	177.7
上海弘拓时装服饰厂	1998.10	服装	30	232.5	12.6	31.3
上海家旺塑钢门窗有限公司	1998.11	塑钢门窗	25	405.8	—	33.7
上海歌华时装有限公司	2001.1	针织毛衫	80	463.2	69.1	74.9
上海虹宁箱包配件有限公司	2001.7	箱包配件	50	140.5	—	18.5

1995—2004 年新农镇残疾人就业情况表

表 9－10　　单位：人

年份	残疾人合计	残疾人员就业情况	
		在　业	不在业
1995	550	350	200
1996	548	360	188
1997	547	379	168
1998	582	399	183
1999	421	301	120
2000	431	311	120
2001	418	298	220
2002	448	286	162
2003	466	311	155
2004	481	330	151

1999—2004 年新农镇重残人员生活补助金发放情况表

表 9-11

年份	合计		城镇			农村		
	人数(人)	补助金额(元)	人数(人)	每人年补助(元)	补助金额(元)	人数(人)	每人年补助(元)	补助金额(元)
总计	401	984200	4	—	15840	397	—	968360
1999	30	54000	—	—	—	30	1800	54000
2000	40	80000	—	—	—	40	2000	80000
2001	78	157360	1	3360	3360	77	2000	154000
2002	84	169360	1	3360	3360	83	2000	166000
2003	86	266360	1	4560	4560	85	3080	261800
2004	83	257120	1	4560	4560	82	3080	252560

第八节　三峡库区移民安置

2000 年 9 月,成立新农镇三峡移民安置领导小组,下设移民安置办公室,根据上级对三峡移民安置工作的要求,2001 年 3 月中旬至 6 月中旬,由求新建筑市政工程有限公司按金山区统一设计和预算的房式及造价,按时、按质、按量完成 14 幢移民用房建造和生活设施安装,总建筑面积 1986 平方米,户均建筑面积 141.9 平方米。

2001 年 7 月中旬,接收第一批三峡移民,来自重庆市云阳县双江镇杨沙村 8 组的 8 户、38 人,三坝村 1 组的 1 户、3 人,兴隆村 9 组的 2 户、10 人及 13 组的 3 户、10 人,共计 14 户、61 人,安置落户新农镇。其中,落户新范村 5 组 3 户、13 人;慧农村 3 组 4 户、20 人;新民村 3 组 3 户、11 人;沈庄村 2 组 4 户、17 人。移民的居住房、承包地、自留地等各项工作,在移居前一并落实。

2001 年 7 月,三峡库区移民入住新居

2004 年 8 月上旬,接收第二批三峡移民,来自重庆市万洲区溪口镇蒲家村 4 组的 3 户、10 人,5 组的 3 户、11 人,共计 6 户、21 人,全部安置在温河村新民 5 组。移民落户前,镇敦促求新建筑市政工程有限公司,完成 6 幢移民住房的建造和生活设施的安装,总建筑面积 814 平方米,户均建筑面积 135.7 平方米。

第一批(2001 年)三峡库区移民落实情况表

表 9－12

户主姓名	家庭人口(人)	迁出地	落户地
合 计	61	重庆市云阳县双江镇	上海市金山区新农镇
王功合	4	重庆市云阳县双江镇杨沙村 8 组	上海金山区新农镇新范村 5 组 5029 号
刘纯亮	4	重庆市云阳县双江镇杨沙村 8 组	上海金山区新农镇新范村 5 组 5030－1 号
蒲东明	5	重庆市云阳县双江镇杨沙村 8 组	上海金山区新农镇新范村 5 组 5030－2 号
张继琼	4	重庆市云阳县双江镇杨沙村 8 组	上海金山区新农镇慧农村 3 组 4060－1 号
王大春	5	重庆市云阳县双江镇杨沙村 8 组	上海金山区新农镇慧农村 3 组 4060－2 号
刘迪云	5	重庆市云阳县双江镇杨沙村 8 组	上海金山区新农镇慧农村 3 组 4060－3 号
刘迪安	6	重庆市云阳县双江镇杨沙村 8 组	上海金山区新农镇慧农村 3 组 4060－4 号
刘明华	5	重庆市云阳县双江镇杨沙村 8 组	上海金山区新农镇新民村 3 组 5001－1 号
张光雪	3	重庆市云阳县双江镇三坝村 1 组	上海金山区新农镇新民村 3 组 5001－2 号
游福兵	3	重庆市云阳县双江镇兴隆村 13 组	上海金山区新农镇新民村 3 组 5001－3 号
游福国	4	重庆市云阳县双江镇兴隆村 13 组	上海金山区新农镇沈庄村 2 组 6130 号
游卓良	3	重庆市云阳县双江镇兴隆村 13 组	上海金山区新农镇沈庄村 2 组 6131 号
王昌万	5	重庆市云阳县双江镇兴隆村 9 组	上海金山区新农镇沈庄村 2 组 6132 号
杨前国	5	重庆市云阳县双江镇兴隆村 9 组	上海金山区新农镇沈庄村 2 组 6133 号

第二批(2004 年)三峡库区移民落实情况表

表 9－13

户主姓名	家庭人口(人)	迁出地	落户地
合 计	21	重庆市万洲区溪口镇蒲家村	上海市金山区新农镇温河村
吴锡金	4	重庆市万洲区溪口镇蒲家村 4 组	上海市金山区新农镇温河村 5 组
吴绍敏	3	重庆市万洲区溪口镇蒲家村 4 组	上海市金山区新农镇温河村 5 组
吴伯川	3	重庆市万洲区溪口镇蒲家村 4 组	上海市金山区新农镇温河村 5 组
江书科	5	重庆市万洲区溪口镇蒲家村 5 组	上海市金山区新农镇温河村 5 组
江华	3	重庆市万洲区溪口镇蒲家村 5 组	上海市金山区新农镇温河村 5 组
刘托	3	重庆市万洲区溪口镇蒲家村 5 组	上海市金山区新农镇温河村 5 组

第十章　社会保障

第一节　劳动保障

一、管理机构

1987 年，成立新农乡劳动服务所。1994 年，改名为新农镇劳动服务所。开展劳动就业服务。为农村富余劳动力登记造册，办理就业登记卡，推荐就业；为城镇居民办理劳动手册，对城镇待业青年进行登记，介绍就业。历任所长：徐桂林、叶荣林、周炳华、王广飞。2001 年起，镇劳动服务所与镇农村养老保险管理所合并为新农镇社会保障管理所。历任所长：汤水平、姚雪龙。

二、劳动力安置

20 世纪 80 年代，新农乡工业企业（集体、联营、"三资"）招工，均由招工企业报请乡（公社）主管部门批准后，由企业招用符合条件的劳动力进企业工作，对烈、军属，复、退军人和困难户中的劳动力予以照顾安置。

20 世纪 90 年代，新农镇（乡）工业企业（集体、联营、"三资"、私营）招工，主要通过文化考试或现场面试，由企业自主招工，对有技术特长的优先录用。

1986—2004 年，新农镇（乡）共安置劳动力 7000 余人。1996 年起，实行双向选择就业制度。至 2004 年年底，镇社会保障管理机构，为农村富余劳动力办理就业登记卡 3750 人，为城镇居民及待业青年办理劳动手册 320 人，共介绍劳动就业 4050 人次。

1986—2004 年新农镇（乡）劳动力分布情况表

表 10 - 1　　　　单位：人、个

年份	分级使用情况					行业情况						
	合计	其中女劳力	镇（乡）级	村级	村民小组级	农业	工业	运输	建筑	商业、餐饮业	外出工	其他
1986	15329	7767	4004	3558	7767	7572	5379	280	673	112	903	410

续表 10－1

年份	分级使用情况					行业情况						
	合计	其中女劳力	镇(乡)级	村级	村民小组级	农业	工业	运输	建筑	商业、餐饮业	外出工	其他
1987	15797	8282	4617	3526	7654	5836	6895	404	675	104	1131	752
1988	16143	8513	5294	3716	7133	5340	7731	421	716	116	1281	538
1989	15964	8285	5715	3254	6995	5110	7730	370	256	125	1817	556
1990	15600	3066	5775	3035	6790	5276	7609	339	241	127	1510	498
1991	15249	8099	6155	3092	6002	4607	8099	231	274	80	1372	586
1992	14519	3480	6276	2500	5743	4421	7905	170	264	86	1566	107
1993	14639	7317	5715	2192	6732	4794	7271	254	132	127	2061	
1994	14017	7167	5692	1981	6344	4649	7335	191	194	109	1539	
1995	12940	6632	4654	1861	6425	4699	6082	137	259	102	1661	
1996	12986	6705	4698	1739	6549	4515	5921	266	141	112	2031	
1997	13031	—	4431	1497	7103	4762	5488	127	363	187	2104	
1998	—	—	—	—	—	—	—	—	—	—	—	—
1999	—	—	—	—	—	—	—	—	—	—	—	—
2000	12381	6022	—	—	—	4862	5116	473	473	243	1214	—
2001	12349	6098	—	—	—	5040	5061	334	497	226	1191	—
2002	12181	6084	—	—	—	4663	5410	388	485	257	978	—
2003	9734	4997	—	—	—	3812	4531	189	324	189	689	—
2004	8708	4359	—	—	—	3640	3986	152	286	219	—	425

三、劳动保护

1986—2004年，新农镇(乡)各企业先后落实劳动保护工作负责人和专管员，把劳动保护作为企业管理的一项重要工作，根据各企业工种，对职工定期发放劳防用品和夏令高温饮品；对从事有毒有害气体的工作人员，每年进行体检和发放营养费；对特殊工种人员(电工、电焊工、锅炉工等)做到持证上岗，每年进行审证和业务培训；对因工致伤或致残人员，给予一定的工作照顾和经济补助，使劳动者身心健康得到保障。

四、劳动工资

20世纪80年代，新农乡的工业企业(集体、联营、“三资”)，在“五定”(定全员人数、定产值、定利润、定流动资金、定基建及设备投资额)责任制的基础上,实行企业经济承包合同制。各企业以人均900元为分配基数,按合同规定的利润指标,同比例超升减降。如人均分配超过1200元,相应征收奖金税。企业正职干部分配高于职工平均分配水平的25%;企业副职和条线干部的分配按正职干部高于部分的50%计算。1986年,乡级企业职工年均收入1594元,村级企业职工年均收入1271元。

20世纪90年代起,新农镇(乡)的工业企业(集体、联营、"三资"、私营),均先后实行工资制和计件工资制。大部分企业还实行奖励制,根据企业经济效益,发放超产月度奖、季度奖和年终奖。1996年,镇级企业职工年均收入4507元,村级企业职工年均收入4251元。2004年,镇级企业职工年均收入11307元,村级企业职工年均收入8617元。

五、外来劳动力管理

20世纪90年代初,新农镇(乡)工业企业开始向外省市招用劳动力。至2004年,全镇共招聘外来劳动力2813人。

1997年,新农镇成立外来流动人员管理工作办公室,贯彻《上海市外来流动人员管理条例》及《上海市外来从业人员综合保险办理暂行办法》,强化外来流动人员管理。2001年,新农镇成立劳动监察队;2004年,改名为新农镇劳动保障监察服务队,配备工作人员2~5人。主要工作是:做好外来劳动力的就业登记和参加综合保险的监督检查等,开展法律法规的宣传和劳动监察,调解劳务纠纷等。至2004年,新农镇劳动保障监察服务队,为2000余人外来劳动力与用工企业签订劳动合同,为750余人外来劳动力办理综合保险,为外来劳动力调解各种劳务纠纷85起。

六、劳务输出

20世纪90年代,新农镇劳动服务所配合金山区(县)劳务输出部门,多次组织安排劳务输出人员,至2004年,全镇共劳务输出380余人,分别前往美国、日本、新加坡等国家,和中国香港等地区,主要从事服装、针织、市政建设、建筑等行业。

七、失业保险

1993年7月起,新农镇(乡)劳动服务所开始办理失业保险业务,对非农和农业人员就业后失业并缴纳过城镇职工失业保险金的对象,进行失业保险登记。失业人员须凭退工单、身份证、户口簿和《劳动手册》,到镇劳动服务所办理失业登记手续,镇劳动服务所根据失业者年龄和缴费年限,核定失业保险金期限和标准,给予发放失业保险金。至2004年,全镇共登记失业保险人数1100人次,其中男性860人次、女性240人次。发放失业保险金105万元。

第二节　老年人保障

一、养老补贴

老年人生活补贴　1983年,新农公社对年满60周岁的农村老年人实行养老金制度,每人每月3元。1984年每人每月5元。1986年每人每月7元。1993年每人每月增至10元。2001年,每人每月15元。2003年每人每月25元。2004年每人每月75元。是年,全镇享受养老金老年人2500余人。

老干部生活补贴　1987年,新农乡人民政府对男满60周岁、女满55周岁,曾担任过小乡乡长、农委主任、民兵中队长,高级社党支部委员以上干部、正副社长、会计;农村党支部委员以上干部、村总会计;镇(乡、社)机关助理、组(站)正副组(站)长;企事业单位党支部委员以上干部、正副厂(场、站)长、经理、主办会计等职,目前仍在农村的退休人员发给生活补助费每人每月20元,年干龄费2元。1993年,调整为每人每月30元,年干龄费3元。1998年,再次调整为每人每月40元,年干龄费3元。2004年,根据中共金山区委文件精神,对退休干部发放生活补贴费的对象和标准作了调整。解放初期担任过小乡正职(三职)的退休干部,发放生活补贴费每人每月320元,年干龄费12元;担任过村(大队)、镇(乡、社)办企业的党政正副职及党支部委员的退休干部,发给生活补贴费每人每月80元,年干龄费正职12元,副职7元,党支部委员5元。2004年,全镇享受老干部生活补贴费60余人。

二、养老保险

1993年下半年,成立新农乡农村养老保险管理所,并制定《新农乡农村社会养老保险实施细则》。1994年,改名为新农镇农村养老保险管理所。是年全镇实施农村养老保险制度。

1994—1999年,务工、务农人员每人每年缴纳保险金72元、集体补助金24元。全镇年均投保人数8174人,投保总金额546.50万元。年均享受退休人数3541人,享受总金额250.90万元。2000—2004年,务农人员每人每年缴纳养老保险金先后为96～240元,集体补助金先后为20～60元;务工人员每人每年缴纳养老保险金先后为120～360元,集体补助金先后为24～140元。全镇年均投保人数6964人,投保总金额935.91万元;年均享受退休人数3589人,享受总金额620.49万元。

1994年,新农镇农村社会养老保险管理所黄南行被评为金山县农村社会养老保险工作先进个人。

1994—2004年新农镇农村社会养老保险费缴纳标准表

表10-2　　　　单位:人、元

年份	务农人员		务工人员	
	个人年缴纳	集体年补助	个人年缴纳	集体年补助
1994	72	24	72	24
1995	72	24	72	24
1996	72	24	72	24
1997	72	24	72	24
1998	72	24	72	24
1999	72	24	72	24

续表 10－2

年份	务农人员		务工人员	
	个人年缴纳	集体年补助	个人年缴纳	集体年补助
2000	96	24	120	24
2001	120	24	120	24
2002	180	50	300	100
2003	180	50	300	100
2004	240	60	360	140

1994—2004 年新农镇农村社会养老保险情况表

表 10－3　　单位:人、万元

年份	投保情况				享受情况	
	投保人数	投保金额			60 岁以上老人	享受金额
		合计	其中			
			个人	集体		
1994	6607	63.29	47.57	15.72	3348	11.68
1995	7939	88.45	69.66	18.79	3600	45.57
1996	8589	91.31	70.68	20.62	3636	46.63
1997	8973	96.25	74.94	21.31	3578	45.70
1998	8989	109.8	88.43	21.37	3542	46.95
1999	7949	97.4	78.05	19.35	3543	54.37
2000	7584	135.92	117.99	17.92	3838	76.47
2001	7853	166.44	147.34	19.10	3938	79.75
2002	7632	241.76	194.49	47.26	3648	83.44
2003	6237	185.14	145.80	39.34	3278	93.13
2004	5512	206.65	159.09	47.56	3241	287.70

第三节　医疗保障

一、合作医疗

1986—1991 年,新农乡农村实行村办乡管的农村合作医疗制度。乡建立农村合作医疗管理站,各村和规模型乡村企业设卫生室,医务人员由“乡村医生”(经培训考核合格的“赤脚医生”)担任,并统一规定农民缴费和报销比例。

二、医疗保险

1992 年起,新农镇(乡)实行农村合作医疗保险制度,镇(乡)成立合作医疗保险基金会,建立由个人投入(每年规定缴费)和集体扶持(企业统筹金、村公益金和镇财政补贴)的资金统筹制度。

1992—1996 年,参保人每人每年缴纳合作医疗保险基金 10 ~ 50 元,集体扶持每人每年缴纳合作医疗保险基金 24 元。1997—2000 年,参保人每人每年缴纳合作医疗保险基金 70 元,集体扶持每人每年缴纳合作医疗保险基金 36 元。2001—2002 年,参保人每人每年缴纳合作医疗保险基金 80 元,集体扶持每人每年缴纳合作医疗保险基金 48 元。2003—2004 年,参保人每人每年缴纳合作医疗保险基金 100 元,集体扶持每人每年缴纳合作医疗保险基金 72 ~ 96 元。

1992—2004 年,全镇年均参加合作医疗保险人数 16330 人,年参保率 84.95%;筹集合作医疗保险基金 1948.20 万元,其中个人缴纳 1155.52 万元、集体扶持 792.68 万元。统筹的合作医疗保险基金,全镇(乡)实行一级基金、一级管理,专款专用。参保人患病就医,按规定享受不同类型的报销。凡在镇(乡)卫生院就诊的,医药费报销 50%,住院费报销 60%;凡符合条件,转入区(县)级医院就诊的,医药费报销 30%,住院费报销 40%;凡符合条件,转入市级医院就诊的,医药费报销 20%,住院费报销 30%;对参保的人病患者医药费和住院费,在 5000 ~ 12000 元的报销 70%;12000 元以上的享受区(县)大病风险基金补偿,可报销 75%;30000 元以上的可报销 80%,报销额最高为 35000 元。1992—2004 年,全镇共支出合作医疗保险基金 1735.60 万元,结余合作医疗保险基金 212.60 万元。

2002—2004 年,新农镇被评为金山区农村合作医疗保险工作先进单位。2004 年,全镇各村和居委会卫生室全部实现合格和达标。

1992—2004 年新农镇医疗保险实施情况表

表 10 - 4

年份	应参保人数(人)	实际参保人数(人)	参保率(%)	合作医疗保险基金统筹数(万元)			合作医疗保险基金支出数(万元)
				小计	个人缴纳	集体扶持	
合计	249891	212288	84.95	1948.20	1155.52	792.68	1735.60
1992	24363	16280	66.80	55.35	16.28	39.07	53.87
1993	24175	16158	66.80	54.94	16.16	38.78	67.83
1994	24010	19145	79.70	65.10	19.15	45.95	56.51
1995	23986	19189	80.00	84.43	38.38	46.05	84.86
1996	20510	17881	87.20	132.32	89.41	42.91	127.79
1997	19013	17558	92.30	186.12	122.91	63.21	170.30

续表 10－4

年份	应参保人数（人）	实际参保人数（人）	参保率（%）	合作医疗保险基金统筹数(万元)			合作医疗保险基金支出数（万元）
				小计	个人缴纳	集体扶持	
1998	18120	15907	87.80	168.62	111.35	57.27	148.00
1999	18676	15700	84.10	166.42	109.90	56.52	136.23
2000	17164	15930	92.80	168.85	111.51	57.34	138.66
2001	16334	16105	98.60	206.14	128.84	77.30	150.08
2002	17071	16362	95.80	209.44	130.90	78.54	181.90
2003	14525	14234	98.00	218.43	142.34	76.09	202.22
2004	11944	11839	99.10	232.04	118.39	113.65	217.35

第四节　征地工安置

20 世纪 80 年代起，建设征地项目逐年增多，新农镇(乡)贯彻“谁征地，谁负责安置”的原则，做好征地工(征地劳动力和征地养老人员)安置工作。

1986—1993 年，新农乡征地工的安置，由征地单位负责并委托有关部门实施。对征地劳动力(男性 16～59 周岁，女性 16～44 周岁)安排就业。对征地养老人员(男性年满 60 周岁，女性年满 55 周岁，以及病残者)发放生活费。

1994—2002 年，新农镇征地工的安置，按照上海市人民政府〔1994〕62 号文规定执行，每个征地工享受一次性安置补贴费 1.5 万～3 万元，自谋就业。

2003 年起，新农镇征地工的安置，按市人民政府〔2003〕65 号文精神执行，每个征地工享受小城镇社会保险(简称镇保)，并对过去未安置好的征地工，按规定同时予以落实。凡征地单位，按市府〔1994〕62 号文规定承担征地工安置补助费 1.5 万～3 万元，该费主要用于征地工缴纳小城镇社会保险(不低于 15 年)、少量用于征地劳动力每人 2 年的生活补助费和部分征地工(男性 55～59 周岁，女性 45～54 周岁)退休前的生活补助费(每月 290 元)。已到退休年龄的征地工(男性年满 60 周岁，女性年满 55 周岁)直接享受镇保养老金。

1986—2004 年，经上海市、金山区(县)人民政府批准，先后有 56 个单位在新农镇(乡)征用土地，征地面积为 359.57 公顷，涉及 14 个行政村、143 个村民小组、4029 个征地工。其中 1986—2002 年，全镇(乡)安置征地工 336 人(安排就业及给予安置补助费)。2003—2004 年，全镇安置征地工 3693 人(镇保 2926 人、养老 767 人)。

2003—2004年新农镇征地工安置情况表

表10－5

征地批准年份	征地面积（公顷）	安置年份	安置人数（人）	其中		安置补助费（万元）
				镇保（人）	征地养老（人）	
合计	329.53	—	3693	2926	767	3832.46
1992	2.48	2003	22	18	4	9.49
1993	1.58	2003	16	16	—	18.88
1994	0.25	2003	5	5	—	5.42
1995	0.37	2003	7	7	—	8.56
1996	0.65	2003	11	11	—	13.46
1997	2.46	2003	25	25	—	30.59
1998	0.92	2003	18	18	—	21.33
2000	1.35	2003	28	28	—	32.86
2001	11.16	2004	152	152	—	80.16
2002	89.13	2004	862	753	109	859.66
2003	101.88	2004	1043	817	226	1078.05
2004	117.30	2004	1504	1076	428	1674.00

第十一章　农　业

新农镇(乡)农业生产的种植业,历来以水稻为主,其次是三麦(大麦、元麦、小麦),油菜、棉花等作物,瓜果、蔬菜仅在农户自留地上种植。

1986年,创建种植业基地场、科普示范户,培训农民土专家,推广应用新品种、新肥料、新农艺,至1990年,全乡共建立"三丰二田"(丰产方、丰产片、丰产带和高产田、试验田)302.87公顷。1991年,调整种植业结构,全乡种植桑树97公顷。1993年种植季节性蔬菜33.4公顷,常年蔬菜13.4公顷。1994年建立"高、优、高"(高产、优质、高效)农业综合示范区。1997年,新农镇实施庭院经济生产。2000年,开展"家家富"工程建设,种植业结构进一步调整。2004年,全镇种植业产值3855.3万元,占农业总产值59.6%。

新农镇(乡)农业生产的养殖业,历来以养猪为主、禽类等养殖为辅,一般用于自食。1987年,全乡有养猪专业户40户、养牛专业户74户、水产品养殖面积40.3公顷。2004年,新农镇生猪饲养量31296头,出栏24115头;家禽上市39.45万羽,鲜蛋上市668吨,牛奶产量3447.5吨,水产品393吨,全镇养殖业产值2613.6万元,占农业总产值的40.4%。

1986—2004年,新农镇(乡)建成金山区(县)级科普村3个,被授予金山区(县)农民土专家18人,建有种植业基地场10个;获上海市群众性实用技术成果二等奖2项,获金山区(县)科技进步奖二等奖2项、三等奖1项、科技推广项目2项。镇农副公司经理黄书根被评为金山区(县)优秀科技工作者,新农镇被评为上海市群众性实用技术成果二等奖。

第一节　农业生产关系变革

一、加强土地承包经营

(一)调整农户承包田

1987年,金山县委、县政府在对农户承包田情况调查的基础上,制定出台调整农户承包田的实施意见,提出"大稳定、小调整"方针。是年秋,新农乡在不违背承包田经营15年不变,稳定土地所有权集体所有的前提下,对农户承包田进行"大稳定、小调整"。调整承包田389公顷,涉及承包农户2135户。

（二）延长土地承包期

1999年，中共中央办公厅、国务院办公厅根据《中共中央关于农业和农村工作若干问题的决定》，下发《关于进一步稳定和完善农村土地承包责任制的通知》，提出农村土地承包期再延长30年不变的政策。新农镇政府转发《金山区人民政府关于进一步稳定和完善我区农村土地承包关系的通知》。在全镇范围内开展调整承包田、延长土地承包期工作。按照“明确所有权，稳定承包权，搞活使用权”的原则，新农镇采用直接延包，小调整延包与重新调整后延包的方式，实施新一轮土地延包。全镇有22个村民小组，直接同承包户签订延包协议，133个村民小组经过小调整后签订延包协议。由村民委员会向承包户发放土地使用权证4423份，延包签约率100%。新一轮土地承包责任制允许承包户将土地使用权有偿转让、转包、互换、入股联合经营。

二、调整农业规模经营

（一）建好“三丰二田”

1986年，共青团新农乡委员会、新农乡人民武装部、新农乡妇女联合会发动全乡团员、青年、民兵和妇女参加高产田、试验田竞赛活动。三麦、单季稻高产竞赛田块125块，总面积14.25公顷。棉花“银棉赛”田块45块，面积6.6公顷。三麦亩产比全乡平均产量高7.6%，单季稻亩产高7.3%，棉花亩产高7.3千克。

1987年，温河村和牡丹村分别建立百亩丰产方，丰产方内承包户根据村民委员会统一安排进行耕种。是年，丰产方内单季稻公顷产量8272.5千克，比全乡公顷产量高585千克。其中温河村7.2公顷丰产方，单季稻公顷产量9277.5千克，获县优胜奖。

1990年，新农乡“三丰二田”建设进一步发展，14个村各建立3.4公顷以上丰产方，总面积107公顷；184个村民小组均建立0.6公顷左右丰产片，总面积121公顷。丰产带从金张公路五龙村到亭枫公路光华村，全长8千米，涉及5个村、22个村民小组、450户承包户，总面积74.87公顷。

“三丰二田”范围内，生产经营有统有分，由集体统一解决茬口搭配、供种育苗、植保防治、技术服务和灌溉机耕，农户按自己的承包田耕种。“三丰二田”建设使作物品种相对成片，机耕、灌溉等生产要素得到充分发挥。

（二）建立“高优高”农业综合示范区

1994年，新农镇在幸福村南侧，东起石臼浦，西至朱泥泾，南至新风河，北止池泾河，总面积32.6公顷。建立优质稻米生产区、水果种植区和蔬菜种植区3个“高优高”农业示范区。先后投入200余万元，浇筑白色路面3350平方米，水泥明沟4.1千米，10.6公顷蔬菜区搭建管棚154套，安装喷灌设施。19.3公顷水稻种植区田块格子化，间有碎石机耕路。

示范区实行“集体统一经营，场、户联产承包”。1994年，水稻种植区的粮食公顷产量8625千克，比全镇公顷产量高270千克。蔬菜种植区公顷产值45225元，示范区总产值83.95万元，公顷产值25792.5元，列金山区示范区之首。

1995年，“高、优、高”农业综合示范区面积扩大到68公顷，新筑碎石机耕路11030平方米，水泥明沟4.5千米，标准化灌溉机口2座，小涵闸6座，购置日产“久保田”联合收割机1台、水田驱动耙1台、上海50型拖拉机1台、水稻直播机1台，建造仓库480平方米，浇筑水泥晒场1050平方米,沟、渠、路边的绿化,总投资250万元。

(三)建办合作农场

1995年10月,新农镇农业“高、优、高”综合示范区改建为新农镇第一合作农场。新投入300万元资金,用于沟、渠、路改建,仓库场地扩建和场区植树绿化。水稻种植区以良种繁育、试种为主。在金山种子公司指导下,先后进行“寒优湘晴”“申优161”“香粳稻”等新品种的制种和栽培。1996年,被列为金山县重点良种繁育基地。当年水稻公顷产量9675千克。上海市农村工作委员会先后2次、金山县人民政府先后4次在农场召开规模经营现场会、观摩会。江苏、浙江、江西、山东、福建等省、地、县领导和农业专家,先后有18批、850余人次到农场观摩考察。

(四)扩大现代农业园区

2000年,新农镇在慧农村至万年村段两侧,建办新农镇市级现代农业园区,总面积116.7公顷。2001年,该园区调整为镇级现代农业园区,投资1250万元用于平整土地、修筑沟渠、道路等农业基础设施建设。是年,建成水泥路5.6千米,电脑控制排灌泵房1座,标准化灌溉机口6座,用于仓储和农产品加工的仓库、工场2050平方米,水泥晒场4325平方米,商务办公楼450平方米,道路、沟渠两侧全部绿化。

2001年,置换土地143.33公顷,引进资金850.50万元。上海银龙蔬菜种子场、上海怡海农艺园艺有限公司、台商独资肖伯清珍果园、上海捷怡园艺有限公司、金蓓农业科技发展有限公司5家企业落户现代农业园区。

三、改革农业税费

1986年,新农乡农民除缴交国家农业税外,还要负担公积金、公益金、管理费三项村提留和农机折旧费、河闸管理费、劳动积累代金(俗称义务工费)等乡统筹款。

1998年,新农镇停止向农民收取农机折旧费,对其他收费项目实行“一卡、一审、一表”制度,定期向农民公布。

1999年,国家对农民的补贴由暗补改为明补,按每亩30元直接发放到承包户。是年,全镇发放50.57万元,2000年发放51.63万元,2001年发放51.94万元。

2002年3月,新农镇按照“减轻、规范、稳定”的原则,停止向农民收取村提留和镇统筹费用,生产性、生活性费用不再由集体垫付统支。年内,全镇还按实确定承包户的纳税面积,核减有税无田面积143.68公顷,减轻农民负担232.64万元,人均减负113.64元。

是年,新农镇作为金山区涉农价格和收费项目公示试点单位,12个行政村和集镇主要地段,共设立13块公示栏,向群众公示涉农价格和收费项目95项。

2003年,国家免征承包户农业税,只征76.9公顷集体经营粮田,农业税4.93万元。2004年,国家停止向农民征收农业税。

第二节 耕地、耕作

一、耕地

1986年年初，新农乡有耕地2331.07公顷，其中集体耕地2147.14公顷，农户自留地183.93公顷，人均耕地0.09公顷。后由于行政区域调整、国家建设和土地复垦等原因，新农镇（乡）耕地发生变化。

减少情况 1995年4月，新农镇幸福、长浜、三浜3个村有15个村民小组划归朱泾镇，新农镇划出耕地150.04公顷；2002年12月1日，新农镇新范、幸福（除1、3、5村民小组外）村划归朱泾镇，新农镇划出耕地324.87公顷。

1986—2004年，镇（乡）、村基建、农民建房共占用耕地193.44公顷。

1994—2004年，建设同三国道新农段、亭枫高速公路、金石公路和扩建320国道新农段，占用新农镇耕地232.24公顷。

1997—2004年，建设新农工业园区，占用耕地238.49公顷。至2004年，全镇共减少耕地面积1139.08公顷。

增加情况 1991年起，对废宅基地、废河浜、农业基础设施较差的地块，逐年进行整理复垦。1997年起，村疏浚河道和公路建设等挖废的土地进行复垦。至2004年，新农镇共整理复垦地块17幅，总面积970.12公顷，净增耕地123.15公顷。

2003年2月24日，松隐镇南星村（张泾河西）5个村民小组划归新农镇，增加耕地64.21公顷。

至2004年，新农镇增加耕地187.36公顷，全镇共有耕地1379.35公顷，其中集体耕地1249.05公顷，农户自留地130.30公顷，人均耕地0.07公顷。

二、耕作

1986年，慧农、五龙等村种植255.4公顷单季稻，公顷产量7395千克，复种指数下降9%。1987年，单季稻扩种到1202公顷，1988年扩种到1956.4公顷，占全乡2105.13公顷耕地的93%，三熟制生产基本改成二熟制生产，复种指数下降到199.9%。

2001年，国家放开粮食市场，取消定购任务。新农镇种植业结构向粮经型调整，承包户只种一熟单季稻，夏熟和棉花种植面积大幅减少，蔬菜、瓜果面积不断增加，复种指数逐年下降。

2004年，新农镇集体耕地面积1249.05公顷，种植单季稻1117.8公顷，夏粮99.87公顷，油菜籽448.7公顷，蔬菜瓜果375公顷，复种指数155%，种植业产值7076.30万元（现行价）。

第三节　农业科技

一、良种选育

1987年5月,新农乡建立以种子场为龙头,牡丹、沈庄2个村为基地的良种繁育、试种体系,开展群众性选育良种活动,实行全乡统一供种。

(一)水稻品种

早稻　1986年,新农乡种植早稻1092.5公顷,品种以"广原28""二九丰""浙幅802"为主,公顷产量5910千克。1987年,早稻种植面积488公顷,公顷产量4680千克。1988年起,全镇无早稻种植。

后季稻　1986年,新农乡种植后季稻1488.2公顷,选用的品种有"秀水55""秀水48""桂农78—1""秀水04""秀水06"等,公顷产量4965千克。1987年,实行二熟制种植,后季稻种植面积仅634.7公顷。

1988年后,新农乡仅在西瓜田后茬种植后季稻,选用品种与单季稻相同。

单季稻　1988年,新农乡单季稻种植面积1956.4公顷,品种为"8204""8524""93—63"等常规品种。

1989年,沈庄村种植46.67公顷由乡种子场培育的"寒优湘晴"杂交稻,公顷产量8190千克,明显高于常规稻品种。1990年,全乡种植200公顷。1992年,种植548.87公顷,公顷产量8250千克,比常规稻增产375千克。1993年起,新农乡种植由上海农科院培育的"8优161"和"申优1号"杂交稻新品种。温河村4组种植6.8公顷"8优161"杂交稻,公顷产量达9160.5千克。"申优1号"杂交稻具有根系发达、茎粗叶宽、结实率高等特性,千粒重在26克以上,列为当家品种,1995年,全镇种植900公顷。

1996年6月,新农镇农副业公司受金山县科学技术协会委托,在镇第一合作农场、水利农场和沈庄、万年等村,种植县种子公司从江苏镇江引进的"镇—25"晚稻新品种66.87公顷,进行"千亩香粳稻优质高产栽培中试",于10月中旬收割,总产544吨,公顷产量8130千克。被金山县科协和种子公司列入科技推广计划。1997年,新农镇将其作为当家品种,共种植450公顷。

1997年,新农镇农副业公司实施的晚稻品种"秀水63"推广项目,获金山区科技兴农推广奖二等奖。

1998年,沈庄村种植由江苏武进农科院引进的"95—22"常规稻品种33.67公顷,公顷产量比"镇—25"高352千克,次年全镇推广种植196.67公顷。2000年起,单季稻种植品种以"秀水110""秀水09""加花1号"为主。

1999年,新农镇农副业公司对"8优161"杂交制种技术的应用获市农村群众性实用技术成果二等奖。

(二)麦类品种

1986年,新农乡三麦种植以大麦为主,元麦已无种植,小麦也仅在农家自留地上种植。大麦品种有“沪麦4号”“泾大1号”等,小麦品种有“扬麦3号”“扬麦5号”等,公顷产量3000~4000千克。

20世纪90年代以后,大麦品种选用“沪麦8号”“申麦4号”等,产量明显增加。1996年,全镇1030.5公顷大、小麦,总产4678吨,公顷产量4540.5千克。

1997年,新农镇农副业公司种植的早、中熟大麦新品种“9036”的选育和示范项目获金山区科技进步三等奖。

(三)棉花品种

20世纪80年代,棉花是新农乡主要经济作物之一,品种以岱字棉为主。1990年起,改用“沪棉204”新品种,籽棉公顷产量2250~3000千克。

(四)油菜品种

20世纪80年代,新农乡油菜以“92—13”系品种为主,公顷产量在1770千克左右。1992年秋播起,改种“汇油50”和“沪油15”等新品种,公顷产量提高到2000千克以上。

二、植物保护

1986年,新农乡建有植物保护三级网络,政府组织农科站,行政村设专职植保主任,村民小组配有兼职植保员。由农科站负责提供病虫发生情报和突击防治措施,村植保主任和植保员组织实施防病治虫工作。

1999年,村植保主任改由分管农业的村委会委员兼任,村民小组植保员由村民小组长兼任,组织承包户,根据农科站发布的病虫情报和防治要求,及时开展防病治虫工作。

(一)水稻防治

新农镇(乡)域内危害水稻的病虫害主要有稻瘟病、纹枯病、稻曲病、稻蓟马、稻飞虱、三化螟和纵卷叶螟等,其中稻瘟病、纹枯病、稻飞虱危害较大。

稻瘟病　又称稻热病,是一种由真菌引起的病害,分苗瘟、叶瘟、节瘟、穗颈瘟及谷粒瘟等。20世纪80年代始,注意选用抗病品种,控制氮肥施用量,合理灌溉,并采用4%异稻瘟净和三环唑进行药剂防治。

纹枯病　俗称“花竹竿”“烂脚瘟”,是一种高温高湿病害,通常在水稻中后期发生。影响孕穗,增加空瘪率。20世纪80年代始,采用“烤田”排水和使用井冈霉素等农药进行防治。

稻飞虱　恢复种植单季稻以来,稻飞虱发生量较大,水稻全生育期都会发生。1987年,全乡1202公顷单季稻,基本都有稻飞虱危害的枯死点,其中660公顷危害较重,产量下降25%。防治稻飞虱的药物有甲胺磷、晶体敌百虫、吡虫淋、杀虫丹等高效低毒农药。

螟虫　俗称“钻心虫”,有大螟、二化螟、三化螟。以三化螟危害最严重。三化螟发生时,正值水稻孕穗期,受害后造成“枯心”;在抽穗时发生,则造成“白穗”,严重影响产量。防治上主要用杀虫醚、甲胺磷、乐果、杀虫双等药物。2000年后,用新药螟特灵、吡虫淋等进行防治。

(二)三麦防治

三麦病虫害主要有赤霉病、黑穗病、黄花叶病、黏虫、蚜虫等,以赤霉病和黏虫危害最大。

赤霉病 俗称烂麦头、红头麦。一般在麦子抽穗后,遇连续阴雨时暴发。小麦最易得病。20 世纪 90 年代起,三麦种植以大麦为主,选用"沪麦 8 号""申麦 4 号"等高产抗病种子,病害得到有效控制。药物防治除用"50% 多菌灵"进行消毒处理外,也可用灭菌灵、50% 托布津可湿性粉剂等进行喷洒。

黏虫 是麦类主要虫害(俗称行军虫)。此虫专咬麦秆,使麦秆断裂无收,危害极大。防治黏虫,主要是抓好农业防治,做到精耕细作,沟系配套,培育越冬壮苗,适时掌握虫令,在发蛾盛期用 90% 晶体敌百虫和乐果喷洒,效果较好。

(三)油菜防治

菌核病 防治菌核病需从农业防治着手,选育早熟高产抗病品种,使榭花期与病害发生期错开;耕作上抓好沟系配套,阴雨天及时清沟,降低地下水位和田间湿度,及时中耕松土,辅以人工打老叶,减少菌源,合理施肥,促使油菜冬壮春发稳长,提高抗病能力。药剂防治主要用 50% 多菌灵喷洒。

蚜虫 常年发生。防治蚜虫一般用杀灭菊酯、甲胺磷、晶体敌百虫等农药。

(四)棉花防治

危害棉花的病虫害有炭疽病、立枯病、枯萎病和红铃虫、红蜘蛛、蚜虫、地老虎等,其中炭疽病、枯萎病和蚜虫危害较重。

炭疽病 立枯病 在棉花全生育期都会发病,以苗期和铃期危害最重,农业防治主要是开沟排水,降低地下水位,管理上采取早松土、早间苗、早施肥、培育壮苗,增强抵抗力。药剂防治,除在播前对棉籽用"四〇二"进行消毒处理外,苗期用波尔多液加多菌灵兑水 1∶1∶200 喷洒。

枯萎病 发病初期棉叶枯黄并脱落,进而花蕾脱落,故又称落蕾。防治上除对种子进行消毒处理外,棉田需隔年调茬,选用抗病品种,发病田块用多菌灵和波尔多液防治。

蚜虫 主要用药物防治,杀灭菊酯、晶体敌百虫、甲胺磷等都有杀灭蚜虫的作用。

(五)蔬菜防治

蔬菜品种多,茬口密,病虫害发生较多,主要有灰霉病、菌核病、早疲病、白粉病、叶霉病和小菜蛾、甜菜夜蛾、斜纹夜蛾、豆野螟、瓜蛸螟等。

防治采用农业防治和药剂防治相结合的方式。农业防治主要是加强菜地清沟理沟,降低地下水位,保持土壤通透。药物防治除常规农药杀虫双、敌百虫、杀灭菌酯外,2000 年以后改用速克灵、扑海因、菌核净、加瑞农、克露、多菌灵、病毒 A、卡配克、卡死克、锐劲特、杀螨等高效低毒农药。

三、肥料

20 世纪 80 年代,新农乡农作物主要以施用氨水、碳酸氢氨、尿素、磷肥等化肥为主,猪榭等农家有机肥已很少使用。1986 年,新农农资供应站共销售氨水 2894 吨,碳氨、尿素等折标准肥 5177 吨。

1989 年，采用秸梗还田 600 公顷，以菜箕、菜壳和联合收割机打碎的麦草、稻草还田，弥补有机肥缺口，在一定程度上改善土质。

1990 年，氨水无供应，使用新型复合肥。该复合肥集氮、磷、钾于一体，呈颗粒状，一般作农作物基肥使用，能满足作物全过程生长需要，增产效果明显。新农农资供应站当年销售 1000 余吨。

1995 年后，新农镇由于区域调整、市政建设等因素，耕地面积大量减少，化肥使用量逐年减少。1996 年，新农镇“三高”粮田示范方 5.33 公顷，使用以色列“甲宝”。2004 年，全镇使用各种化肥 2198 吨。

四、农业机械

（一）耕作机械

20 世纪 80 年代中期开始，全乡普遍使用大、中型拖拉机。1987 年，新农乡有丰收 35 型拖拉机 28 台、上海 50 型拖拉机 9 台、东风 12 型手扶拖拉机 147 台和工农 11 型手扶拖拉机 174 台。手扶拖拉机农忙耕地，农闲搞运输。

1998 年，新农第一合作农场和五龙、万年、光华等村分别购置水田驱动耙。该耙由大拖拉机牵引，耕作、平整一次完成。

2004 年，全镇有上海 50 型拖拉机 38 台、东风 12 型手扶拖拉机 97 台，拖拉机总动力 2279 千瓦。

（二）排灌机械

1986 年开始，新农乡政府逐年对机房破旧、机器老化的机口进行改造翻新。至 2004 年，共翻建排灌机房 17 座，投资 200 余万元。

20 世纪 90 年代后，重新改建排灌设施，增设机动抽水机，购置潜水泵 50 台。

2004 年，全镇有排灌电动机 162 台，2169 千瓦。灌溉控制面积 1503 公顷，排涝控制面积 2013.3 公顷。

（三）收种机械

播种机　1995 年春，新农镇第一合作农场和慧农村分别购置水稻点播机，该机用 3 匹柴油机为动力，1 人操作，每小时可点播 0.27～0.33 公顷。1997 年，幸福、光华、牡丹、慧农、万年、三浜、新范等村相继购置水稻点播机。

1998 年起，新农镇推广轻型栽培技术。2004 年，全镇有水稻直播机 16 台，机播面积 158.3 公顷，占水稻种植面积的 12.1%。

收割机　1987 年，新农乡开始使用国产联合收割机，该机挂装于丰收 35 型拖拉机上，以收割旱地作物为主。1989 年，购置 18 台上海ⅡB 型悬

收割水稻

挂式联合收割机,除收割三麦外,田脚干爽的水稻也能收割,但收割不净,浪费较多。

1996 年,新农镇购置日产"久保田"履带式联合收割机 1 台,由镇第一合作农场使用,收割脱粒一次完成,每小时可收脱 0.3 公顷。1998 年,添置日产"久保田"联合收割机 1 台。2004 年,全镇有日产"久保田"联合收割机 2 台,上海ⅡB 型悬挂式收割机 19 台。机械收割面积 980 公顷,占水稻面积的 75%。

(四)脱粒机械

实行家庭联产承包责任制后,新农镇(乡)农户脱粒以一家一户为主,4 人用、2 人用滚筒式脱粒机重新普遍应用。锥式(俗称江北机)电动脱粒机仅由承包大户使用。扬谷以大型电动扬谷扇为主。1990 年使用小型扬谷风扇。2004 年,全镇有电动脱粒机 1032 台,其中锥式电动脱粒机 200 台,扬谷风扇 832 台,总动力 4186 千瓦。

(五)粮食、饲料加工机械

实行联产承包责任制后,承包户完成国家定购任务,余下的粮食用小碾米机加工后作口粮。新农镇(乡)各村都有 2~3 家个体碾米加工厂或加工点。

1991 年,长浜村 3 组沈小弟,在 5 吨水泥挂机船上加装碾米机,流动为村民加工粮食。1998 年,慧农村 2 组汤丙乙,在小拖拉机车厢内装置碾米机,上门为农户加工稻谷。2004 年,新农镇共有小型碾米机 22 台、饲料粉碎机 6 台、磨粉机 5 台。

第四节　种　植　业

新农镇(乡)主要农作物为水稻、三麦、棉花、油菜。随着种植业结构的调整,三熟制改为二熟制,夏粮和棉花种植面积逐年减少。

一、水稻

1986—1990 年,新农乡水稻种植普遍采用底膜育秧移栽技术。1991 年,各村推广应用抛秧栽培法,种植单季稻 80 公顷。1992 年,扩大种植杂交稻"寒优湘晴"548.9 公顷,采用稀播栽培,每亩用种 1.5~2 千克,每亩基本苗 2 万~4 万株,公顷产量 8250 千克。1995 年,采用直播栽培法(亦叫轻型栽培)栽种水稻 566.67 公顷,一改传统的育秧、拔秧、栽插顺序。直播栽培分为撒播、点播、机播 3 种。直播栽培法每亩用种 2~2.5 千克,播前用滴虫清浸种催芽,大田整得平,5 月底至 6 月 10 日为播种期,高峰期在 6 月 5 日前后。1996 年,全镇直播栽培面积 996.67 公顷,占单季稻种植面积的 63.6%。

1997 年,采用免耕直播栽培法栽种水稻 53.3 公顷。前茬作物收获后,对地块进行药剂除草处理,平整土地后灌水撒谷。1999 年起不再实行。2004 年,全镇种植 1117.8 公顷单季稻,公顷产量 8365.50 千克,总产 9350.9 吨。

1986—2004年新农镇(乡)单季稻种植情况表

表11-1

年份	种植面积（公顷）	公顷产量（千克）	总产（吨）	年份	种植面积（公顷）	公顷产量（千克）	总产（吨）
1986	255.4	7395	1888	1996	1567.6	8158.5	12790
1987	1202	7740	9302	1997	1664.8	8542.5	14215
1988	1956.5	7755	15179	1998	1681.1	8599.5	14459
1989	1974.8	8038.5	15873.7	1999	1654.8	7657	12671.5
1990	1929.1	6975	13450	2000	1548.6	8055	12469.3
1991	1880.3	7800	14668	2001	1521.5	8535	12987.6
1992	1844.9	6735	12433	2002	1517.8	8634	13104.4
1993	1864.2	7585.5	14143	2003	1276.3	7924.5	10114.4
1994	1702.2	8362.5	14235	2004	1117.8	8365.5	9350.9
1995	1511.4	7830	11834	—	—	—	—

1986—2004年新农镇(乡)后季稻种植情况表

表11-2

年份	种植面积（公顷）	公顷产量（千克）	总产（吨）	年份	种植面积（公顷）	公顷产量（千克）	总产（吨）
1986	1488.2	4965	7379	1996	20	6700.5	134
1987	634.7	5040	3194	1997	20	6000	120
1988	22.7	5760	131	1998	10	6799.5	68
1989	22	5896.5	129.7	1999	21.1	5870	124.1
1990	3.1	5745	17	2000	33.5	6855	229.7
1991	19.6	3855	76	2001	35	7275	255
1992	2.9	5040	15	2002	63.5	7123.5	452.1
1993	1.7	7057.5	12	2003	141.3	6553.5	925.8
1994	12.7	6732	86	2004	189	6849	1294.5
1995	36.7	7275	267	—	—	—	—

二、三麦

1985年，新农乡采用稻田直播三麦，在水稻收割前一星期左右，将麦种抛撒于稻田内，水稻收获后进行开沟培土，除草施肥。此法有利于抢季节、争早苗，充分利用表土营养层，但对麦苗损害较多，影响基本苗，种植时间不长。1990年，三麦改用稻板直播栽培。水稻收起后，趁田面湿润时，进行药剂除草处理，隔天每亩施50千克高效复合肥作基肥，每亩用种小麦10

千克,大麦 11 千克。播种前将种子日晒 1~2 天,利于出芽,后用 50%多菌灵浸种,进行消毒处理,以减少病虫害。小麦在立冬前播种,大麦在小雪前播种结束。麦子播种后,以 2 米左右为畦,开沟复土,沟深 25 厘米以上,尽量避免露子麦。再用异丙隆 200~250 克,兑水 20~25 千克喷洒表土,防除杂草。以后分步施好分蘖肥、平衡肥和拔节孕穗肥。及时清沟理沟,降低地下水位,抓好病虫防治。

1998 年秋播,新农镇麦菜比例由 7:3 逐渐改为 3:7,三麦种植面积逐年减少。2004 年,新农镇种植大、小麦 99.87 公顷,公顷产量 3417 千克,总产 341.3 吨。

1986—2004 年新农镇(乡)三麦种植情况表

表 11-3

年份	种植面积(公顷)	公顷产量(千克)	总产(吨)	年份	种植面积(公顷)	公顷产量(千克)	总产(吨)
1986	586.2	3060	1798	1996	1030.5	4540.5	4678
1987	925.9	3330	3089	1997	1304.4	3900	5087
1988	972	4110	3992	1998	881.9	2433	2145
1989	876	3333	2922.1	1999	527.7	3895.5	2056
1990	927	3795	3519.1	2000	132.8	4215	559
1991	910	3765	3430	2001	81.5	3390	276.8
1992	897.7	3825	3434	2002	140.4	3897	547.2
1993	912	3895.5	3553	2003	104.3	2725.5	284.2
1994	909	3145.5	2860	2004	99.87	3417	341.3
1995	906.3	4051.5	3671	—	—	—	—

三、棉花

1986 年,新农乡种植棉花 297 公顷,公顷产量 720 千克,总产 213 吨。棉花种植采用营养钵育苗移栽。选择高爽地块,冬前进行二次深翻,深翻后浇水河泥,开春后捣细泥块,去除杂质,再施人粪和磷肥,堆制营养土。3 月前制作营养钵,每亩大田制钵 4500~5000 个,每钵置棉籽 2~3 粒,撒上干泥粉或稻草灰盖住棉籽,用塑料薄膜棚架覆盖苗床。5 月下旬至 6 月中旬,苗龄在 45~50 天时,进行大田打洞移栽,每洞置营养钵一只,每亩基本苗掌握在 4500~5000 棵。营养钵育苗移栽,棉花苗早、苗壮,有利于早发稳长、早现蕾、早开花、早吐絮。在棉田管理上,做到抓紧中耕除草灭前茬,及时定苗保棵数,抢施肥料保稳长,清沟理沟降湿度,查虫治虫保全苗。

1994 年始,上海地区停止收购棉花,新农镇仅有部分农户在自留地及杂边地上种植少量棉花自用。2004 年,全镇种植棉花 11.6 公顷,公顷产量 1146 千克,总产 13.3 吨。

1986—2004 年新农镇(乡)棉花种植情况表

表 11-4

年份	种植面积（公顷）	公顷产量（千克）	总产（吨）	年份	种植面积（公顷）	公顷产量（千克）	总产（吨）
1986	297.06	720	213	1996	20.7	976	20.2
1987	192.6	510	98	1997	18.9	582	11
1988	128.46	540	69	1998	—	—	—
1989	—	—	—	1999	15.6	1115	17.4
1990	100.9	684	69.1	2000	—	—	—
1991	99	534	52.8	2001	1.06	1035	1.1
1992	45.6	679.5	31	2002	13.3	990	13.2
1993	60	213	12.8	2003	18.5	898.5	16.6
1994	43.3	133.9	5.8	2004	11.6	1146	13.3
1995	26.7	749	20	—	—	—	—

四、油菜

新农镇(乡)农民较为重视油菜生产,不断改良品种,改进种植方法,油菜籽公顷产量1770~2500千克。1998年受春涝影响,公顷产量降至1134千克。

油菜秧田一般都选择在高爽地块,与大田的比例为1:6~1:7,每亩用种量0.6千克,每亩秧田施20担人粪或40~45千克复合肥作基肥,苗床要上松下实,于9月20—30日播种,落籽均匀。如遇连日晴好,应进行泼水抗旱,争早出苗,保齐苗。一叶一心时每亩施5~6千克尿素作断奶肥。三叶一心时喷洒15%多效唑,以控上促下,使秧苗矮壮老健。移栽前一周施起身肥,确保移栽后早活棵、早返青。

1986年,新农乡将开浅沟种植油菜改为稻板田直接移栽油菜。水稻收割后,趁地表湿润时,进行药剂除草,隔2~3天边施基肥边移栽,基肥以复合肥为主。移栽期掌握在11月上旬,每亩基本苗确保8000株以上。菜畦开小深沟,疏通田外沟。开春后敲泥培土,结合清除杂草。掌握基肥足,腊肥重生产要点,确保壮苗越冬,春发稳长,青秆活熟,争取高产。

2002年后,新农镇油菜种植面积逐年减少。2004年,全镇种植油菜448.7公顷,公顷产量2634千克,总产1181.6吨。

1986—2004 年新农镇(乡)油菜种植情况表

表 11-5

年份	种植面积(公顷)	公顷产量(千克)	总产(吨)	年份	种植面积(公顷)	公顷产量(千克)	总产(吨)
1986	1036.46	1770	1840	1996	540.3	2422.5	1309
1987	930.8	1920	1787	1997	440.7	2098.5	925
1988	982.3	2209.5	2171	1998	846.3	1134	960
1989	1125.9	1624.5	1829.7	1999	1112	2513	2794
1990	1092.5	1965	2149	2000	1342.3	2565	3444
1991	1003.8	2160	2173	2001	1028	2040	2094
1992	937	2430	2281	2002	820	1866	1530.8
1993	845.9	1345.5	1138	2003	639.5	1090.5	697.3
1994	913.9	1519.5	1389	2004	448.7	2634	1181.6
1995	799.1	2173.5	1738	—	—	—	—

五、蔬菜　瓜果

蔬菜　20 世纪 80 年代,新农乡域内,基本上无蔬菜种植的单位或专业户。主要是农户在自留地零星种植,以自食为主,少量上市,下脚菜为养猪饲料。种植品种:冬春季有白头菜、青头菜、塌棵菜、芥菜、蚕豆、萝卜、土豆等;夏秋季有芋艿、毛豆、茄子、黄瓜、豇豆、冬瓜、南瓜、丝瓜、刀豆、扁豆等。

大棚蔬菜

20 世纪 90 年代,上海地区蔬菜种植由近郊逐渐转向远郊。1993 年秋,新农种子场改建为新农蔬菜种苗场,种植 7.35 公顷蔬菜。万年、慧农、牡丹 3 个村辟建蔬菜场,总面积 49.1 公顷。是年 10 月,新农乡成立蔬菜服务公司,统筹和指导全乡蔬菜种植。

1994 年,三浜、沈庄、光华、五龙、新民等村相继建立蔬菜场。全镇菜地面积增至 169.5 公顷。其中 67 公顷为市属常年蔬菜基地,其余为季节性菜地,全年蔬菜总产 4799 吨。年底,市蔬菜办公室为新农镇配备两辆菜篮子工程车,开通输送上海市区蔬菜的绿色通道。

1995 年,市蔬菜办公室将新农蔬菜种苗场纳入市级蔬菜园艺场,搭建田间大棚 158 套,占地 5.7 公顷,新建灌溉泵房和冷风库,引进培育新品种 50 多种,一年四季都有绿叶菜上市。黄瓜嫁接培育和特早熟茄子栽培新技术获得成功,上市提早 2 个月。夏季芹菜公顷产值 43125 元。

1996 年 2 月，三浜、五龙 2 个村蔬菜场合并，组建新农镇第二蔬菜基地场。新农蔬菜园艺场被评为上海市蔬菜生产先进集体，并晋升为市二级蔬菜园艺场。

1997 年，新农镇蔬菜服务公司，在新农蔬菜园艺场实施的“茄子、番茄周年生产综合配套技术”项目，获金山区科技进步二等奖。

2000 年 8 月，以家庭环棚设施栽培为主的“家家富”工程建设全面展开，蔬菜种植专业户 25 户。万年村 7 组黄保弟种植 9 套环棚(0.2 公顷)蔬菜，年净收入 25965 元。

2001 年 7 月，金山区蔬菜办公室投资 100 万元，在新农现代农业园区建金山银龙蔬菜种子场。该场占地 4.7 公顷，搭建连栋大棚 0.4 公顷，标准大棚 2.13 公顷，购置种子水分电脑测定仪、种子自动干燥器、自动称量包装机、精选机等设备，专业培育出口蔬菜和蔬菜种子。对西兰花、卷心菜、结球生菜、茄子、番茄、黄瓜等杂交一代蔬菜种子，进行小包装销售，成为区蔬菜种子种苗供应的基地。

是年，新农镇农业科技推广服务中心经区蔬菜办协调，与亚太集团、老蔡集团、江苏常熟天杰集团、日本国驻金山蔬菜外销公司等单位合作，开展产、供、销业务。

2003 年，上海金山银龙蔬菜种子场扩建为银龙蔬菜一场、二场，共增加菜地面积 75.49 公顷。

2004 年，新农镇有菜地面积 216.47 公顷，其中环棚种植面积 25.5 公顷(975 套)，种植专业户 85 户，蔬菜总产 19932 吨。

1986—2004 年新农镇(乡)蔬菜种植情况表

表 11-6

年份	种植面积(公顷)	产量(吨)	年份	种植面积(公顷)	产量(吨)	年份	种植面积(公顷)	产量(吨)
1986	2.53	75	1993	49.1	1568	2000	193.1	18702
1987	55.53	4831	1994	169.5	4799	2001	193.1	30187
1988	49	2151	1995	194.5	18250	2002	289.8	28559
1989	119.4	1791	1996	193.2	19717	2003	186.4	29856
1990	48.4	2286	1997	193	20415	2004	216.47	19932
1991	46.4	1323	1998	193.1	19993	—	—	—
1992	46.4	1393	1999	193.1	22421	—	—	—

西、甜瓜 新农镇(乡)是西瓜种植的重点基地之一。在计划经济时代，各生产队都按国家下达的计划种植西瓜，面积 3~5 亩不等。

改革开放后，种植方法有较大改进，普遍应用塑料大棚套小环棚，双层环棚保温，西瓜上市时间比传统种植方法提早 2 个月。2000 年起，推广西瓜二茬连续种植，品种有“春光”“小兰”“8424”等。2001 年，新农第一合作农场种植的 1.33 公顷“8424”西瓜，总产 20 多吨，全部装箱，由单位团购 80%，被评为金山区西瓜种植先进集体。甜瓜种植面积较少，品种有“伊丽沙白”“366”“古拉巴”等。

2004 年,全镇种植西、甜瓜 125.07 公顷,总产 1725 吨。

水果 1986 年,爱国村有果园 1.27 公顷,品种有桃、梨 2 种。农户仅在宅前屋后种植桃、梨、柿,供自食。

1990 年,新农乡有新农果园、沈庄果园、五龙果园和慧农果园,总面积 12.8 公顷,有些农户也在承包田里改种水果,面积从 0.03 公顷到 0.67 公顷不等。新民村 4 组冯益仁,从种植 0.03 公顷巨峰葡萄开始,面积逐渐增加到 1.13 公顷,种植葡萄、桃、橘等,年净收入 4 万余元。

2000 年,台商肖伯清在新农现代农业园区建肖伯清珍果园,占地 34 公顷,种植苹果、李、梨、桃、葡萄、柑橘等。2003 年,慧农果园在西甜瓜内套种葡萄。2004 年,新农镇有水果种植专业户 6 家,个体种植户 30 余家,水果种植面积 33.48 公顷,年产量 107.6 吨。

1986—2004 年新农镇(乡)种植业产值情况表

表 11-7 单位:万元

年份	合计	其中		年份	合计	其中	
		种植业	林业			种植业	林业
1986	891.3	886.4	4.9	1996	2505	2500	5
1987	876.2	873.1	3.1	1997	2452	2448	4
1988	939.8	937.7	2.1	1998	2485.4	2473.9	11.5
1989	1650	1650	—	1999	2621.4	2603.7	17.7
1990	1639	1637	2	2000	2639	2552	87
1991	1689	1684	5	2001	3110	3069	41
1992	1548.7	1537.8	10.9	2002	3492	3014	478
1993	1585.8	1573.8	12	2003	2635	2590	45
1994	1688	1684	4	2004	3855.3	3763.3	92
1995	2170	2169	1	—	—	—	—

说明:1986—1991 年为 80 不变价,1992—2004 年为 90 不变价

第五节 养殖业

一、家畜

猪 1986 年,生猪收购价格的提高,调动农户养猪的积极性,新农乡出现 39 户养猪专业户。是年,全乡生猪饲养量 23693 头,上市量比 1985 年的 14292 头增加 1157 头。

1988 年,苗猪价格提高,养猪经济效益下降,生猪饲养受到影响。全乡全年饲养量

19529 头,上市 13001 头。是年,新农乡副业公司落实系列扶持措施,向 40 户养猪专业户垫借饲料 7.5 吨、资金 3764 元;养猪大户向银行贷款 5000 元以上的,由乡财政拨付贷款贴息,按肉猪上市头数,每头补贴 1.40 元。凡新增母猪饲养的,每头补助饲料 150 千克,资金 50 元。1989 年 1 月,新农乡政府制定《关于养猪生产的有关规定》,拉丝厂、化工厂等企业,对有养猪经验的职工劝其回家养猪,收入归己,原工作单位待遇不变。当年,全乡生猪饲养量达到 26587 头。

1990 年,国家放开生猪市场,允许私人宰杀和开设肉店,私人养猪积极性进一步提高,全镇专业户、散养户共饲养母猪 200 头,生猪 28162 头。1995 年,川沙人胡志君租赁新农种畜场空余棚舍,投资 60 万元建养猪场,饲养母猪 68 头。1996 年上市肉猪 1200 头。至 2004 年,产值 100 万元,利润 10 万元。1997 年,上海康鑫实业有限公司出资 100 万元,在万年村租赁土地 8 公顷,建上海大龙畜禽养殖有限公司,建造棚舍 4 万平方米,以饲养长白 + 枫泾杂交猪为主,年出栏生猪 6000 头,年产值 400 万元。2005 年年初停办。2000 年,金顺云租赁原新农种畜南场全部棚舍和种畜北场部分棚舍,投资 1000 万元,建上海森茸农牧业科技发展有限公司,总建筑面积 24000 平方米,职工 25 人,饲养长白、杜洛克、大约克 3 种杂交母猪 900 头,自繁自养肉猪,年出栏肉猪 16000 头。2004 年,产值 1300 万元,利润 100 万元。

2004 年,新农镇饲养肉猪 41296 头,上市 24115 头。

1986—2004 年新农镇(乡)生猪饲养、上市情况表

表 11-8　　单位:头

年份	饲养量	上市量	圈存量	年份	饲养量	上市量	圈存量	年份	饲养量	上市量	圈存量
1986	23693	15449	8244	1993	20286	12363	7923	2000	45374	29974	15400
1987	20601	14148	6453	1994	31093	19103	11990	2001	48491	26729	21762
1988	19529	13006	6523	1995	25754	19066	6688	2002	51775	27203	24572
1989	26587	15259	11328	1996	26291	20556	5735	2003	43373	25307	18066
1990	28162	18742	9420	1997	41905	25100	16805	2004	41296	24115	17181
1991	22836	14645	8191	1998	42319	34045	8274	—			—
1992	25923	14835	11088	1999	38542	24166	14376	—	—	—	—

奶牛 1986 年,新农乡有畜牧南场、新农奶牛场两个奶牛饲养基地。1987 年全乡奶牛饲养量 281 头。1994 年,新农奶牛场实施"奶牛高产新技术",获金山县科学技术协会科技进步二等奖。1995 年,新农奶牛场奶牛存栏 170 头。1996 年,与上海奶牛集团华德分公司联营,升格为市级奶牛生产基地,年内新增投资 300 万元,扩建牛舍 3050 平方米,新增奶牛床位 300 只,增加奶牛 230 头。1997 年添置自动挤奶机。2000 年,新农奶牛场成乳牛平均产奶 7450 千克,利润 103.56 万元,是新农镇有史以来镇级养殖场创利之最。2004 年,全镇共存栏奶牛 612 头,产奶 3447.5 吨。

1986—2004 年新农镇(乡)奶牛饲养情况表

表 11－9

年份	年末存栏(头)	全年产奶(吨)	年份	年末存栏(头)	全年产奶(吨)	年份	年末存栏(头)	全年产奶(吨)
1986	273	471	1993	293	968	2000	626	3338.91
1987	281	608	1994	123	1273	2001	614	3510.4
1988	325	821	1995	391	1537	2002	600	3573
1989	338	784	1996	345	1759	2003	605	3559
1990	326	879	1997	345	1831	2004	612	3447.5
1991	310	907	1998	664	2673	—	—	—
1992	286	968	1999	609	3134	—	—	—

羊　在新农镇(乡)域内,历来以农户散养为主,有闲散劳力的农家,每年养 1～2 只山羊,为逢年过节或婚庆喜事之用。2004 年,全镇上市山羊 1549 只,圈存 1303 只。新民村外来承包户俞跃生,全年饲养 85 只,上市 51 只。

兔　1980 年起,新农乡域内兴起饲养长毛兔热潮。1985 年,全乡长毛兔圈存 22300 只。1986 年年初,外贸滞销,兔毛价格暴跌,从每 500 克百元降至 20～40 元,全乡圈存量降至 15071 只,产毛 3650 千克,产值 51 万元。1990 年,全乡圈存量 1453 只,产毛 500 千克,产值 7.9 万元。至 1992 年已无长毛兔饲养。

1987 年起,长毛兔养殖逐步改为肉用兔养殖,全乡年底圈存 451 只。1993 年 760 只,1995 年 850 只,1997 年 2714 只。后因销路不畅,逐渐减少。2004 年,养殖较多的三浜村 1 组曹金连饲养肉用兔 4 批,每批 200～300 只,年净收入在 4000 元左右。

二、家禽

鸡　1987 年,全乡有养鸡专业户 74 户,规模最大的为三浜村马阿塔,建有鸡舍 8 栋 64 间,计 2100 平方米,年饲养草鸡、三黄鸡、海星鸡等肉用鸡 30 万羽。

1988 年 3 月,新农乡投资 84 万元,建造机械化养鸡场,是全县首家集体经营的大型养鸡场,年饲养蛋鸡 16000 羽,上市鲜蛋 160 吨。

1994 年,"青春鸡新技术试验"被评为金山县科学技术协会科技进步二等奖。1998 年,蛋鸡场转由个人承包经营。2001 年,养鸡场以 30 万元拍卖给上海森茸农牧业科技发展有限公司。

养鸡

1994 年 3 月,兽医站职工高建忠受农副业公司委托,租用蔬菜场 0.17

公顷土地，进行环棚养鸡试验，第一批饲养6000只AA鸡，初步获得成功，被县科学技术协会列为1994年度科技推广项目。1996年起在全镇加以推广。五龙8组蒋进红、慧农16组徐娟英等，都采用环棚养鸡，扩大饲养规模。2001年，徐娟英被评为上海市农村群众实用技术致富能手二等奖。

2004年，受禽流感影响，养鸡业遭受较大损失。全镇共有养鸡专业户30户，年上市1万羽以上的有11户。五龙2组俞卫民上市45000羽，幸福2组张宝英35000羽，五龙8组蒋进红和牡丹10组黄决华，各30000羽，慧农16组徐娟英20000羽，新范6组何亚弟20000羽。全镇共上市39.45万羽。比2003年减少100万羽。上市鲜蛋668吨。

鸭 1986年，新农乡除畜牧南场饲养群鸭1500余羽外，其余均为家庭少量圈养蛋鸭，以自食为主，较少上市。1987年，全乡圈存蛋鸭14039羽，1988年圈存17341羽。

1997年，外来农民工到新农租用村民小组仓库或破旧饲养场饲养群鸭，万年村和光华村各有3户，温河村2户，慧农和牡丹村各有1户。每户饲养量在1500~3000羽。光华村外来户金国华饲养种鸭1500羽。2002年后，外来养殖户离沪，蛋鸭生产仍以家庭散养为主。

鸭的品种除本土鸭外，1990年起从浙江引进番鸭养殖，该鸭属杂交一代，食性广，生长快，体重比本地土鸭高出一倍左右。饲养量逐年有增加。

孵化 1985年，新农畜牧北场建有孵坊，年产苗鸡、苗鸭35万羽。是年，三浜村5组马阿塔建家庭孵坊，饲养种子鸡8000羽，月产种蛋4500个，年孵苗鸡50万只，绝大部分供自养肉用鸡。

1993年，幸福村4组高坤，办新农镇联合种禽孵坊，集养鸡、产蛋、孵化为一体。初创时年饲养种子鸡1000羽，年孵化苗鸡10多万羽，品种有海星鸡、浦东三黄鸡等。1997年，种子鸡增至2000羽，年孵化苗鸡增至30万羽，销往浦东等地养殖场。

畜牧北场孵坊于1996年停业，马阿塔家庭孵坊于1999年停业。

1986—2004年新农镇(乡)禽、蛋生产情况表

表11－10

年份	禽上市(万羽)	鲜蛋上市(吨)	年份	禽上市(万羽)	鲜蛋上市(吨)	年份	禽上市(万羽)	鲜蛋上市(吨)
1986	6	71	1993	25.9	205	2000	178.29	721.1
1987	18	200	1994	52.8	643	2001	146	683
1988	15	687	1995	138.9	805	2002	152.9	707.9
1989	23	457	1996	153	617	2003	136.42	742.5
1990	25.6	390	1997	171.1	764	2004	39.45	668
1991	27.6	364	1998	178	659	—	—	—
1992	15.5	254	1999	139.82	483.5	—	—	—

三、水产

淡水鱼 1984年冬起，新农乡14个村分别利用低洼地和半废地开挖养鱼塘。1986年，全乡养鱼塘面积为38.2公顷,年产鱼261吨。1995年,村级养鱼场实行个人承包经营,按每亩水面积上缴200元租赁费。1996年起,三图村十二组胡阿邱承包2公顷鱼塘,养殖青、草、鲢、鳊鱼等品种,每年都有较好收入;2003年,销售鲜鱼17.5吨,产值9万元,利润3万元。

虾 2001年,新民、三图、光华村利用低洼地和部分农户流转的承包田开挖鱼塘143只,养殖罗氏沼虾和南美白对虾,部分养鱼塘改为养虾塘。养虾总面积48.5公顷,当年产虾188吨。

2004年新农镇水产养殖面积59.1公顷,水产品总产量393吨,产值542.9万元。

捕捞 1986年,新农渔业队大部分人员已不再从事渔业生产,仅剩张泾河三图段一个扛网点和掘石港三浜村段一个扛网点继续进行捕捞作业。三图村扛网点由褚惠农承包经营,三浜村扛网点由蒋姑娘承包经营,每年作业在9个月左右,每年扛网点年收入约2万元。2003年,三图村扛网点因建张泾河水闸而停止作业,仅剩掘石河扛网点。

1986—2004年新农镇(乡)水产品生产情况表

表11-11

年份	养殖面积(公顷)	产量(吨)	年份	养殖面积(公顷)	产量(吨)	年份	养殖面积(公顷)	产量(吨)
1986	38.2	261	1993	39	254	2000	44	312
1987	40.3	315	1994	34	202	2001	56	380
1988	39.2	387	1995	38	270	2002	81.4	466
1989	—	—	1996	35.5	323	2003	72.4	419
1990	39.2	279	1997	38.2	293	2004	59.1	393
1991	39.3	277	1998	35.5	316	—	—	—
1992	39.5	287	1999	35.5	310	—	—	—

四、其他

河蚌育珠 1990年,乡淡水养殖场小规模进行河蚌养殖试验,放养河蚌3000只,3年产珍珠。1993年,新范、光华、万年等村养鱼场,共放养河蚌150万只,1997年产珍珠200千克,产值20万元。由于对蚌珠市场行情了解不够,投资存在盲目性,全乡河蚌育珠亏损40多万元,1998年停止河蚌育珠生产。

美蛙 1997年,长浜村八组沈顺云从武汉引进26对美蛙进行试养,经过两年精心管理,美蛙繁殖成功,饲养面积从0.13公顷扩展到0.68公顷。1998年,上市商品蛙5000余千克,产值6.2万元,利润2.9万元。

蜗牛 1999年3月,光华村2组戚连英,从浙江嘉善购进88对白玉蜗牛进行养殖,年底共繁殖20万只,销售800千克,出售种蜗牛3000多只,产值3万多元,获利近2万元。是年,爱国村李凤珍利用环棚饲养白肉蜗牛。2000年,"白肉蜗牛中试养殖"项目被列入金山区科技发展项目,全镇培训扶持养殖户50余户,白玉蜗牛一时供不应求。后因管理不善,规模过小,于2002年停止养殖。

种鸽 2000年,居民肖乐平租赁新农第一合作农场2.11公顷土地,投资450万元,建办上海天高种鸽养殖有限公司,有鸽舍、办公用房等建筑面积14000平方米,职工20人,饲养种鸽1.78万对,还引进养殖美国大皇鸽等肉用鸽,与10多家宾馆、酒家、超市建立长期供货合同。2003年,销售种鸽2035对,肉用鸽22.5万羽,订单销售占95%以上,实现销售产值281.5万元,利润50.25万元。同时,综合利用鸽粪饲养母猪30头、肉猪1000头,创利2.5万元。

1986—2004年新农镇(乡)养殖业产值情况表

表11-12　　单位:万元

年份	合计	其中		年份	合计	其中	
		牧业	渔业			牧业	渔业
1986	284.4	252.5	31.9	1996	3167	2982	185
1987	372.3	333.8	38.5	1997	3603	3462	141
1988	426.2	378.9	47.3	1998	3921.1	3791.1	130
1989	806	680	126	1999	3598.6	3461.6	137
1990	1420	1305	115	2000	4263	3974	289
1991	1400	1286	114	2001	3575	3303	272
1992	1224.2	1097.9	126.3	2002	4343	3604	739
1993	1633.6	1522.5	111.1	2003	4001	3393	608
1994	1875	1762	113	2004	2613.6	2070.7	542.9
1995	2892	2781	111	—	—	—	—

说明:1986—1991年为80不变价,1992—2004年为90不变价

第六节 林 业

一、植树

新农镇(乡)农户历来利用宅前屋后种植树木较普遍,以白杨、泡桐、柞树、水杉等为主。

1992年,新农乡成立林业工作站,配备专职林业干部,林业工作向规范化、规模化发展。每年植树节,乡、村二级干部到乡、村公路植树成为制度。

1993年,新农乡政府规定在城镇建设规划中,要统筹安排一定比例的绿化面积,街道两侧、居民住宅区都植有树木和花草。机关、企事业单位内部辟建绿地,种植广玉兰、宝塔松、松柏等。

1995 年,占地 68 公顷的新农镇"高、优、高"农业综合示范区,植树面积 12 公顷。

1999—2000 年度,新农镇被评为上海市绿化先进集体。

2004 年,新农镇有广玉兰、松柏、香樟、梧桐、紫藤、水杉等树木 23.3 万株。

1986—2004 年新农镇(乡)林业生产情况表

表 11-13

年份	"四旁"植树(万株)		造林面积(公顷)		年份	"四旁"植树(万株)		造林面积(公顷)	
	年末实有	其中,当年	年末实有	其中,当年		年末实有	其中,当年	年末实有	其中,当年
1986	12.7	—	1.4	—	1996	44.36	3.39	31.1	—
1987	17.2	4.5	2	0.6	1997	31.9	3.03	—	—
1988	22	5	—	—	1998	37.7	5.8	—	—
1989	—	—	—	—	1999	43.08	5.38	1.3	1.3
1990	12	2.58	14.4	—	2000	48.53	5.45	19.5	—
1991	14.62	4.12	35.43	21	2001	19.5	0.88	50.8	4
1992	16.59	3.57	111.6	76.3	2002	21	1.5	104.4	53.6
1993	20.15	3.56	152.7	41.1	2003	23	2	161.7	15.4
1994	7.8	2.1	159.9	7.2	2004	23.3	0.3	166.4	3.5
1995	30.11	4.29	132.3	—	—	—	—	—	—

二、苗木基地

1995 年,新农镇浦银居委会利用 0.02 公顷闲置地,培育香樟树苗木,供集镇道路、居民区植树。

1996 年 10 月,金山区排灌管理所和新农排灌管理站共同投资,租赁万年、爱国村土地 38.67 公顷,建办新农水利农场,专业培育水杉、香樟、棕榈、广玉兰、龙柏等苗木。

1997 年,金山区林业站从湖北省林苗种子公司引进 80 万株优质水杉实生小苗,其中 37 万株栽种于沈庄村育苗基地,占地 4.33 公顷。

1998 年,金山区园林署在爱国村租赁 10.67 公顷土地,建立苗木基地,徐纪良在牡丹村(幸福 3 组)建 8 公顷苗木基地。

至 2004 年,全镇植树造林面积 166.4 公顷。

三、花卉

新农镇民众种花养花比较普遍,栽种品种有月季、桂花、鸡冠花、夜开花等。盆景有茶花、五针子、夹竹桃、菊花、水仙以及多肉类的仙人掌、仙人球等。较有名气的为温河村一组沈士樵,每年用于种花养花的费用都在 2000~3000 元。居民马常发养花的品种有 10 余种 80 多盆;牡丹村一组退休职工沈人杰种花养花已 30 余年,品种 20 余个,一棵金桂已生长 16

年,一棵仙人掌高达 1.63 米。

1998 年,三浜村 17 组干爱君在承包田里建大棚花圃。2004 年,花圃面积发展到 3 公顷,在朱泾镇开设花店,自产自销各种鲜花和盆景,年产值 60 余万元。

花卉(盆景)

2001 年,占地 12.6 公顷的上海捷怡园艺有限公司和占地 4 公顷的上海金蓓农业科技发展有限公司,相继落户新农现代农业园区。其中上海金蓓农业科技发展有限公司是技术密集型花卉培育企业,建有无菌接种育苗室 200 平方米,连栋大棚育苗 1 公顷,花卉品系 19 个,以南天竹、石楠、马蹄莲为主要品种,总投入 350 万元,形成"育种—示范—产种—接种—种植—驯化—成苗出售"产业链格局。

2004 年,金山永新花卉基地和上海子叶园艺公司相继落户新农,共占地 5.33 公顷。

第七节 管理与服务

一、管理机构

1986 年,新农乡农业管理机构有农业公司和副业公司。农业公司主要负责制订农业生产计划,规划和实施农业基础设施建设,推广农业生产技术,组织召开各种农业生产会议,协调完成国家对主要农产品的征购任务,落实农业生产资料的计划和分配;副业公司专管畜牧业和水产业。各行政村有一名副主任分管农副业生产。

1994 年 3 月,农业公司与副业公司合并,组建为新农乡农副业公司,设经理 1 人、副经理 2 人。是年 9 月 28 日,新农乡农副业公司改名为新农镇农副业公司。

1999 年起,各行政村不再设分管农副业副主任,由一名村委会委员具体负责农副业生产。

2001 年 7 月,农副业公司和蔬菜服务公司合并,组建为新农镇农业技术推广服务中心。主要职责是协调做好农业产业结构调整、技术指导、信息服务、承包户土地流转和农业生产的管理、服务、统计等工作。农业技术推广服务中心下设农业科技、农机管理、林业、畜牧兽医、渔政站等专业机构。

二、服务机构

农业科技站 简称农科站,工作人员 7 人,分别担负土肥、种子、植保、栽培等工作。农科站主要负责农业科技实验,新技术新品种的推广,发布病虫情报和防治措施,宣传科学知识,培训村民小组植保员及种植专业户。

2001 年 7 月,农科站建置撤销,并入农业技术推广服务中心。

农机管理站 简称农机站,工作人员 1 人,主要是编制农机年度发展计划,农机驾驶员的培训、考核,农用车辆的年度审验、检测及燃油分配、调拨,配合有关部门进行行政执法,路检路查,调解和处理各类农机交通事故。

2001 年 7 月,农机管理站建置撤销,并入农业技术推广服务中心。

林业站 成立于1992 年2 月,设站长1 人,工作人员 1 人。主要是加强对林业资源的普查和管理,提出发展规划,组织植树造林活动,对林木、花卉种植户进行技术指导和服务,查处乱砍滥伐林木行为。

2001 年 7 月,林业站建置撤销,并入农业技术推广服务中心。

畜牧兽医站 畜牧兽医站设站长1 人,技术员 3 人。1997 年 6 月,从幸福村 3 组搬迁至新农集镇新洲路 91 号,主要职责是对全镇养殖业生产进行计划编制、疫情检测、调查、诊断及畜禽产品的检疫、检验工作,每年春秋二季,对养殖场、散养户进行突击防疫。畜禽免疫率达 100%,并实行跟踪服务,对养殖场和村级畜牧兽医定期进行业务辅导,实行畜禽产品检疫检验上市制度。代理兽药销售业务,实行咨询,治疗一条龙服务。2001 年 7 月,兽医站撤销,并入农业技术推广服务中心。

渔政站 1988 年 11 月成立新农乡渔政站,设站长 1 人,监察员 2 人。1991 年增加 1 人。主要担负乡域内河道水面等渔业资源的保护监督,制止非法捕捞;对水产养殖场进行技术指导和跟踪服务;编制年度水产养殖计划。2001 年 7 月,渔政站撤销,并入农业技术推广服务中心。

第十二章　水　　利

新农镇地处金山区北部,属低平原地区,地势略呈南高北低倾斜,平均高度吴淞(以下同)3.5 米,南镇域属半低田,最高处 3.8 米,北镇域则为低田地,最低处 2.4 米。常年雨量充沛,春秋季往往阴雨连绵,夏季则多台风、暴雨。

新农镇域内有市、区级河道 5 条,总长 22.96 千米;镇级河道 11 条,总长 49.26 千米;村级河道 108 条,总长 66.88 千米;水面积约占总面积的 8.5%。因太湖流域下游的红旗塘大坝开通,镇域河道成为泄洪通道,如遇台风、暴雨及汛期,大小河道水位明显抬高,农田成为防洪抗灾的重点。从 20 世纪 70 年代起,新农镇(乡、公社)持续开展北、南圩区建设。至 2002 年,全镇建成水利大包围,有效控制旱涝灾害的发生。

第一节　河道治理

一、镇级河道

新风河　东起南小张泾,西出掘石港,全长 4.16 千米,分 4 段施工:南朱泥泾至掘石港,段长 1 千米(为后陈港老河),于 1988 年人工疏浚;南朱泥泾至石臼浦,段长 1 千米,于 1990 年人工开挖,投工 4313 个,挖土 21570 立方米;小温河泾至南小张泾,段长 1.5 千米,于 1990 年人工开挖,投工 6460 个,挖土 32300 立方米;小温河泾至石臼浦,段长 0.66 千米,于 1991 年机械开挖,挖土 4399 立方米。全河面宽 16 米,底宽 3 米,边坡比 1:1.75。

南朱泥泾　北起池泾南至新景河,全长 2 千米。1990 年,人工疏浚,将老河截弯取直,拓宽延伸。全河面宽 13 米,底宽 2 米,边坡比 1:1.75。

小张泾　北起大泖港,南至新景河,全长 5.98 千米。1990 年,疏浚小张泾北段(新新河至池泾河)段长 2 千米。1995 年,机械疏浚小张泾南段(池泾河至新景河),段长 3.98 千米。

二、村级河道

村级河道治理,一般由各村负责,采用隔年轮流治理的办法,每年疏浚 1 ~ 2 条河道。费用支出:1998 年以前 50% 由村级经济负担,50% 以在队劳力和责任田分摊。如无劳力投工的,则每个土方承担3元。1998年以后,村级河道的治理基本以机械为主,不再用人工疏浚,费用由村承担。

第二节 农田灌溉

一、灌溉机口

新农镇的电灌机口大都始建于20世纪60年代,由于机口布点少、送水干渠长,不但给农田灌溉带来一定困难,而且造成水资源浪费。20世纪80年代起,新农镇(乡)加大灌溉机口建设和改造力度。1986—2004年,全镇(乡)共新建机口24座,配有抽水泵27台,电动机总动力297千瓦,投入资金96万元;翻建机口17座,投入资金106.5万元。至2004年,全镇共有灌溉机口52座,配有抽水泵68台,电动机总动力748千瓦。灌溉面积1619.7公顷,农田电灌率100%。

2004年新农镇灌溉机口情况表

表12-1

序号	机口名称	地点	建造时间	翻建时间	电动机		水泵		灌溉面积(公顷)	投资资金(万元)
					台数	瓦数(千瓦)	型号	台数		
1	横泾	光华8组	1964	1994	2	22	300hw-4	2	75	6.5
2	光华15号	光华3组	1979	2002	1	11	300hw-4	1	32	6
3	光华16号	光华1组	1979	1998	1	11	300hw-4	1	35.3	6
4	三图东机口	三图8组	1963	1998	2	22	300hw-4	2	75.3	6.5
5	三图西机口	三图1组	1967	1994	1	11	300hw-4	1	37.5	6
6	新民10号	新明2组	1978	1994	1	11	300hw-4	1	30	6
7	小张泾	新明5组	1976	1993	1	11	300hw-4	1	30.7	6
8	杨家堰	新明3组	1985	—	1	11	300hw-4	1	37.3	—
9	新风	一农场	1995	—	1	11	350zlk-3	1	20.7	—
10	朱泾	水利农场	1996	—	1	11	350zlk-3	1	26.7	—
11	三机口	慧农11组	1960	1990	1	11	300hw-4	1	36.7	6
12	新浜	慧农12组	1995	—	1	11	300hw-4	1	19.3	—
13	慧农17组	慧农17组	1986	—	1	11	300hw-4	1	19.3	—
14	慧农8组	慧农8组	1990	—	1	11	300hw-4	1	14.3	—
15	蔡库	慧农7组	1966	—	1	11	300hw-4	1	15.3	—
16	中心	慧农3组	1964	—	2	22	300hw-4	2	24	—
17	东机口	慧农2组	1963	—	1	11	300hw-4	1	43.3	—

续表 12－1

序号	机口名称	地点	建造时间	翻建时间	电动机		水泵		灌溉面积（公顷）	投资资金（万元）
					台数	瓦数（千瓦）	型号	台数		
18	慧农 15 组	慧农 15 组	1991	—	1	11	300hw－4	1	22	—
19	东机口	牡丹 4 组	1993	—	1	11	300hw－4	1	21.3	—
20	西机口	牡丹 1 组	1994	—	1	11	300hw－4	1	25.3	—
21	牡丹 9 组	牡丹 9 组	1988	—	1	11	300hw－4	1	24	—
22	黄宇	牡丹 4 组	1995	—	1	11	350zlk－3	1	15.3	—
23	温河 11 号	温河 11 组	1979	—	1	11	300hw－4	1	35.7	—
24	温河 12 号	温河 2 组	1979	2002	2	22	300hw－4	2	28.3	6.5
25	池泾	温河 3 组	1981	—	1	11	300hw－4	1	18	—
26	温河小张泾	温河 8 组	1975	—	1	11	300hw－4	1	21.3	—
27	东机口	五龙 1 组	1993	—	2	22	300hw－4	2	34.7	—
28	西机口	五龙 11 组	1965	2001	2	22	300hw－4	2	48	6.5
29	南机口	五龙 7 组	1966	—	1	11	300hw－4	1	17	—
30	北机口	五龙 4 组	1968		2	22	300hw－4	2	28	
31	爱国 1 机口	五龙 20 组	1965	1993	2	22	300hw－4	2	62.7	6.5
32	西新	五龙 24 组	1997	—	1	11	300hw－4	1	22.7	—
33	东新	五龙 19 组	1998	—	1	11	300hw－4	1	24	—
34	新景	三浜 12 组	1976	1996	2	22	300hw－4	2	50.7	6.5
35	三浜 8 组	三浜 8 组	1985	—	2	22	300hw－4	2	56.7	—
36	老鼠桥	三浜 8 组	1992	—	2	22	300hw－4	2	46.7	—
37	马李	三浜 3 组	1993	—	1	11	300hw－4	1	32	—
38	沈庄 2 机口	沈庄 5 组	1960	1990	2	22	300hw－4	2	53.3	6.5
39	北机口	沈庄 12 组	1966	—	2	22	300hw－4	2	33.3	—
40	沈庄 9 组	沈庄 9 组	1963	1998	2	22	300hw－4	2	20	6.5
41	沈庄 7 组	沈庄 7 组	2003	—	1	11	300hw－4	1	15.3	—
42	沈庄 4 组	沈庄 4 组	2003	—	1	11	300hw－4	1	20	—
43	中浜	万年 2 组	1963	1993	2	22	300hw－4	2	31.3	6.5
44	徐浜	万年 7 组	1990	—	1	11	300hw－4	1	19.3	—
45	石臼	万年 9 组	1990	2000	1	11	300hw－4	1	38	6
46	东新景	万年 6 组	1976	—	1	11	300hw－4	1	19.3	—
47	万年 8 组	万年 8 组	1999	—	1	11	300hw－4	1	18.7	—
48	塘田	万年 5 组	1982	2001	1	11	300hw－4	1	17.3	6

续表 12-1

序号	机口名称	地点	建造时间	翻建时间	电动机		水泵		灌溉面积(公顷)	投资资金(万元)
					台数	瓦数(千瓦)	型号	台数		
49	小张泾西	万年农场	2001	—	1	11	300hw-4	1	33.3	—
50	小张泾东	万年农场	2001	—	2	22	300hw-4	2	33.3	—
51	万漾东	万漾示范区	2003	—	1	11	300hw-4	1	33.3	—
52	万漾西	万漾示范区	2003	—	1	11	300hw-4	1	26.7	—
	合计	—	—	—	68	748	—	68	1619.7	106.5

二、灌溉渠道

1986 年起，新农镇(乡)不断加强灌溉渠道建设，将大部分主干灌溉明渠改建为路渠合一的地下暗渠，总长 74.53 千米。

1993 年起，镇(乡)将部分主干灌溉明渠改建为水泥明渠，总长 36.07 千米。

至 2004 年，全镇主干灌溉渠道总长 112.08 千米。其中地下暗渠 74.53 千米，水泥明渠 36.07 千米，土明渠 1.48 千米。

第三节　圩区建设

一、北圩区

新农镇以亭枫公路为界，分南、北两个圩区。北圩区(幸福、长浜、新范、新民、三图、温河、光华村)于 1973 年开始规划建设，至 1986 年，先后建成水闸 26 座、排涝泵站 5 座、电动机 26 台，299 千瓦，排涝能力 20 立方米/秒。新开河道 13 条，开挖排水大明沟 40 千米，修筑乡级砂石路 8 千米，建造桥梁 58 座，达到沟、渠、路配套。

2001 年，翻建温河泾北闸。该闸 6 米外闸建于 1972 年，8 米内闸建于 1980 年，因年久失修，闸板钢筋外露腐烂，原设计的闸板高度 4 米，两侧分水闸损坏严重。翻建后内外闸宽度均为 8 米，高度增至 4.5 米，总投资 340 万元，其中镇政府出资 65.4 万元，于 7 月底竣工。

2002 年 12 月，总投资 2700 万元的上海市 2003 年度重大工程之一张泾河水利枢纽工程开工。该工程分船闸和水闸两部分，占地 20 公顷，新开航道 1 千米，面宽 50 米；船闸建于新开河道内，采用套闸设计，可通航 200 吨级船舶；排水闸建于老河道内，联体三孔设计，每孔 8 米闸门。新农镇由此形成了水利大包围，使内河水位控制在 3.5 米以下。能抗御当地历史最高潮位 3.81 米不倒灌，日降雨量 150 毫米不成灾。

二、南圩区

20 世纪 80 年代末，开始南圩区(五龙、爱国、三浜、沈庄、牡丹、慧农、万年村)建设。1988

年投入38.42万元,用于桥、路、农田水利设施的建设。1990年,石臼浦南闸、新景河西闸等工程相继开工。1991年1月,新景河东出口建4米套闸。是年,小东港闸、小温河泾闸、新风河闸等开工建造,2年间共建造4米套闸7座,4米单闸9座,排涝泵站7座,电动机15台,695千瓦,排水能力19.6立方米/秒,1.5米小涵闸10座。1993年,建池泾河西出口8米套闸。

2004年新农镇排涝泵站情况表

表12-2

圩区	所在河道位置	型号	台数(台)	电机动力(千瓦)
北部圩区	新新河东	污工泵	2	100
	新幸河东	70泵	1	45
	横泾	70泵	1	45
	小张泾北	污工泵	1	50
南部圩区	新景河东	70泵	2	90
	新景河西	70泵	3	135
	石臼浦	污工泵	2	100
	小张泾南	70泵	2	90
	新风河西	70泵	2	90
	后桥港东	70泵	2	90
	后桥港西	70泵	2	90

说明:北部圩区原有温河泾,新新河西排涝泵站,于2002年12月划归朱泾镇,故未列入表内

2004年新农镇河闸情况表

表12-3

序号	河闸名称	地点	建造年份	闸门名称	河闸宽度(米)	起闭方式
1	归泾闸	万年3队	2001	单闸	4	钢丝
2	后桥港闸	慧农2队	2001	单闸	4	钢丝
3	新景河东闸	万年2队	1991	套闸	4	钢丝
4	小张泾闸	慧农15队	1991	单闸	4	钢丝
5	小东港闸	慧农6队	1990	单闸	4	钢丝
6	小温河泾闸	牡丹4队	1990	单闸	4	钢丝
7	石臼浦北闸	牡丹7队	1991	套闸	4	钢丝
8	南朱泥泾闸	幸福5队	1991	单闸	4	钢丝
9	新风河闸	三浜6队	1990	套闸	4	钢丝
10	后桥港	三浜10队	1990	套闸	4	钢丝
11	前桥港	三浜13队	1990	单闸	4	钢丝

续表 12－3

序号	河闸名称	地点	建造年份	闸门名称	河闸宽度(米)	起闭方式
12	新景河西闸	五龙5队	1990	套闸		钢丝
13	封家港闸	五龙6队	1990	套闸	4	钢丝
14	买盐港闸	五龙10队	1991	单闸	4	钢丝
15	石臼浦南闸	爱国2队	1990	套闸	4	钢丝
16	徐浜港闸	万年7队	1991	单闸	4	钢丝
17	新幸河	光华1队	1981	套闸	4	钢丝
18	新联河	光华2队	1978	单闸	4	钢丝
19	新新东闸	光华6队	1979	套闸	4	钢丝
20	横泾闸	光华9队	1976	单闸	4	钢丝
21	老小张泾闸	三图10队	1975	单闸	4	钢丝
22	北小张泾闸	三图12队	1974	套闸	4	钢丝
23	温河泾南闸	幸福1队	1980	套闸	6	钢丝
24	小张泾南闸	慧农5队	1991	套闸	4	钢丝

第四节　防汛抗灾

新农镇三面环水,地势低洼,汛期常有河水倒灌和圩堤冲毁险情,是防汛抗灾的重点镇。

一、修筑石坡

1989年,张泾西侧从大泖港到张泾桥砌筑块石护坡,新农乡年内完成5.05千米,使用石料9260立方米,投入资金722.28万元。

1997年,池泾(镇区段)由于自然形成建材交易市场,大批砖、瓦船聚集于此,仅在南侧留有单船行驶的通道,受机动船螺旋桨影响,使河底泥土松动,造成55米石驳岸坍塌。新农镇及时组织力量抢修,使用石料277立方米,投入资金11.70万元。

1999年,修筑老张泾(万年1组段)和黄场港(光华10组段)石驳岸500米,新农镇投入资金39万元,使用石料92.5立方米。

2000年,抢修掘石港(长浜7组段)块石护坡50米,新农镇投入资金3.9万元,使用石料92.5立方米。

二、加固圩堤

1991年7月6日,连日暴雨后河水猛涨,内河水位达4.1米,张泾三图村段400米圩堤河水倒灌,池泾河南岸东到西5千米圩堤普遍河水漫溢,大批农田受淹,河岸两侧企业进水停产。新农乡政府组织14791人次投入抗洪抢险,抢修圩堤1.3千米,培土加高圩堤6.6千米。

1993年、1994年,新农乡组织民工80多人,对泖港塘和张泾圩堤进行检修,对塌陷地段开展培土夯实。

1998 年，新农镇组织民工 400 余人，新筑圩堤 1.45 千米，其中张泾三图村段 505 米，万年村段 150 米，掘石港三浜村段 800 米。

1999 年，新农镇组织民工 100 多人，实施圩堤达标工程，对环镇域 18 千米圩堤全面加宽加高，高度吴淞零上 5 米，面宽 2.5 米，背水面坡度 1∶1.5，外侧全部块石护坡，共填土 17 万立方米。

2004 年 9 月，在防汛检查中，发现大泖港塘新民村段外侧石坡开始向外倾斜，新农镇会同上级水利部门协商进行全线勘测。

三、开挖水沟

排水沟系是抗击自然灾害、确保农业丰收的重要保证。排水沟系俗称三沟（田内沟、横头沟、丰产沟），20 世纪 80 年代起，新农镇（乡）切实加强排水沟系建设，实行排、灌分开，节约用水 30% 以上。至 2004 年，全镇共有排水沟（三沟）1600 条，总长 219 千米。

第五节　管理机构

一、排灌管理站

新农排灌管理站成立于 1964 年，受区（县）排灌所和市排灌公司管理。设站长、会计、技术员、工程员等岗位。担负着全镇（乡、公社）排灌、水利、农田基本建设的规划编制、工程设计及灌溉机口的管理等。1964—1994 年，站址坐落在老温河泾南闸。1995 年，迁至幸福村第 3 村民小组。

二、河闸管理站

新农河闸管理站成立于 1992 年，行政隶属乡农业公司领导，业务受乡排灌管理站指导。具体负责全乡河闸的维修、保养和启、闭等业务。河闸管理站设站长、电工、机修工各 1 人，配备河闸管理员 32 人。

1996 年 5 月，河闸管理站与排灌管理站合并，其河闸管理业务由排灌管理站具体负责。2000 年 4 月，河闸管理业务下放到河闸所在村负责，其经费仍由镇政府承担。

第十三章　工　业

1986年,新农乡工业有企业36家,职工6100人,工业总产值3589.60万元,外贸出口拨交值2481.94万元,占总产值的69.1%。1990年,全乡工业有企业46家,外贸出口拨交值6262.30万元,比1986年增长1.5倍,被金山县人民政府命名为"外向型经济之乡"。1992年,新农乡制定出台《关于发展新农经济的八项政策措施》,全乡工业健康发展。

1994年,新农镇工业先后实施转换经营机制,逐步形成多种经济成分并存格局。1998年,建立新农工业园区,全镇工业生产进入新时期。2004年,新农镇工业有实业型企业114家,手工作坊型企业71家,工业总产值174603万元,外贸出口拨交值70633万元,上缴国家税金10989万元,工业利润5489万元。

第一节　工业企业

一、镇(乡)办工业企业

1986年,新农乡乡办工业有企业24家,职工3303人,产值2621.30万元,利润344.70万元。

1987年起,新农乡先后建办新慧轻工机械厂、金康毛麻有限公司、上海昌达袜厂、华丰衬衫厂金山分厂、新农铸造厂、中兴织物印花厂等企业。至1990年,新农乡有乡办工业企业18家,职工4689人,工业产值8599.70万元,利润501万元。

1991年起,新农乡先后建办上海廿一服装厂牡丹二分厂、新兴电子配件厂、金荣汽车修理厂、上海汽车配件厂金山分厂、新农钢丝丸厂、石新化工机械厂、鑫宏时装有限公司、新清和服有限公司、中达丝绸时装有限公司、新农自来水厂、申农时装厂等企业。至1994年年底,新农镇镇办工业有企业25家,职工4729人,工业产值37530.40万元,利润1062.8万元。

1995年起,新农镇的镇办工业先后实施企业经营体制改革。

1986—1994 年新农镇(乡)办工业情况表

表 13－1

年份	企业数（家）	职工数（人）	固定资产（万元）	工业产值（万元）	其中外贸出口拨交值(万元)	工业利润（万元）
1986	24	3303	969.70	2621.30	2059.56	344.70
1987	28	3706	1612.00	4054.70	2867.38	337.30
1988	15	4487	2402.70	5641.60	2914.90	487.50
1989	15	4370	3195.90	6646.20	2665.80	609.70
1990	18	4689	3741.00	7430.80	4137.40	501.00
1991	19	5368	4129.90	11428.70	7116.80	570.80
1992	21	5331	4818.40	17106.70	4809.90	417.50
1993	18	4658	5842.30	25116.30	14098.50	529.60
1994	25	4729	8994.00	37530.40	25124.70	1062.80

二、村办工业企业

1986 年,新农乡村办工业企业有 10 家,职工 2797 人,工业产值 968.30 万元,利润 99 万元。

1987 年,五龙村建钻石厂和五金配件厂,三浜村建汽车配件厂,牡丹村建塑料厂,万年村建印刷厂,光华村建玩具厂,新民村建拉丝厂,新范村建新兴毛衫厂,爱国村建拉丝模具厂。

1989 年,牡丹、沈庄、爱国 3 个村办服装厂与上海廿一服装厂合资建上海廿一服装厂牡丹二分厂,沈庄村建办丝网厂,幸福村建袜厂。

1991 年,慧农村服装厂与上海前进服装厂建联营厂;1992 年,长浜村劳防厂与塘湾服装厂建联营厂;沈庄村建环保设备厂。

1993 年起,五龙村建厨房设备厂,沈庄村建双安水泥厂,牡丹村建红牡丹时装厂,万年村建塑料厂,三图村建星光泡塑厂,温河村建丽都时装公司,新民村建涂料厂和精品木器厂,爱国村建东方轻工机械厂,温河村建永生金属制品厂,新范村建实业公司。1994 年,新农镇村办工业有企业 30 家,职工 1915 人,产值 9710.20 万元。

1995 年起,新农镇的村办工业先后实施企业经营体制改革。

1986—1994 年新农镇(乡)村办工业情况表

表 13－2

年份	企业数（家）	职工数（人）	固定资产（万元）	工业产值（万元）	其中外贸出口拨交值(万元)	工业利润（万元）
1986	10	2797	431.90	968.30	422.38	99.00
1987	11	3041	568.90	1655.90	790.15	164.20

续表 13－2

年份	企业数（家）	职工数（人）	固定资产（万元）	工业产值（万元）	其中外贸出口拨交值(万元)	工业利润（万元）
1988	29	3078	694.80	2346.80	1220.30	262.70
1989	29	3278	889.10	2746.60	2117.40	304.10
1990	28	3325	1197.70	3171.20	2124.90	291.60
1991	27	2844	1138.80	3853.80	2594.80	299.20
1992	24	2676	1328.70	6009.80	—	320.90
1993	27	2483	1359.90	7896.10	5014.60	271.70
1994	30	1915	1358.50	9710.20	7028.90	399.90

三、个体、私营工业企业

个体工业企业 1986 年，新农乡个体工业企业有 29 家、37 人，主要经营服装加工、日用五金和机电修理。1995 年，全镇从事针织、羊毛衫外发加工的家庭工业有 1000 多家，拥有毛衫编织机 1100 余台。

2004 年，新农镇有个体工业企业 71 家、81 人。其中服装加工 32 家、39 人，日用五金、电器修理 13 家、15 人，自行车、摩托车修理 21 家、22 人，钟表、胶鞋修理 5 家、5 人。

私营工业企业 1989 年 10 月，上海金荣汽车修理厂（乡办企业）率先转资为私营企业。1992 年，上海市金山区永乐毛衫厂（私营企业）建成投产。

1994 年，上海金山鑫芳暖通设备机械厂、上海华新铸造有限公司、金山区双目玩具塑料制品厂、上海豪达针织服饰工艺品厂、上海恒源实业有限公司等私营企业相继建成投产。至 1995 年，新农镇私营企业发展到 33 家，注册资本 1300 万元，从业人员 700 多人。

1995 年起，新农镇全面实施企业产权制度改革，多数镇、村集体企业先后转制为私营企业。

2004 年，新农镇私营工业企业有 64 家，职工 3205 人，产值 5.14 亿元。

四、其他工业企业

校办工业企业 1985 年，新农中心小学建办纸盒厂和针织加工场，年产值 5.66 万元，利润 1.24 万元。是年，新农中学建办五金电器厂，年产值 15.97 万元，利润 4.25 万元。1990 年起，新农第二服装厂、龙井消防器材厂、中达丝绸时装公司、华丰衬衫厂、毛衫二厂等乡办企业，先后变更为校办企业。

1992 年，新农中心小学的纸盒厂、针织加工场和新农中学的五金电器厂合并，改名为特福康食品厂，生产销售冰棍、雪糕等食品。

农办工业企业 1992 年，新农乡农副业公司与浙江省平湖县金辉塑料厂联合开办振奋塑料厂，生产食品塑料袋；与乡文化站合办文艺工厂，加工、生产工艺品和服装。新农种畜场利用空余棚舍，投资 30 万元建办饲料加工厂，生产各种配合饲料。

商办工业企业 1993年,新农供销社投资50万元,与上海联合毛纺织有限公司合资建办新农联山羊毛衫厂,年生产各式羊毛衫25万件。

老龄办工业企业 1994年8月,慧农村老龄协会建办金山华盛塑料制品厂,收购废旧塑料,加工、生产塑料圆管(产品用于污水排放),是年加工、生产塑料圆管70吨。

第二节 工业行业

1986年,新农乡工业只有针织、服装、棉纺、机械、建材、电器等行业。随着工业的不断发展,工业行业也不断增加。2004年,新农镇工业有针织、服装鞋帽、棉纺印染、机械制造、电子电器、化工塑料、包装箱和箱包、玩具、建材、环保消防10个主要行业。

一、针织业

1986年,新农乡针织类企业有金山毛衫厂、新兴毛衫厂、光华针织厂3家,共有职工1428人。产品有男女羊毛衫、尼龙袜等,产值1144.20万元,创外汇288.30万美元。

1987年,建办金山袜厂(1993年更名为昌达袜厂)和金山第二毛衫厂。

1993年5月,建办日资达宇针织有限公司。1995年5月,建办格丽尔针织时装集团有限公司(由金山毛衫厂、第二毛衫厂、上海鑫宏公司3家联合组建)。

上海芙其高针织有限公司车间

1997年,先后建办芙其高针织有限公司、四维儿童用品有限公司、骄世服装有限公司、良品针织时装有限公司、锦贝实业有限公司等多家针织生产企业。

2004年,新农镇工业有针织类生产企业29家,职工1992人,产值25506万元。

二、服装鞋帽业

1986年,新农乡服装类乡办企业有2家、村办13家,共有职工2514人。无鞋帽类企业。

1990年,牡丹、沈庄、爱国3家村办服装厂共同参股,与上海二十一服装厂联营,建办上海服装二十一厂牡丹二分厂。

1991年,慧农服装厂与上海前进服装厂联营,建办慧隆丝绸时装厂。

1993年,上海服装二十四厂跃进联营厂改建为中日合资的日华时装有限公司。上海服装二十四厂红星联营厂与澳门澳隆实业公司合资建办上海澳星服饰有限公司。

1994年4月,新农资产经营有限公司与上海弓泰贸易合作公司合资建办旺泰实业公司,生产“回力牌”运动鞋、胶鞋。8月,上海服装二十一厂牡丹二分厂,改由上海纺织品进出口公司与日本株式会社沙龙杰、日本伊藤忠商事株式会社三方合资,建办沙龙杰服装有限公司。

1995年11月,慧隆丝绸时装厂与澳大利亚C. B. P公司合资,建办上海鑫澳时装有限公司。

1997年起,先后建办茂茂服装有限公司、利雅制衣厂、超星服饰有限公司、龙爱迪服饰有限公司、捷骄服饰有限公司、万成制衣有限公司、日宇服饰有限公司等企业。

2004年,新农镇工业有服装、鞋帽类企业19家,职工1662人,年生产服装1550万件,布面胶鞋201万双,产值14790.90万元。

三、棉纺印染业

1986年12月,中外合资金康毛麻有限公司建成投产。

1990年,中兴织物印花厂、中佑丝绸印染有限公司(新农工业公司与上海第七丝绸印染有限公司合资建办)建成投产。

1995年9月,新阳纺织厂建成投产(新农金新经济实业总公司与上海石化股份有限公司、金阳腈纶厂,合资建办)。

1997年1月,宏峻毛纺有限公司建成投产(新农资产经营公司与中国台北宏峻企业股份有限公司合资建办)。

2002年起,上海星民印花材料有限公司、印之道丝绸有限公司两家民营企业先后建成投产。

2004年,新农镇工业有棉纺印染类企业6家,职工414人,年产混纺棉纱60吨,棉混绒线485吨,化纤纱690吨,印染丝织品35万米,产值4938.40万元。

四、机械制造业

1986年,新农农机厂与慧农村合资,建办新慧轻工机械厂。

1987年,新农农机厂扩建铸造车间。1988年,铸造车间改名为联华铸造厂;新农农机厂改名为龙井消防器材厂。

1992年,龙井消防器材厂与石化机修厂合资建办石新化工机械厂。

1993年4月,联华铸造厂与龙井消防器材厂合并,组建为龙井机械实业公司,生产消防器材、冰箱配件、五金工具及ZB210组合式冷凝器等产品。

1994年,金山鑫芳暖通设备机械厂、华新铸造有限公司、永生金属制品厂建成投产。

2000年,新农对外经济发展公司与台胞周文益、周振邦合资建办腾麒机械制造有限公司。

2001年9月,私营宝日机械制造有限公司建成投产。

2004年,新农镇工业有机械制造类企业5家,职工375人,共生产金属切削机40台、瓦片模压机74台、铸铁管附件1217吨,产值5978万元。

五、电子电器业

1986年,新农乡电子电器类企业有新农电视元件厂和慧农村金山蓄电池厂两家。

1992 年，新农电视元件厂建办新兴电子配件厂。

1993 年 1 月，新农电视元件厂与香港聚大橡胶有限公司合资建办聚大科技电子有限公司。

1998 年，私营企业依星电气成套设备有限公司在万年村落户，并建成投产。

1999 年 8 月，私营企业华久电器有限公司，落户温河村，并建成投产。

2003 年 10 月，私营企业仁林汽车空调配件有限公司落户新民村，并建成投产。

2004 年，新农镇工业有电子电器类企业 7 家，职工 396 人，产值 2818.90 万元。

六、化工塑料业

1986 年，新农乡化工塑料类企业有新农化工厂、万年综合厂、牡丹塑料电器厂、温和泡沫塑料厂 4 家。

1992 年 1 月，万年综合厂改名为新华塑料印刷厂。

1994 年，新农电视元件厂与台商吴来顺共同投资 125 万美元，建办冠春塑胶制品有限公司；2002 年，改名为中春塑胶制品有限公司。

2000 年 1 月，通源盛实业公司转制为私营企业——爱德化工有限公司。4 月，私营企业——平海涂料有限公司建成投产。

2002 年 11 月，爱普工贸有限公司、富航实业有限公司和台商杨升智在新农镇工业区合资建办爱普医械塑胶制品有限公司，年产量 30 余吨。

2003 年，普赛塑料有限公司和鑫冠胶粘材料有限公司分别落户新农镇东部工业区，并建成投产。

2004 年，新农镇工业有化工塑料类企业 19 家，职工 476 人，产值 17168.1 万元。

七、包装箱和箱包业

1986 年，新农乡包装箱和箱包类企业有新农福利厂。1997 年，更名为福兴包装材料厂。

1999 年 6 月，浙商魏君桃投资 50 万元，在镇工业区建办嘉力箱包皮件有限公司。2001 年更名为虹宇箱包配件有限公司。

2000 年 8 月，洪楷箱包有限公司与奥地利邓金鹏合作，在镇工业区建办上海爱利得箱包有限公司。

2001 年起，在镇工业区先后建办求盛纸箱有限公司、必尔箱包配件有限公司、双正纸箱有限公司等私营企业。

2004 年，新农镇工业有包装箱和箱包类企业 5 家，职工 124 人，产值 2685 万元。

八、玩具业

1986 年，新农乡玩具类企业有新康玩具厂 1 家。

1993 年 7 月，新农工业公司与美国高发国际有限公司，在光华村合资建办上海高发工艺饰品有限公司。

1995 年，光华村五组村民张林根投资 6 万元，建办金山双目玩具塑料制品厂（私营企业）。

1997 年 4 月,美国高发国际有限公司在镇工业区投资 25 万美元建办独资企业——上海高华玩具礼品有限公司。

2004 年,新农镇工业有玩具类企业 3 家,职工 340 人,产值 15246 万元。

九、建材业

1986 年,新农乡建材类企业有新农砖瓦厂和上海五矿新农铁丝制品厂 2 家。

1992 年 6 月,新农砖瓦厂投入 115 万元另建上海中兴新型建筑材料厂。

1997 年,港商林珀湖投资 4100 万元,在镇工业区建办上海金福木业有限公司。

1997 年 10 月,新农对外经济发展公司与香港百得福发展有限公司共同投资 140 万美元,在镇工业区建办杰隆达木业有限公司。

1998 年 11 月,金山区招商局所属上海未来经济发展有限公司与黄炳安共同投资 250 万元,在镇工业区建办上海家旺塑钢门窗有限公司。

1999 年 11 月,爱国村村民陈小弟租赁村办企业厂房及设备,建办东石木制品厂。

2001 年 4 月,宝山区淞谊实业有限公司、宝山区食品总公司、宝山区公路工程总公司、上海创列实业有限公司联合投资 330 万元,在三浜村建办宝新特种沥青混凝土有限公司。

2004 年,新农镇工业有建材类企业 4 家,职工 355 人,产值 3091 万元。

十、环保消防业

1991 年,新农乡投资 140 万美元创办污水处理厂,主要为新农工艺品厂、上海中兴织物印花厂、印之道丝绸有限公司、中佑时装有限公司处理污水,日处理能力 1000 吨。

1991 年 9 月,沈庄村建办上海金环环保设备厂。

2004 年,新农镇工业有环保消防类企业 2 家,职工 32 人,产值 379 万元。

第三节　工业管理

一、管理机构

1986 年,新农乡工业公司负责全乡工业生产和经营管理。

1998 年 3 月,新农镇成立工业财贸办公室和工业经济发展总公司。总公司下设工业公司、对外经济发展公司、上海同三经济实业公司,具体负责全镇工业管理及招商引资等工作。

2002 年 6 月 17 日,新农镇工业经济发展总公司改名为上海新涵投资咨询有限公司,保留 3 家子公司。2003 年 10 月,增设企业服务管理中心。

二、资金运用

1980—1989 年,新农乡发展工业的资金来源于镇、村集体经济的积累及财政周转金、国家对企业技改项目及三废治理的扶持拨款、企业本身的经营留利,外来的联营投资,外商的投资,外部的借入资金和银行贷款,职工集资,私营企业的法人投资。

三、利润分配

镇(乡)、村办工业的利润分配基本分3个部分:向国家缴纳所得税;向镇(乡)、村上缴利润和企业本身留成。

四、经营机制

(一)厂长(经理)任期目标责任制

1986年,新农乡对企业厂长(经理)实行任期目标责任制,赋予厂长(经理)人员使用、提升、辞退权,经营管理决策权。厂长(经理)按照上级管理部门下达的经济指标制订生产计划,组织生产经营活动。上级管理部门对厂长(经理)每年进行两次考核,根据产值、利润完成实绩、超额部分提取一定比例给予奖励,厂长(经理)享受30%~60%的奖金,其余由厂长(经理)提出奖励方案,经企业领导班子讨论通过并报主管部门审批。

1992年,新农乡工业企业普遍实行厂长(经理)承包责任制,赋予企业更多的自主权和经营权,政府对企业从行政管理型向协调服务型转变。

(二)股份合作制

1992年,新农乡部分工业企业开始实行股份合作制,在平等自愿的基础上,企业与企业、企业与职工实行股份合作。如金新化工厂注册资本156.63万元,职工参股15.06万元;金山蓄电池厂注册资本148.90万元,职工参股18.50万元。

1993年,旺泰实业公司由新农资产经营有限公司与上海弓泰贸易合作公司共同参股,总资本600万元。新农资产经营有限公司股本264万元,上海弓泰贸易合作公司股本306万元,职工参股30万元。

1994年,金山毛衫厂、龙井消防器材厂、中佑实业公司、上海大众金山特约维修站等企业,相继吸纳职工股金,组成股份制企业。

1995年,新农镇股份合作制企业11家,吸纳社会闲散资金1000万元,总股本2370万元。股份合作制企业根据年终盈利额按股份分配红利。

(三)产权转制

1994年起,新农镇工业推行以集体资产保值、增值为原则的企业产权制度改革。至1995年,全镇有22家企业进行产权转制,其中转为股份合作制企业11家,亏损企业大承包6家,拍卖微利企业3家,个人风险抵押承包2家,共盘活沉淀资产800万元,转换资产1045万元。

1996年9月,新农镇成立企业产权制度改革领导小组,进一步推进全镇工业企业产权制度改革,租赁承包企业扩大到20家,产权转制6家,成交金额1358.40万元。1997年,龙井机械实业公司以721.80万元、上海大众金山特约维修站以724.15万元、上海鑫佑实业公司以1287.45万元转让给原经营承包人;上海金山毛衫厂以52万元、上海金山第二毛衫厂以20.93万元、鑫宏公司以35.26万元的年租赁费,由原企业承包人租赁经营;金新化工厂以50万元上缴款承包给原企业负责人。已歇业的英利康木业有限公司的资产和土地出让给金隆达木业有限公司,濒临破产的中达丝绸时装有限公司由四维儿童用品有限公司兼并。至1998年年底,全镇有32家工业企业先后转制,占企业总数的94%。

第四节　新农工业园区

一、机构设置

1995年12月,成立新农工业园区领导小组。1997年,新农工业园区正式成立,工业园区领导小组改名为工业园区管理委员会。2001年9月,工业园区管理委员会下设新农工业区开发有限公司,具体实施工业区开发、项目投资、咨询、企业管理、服务等工作。

二、规划实施

新农工业园区首期规划选址在温河村南部,即亭枫公路两侧老工业基地向南扩展至池泾,东至小张泾,西至同三国道新农段,总面积38.7公顷。区内建有新顺路、新慧路2条南北主干道。2000年,园区在池泾南扩展至慧农村六组、牡丹村四组土地5.3公顷,园区总面积增加至44公顷。

2002年,新农工业区列为金山北部工业区B片,园区并向东扩展至张泾,向北延伸至新新河,总面积4.09平方千米。是年,投入430万元用于基础设施建设,浇筑混凝土主干道1.2千米,安装双叉路灯45套,埋设供水管道1.6千米,排污管道1.6千米,建造板式涵桥2座,主干道中央隔离带绿化1200平方米。2003年,投入256万元,浇筑混凝土道路0.93千米,安装单叉路灯31套,埋设供水管道1.1千米,排污管道1.25千米,建造18.6×8.8米桁架拱桥1座。2004年,投入1007万元,浇筑混凝土道路2.32千米,埋设供水管道1.39千米,排污管道2.7千米,建造35.6×13米桁架拱桥1座,主干道两侧绿化14800平方米,架设10kV供电线路2千米,通讯线路4.5千米;筹资1280万元建造标准厂房4幢,建筑面积16000平方米。园区初具规模,南北向主干道与东西向主干道成十字交叉,南通亭枫公路,西通A30高速公路。

新农工业园区

三、招商引资

新农工业园区专设招商引资服务机构。1999年,新农镇与金山区经济协作办公室签署联合招商备忘录,在上海和温州设立招商办事处。2000年,出台《关于新农镇鼓励招商引资的若干规定》。2001年,引进外资企业5家、内资企业5家,批租土地20.73公顷,总投资4123万元。2002年,引进内资企业13家,协议总投资4.65亿元,到位资金2.07亿元,批租土地57.16公顷。2003年,引进外资企业1家、内资企业17家,批租土地111.7公顷,协议总投资13.31亿元,到位资金1.2亿元。2004年,引进外资企业1家、内资企业1家,协议总投资1.18亿元,到位资金2300万元,批租土地5.68公顷。

2004年,新农工业园区有针织服装、棉纺印染、化工塑料、机械制造、五金电器、建材家具、玩具等行业企业60家,其中外资企业10家,工业总产值10亿多元。

第五节　新农经济小区

1998年4月,新农经济小区成立,其职责为招商引资、招商引税。

新农经济小区设总经理、副总经理各1人,工作人员5人。1999年3月,在上海市区设立招商办事处1个。2001年,在上海漕溪路设招商总部,另设委托办事处8个。

至2004年,新农经济小区累计注册企业1963家,其中,生产型526家,建筑安装业36家,服务业553家,科技贸易型848家,总注册资金15.99亿元,累计销售收入60.84亿元,引进税收23309.29万元。

2000—2004年新农经济小区招商引税情况表

表13-3

年份	引进企业数(家)	注册资金(亿元)	销售收入(亿元)	引进税金(万元)
2000	150	1.5	8.5	3305.28
2001	210	2	6	2043.61
2002	297	2.96	10	3707.80
2003	537	4.68	14.56	6002.16
2004	769	4.85	21.78	8250.44
合计	1963	15.99	60.84	23309.29

第六节　名、特、优产品选介

(一)"申锦牌"羊毛衫

金山毛衫厂生产并以出口为主的产品,1988年,被评为上海市优质产品。1990年,被农业部评为优质产品。

(二)"小太阳牌"童装

上海四维儿童用品有限公司的当家产品,产品销往澳洲、黎巴嫩及国内市场。1996年,在上海市第一百货商店获销售优胜奖;1998年,被江苏省无锡市商业大厦集团有限公司定为"重点推荐品牌";是年11月,全国首届儿童服装服饰展览交易会组委会授予"品牌展示最佳奖";1999年,上海国际创新设计博览会暨设计用品展组委会授予"创新设计奖";2001年,在上海市征询消费者意见活动中获"品牌童装"称号;2004年5月30日,被市品牌产品推荐委员会推荐为2004年度“上海市名牌产品”。

(三)日本和服

上海茂茂服装有限公司生产的日本和服系列服装,有黑留袖、色留袖、振袖、访问衣、付下、色无地、小纹、浴衣等20余种,产品全部销往日本市场。

2002年,日本和服系列服装被日商定为免检产品。

(四)抗菌防臭棉尼针织袜

中日合资上海金达针织有限公司研制的抗菌防臭棉尼针织袜。1996年9月,在上海市优秀发明选拔赛中,获推广产品实施奖金奖。

(五)“平海牌”PHA系列防火材料

上海平海涂料有限公司专业生产的室内外钢结构防火涂料。2003年1月,该产品被中国中轻产品质量保障中心授予“质量保证”信得过企业称号。公司生产的“平海牌”PHA系列防火涂料,2004年9月,获中国中轻产品质量保障中心授予“中国知名品牌”产品称号。

(六)导电橡胶

上海聚大科技电子有限公司的内外销产品,应用于电视、通信类电子零组件中。2000年,被金山区人民政府列为高新技术产品。

(七)“家旺牌”塑钢门窗

上海家旺塑钢门窗有限公司生产的塑钢门窗。2002年,用于被评为市“白玉兰”奖的明丰世纪苑2号楼工程。2003年12月,通过英国贝尔公司ISO 9001:2000质量认证体系。

(八)机、电控制设备

上海依星电气成套有限公司生产的机电控制设备,广泛应用于电力线路控制和工业自动化控制中,品种有GCK型低压抽屉式开关柜、GGD型低压固定式开关柜、PZ30型低压配电箱。2003年7月22日,经上海市电器设备检测所低压电器监测站检测,各项指标全部符合国际标准,核准为合格产品,并经中国质量认证中心复核,颁发“国家强制性产品(CCC)认证”证书。

(九)免维护铅酸蓄电池

金山蓄电池厂研制的新产品,符合国家GB 5008.1—85标准及LEC 95—1国际标准,应用于汽车、拖拉机、船舶的内燃机起动及照明。1990年6月,被上海市科学技术委员会列入上海市“星火计划”项目。是年,国家船舶检验局为“免维护铅酸蓄电池”发放生产许可证。

(十)阿塔鸡

私营企业阿塔食品有限公司于1992年一改传统肉用鸡加工方法,添加10余味具有保健与滋补功能的中草药,制成的优质肉类产品。产品销往杭州、苏州、上海等地,广受欢迎。由金山县工商联主持,邀请有关专家对“阿塔鸡”进行评审,确认该产品符合食品质量要求,并经申报,获上海市科技成果二等奖。

第七节　企业选介

（一）上海高发工艺饰品有限公司

前身为上海新康玩具厂新华分厂，坐落在光华村部南侧，主要生产塑料玩具。

1993年7月，新农对外经济发展公司与美国高发国际有限公司合资建办上海高发工艺饰品有限公司，公司迁址亭枫公路2288号，征地1.6公顷，新建厂房9626平方米，总投资80万美元，注册资本65万美元，生产各类软体长毛绒玩具，产品全部销往美国。

2004年，上海高发工艺饰品有限公司有职工280人，生产软体长毛绒玩具50万打，销售收入15112万元，上缴税金1102万元，利润193万元。

（二）上海芙其高针织有限公司

前身为1987年建办的昌达袜厂。1993年5月，该厂与日本派司米纤维株式会社合资，建为上海金达针织有限公司。1997年1月转为日本独资企业，更名为上海芙其高针织有限公司，法人代表佐藤功佑。

公司坐落于亭枫公路2880号，占地面积0.53公顷，建筑面积3488平方米，职工140人。主要生产设备有进口“永田牌”IVR6262S、“罗纳地牌”L462、BRAVO856及国产536A等袜机57台，日本QTEC基准独立检测设备一套，总投资110万美元，注册资本80万美元。专业生产各类针织袜子，产品从原料采购、染色、设计、打样、编制、整烫到定型包装，全程流水生产，产品主要返销日本。2001年9月，公司已通过ISO 9002:94体系认证。

2004年，上海芙其高针织有限公司生产针织袜子770万双，出口日本720万双，内销50万双，产值3251万元，利润127.50万元。

（三）上海宏峻毛纺有限公司

新农资产经营公司与台北宏峻企业股份有限公司，于1997年1月合资建办的企业。坐落于新农镇牡丹村1054号，法人代表蔡高义。公司占地面积2.11公顷，建筑面积9750平方米。拥有20～200千克染缸13台、4吨锅炉1台、半精纺生产线2套、梳毛机4台、224锭环锭机2台、500锭走锭机3台等生产设备，总投资170万美元，职工180人。

主要生产、销售羊毛、兔毛、纯毛纱、混纺纱和花式纱，产品质量、档次、在东南亚及欧美地区享有一定知名度及信誉。

2004年，上海宏峻毛纺有限公司染色、加工各类产品485吨，其中外销东南亚地区300吨，国内销售180余吨，产值2825.40万元。

（四）上海金福木业有限公司

香港商人林珀瑚于1997年出资4194万元人民币建办的独资企业，坐落于亭枫公路2458号，占地面积0.47公顷，建筑面积3779平方米。职工172人。

公司主要生产“大象牌”木质胶合板、水曲柳贴面板和高档榉木贴面板。1998年生产销售胶合板120万片，贴面板36万片，计20.5万立方米，销售产值12059万元，产品销往全国10多个省市。2000年，公司生产的“大象牌”木质胶合板获国家环保认证标志。

2004年，上海金福木业有限公司生产木胶合板152878立方米，销售收入1714.50万元。

（五）上海中春塑胶制品有限公司

2002 年 4 月由上海飞彩电子有限公司和台胞柯金全共同投资建办的合资企业。坐落于亭枫公路 2469 号，占地面积 0.35 公顷，建筑面积 3000 平方米，主要生产设备有压出机流水线 5 套，总投资 351.40 万元，注册资本 20 万美元，职工 100 人，法人代表柯金全。

公司专为上海、苏州有关企业生产、加工各种塑料染色。2003 年，企业通过 ISO 9001：2000 质量认证体系。

2004 年，上海中春塑胶制品有限公司生产、加工塑料粒染色 2200 吨，产值 3208.90 万元，利润 225.50 万元。

（六）上海沙龙杰服装有限公司

上海纺织品进出口公司、日本株式会社沙龙杰、日本伊藤忠商事株式会社共同参股的中日合资企业，总投资 200 万美元，注册资本 144 万美元，坐落于新农镇新洲路 132 号，占地面积 0.42 公顷，建筑面积 2240 平方米，1994 年 10 月建成投产，法人代表彭雪坤。企业有上工牌电动缝纫机 100 余台及整烫等配套设备，主要生产衬衫、裤等服装，年生产能力 60 万件/套，产品全部销往日本。

2004 年，上海沙龙杰服装有限公司有职工 130 人，生产衬衫 32 万件，裤 39 万条，产值 1051 万元。

（七）上海豪达针织服饰工艺品厂

1995 年 10 月建办的私营企业，坐落于亭枫公路 2665 号。职工 300 人，法人代表朱军。

该厂占地面积 0.66 公顷，建筑面积 4800 平方米，生产设备有"日本兄弟牌"编织机 80 台，漆横机 100 台，"福马牌"套口机 50 台，"飞航牌"洗衣机 3 台，100 千克脱水机 2 台，烘干机 4 只，1 吨锅炉 1 台及 3 吨、2 吨运输车各 1 辆，固定资产 682.30 万元，总资产 1842.90 万元。主要生产各类针织毛衫。2001 年，被金山区人民政府评为金山区十强私营企业之一。

2004 年，上海豪达针织服饰工艺品厂生产各类羊毛衫 85 万件，产值 2928 万元，上缴税金 846 万元，利润 336.50 万元。

（八）上海茂茂服装有限公司

前身为镇办工艺品厂，坐落于牡丹村。主要为上海丝绸集团股份有限公司生产、加工日本和服。1994 年，生产的五丝真丝丧服被列为市"星火计划"项目。1997 年 10 月，该企业转制为私营企业，2001 年改名为上海茂茂服装有限公司。生产的日本和服系列服装，品种增加到 20 多个，年生产能力 45 万件。2001 年，被评为金山区十佳私营企业。

2002 年，公司生产的日本和服系列服装被日商定为免检产品，开始自行进出口。

2002—2004 年，公司连续获得金山区企业合同信用促进会颁发的"合同信用 A 级企业"证书。

2004 年 9 月，被金山区工商局评为"重合同、守信用"企业。

2004 年年底，上海茂茂服装有限公司占地面积 1.3 公顷，建筑面积 8666 平方米，职工 200 人，生产日本和服系列服装 44 万件，产值 2252 万元，利润 210 万元。

（九）上海良品针织时装有限公司

良品针织时装有限公司由上海虹口区市民陈捷和新农镇温河村郭海华共同投资 503 万元建办的私营企业，1997 年 6 月投产，法人代表陈捷。

公司占地面积0.67公顷,建筑面积6500平方米,职工150人,有编织机100余台、1吨锅炉1台、1.25吨运输车1辆等生产设备,公司为上海针织品公司出口分公司生产针织毛衫,产品由上海针织品公司出口分公司销往欧美各国。

2004年,上海良品针织时装有限公司生产针织毛衫23.50万件,产值3218万元。

(十)上海久旺针织制衣有限公司

一家专业生产、加工羊毛衫、鞋帽、围巾、袜子等针织品的私营企业,建于1999年5月,坐落于光华村1199号,总投资385.96万元,法人代表唐凌岭。

2004年,上海久旺针织制衣有限公司占地面积0.8公顷,建筑面积2444平方米,职工160人。公司为上海好孩子、上海仪华服饰有限公司、上海雅多儿童用品有限公司等品牌企业加工羊毛衫24万件,产值1930万元,利润143万元。

(十一)上海平海涂料有限公司

慧农村五组村民赵爱平在2000年4月独资建办的私营企业,公司坐落于亭枫公路2266号(新光路口)。

上海平海涂料有限公司占地面积0.96公顷,建筑面积4000平方米,生产设备有球磨机6台、11立方粉碎机3台、砂磨机2台、三棍机2台、立式粉碎机2套,总投资500万元,职工31人。主要生产"平海牌"PHA系列防火涂料,公司于2001年通过ISO 9001:2000质量认证体系。2003年1月,被市消防协会授予"中国消防产业诚信承诺单位"称号;2004年7月成为上海市消防协会单位会员。

2004年,上海平海涂料有限公司生产PHA型系列室内外钢结构防火涂料850吨,产品销往国内各个省市,销售收入950.90万元,利润158.50万元。

(十二)上海新阳纺织厂

1995年9月,由上海金阳腈纶厂、上海石化股份有限公司、新农金新经济实业总公司利用1994年歇业的上海金康毛麻有限公司设施改建而成的联营企业。总投资1107万元,法人代表陈荣明。企业坐落于亭枫公路2898号,占地面积1.42公顷,建筑面积8094平方米,设前纺、后纺2个主车间,有抓棉机、并条机、粗纱机、细纱机、筒子机等生产设备40余台(套),棉纺锭2万锭,捻线锭500锭,生产、加工混纺纱、化纤纱,年生产能力1000吨,产品主要销往浙江绍兴地区。

2004年,上海新阳纺织厂职工163人,生产化纤纱690吨,产值1203万元。

(十三)上海旺泰实业公司

1994年4月,由上海弓泰贸易合作公司与上海新农资产经营有限公司共同参建的股份合作制企业。坐落于亭枫公路2888号,总资本600万元。2001年5月21日,上海旺泰实业公司第一届董事会第十次会议决议,农方将其所拥有的294万元的股份全部转让给工方,上海旺泰实业公司成为独资企业,法人代表潘瑞琪。

公司占地面积0.8公顷,建筑面积7023平方米,职工138人,生产设备有炼胶机7台,硫化缸2台,成型流水线2条,以及大底机、沿条机、括浆机、冲切机、冷泵机、锅炉等。主要生产"回力牌"胶鞋、运动鞋、皮鞋等。产品内销为主、外销为辅。2004年,公司年生产各类布面胶鞋201万双,其中,内销四川、福建等国内市场150万双,外销南非和中国香港地区40万双,产值870万元。

第十四章 商 业

1978年以后，贯彻执行“改革、开放、搞活”方针，新农镇（乡、公社）商业逐步形成国营、集体、个体多种经济成分并存的商品流通体制。1986年，全乡有注册商业198家，社会消费品零售额1521万元。2004年，全镇有注册商业371家，社会消费品零售额22969万元。

第一节 商业经营体制改革

20世纪80年代，新农乡（公社）商业实行以国营商业和供销社集体商业为主导，积极发展集体商业和个体商业的商品流通体制。1986年，全乡有国营商业8家（新农粮油管理所所属4家、新农食品站属下4家），从业职工51人；集体商业52家（新农供销社所属27家、新农商业分公司所属20家、乡办商店5家），从业职工227人；个体商业138家，从业人员282人。1988年起，商品供应全面开放。新农乡国营、集体商业全面推行经理负责制、职工岗位责任制和“一业为主，多种经营”的经营模式。各商店（站）根据不同情况，分别制订营业指标、落实岗位责任，实行独立核算、分灶吃饭、年终结算、奖罚兑现等方法。

20世纪90年代，新农镇（乡）商业，逐步形成以个体商业占优势、多种经济成分并存的商品流通体制。1993—1994年，新农镇（乡）国营、集体商业全面实行双定承包经营，即定营业收入和费用支出，按月（或按年）结算，增收减支分成奖励，减收增支分别扣罚。实施双定承包经营的主要有新农粮管所所属商店。1995—1996年，新农镇多数国营、集体商业实行抽资承包经营，即抽去国营和集体的流动资金，由职工投入流动资金，明确上缴费用，实行自主经营、自负盈亏、自定分配、上不封顶、下不保底的经营模式。实施抽资承包经营的主要有新农供销社和新农商业分公司所属的商店（含站）。1996—2004年，新农镇国营、集体商业除新农粮油管理所、新农药店、新农供销社化肥农药供应店和新农农贸市场4家外，其余均逐步转制为个体商业。从业职工全部买断工龄，实行协保，自谋职业。从商者资金自负。原国营、集体商业管理部门（或单位）协助从商者办理工商营业执照、置换或租赁所需要的经营场所和设施，多余的经营场所和设施租赁给社会经商人员。

2004年，新农镇有国营商业2家（新农粮油管理所和新农药店），从业职工24人；集体商业2家（新农供销社化肥农药供应店及新农农贸市场），从业职工8人；个体商业367家，从业人员371人。

第二节　商业构成

一、国营商业

（一）新农粮油管理所

1986 年，新农粮油管理所占地面积 19898 平方米，建筑面积 11412 平方米，固定资产原值 396 万元，库容总量 14870 吨，从业职工 27 人，下设 2 家粮油饲料供应店。1988 年，国家取消粮油统购统销，改为自由贸易，个体粮油店逐渐兴起。1992 年，国家取消粮油定量供应，开放粮油价格，废除粮油票券，新农粮油管理所的经营业务也相应减少。1993 年，新农粮油管理所下设的 2 家粮油饲料供应店先后关闭。1994 年起，新农粮油管理所主要经营粮食和油菜籽的收购业务。1994—2004 年，新农粮油管理所从业职工年均 19 人，总收购粮食 60816 吨、油菜籽 17249 吨，收购总金额 13734.78 万元。

1986—2004 年，新农粮油管理所历任主任：舒忠信、沈川根、顾少华、沈红根、王惠白、毛永伟。1990 年，职工吴梅生被评为商业部粮食司先进购销员。

1994—2004 年新农粮管所粮油收购情况表

表 14－1　　　　　　　　　　　　　　　　　　　　　　　单位：吨、万元

年份	收购金额合计	粮食收购								油菜籽收购	
		小计		粳谷		大麦		小麦			
		数量	金额	数量	金额	数量	金额	数量	金额	数量	金额
合计	13734.78	60816	9807.43	46831	8301.11	12075	1219.26	1910	287.06	17249	3927.35
1994	1111.71	5650	871.95	4385	745.45	1265	126.50	—	—	888	239.76
1995	1659.57	7326	1212.99	4800	960.00	2429	242.90	97	10.09	1654	446.58
1996	1836.95	8697	1391.75	5218	1043.60	3416	341.60	63	6.55	1590	445.20
1997	2108.88	11442	1859.48	7146	1429.20	4125	412.50	171	17.78	860	249.40
1998	1774.37	7983	1524.97	6888	1377.60	605	68.97	490	78.40	860	249.40
1999	1785.48	7601	1243.08	6280	1042.48	234	26.68	1087	173.92	2279	542.40
2000	819.39	3703	548.03	3700	547.60	1	0.11	2	0.32	1280	271.36
2001	1012.54	4849	630.37	4849	630.37	—	—	—	—	2077	382.17
2002	980.80	1609	186.64	1609	186.64	—	—	—	—	4412	794.16
2003	171.40	500	79.00	500	79.00	—	—	—	—	440	92.40
2004	473.69	1456	259.17	1456	259.17	—	—	—	—	909	214.52

(二)新农食品站

1986 年,占地面积 2300 平方米,建筑面积 1150 平方米,固定资产原值 45 万元,下设 4 家购销店,从业职工 24 人,全年收购生猪 8412 头和少量的禽、蛋等农副产品。

1988 年,国家实行货源产销直接交易,猪肉价格全面开放。新农食品站的购销业务开始下降,年收购生猪 5181 头,比 1986 年下降 38.4%。1992 年,新农食品站年收购生猪 530 余头,比 1986 年下降 93.7%。1993 年,国家取消生猪收购财政补贴,新农食品站停止生猪收购业务,保留猪肉供应业务并实行定额承包经营。2000 年,新农食品站各购销店全部转制为个体经营,食品站只留 1 名行政管理人员,负责和处理日常业务,并与朱泾食品站、吕巷食品站集中联合办公。其余从业职工实行买断工龄、落实协保、自谋职业、妥善分流。

1986—2001 年,新农食品站历任站长:胡军、顾纪林、蔡益辉。

1986—1992 年新农食品站生猪收购情况表

表 14-2　　　　单位:头

年份	生猪收购量	年份	生猪收购量
1986	8412	1989	2703
1987	6679	1990	1045
1988	5181	1991	718
1992	530	合计	25268

(三)新农药店

1986—1996 年,是新农供销社管辖的商店。1997 年起转为金山区药材医药公司管辖,占地面积 320 平方米,建筑面积 568 平方米,固定资产原值 28.40 万元,从业职工 5 人,经营中药 520 余种,西药 300 余种,均由药材医药公司统一配货。2001 年,随着区药材医药公司的经营体制改革,新农药店更名为上海恒德大药房有限公司新农药店,从业职工全部买断工龄,实行全员合同制。1997—2004 年,年均营业额 75.82 万元、利润 14.69 万元,历任经理:顾润月、顾旦明、胡秀云。

1997—2004 年新农药店经营情况表

表 14-3　　　　单位:人、万元

年份	从业人数	营业额	利润
1997	5	64.30	12.46
1998	5	65.00	12.60
1999	5	64.00	12.40
2000	5	66.44	12.88

续表 14－3

年份	从业人数	营业额	利润
2001	5	71.74	13.90
2002	5	77.83	15.08
2003	5	92.37	17.90
2004	5	104.90	20.33
合计	40	606.58	117.55

二、集体商业

(一)新农供销社

1986 年,占地面积 16650 平方米,建筑面积 9000 平方米,固定资产原值 82.60 万元。共开设 27 家商店(含站、村代购代销店),其中生产资料销售 4 家(农机、化肥、油品、建材各 1 家),生活资料销售 22 家(五金交电 2 家、棉布百货 2 家、烟糖食品 15 家、瓜果蔬菜 2 家、豆制品 1 家),农副产品收购 1 家(即棉花收购站)。1988 年起,全社推行经理负责制及职工岗位责任制等经营模式。1986—1990 年,从业职工年均 131 人,营业总收入 5182 万元,利润 140.49 万元。

1991 年起,全社先后实行定额承包和抽资承包等经营模式。1992 年,棉花收购站关闭。1991—1996 年,从业职工年均 101 人,营业总收入 5665 万元、利润 35.41 万元。

1997 年起,新农供销社与朱泾供销社撤二建一,名朱泾供销社,下属商店(含站)逐步转制为个体商业经营户。

1986—1996 年,新农供销社历任主任:余为康、朱德明、徐木根、曹佳松、吴永时、姜春云。

1986—1996 年新农供销社经营情况表

表 14－4　　单位:人、万元

年份	从业人数	营业额	利润	年份	从业人数	营业额	利润
1986	130	853	26.78	1992	124	1135	11.60
1987	130	912	30.20	1993	107	1021	4.83
1988	121	1050	16.70	1994	100	976	1.05
1989	136	1107	23.11	1995	100	803	1.04
1990	136	1260	43.70	1996	50	501	0.69
1991	124	1229	16.20	合计	1258	10847	175.90

1986—1992 年新农供销社棉花收购情况表

表 14-5 单位:吨、万元

年份	数量	金额	年份	数量	金额
1986	92	212	1990	52	119
1987	96	220	1991	32	73
1988	148	341	1992	14	31
1989	129	298	合计	563	1294

(二)新农商业分公司

1986 年,占地面积 2700 平方米,建筑面积 1960 平方米,固定资产原值 12 万元。下设 20 家商店(含设在部分村和企业的下伸店),其中,南什百货 4 家,烟糖食品 12 家,水果店 2 家,餐饮服务 2 家。1986—1989 年,从业职工年均 82 人,总营业额 369.3 万元。1990 年起,属下商店先后实施定额承包和抽资承包等模式。1990—1995 年,全公司从业人员年均 67 人,总营业额 614.9 万元。1996 年起,属下商店转制为个体商业经营,分公司留行政管理人员 1 人,负责和处理有关事务。2000 年,新农商业分公司并入松隐商业分公司。历任经理:王新强、须天顺。

1986—1995 年新农商业分公司经营情况表

表 14-6 单位:人、万元

年份	从业人数	营业额	年份	从业人数	营业额
1986	87	86	1992	69	127.80
1987	83	92	1993	65	136
1988	81	96.50	1994	64	70.60
1989	78	94.80	1995	61	57
1990	73	103	合计	732	984.20
1991	71	120.5	—	—	—

(三)乡办商店

1985 年,新农乡工业公司和副业公司联合投资 3.9 万元,在新农集镇亭枫公路北侧,建造 360 平方米的商用平房 1 幢,开设烟酒糖果店、饭店、水产禽蛋店和兔毛收购店 4 家乡办商店,从业职工 18 人。1986—1987 年,4 家乡办商店均实行定额承包经营,总营业额 41.45 万元、利润 2.16 万元。1988 年,因亭枫公路拓宽,商用平房拆除,4 家乡办商店关闭。是年,由乡副业公司投资 70 余万元在新农集镇北部建造占地面积 2668 平方米、建筑面积 1600 平方米商用楼房 1 幢,于 1989 年开设新厦综合商店、新厦饭店和新厦饲料店 3 家乡办商店,从业人员 12 人,实行定额承包经营。1989—1991 年,3 家乡办商店总营业额 70.39 万元、利润

4.07 万元。1992 年,3 家乡办商店的经营业务日趋减少,于年底全部关闭,其商用楼房租赁给镇工业企业和社会经商人员。

1986—1991 年新农乡办商业经营情况表

表 14-7 单位:人、万元

年份	从业人数	营业额	利润
1986	18	20.19	1.02
1987	18	21.26	1.14
1989	12	22.35	1.23
1990	12	23.46	1.35
1991	12	24.58	1.49
合计	72	111.84	62.23

(四)新农农贸市场

1985 年,由新农乡人民政府与松隐工商所联合投资建办的农副产品集市贸易场所,坐落于新农集镇浦银路 266 号,占地面积 1500 平方米,建筑面积 1420 平方米,固定资产原值 15.40 万元,内设 40 个摊位,主要交易蔬菜、鲜肉、家禽、鲜蛋、水产品等农副产品。1986—2000 年,由松隐工商所主管,配备管理人员 3 人。2000 年,市场实设摊位日均 27 个,年成交量 749.5 吨,成交额 648.17 万元。2001—2004 年,由金山市场有限公司松隐市场分公司主管,配备管理人员 2 人。2004 年,市场实设摊位日均 32 个,年成交量 1369.10 吨,成交额 1321.65 万元。

2000—2004 年新农农贸市场农副产品交易情况表

表 14-8

年份	每天平均摊位(个)	成交量(吨)		成交额(万元)	
		全年	每月平均	全年	每月平均
2000	27	749.50	62.46	648.17	54.01
2001	28	854.18	71.17	820.43	68.37
2002	28	915.30	76.28	888.03	74.00
2003	30	1111.80	92.65	1069.85	89.15
2004	32	1369.10	114.09	1321.65	110.14

2000—2004年新农农贸市场农副产品分类交易情况表

表14-9

产品名称		2000年	2001年	2002年	2003年	2004年
蔬菜类	每天平均摊位(只)	6	6	6	7	8
	年成交量(吨)	378	410.4	432	567	720
	年成交额(万元)	136.08	164.16	172.80	226.80	302.40
肉类	每天平均摊位(只)	7	7	7	7	7
	年成交量(吨)	100.8	107.1	113.4	117.2	163.8
	年成交额(万元)	141.12	160.65	170.10	175.80	262.08
水产类	每天平均摊位(只)	8	9	9	9	9
	年成交量(吨)	259.2	324	356.4	405	453.6
	年成交额(万元)	362.88	486	534.60	648	725.26
禽蛋类	每天平均摊位(只)	2	2	2	3	4
	年成交量(吨)	9	10.08	10.80	18.9	28.8
	年成交额(万元)	6.84	8.06	8.64	17.01	28.80
其他类(豆制品等)	每天平均摊位(只)	4	4	4	4	4
	年成交量(吨)	2.5	2.6	2.7	2.8	2.9
	年成交额(万元)	1.25	1.56	1.89	2.24	2.61

三、个体商业

1986年,新农乡注册登记发证的个体商店有138家,其中,食品、杂货48家,五金建材23家,日用百货16家,餐饮22家,加工修理29家。总从业人员282人,年营业额79.38万元。1990年起,新农镇(乡)集体商业先后转制为个体商业。2004年,全镇注册登记发证的个体商店有367家,其中,食品、杂货204家,五金建材35家,日用百货23家,餐饮34家,加工修理71家。共有从业人员771人,年营业额19958万元。

1999—2004年新农镇个体商业情况表

表14-10

年份	注册户数(户)	从业人数(人)	营业额(万元)
1999	242	496	2091
2000	259	534	2577
2001	275	569	3066
2002	303	630	4699

续表 14－10

年份	注册户数(户)	从业人数(人)	营业额(万元)
2003	338	706	7871
2004	367	771	19958
合计	1784	3706	30262

第三节　商业网点

一、概况

1986—1996 年，新农镇(乡)有新农集镇、东新镇(石鼓桥)、五龙庙和金山大桥 4 个较集中的商业网点，共开设各类商店 115 家，销售各类生产资料和生活资料，有从业职工 436 人。其中，开设在新农集镇的有 80 家，占全镇(乡)商店总数的 69.6%；开设在东新镇的有 12 家，占全镇(乡)商店总数的 10.4%；开设在五龙庙的有 18 家，占全镇(乡)商店总数的 15.7%；开设在金山大桥的有 5 家，占全镇(乡)商店总数的 4.3%。

1997—2004 年，因新农镇域变动等原因，原 4 个商业网点逐渐减少成新农集镇和五龙庙 2 个较集中的商业网点，共开设商店 235 家，有从业人员 572 人。其中，开设在新农集镇的 196 家，占全镇商店总数的 83.4%；开设在五龙庙的 39 家，占全镇商店总数的 16.6%。

二、分布

(一)超市连锁店

2001 年起，新农集镇出现规模较大、商品上架、顾客自选、电脑结算的个体超市连锁店。至 2004 年，新农集镇共开设 2 家百货超市连锁店，其中，一家是“上海华联超市新农连锁店”，开设在新农集镇浦银路 404 号，营业面积 260 平方米，有从业人员 8 人，年均营业额 145 万元；另一家是“上海联华超市新农连锁店”，开设在新农集镇亭枫公路 2857 号，营业面积 120 平方米，有从业人员 4 人，年均营业额 80 万元。

(二)粮油购销店

1986—1992 年，新农粮油管理所开设 2 家粮油、饲料供应店。其中，一家开设在新农集镇，营业面积 260 平方米，有从业职工 6 人；另一家开设在金山大桥，营业面积 240 平方米，有从业职工 6 人。1993 年，2 家粮油饲料供应店先后关闭。

(三)猪、禽、蛋购销店

1986—1992 年，新农食品站下设 4 家生猪、禽蛋和鲜肉购销店，其中，开设在新农集镇的 2 家，营业面积 890 平方米，有从业职工 12 人。开设在东新镇的 1 家，营业面积 320 平方米，有从业职工 4 人。开设在五龙庙的 1 家，营业面积 320 平方米，有从业人员 4 人。1993—2000 年，4 家购销店停止生猪收购等业务，主营猪肉供应。

(四)便民商店

1986年,新农乡有便民商店14家,从业职工40余人。其中属新农供销社的代购代销店10家,属新农商业分公司的下伸店4家。分别开设在五龙、爱国、三浜、万年、慧农、牡丹、幸福、长浜、新范、新民、温河、光华、三图14个村。2004年,新农镇有为民服务个体商店29户,从业人员50余人。分别开设在五龙、三浜、万年、慧农、牡丹、温河、光华7个村和部分村民小组。

(五)其他服务店

餐饮 1986—1991年,新农乡经营酒菜、米饭和点心等各类餐饮店共有15家,其中集体餐饮店2家、个体餐饮店13家,总营业面积782平方米、从业职工38人。开设在新农集镇的有8家,其中稍具规模的2家(新农商业分公司开设的新农饭店,营业面积108平方米,从业职工5人;乡副业公司开设的新厦饭店,营业面积124平方米,从业职工6人);开设在东新镇、五龙庙和金山大桥的个体小型餐饮店4家;开设在三浜、温河村的个体小型餐饮店3家。

1992—2004年,新农镇(乡)经营酒菜、米饭和点心等各类餐饮店共有21家,总面积1512平方米,有从业人员56人。开设在新农集镇的19家,其中稍具规模的有2家(本镇农民开设的由辰酒家,营业面积576平方米,有从业人员8人;三峡库区移民开设的一品香川菜馆,营业面积176平方米,有从业人员5人),其余17家(均是小型餐饮店),分别开设在五龙庙、金山大桥等集市地。

旅馆 1986—2004年,新农集镇个体小型旅馆有2家,其中,新跃旅馆开设在集镇池泾路47号,设床位10张,有从业人员2人;车站旅馆开设在亭枫公路2845号,设床位5张,有从业人员1人。

照相 2000年,新农集镇有芳芳照相馆(个体)一家,开设在亭枫公路2862号。2003年移至浦银路306号。有从业人员2人。

理发 1986年,新农乡有个体理发(含美发)店19家,从业人员21人。其中,开设在新农集镇的有5家,升设在五龙庙、东新镇和金山大桥的各2家,开设在三浜、万年、慧农、新范、新民、温河、光华、三图村的各1家。2004年,新农镇有个体理发店20家,有从业人员34人。其中,开设在新农集镇的有11家,开设在五龙庙的有3家,开设在三浜、万年、慧农、牡丹、光华、温河村的各1家。

浴室 2001—2004年,新农集镇有个体浴室2家,其中,新洁浴室开设在新农桥北堍,营业面积96平方米,床位10张,有从业人员2人;兴兴浴池开设在集镇文化路22号,营业面积260平方米,床位28张,有从业人员6人。

洗涤 1998—2004年,新农集镇有个体洗涤店2家,其中,新光服装干洗店开设在浦银路317号,营业面积34平方米,有从业人员2人;如意干洗店开设在浦银路291号,营业面积32平方米,有从业人员2人。

加工修理 1986年,新农乡有个体加工修理服务店29家,占全乡商业总户数的15.6%。其中服装及针织品加工14家,日用五金及家用电器加工修理7家,自行车及摩托车修理8家。2004年,新农镇有个体加工修理服务店71家,占全镇商业总户数的19.2%。其中,服装及针织品加工32家,日用五金及家用电器加工修理18家,自行车及摩托车修理21家。加工修理服务店大部分开设在新农集镇、五龙庙和金山大桥等商业网点,部分开设在三浜、万年、慧农、牡丹、温河、光华等村。

第十五章　交通运输

新农镇水陆交通方便，水路有市级航道 2 条，区级航道 3 条，镇级航道 11 条，总长 72.22 千米；手摇船渡口 1 个。陆路有国家公路 2 条，区级公路 2 条，镇级公路 8 条，总长 45.3 千米。村级道路 101 条，总长 20.5 千米。

第一节　交通运输环境

一、水路

2004 年，新农镇域内，市级航道有大泖港、掘石港 2 条，计长 8.2 千米，可通航150～200 吨级以上的船舶；区级航道有张泾、惠高泾（五龙港）、池泾 3 条，计长 14.76 千米，可通航 25～100 吨级船舶；镇级航道有新景河、后桥港、新风河、小张泾、石臼浦、南朱泥泾、新幸河（一号联办河）、新联河（二号联办河）、新新河、温河泾、北朱泥泾 11 条，计长 49.26 千米，可通航 10～15 吨船舶。

20 世纪 80 年代，新农乡（公社）水上运输为主要运输方式。1986—1989 年，全乡有各类运输船只 417 艘，计 3515 吨位，年均水上运输货物周转量为 35811 千吨/千米、货运量为 331000 吨。其中新农运输站拖轮 4 艘，计 440 马力、水泥驳船 28 艘，计 935 吨位；各村及村民小组有机动船 2 艘、水泥船 288 艘，计 1784 吨位；全乡个体户有机动船 7 艘、水泥船 88 艘，计 796 吨位。

20 世纪 90 年代起，新农镇（乡）水上运输逐渐萎缩。1990—1994 年，全镇（乡）有各类运输船 30 艘，计 1376 吨位，年均水上运输货物周转量为 25774 吨/千米、货运量为 194000 吨。其中新农运输站拖轮 3 艘，计 330 马力，铁驳船 21 艘，计 1016 吨位；个体户机动船 6 艘，计 360 吨位。1995 年新农运输站关闭。

2004 年新农镇交通航道情况表

表 15－1

名　称	级　别	起讫点	通航能力（吨）	镇域内长度（千米）	河面宽度（米）
合 计				72.22	—
大 泖 港	市级	掘石港—竖潦泾	200	4.2	150

续表 15-1

名　称	级　别	起讫点	通航能力（吨）	镇域内长度（千米）	河面宽度（米）
掘石港	市级	胥浦塘—大泖港	150	4.0	92
张泾	区级	金卫南门—大泖港	100	8.0	40
惠高泾	区级	山塘—掘石港	40	1.6	26
池泾	区级	张泾—掘石港	25	5.16	20
新景河	镇级	张泾河—惠高泾	15	5.2	17.5
后桥港	镇级	南小张泾—掘石港	10	4.26	13
新风河	镇级	南小张泾—掘石港	10	4.16	16
小张泾	镇级	大泖港—新景河	10	5.98	17
石臼浦	镇级	池泾—归泾	10	6.8	15
南朱泥泾	镇级	池泾—新景河	10	2.0	13
新幸河（一号联办河）	镇级	张泾—西王家湾	10	5.54	12.4
新联河（二号联办河）	镇级	张泾—王家湾	10	4.6	12.5
新新河	镇级	张泾—掘石港	15	4.6	17
温河泾	镇级	池泾—大泖港	15	3.24	19
北朱泥泾	镇级	池泾—大泖港	10	2.88	18.3

二、陆路

2004 年，新农镇域内，国家级公路有 320 国道（亭枫公路）、S19 国道（新卫高速公路）2 条，计长 10 千米；区级公路有金石公路、金张公路 2 条，计长 10 千米；镇级公路有新吕路、新慧路、爱五路、沈三路、新光路、新牧路、新慧南支路、新慧西支路 8 条，计长 25.3 千米；村级道路（机耕路和人行路）101 条，长 20.5 千米。

新卫高速公路（S19）新农镇段

20 世纪 80 年代，新农乡（公社）陆上运输，各村（大队）只有中小型拖拉机运输，少数企业及个体户有小型运输车辆。1986—1989 年，全乡有各类运输车辆 20 辆，其中，乡村企业 18 辆，个体户 2 辆，计 57 吨位，年均货运量 1.5 万吨；有各类运输拖拉机 156 辆，其中村中型运输拖拉机 11 辆、个体户小型运输拖拉机 145 辆,计 251 吨位,年货运量 26.5 万吨。

20 世纪 90 年代起,陆上交通环境改善,机动运输车辆增多,新农镇(乡)陆上运输成为主要运输方式。2004 年,全镇有各类运输汽车 139 辆,其中,镇、村企业 97 辆,个体户 42 辆,计 396 吨位,年均货运量 10.8 万吨;个体户小型运输拖拉机 52 辆,计 78 吨位,年均货运量 6.7 万吨。

2004 年新农镇道路交通情况表

表 15－2

名 称	级 别	起 讫 点	境内长度（千米）	红线宽度（米）	车道宽度（米）
合 计			45.3		
亭枫公路	国道	亭林镇—枫泾镇	6	45	14
新卫公路	国道	亭枫公路—石化纬六路	4	60	14
金张公路	区道	金山大桥—张埝镇	4.5	30	7
金石公路	区道	亭枫公路—石化纬七路	5.5	32～45	7～14
新吕路	镇道	新农镇—吕巷镇界	5.0	12	6
新慧路	镇道	新农镇—万年村	4.2	8	6
爱五路	镇道	新吕路—金张公路	3.3	8	5
沈五路	镇道	新吕路—金张公路	2.4	8	5
新光路	镇道	亭枫公路—光华村六组	3.4	8	5
新牧路	镇道	亭枫公路—三图村	4.3	8	5
新慧南支路	镇道	万年村—干巷镇界	1.2	8	6
新慧西支路	镇道	新慧路—吕新路	1.5	8	6

三、渡口

1986 年,新农镇域内渡口仅有大泖港三图村渡口,位于三图村东北角,与松江区泖港镇隔河相望。该渡口设立历史悠久,为大泖港南北两地的民间交往、学生就读、职工上下班和集市贸易提供方便。

20 世纪 90 年代起,水上运输船只普遍实现机械化航行,特别是过往机船流量频繁,给手摇摆渡船带来不安全因素。1995 年 5 月 15 日,三图村渡口的渡船与铁驳船相撞,造成 1 人落水身亡。1996 年 3 月 5 日,三图村渡口的渡船又一次与铁驳船相撞造成 12 人落水,1 女孩溺水身亡。两起渡口恶性事故,社会反响很大,经济损失 12 万元。

1997 年 10 月,鉴于事故教训,并针对当时三图村学生已全部在镇内学校就读、村民上下班绝大部分在镇企业、大泖港南北两地的民间往来和集市贸易也越来越少,经上级批准,三图村渡口撤销。

第二节 交通运输企业

一、新农运输站

1958年成立,主营水上运输。1986—1989年,运输站有拖轮4艘,计440马力,水泥驳船27艘,计839吨位,建有轮队3支。年均从业职工119人,货运量75000吨,产值167.25万元,利润10.05万元。1990—1994年,运输站有拖轮3艘,计330马力,铁驳船21艘,计1016吨,建有轮队3支。年均从业职工85人,货运量42000吨,产值89.8万元,利润2.55万元。1995年,运输站关闭,2支轮队转让,1支轮队出租,职工自谋职业。历任站长叶金明、干德林、陆金云、陈元根。

1986—1994年新农运输站经济效益情况表

表15-3　　单位:万元

年份	产值	利润
1986	126	7.58
1987	215	12.90
1988	208	12.50
1989	120	7.20
1990	95	5.60
1991	94	5.60
1992	93	5.03
1993	85	0
1994	82	-3.5

二、新农汽车队

1983年成立,主营陆上运输。1986—1992年,汽车队有运输汽车12辆,37吨位。年均从业职工30人,产值33.29万元,利润3.88万元。1993—1996年,汽车队有运输汽车10辆,35吨位。年均从业职工16人,产值14.71万元,利润1.85万元。1997年,汽车队转制,其车辆及驾驶员回归原单位,车队留一名管理人员负责日常事务,配合上级交通部门,做好全镇运输汽车年检及驾驶员年审等工作。历任队长顾志忠、金火军、唐小弟、黄火云、沈奇云、张火林。

1986—1996 年新农汽车队经济效益情况表

表 15－4　　　　单位:万元

年 份	产 值	利 润
1986	36.49	6.51
1987	37.60	2.40
1988	45.70	5.50
1989	28.47	6.67
1990	24.90	2.50
1991	29.90	2.60
1992	30.00	1.00
1993	17.60	1.00
1994	13.20	3.00
1995	17.33	1.00
1996	10.70	2.40

三、新农装卸队

1966 年成立,主营货物装卸。主要设备有 2 吨吊车 1 台和四节输送机 1 台(均固定在新农铁丝制品厂内),无固定装卸码头和其他设备,装卸作业主要靠人扛肩挑。1986—1989 年,年均从业职工 18 人,产值 3.03 万元,利润 0.23 万元。1990—1992 年,年均从业职工 10 人,产值 2.04 万元,无利润。1993 年,装卸队关闭,职工自谋职业。历任队长沈国贤、赵东祥、唐顺德。

1986—1992 年新农装卸队经济效益情况表

表 15－5　　　　单位:万元

年 份	产 值	利 润
1986	2.66	0.25
1987	4.30	0.41
1988	2.86	0.27
1989	2.29	0
1990	2.63	0.20
1991	1.85	0
1992	1.64	0

第三节　交通运输管理

1983 年起,新农乡人民政府(公社)配备一名船舶专管员和一名车辆专管员,管理监督全乡各类船舶、车辆的运行、维修和保养工作;定期组织机动船、汽车驾驶员,学习交通法规和开展业务交流活动。

1993 年起,新农镇(乡)人民政府制定《交通运输管理考核办法》,进一步贯彻“谁主管,谁负责”的原则,强化交通运输管理工作。考核对象为有机动船、车辆运输的镇(乡)级企业、村级企业、私营企业和个体专业运输户。考核内容为事故考核、遵章守纪考核、管理业务考核和宣传工作考核等。考核办法以百分扣分法进行,考核成员由船车专管员和派出所交通组人员组成,每年考核 1 ~2 次,年终根据得分多少评出前 3 名和后 5 名,对考核得分前 3 名予以奖励,后 5 名予以罚款。

第十六章　邮政　电信

第一节　邮　　政

一、机构

1986 年，新农邮电所坐落在新农集镇亭枫公路北堍，有机线员 2 人，投递员 4 人。人事由金山邮电局管理，业务归松隐邮电支局管理。电话交换由县局市话网接续。1987 年，新农邮电所迁址新农集镇新中路，1995 年 8 月，迁址新农集镇浦银路 429 号，开通 2000 门 RASM 数字交换机，邮电业务从松隐支局分出，开始单独受理。邮电所主任陈丙权。1997 年 4 月，新农邮电所升格为邮电支局，直属金山县邮电局领导，支局长陆锦林。1998 年 9 月起，实行邮、电分营后，单独成立新农邮政支局，并迁址新农集镇浦银路 465 号。历任邮政支局长胡军、康珏。

二、邮路

1986—2004 年，新农邮政支局设投递邮路 2 条，其中委办邮路 1 条，邮路单程全长 95 千米，投送镇区及 14 个行政村、184 个村民小组、40 多个企事业单位。投递频次每天一次。邮件总包直接由上海至金山转趟车交接，每天进出口频次 1 进 2 出。邮区服务面积 28.94 平方千米，2.3 万余人。设邮票代售点 5 个，信箱（筒）7 个，社会报刊发行站 10 个。

三、邮务

新农邮政支局经营业务主要有报刊订阅、信函交接和邮政储蓄等。1986—2004 年，实物年均邮入 1500 件、邮出 1100 件，发行刊物 106500 份、报纸 135600 份。1993 年起，新农邮政支局，配有 2 台电脑与企业网沟通。至县局电报由话传改为传真，来报仍由县局报房收转，由支局投递用户。1997 年，新农邮电支局增加国际特快专递业务。函件、包裹、汇票业务均用微机处理。1998 年起，新农邮政支局开办代发退休人员养老金业务，并代收居民电费。

1998—2004年新农邮政支局计费业务情况表

表16-1

项　目	单位	1998年	1999年	2000年	2001年	2002年	2003年	2004年
函　件	万件	0.58	0.60	0.61	0.60	0.59	0.62	0.60
包　裹	万件	0.10	0.12	0.10	0.13	0.10	0.11	0.11
汇　票	万张	0.20	0.21	0.19	0.20	0.18	0.24	0.25
邮政快件	万件	0.28	0.30	0.37	0.40	0.53	0.55	0.60
特快专递	万件	0.21	0.33	0.42	0.51	0.58	0.65	0.70
报　纸	万份	1.0	1.05	1.10	1.10	1.15	1.20	1.20
杂　志	万份	0.80	0.95	0.90	0.95	0.10	0.10	0.12

1998—2004年新农邮政支局营业收入情况表

表16-2　　单位:万元

年份 收入项目	1998	1999	2000	2001	2002	2003	2004
函　件	0.35	0.42	0.42	0.43	0.42	0.43	0.50
包　件	1.30	1.50	1.50	1.55	1.78	1.80	2.10
汇　票	0.30	0.35	0.40	0.40	0.60	0.65	0.70
邮政快件	0.70	0.80	11.0	11.0	13.80	14.50	15.0
报刊发行	1.50	1.65	1.65	1.70	1.80	1.80	2.0
合　计	4.15	4.72	14.97	15.08	18.40	19.18	20.30

第二节　电　　信

一、机构

1998年9月邮、电分营后,成立新农电信分局,主管新农镇域内电讯业务。分局下设办公室、机务组、机线组,有员工6人。1999年6月,上海金脉通信实业合作公司在新农镇开设新农分公司,承包新农电讯分局的经营业务。分公司下设机线、营业、物业3个组,有员工7人。

二、设施

1986年,新农电话交换归县局市话网,当地电话自动化。挂发长途仍需由县局受理并接续。1989年11月12日,电话号码由6位升至7位。1995年8月,新农邮电所开通RASM数字交换机 2000 门,新农镇域电话由原朱泾二局 10CM 交换机全部划归新农邮电所交换,实现电话交换数字化,局号 734。是年 11 月,电话号码由 7 位升至 8 位,局号为 5734。1997 年,RASM 交换机扩容至 4000 门。1999 年 10 月,新农电讯分局 RASM 交换机扩容至 5660 门;2001 年 5 月扩容至 6400 门,其中包括 ISDN128 门。至 2002 年年底,交换机容量 7013 门,其中 ISDN128 门,实占 5908 门,其中 ISDN 占 17 门。

在网络结构体制上,新农 5734RASM 为朱泾 5732 局的远端模块局。新农分局至朱泾分局设有架空光缆 3 条,共 84 芯,11.4(3.8×3)皮长千米,沟通 5734 模块局与 5732 母局之间电路联络。新农至松隐分局设有架空光缆 2 条,计 36 芯,6.6(3.3×2)皮长千米,沟通松隐 5738RASM 模块局及周栅电话站模块至母局朱泾 5731 局的电路联络。

1998 年 12 月 19 日,新农镇政府召开由各村委会主任参加的电话村建设动员会,金山电信局局长周益平参加会议。会后,镇政府领导与各村委会签署《确保电话镇建设协议书》,从此电话村建设全面开展。至 1999 年秋,全镇电话平均百户普及率为 60,基本实现电话镇目标。至 2001 年底,全镇电话用户数 5891 号,另有 ISDN 用户 17 户,主线普及率 31.2%,平均百户普及率为 105%。是年,长浜村被评为金山电话区建设先进集体。

1998 年下半年,新农镇开始 IP 宽带骨干网建设。至 1999 年 6 月底,随着金山电信 IP 宽带骨干网建成测试开通,新农节点运行开放。2000 年秋,新农镇开始 FTTB 宽带接入网建设,至 2001 年春,覆盖全镇的 FTTB 宽带接入网建成,并开始向用户开放宽带业务。至 2001 年年底,全镇发展光纤(FTTB+LAN)专线用户 94 户,17.5% 城镇居民装有 FTTB+LAN 专线,另有 18 户宽带用户采用 ADSL 上网。

2001 年,新农分局共有出局管道 36 孔。出局用户电缆 7 条,计 8400 线对,实占 5937 线对,其中 ISDN 占 42 对。出局用户光缆 2 条,144 芯线,实占 72 芯线。各类在用通信电杆 4252 根(用户杆除外)。交换机配套设备 18000 回线总配线架 1 架,密封式蓄电池 2 组,柴油发电机 1 台。机房配有监控设备和烟火、温度等告警装置,分局备有五十菱工程车 1 辆。

2002 年,新农分局营业区内共设有公用电话 23 处,其中,投币式电话 11 处,IC 卡电话 5 处,普通电话 7 处,另有 201 卡电话 116 处,公众可以方便地使用公用电话。2004 年年底,全镇手机(移动电话)用户 5548 户。

三、业务

电信业务主要是线路设备的维护修理,电话机的装、拆、移机;电话机、BP 机、手机、电脑、网络等通信设备的销售和电话费,BP 机月租信息费、移动电话通信费等代收。大部分电信业务由承包单位经营。2001 年,根据市电信公司和区局有关岗位设置和定额编制的原则,分局在职工内部进行岗位竞聘。2002 年起,分局对内部通信设备、维护和修理实施监控。

新农电信分局电信业务收入:2000 年 315.18 万元,2001 年 330.64 万元,2002 年 378 万元。

第十七章　财税　审计　金融

1985 年 5 月,新农乡成立财政所,开始建立乡一级财政。金融系统逐年扩大服务项目,为乡、村企业和农业生产的发展提供经济支持。税务部门依法治税,强化税收征管。

第一节　财　　政

一、机构

1985 年 5 月,成立新农乡财政所,受乡政府和县财政局双重领导。设所长 1 人,总会计 1 人,专管员 2 人,所长朱秀龙。1994 年 9 月,新农乡财政所改名为新农镇财政所。2004 年,所长冯齐飞。

二、收入

1986 年,金山县对乡、镇的财政收支实行"划分范围,核定收支,收支挂钩,超收分成,超支不补,一年一定"体制。1988 年,改为"核定基数,递增上缴,超收分成,超支不补,一定三年不变"。新农乡以 1987 年工商税收入为核定基数,每年平均递增 5.2% 为承包数,超收部分由县财政按比例返还,上缴不足则不得返还,且在以后年度中补足。1994 年,金山县对乡、镇财政收支实行"收入定额上缴,超收定比分成,支出定额下拨"的分税制财政管理体制。分税制收入在新农财政总收入中的比重逐年提高。2000 年 12 月 28 日,新农镇根据金山区政府《2001—2004 年镇级财政管理体制的决定》,镇级财政实行"明确收入范围,核定上缴基数,增量定比分成,支出分级负担"的新一轮财政管理体制。

2004 年,新农镇财政总收入 7580.94 万元,其中财力结算收入 4716.40 万元,占财政收入的 62.2%。

1986—2004 年新农镇(乡)财政收入情况表

表 17－1　　　　单位:万元

年份	财政总收入	其中										
		预算内收入			预算外收入			自筹资金收入				
		上级拨款	财力结算收入	税收超收分成	教育附加	堤防维护费	其他收入	以工补农	社会性开支收入	定额上交收入	其他收入	劳动积累工
1986	101.13	—	—	—	—	—	—	—	—	—	—	—
1987	91.89	—	—	—	—	—	—	63.94	27.63		0.32	
1988	110.10	—	—	—	—	—	—	—	—	—	—	—
1989	278.08	117.64	—	—	26.23	—	—	99.05	5.85	—	16.63	12.68
1990	345.37	123.68	—	—	12.75	—	—	115.32	29.03	17.91	30.43	16.25
1991	349.73	107.50	—	—	12.50	—	25.40	140.72	25.05	12.90	25.66	—
1992	415.55	185.47	—	—	16.48	—	46.88	103.42	25.19	5.42	32.69	—
1993	559.18	230.87	—	—	13.19	—	128.68	114.17	23.68	9.85	38.74	—
1994	913.77	199.0	113.73	27.2	36.18	6.6	357.72	79.07	26.13	10.31	57.83	—
1995	919.46	194.0	50.06	65.19	21.99	6.66	184.20	121.88	28.36	9.58	237.54	—
1996	828.16	194.0	40.51	188.79	21.22	4.93	82.98	85.38	9.30	9.07	191.98	—
1997	827.10	194.0	44.05	142.74	20.55	2.13	211.33	62.65	9.30	0.21	131.26	8.87
1998	1272.27	194	666.79	—	—	—	37.07	39.93	—	62	266.53	5.95
1999	1716.65	194	1081.62	39.43	8.57	0.91	284.85	40.60	6.28	17.50	—	43.12
2000	2476.59	194	1355.07	73.73	—	—	805.96	—	—	—	47.83	—
2001	2466.97	200	1799.26	106.14	—	—	334.25	—	—	—	27.32	—
2002	3746.76	475.97	2619.97	—	—	—	616.33	—	—	—	34.49	—
2003	5005.59	478.73	3379.46	—	—		103.44	—	—	978.50	65.46	—
2004	7580.93	390.64	4716.40	—	—	—	22.62	—	—	841.12	1610.15	—

说明:此表数据摘自新农镇(乡)历次人代会财政预决算报告中财政决算部分

三、支出

2004 年,新农镇财政支出 7286.52 万元,其中用于支援农副业生产 500.18 万元,占 6.86%;用于文教卫生、科技经费 1050.72 万元,占 14.42%;用于行政管理经费 942.7 万元,占 12.94%;用于经济小区奖励基金和招商贴本经费占 38%。财政支出中,教育经费每年都有增加,2004 年教育经费支出是 1986 年的 120 多倍。用于抚恤和社会福利支出增加 7 倍多。财政收支相抵,累计结余 887.43 万元。

1986—2004 年新农镇(乡)财政支出情况表

表 17-2　　　　单位:万元

年份	财政总支出	支出分类												
		基本建设支出	支援农村生产	农林水利事业费	文化广播体育	教育事业支出	医疗卫生支出	抚恤社会福利	行政事业单位退休费	社会保障补助	行政管理费	城镇维护费	其他经费	上解支出
1986	83.99	—	40.04	—	2.03	7.58	0.52	24.60	—	—	5.29	1.23	2.71	—
1987	115.09	12.35	54.16	—	1.78	6.33	2.79	23.22	—	—	4.44	2.61	0.26	1.15
1988	135.51	—	—	—	—	—	—	—	—	—	—	—	—	—
1989	283.83	—	60.14	—	—	123.14	—	28.89	—	—	33.45	1.0	37.21	—
1990	333.60	—	71.34	—	2.35	141.45	—	32.23	—	—	33.06	1.0	52.17	—
1991	363.15	36.0	65.59	10.74	7.13	137.36	27.33	15.18	—	—	39.86	1.15	22.81	—
1992	416.49	17.04	78.49	19.24	7.39	145.48	30.80	16.94	—	—	51.71	1.15	48.25	
1993	538.93	36.36	67.39	19.13	10.59	190.14	47.29	19.47	—	—	75.28	1.89	55.3	16.09
1994	886.72	156.02	72.68	22.99	9.91	284.62	69.59	27.97	—	—	124.99	2.0	26.74	89.21
1995	863.15	90.0	69.75	23.27	9.56	328.69	58.65	35.38	—	—	187.09	4.50	27.55	28.77
1996	881.42	3.51	72.60	24.80	11.30	380.20	75.94	50.20	—	—	202.30	5.30	37.49	17.78
1997	961.58	8.0	10.07	31.57	—	520.31	—	61.18	—	—	259.24	5.80	61.57	5.21
1998	1214.66	—	18.40	30.93	15.64	435.85	92.18	68.35	9.98	—	251.0	6.0	285.27	1.05
1999	1715.55	5.0	40.81	17.0	15.61	501.14	90.65	77.98	9.40	—	305.35	5.9	646.71	—
2000	2646.1	33.0	537.63	20.80	18.0	583.59	84.50	66.49	10.0	—	409.11	5.50	877.48	—
2001	2545.61	10.0	172.62	18.37	18.20	623.15	84.60	79.65	10.0	—	408.95	6.0	1114.07	—
2002	3411.76	7.50	167.21	16.18	24.92	673.07	98.32	136.29	10.0	—	477.21	14.0	1787.06	—
2003	4505.69	115.0	190.61	38.68	30.0	816.14	74.75	94.19	10.0	—	631.90	4.50	2418.54	—
2004	7286.50	156.50	468.73	31.45	44.50	917.92	88.30	194.47	10.0	102.61	942.70	—	4329.32	—

四、管理

(一)预算实施

1985 年起,根据《中华人民共和国预算法》和预算操作顺序,新农镇(乡)财政所编制预算计划,并提交镇(乡)人民代表大会审议、通过。在分解、落实预算资金时,优先安排农业、科技、教育、卫生等重点项目的投入和人员经费,对下拨的财政资金进行跟踪监控。1998 年 11 月 10 日,新农镇政府发文规定,村级财务收支从 1999 年起实行预决算公开,定期向村民代表会议公布,接受群众监督。

2003 年,新农镇对预算外资金实施“纳入预算,收交分离,收支脱钩”管理,由财政所在银行开设专户,实行专款专用。2004 年,新农镇人民政府发文,对镇级财政收支预决算管理作进一步规定。是年,对16个预算单位的镇级财政资金,逐一进行审计。

(二)会计事务

1988年,财务会计实行持证上岗。全乡首批领取会计证的有34人。1991年,行政、事业单位开始单独建立账户,会计事务由联户会计代理,单位只设一名兼职出纳,费用开支由单位提出申请,报乡分管领导审批,财政所按年初预算分批下拨。1994年,新农镇226名会计从业人员,有115人取得技术等级证书(会计师3人,助理会计师31人,会计员81人)。年内,首批参加会计电算化培训的14名企、事业单位会计,均取得"会计电算化培训合格证"。

1996年,新农财政所试行会计委派制,有4名会计委派到求新市政建筑公司、江夏公司等镇属企业任职。2000年7月1日,全面实施新会计法。2002年5月1日,取消村总会计岗位,由镇经济管理所经过公开招考的3名村总会计,对村级财务实行集中代理记账。

2004年,新农镇在岗会计102人,除具有会计从业资格证外,其中70人取得会计电算化合格证。在专业技术职称上,有会计师6人,助理会计师30人,会计员40人。

第二节　税　　务

一、机构

1985年,松隐税务所在新农集镇康健路32弄30号设立税务小组,工作人员8人,赵照生任组长。1996年,撤销新农税务小组,新农镇的税收业务由松隐税务所办理。

二、农业税

1987年前,农业税由税务部门委托粮管所,在收购粮油时代扣代缴。1988年,农业税改由乡财政所征收,按各承包户承包面积计算开列征收清册,以村民小组为单位代扣代缴。新农地区的农业税税率为4.64%。1998年,国家改革粮食流通体制,农业税开始向农户直接征收。2002年,金山区政府实施农村税费改革试点,新农镇按照"减轻、规范、稳定"的原则,落实"三个取消"(取消镇统筹,取消屠宰税,取消劳动积累工和义务工)。对承包户的纳税粮田面积重新核对造册,共核消面积143.68公顷,解决历年来有税无田的遗留问题。农业税征收,以1998年前5年农作物平均产量,核定为630公斤,征税率调整为5.24%,农业税附加征税率为15%,全镇计征面积1693.46公顷,共征农业税110.59万元。

2003年,国家开始免征农村承包粮田的农业税,只征集体经营粮田农业税。新农镇应征粮田面积76.9公顷,征收农业税4.93万元。2004年起,国家停止征收农业税。

1988—2003年新农镇(乡)农业税征收情况表

表17-3

年 份	纳税面积（公顷）	纳税主粮（吨）	每亩主粮（公斤）	每亩负税（元）	税率（%）	农林特产税（元）	农业税（元）
1988	2383.13	2911.154	40.71	14.80	4.64	—	532187.99
1989	2308.33	—	40.73	18.56	—	54184	642597.00
1990	2294.07	1401.579	40.73	18.56	—	—	638556.00
1991	2193.64	—	40.75	18.47	—	—	636100.00
1992	2283.72	—	40.73	22.52	—	37433	771300.00
1993	—	—	—	—	—	54224	755710.88
1994	2149.16	1313.425	40.74	33.95	—	79118	1094477.00
1995	—	—	—	—	—	—	1522800.00
1996	1996.57	1219.666	40.73	49.69	—	69308	1487992.52
1997	1994.77	1229.871	41.1	50.15	—	45276	1500442.62
1998	1990.49	—	—	51.25	—	—	1530081.30
1999	1987.6	—	—	51.30	—	—	1529464.66
2000	1984.08	—	—	51.59	—	—	1535454.18
2001	1977.73	—	—	46.52	—	—	1380143.60
2002	1693.46	—	—	41.89	5.24	—	1105918.92
2003	76.9	—	—	42.74	—	—	4.93

三、工商税

1986年,税务部门征收的工商税种有产品税、增值税、营业税、城市维护建筑税、教育费附加税、所得税、奖金税、建筑税、车船使用税、房产税,个人调节税、国家能源税、交通建设税、土地使用税、印花税、水资源税、预算调节基金税等。2004年,新农镇实现税收10989.17万元。

1988--2004年新农镇(乡)税收征收情况表

表17-4

单位:万元

年 份	税收总额	税收分类					
		承包内税收	“三资”企业税收	集市贸易税收	个体企业税收	私营企业税收	经济小区税收
1988	367.0	367.0	—	—	—	—	—
1989	299.9	299.9	—	—	—	—	—

续表 17－4

年份	税收总额	税收分类					
		承包内税收	“三资”企业税收	集市贸易税收	个体企业税收	私营企业税收	经济小区税收
1990	346.4	346.4	—	—	—	—	—
1991	362	362	—	—	—	—	—
1992	466.71	466.71	—	—	—	—	—
1993	556.55	556.55	—	—	—	—	—
1994	741.48	557.93	107.85	3.24	16.77	28.69	—
1995	682.25	417.13	192.25	7.04	24.42	41.41	—
1996	908.54	611.31	220.67	10.28	27.40	38.88	—
1997	921.80	414.16	202.23	4.35	20.86	61.55	218.65
1998	1582.10	820.53	168.36	2.80	21.81	39.98	528.62
1999	2233.11	661.86	385.34	4.37	34.36	104.37	1042.81
2000	2970.29	782.07	545.62	6.56	35.05	85.79	1515.20
2001	3373.21	604.12	649.92	8.55	31.83	35.18	2043.61
2002	5503.50	341.67	1392.37	3.59	27.99	30.08	3707.80
2003	7578.48	391.32	1088.72	2.04	29.94	64.30	6002.16
2004	10989.17	642.78	1835.04	—	24.38	236.53	8250.44

四、管理

税务部门把税务工作重点逐步转向加强企业财务监督，促进生产。建立营业申报、纳税鉴定、纳税辅导、纳税检查、凭证管理、建账立制和纳库销号等税务管理制度。内部建立岗位责任制，实行划片包干，严格纳税纪律，整顿纳税制度。

1987 年 5 月，使用全国统一的“税务统一发票监制章”的新版税务发票，取消原来使用的盖有“税务统一发票专用章”旧版发票。

1990 年，新农镇对个体工商户重新进行纳税鉴定，实行定时定额管理。对国营、集体、私营工商户实行主动申报纳税，建立纳税人纳税信用等级分类管理制度。

1998 年 1 月，新农镇政府对所属村和企业实行“核定税收基数，超额分成”的征收管理办法，以 1997 年各单位税收实绩，适当调整后作为承包基数。是年 11 月，松隐税务所制定纳税单位办税人员考核办法。

1999 年 3 月 22 日，新农镇成立协管税收办公室，下设新农镇个体税征收站，协助税务所征收镇域内个体零商税和个体企业工商税。个体税征收站坐落于康健路 32 弄 30 号，隶属镇财政所管理。实行独立核算，自负盈亏，按征收的个体税总额，提取 6% ~8% 为业务经费。站长陈瑞华，助征员 5 人。

2003 年 7 月 1 日,个体经商户的定时定额征收管理办法,改为月营业额满 5000 元以上的征收零商税,不满 5000 元的免征零商税。全镇核定 80 户为纳税户,同时取消集贸市场经商户的税收。

五、检查

税务机关依法对纳税人进行与纳税有关情况的检查。检查纳税人的账簿、记账凭证、报表和有关资料;检查扣缴义务人代扣代缴、代收代缴税款账簿、记账凭证和有关资料。对税务登记实行年检制度。税务检查坚持“自查从宽,被查从严,宽严适度,实事求是”原则,维护国家税收的严肃性。

1998—1999 年,原上海福兴包装材料厂利用福利企业退税政策,虚开增值税发票,致使国家损失税收 70 多万元,税务部门除全额追缴应纳税款外,处以 10 万元罚款。

上海顺顺针织有限公司于 2003 年 6—11 月,以支付 5.3% 的开票费为条件,让他人为其虚开增值税专用发票,构成虚开增值税专用发票罪,法人代表于 2004 年 11 月 8 日受区人民法院刑事处罚,罚金人民币 15 万元。

第三节　审　　计

一、机构

1987 年 9 月,新农乡开展内部审计工作,由乡经营管理站具体实施审计业务。1990 年年底,新农乡设立审计室,配备专职人员。1995 年 11 月,改名为新农镇审计室,主任钱仕强。镇审计室在镇政府和县审计局领导下,完善和强化审计监督职能。2001 年 7 月,镇审计室并入新建立的新农镇经济管理所,下设审计办公室。

二、工作

1987—1993 年,审计参与乡、镇企业、行政村领导干部年终分配的监督,对有预算外收入的行政事业单位进行审计。1994—1998 年,对转资企业进行资产评估、厂长(经理)离任审计、债权债务归属、资产承受方信誉等项目的审计。1997 年,在审计新农镇建筑工程公司财务时,对该公司原党支部副书记兼志祥市政基础工程公司副经理王某,违反财经纪律,擅自将企业应缴国家税款 8.4 万余元,归还个人债务的严重经济问题,提交镇党委、政府作出严肃处理,除全额追缴资金外,给予开除党籍、行政撤职处分。

1998 年 9 月,新农镇政府制定《关于加强审计工作的若干意见》,促使审计工作法制化、制度化、规范化、科学化。2002 年,新农镇审计室实施审计项目 9 个,其中新农卫生院修扩建、三峡移民点道路、新范村柏油路面浇筑 3 个基本建设造价结算项目,通过审计核减工程款 20.56%。2004 年,新农镇实施审计项目 16 个,其中,撤并村资产状况审计 6 个;基本建设竣工造价结算项目 8 个,核减工程价款 8.04%;财务收支项目 2 个。

第四节　金　　融

一、中国农业银行金山区新农支行

原名农业银行新农营业所，1987—1989 年与新农信用合作社合署办公，1990 年分设。1992 年，新农营业所向社会个人客户办理金穗借记卡、金穗信用卡、一卡通等业务，至 2004 年累计发行 5000 张。

2003 年，农行新农营业所升格为上海市农业银行金山区新农支行。是年，支行存款业务新增教育储蓄、存本取息、借记卡、一卡通等项目。

2004 年年末，农业银行新农支行总资产 13826 万元，存款余额 11032 万元，贷款余额 9023 万元，账面盈利 300 万元。职工 12 人，其中，会计师 2 人，助理会计师 8 人，会计员 2 人，主任张永根。

二、上海市金山区新农农村信用合作社

原名为中国农业银行新农信用社，1990 年与中国农业银行新农营业所分设。

1996 年 7 月，新农信用社改名为上海市金山县新农农村信用合作社。同年，国务院作出"关于农村金融体制改革，按合作制原则规范信用社"的决定，新农信用合作社被列为首个规范社试行单位。1997 年，召开第八届社员代表大会，选举产生新一届理事会、监事会。会后进行清股、扩股、落实股权。老股金(优先股)6367 股，每股 5 元，总股金 31835 元；新增普通股 258 股(团体股 20 股、社会个人股 201 股、内部职工股 37 股)，每股本金 1000 元，新增股金 258000 元，总股金 289835 元。1999 年，新农农村信用合作社由新西路 2 号迁至浦银路 388 号新建营业大楼。

2001 年 3 月，上海市农村信用合作社联合社成立，新农信用合作社由上海市农村金融体制改革领导小组办公室管辖改为由上海市联社管辖。年内开始发放上海农信系统第一张储蓄借记卡(如意卡)，至 2004 年共发行 8000 余张。在个人贷款中，开发住房按揭贷款、二手房抵押贷款、助学贷款和消费贷款等业务。1995 年，新农信用社不良贷款率为 9.43%，经过几年清理，核实，清欠，至 2004 年年末，不良贷款率下降到 2.29%。

2004 年，新农农村信用合作社总资产 2839 万元，固定资产 169 万元，存款余额 27018 万元(储蓄存款 10447 万元)，贷款余额 11850 万元，账面盈利 101 万元。职工 14 人，其中会计师 1 人，助理会计师 4 人，会计员 4 人，经济员 3 人。主任夏红莲。

1991 年，孙国良被评为全国金融系统抗洪救灾先进个人。

新农农村信用合作社历次股金分红情况表

表 17－5　　单位:元

分红年份	优先股		普通股	
	总股金	分红金额	总股金	分红金额
1985—1996	31835	19101	—	—
1997	31835	—	258000	135736
1998	31695	—	258000	100270.66
1999	31685	19043	260000	79352
2000	31675	—	255000	58750
2001	31670	—	242000	48400
2002	31670	—	242000	59600
2003	31670	25337	242000	36300
2004	31670	7917.50	242000	12100

第十八章　镇村建设

1986—2004 年，新农镇（乡）的镇村建设，按照镇（乡）总体发展规划、土地利用规划和集镇建设规划要求，推行两级政府、两级管理和规划控制、资金自筹、政府补偿办法，利用多种积极因素、多渠道筹措资金，健康、快速发展。

第一节　管理机构

1984 年，恢复乡建制，成立新农乡基建办公室。1994 年，撤乡建镇，改名为新农镇镇村规划建设管理办公室，配备主任 1 人、工作人员 2 人。主任由镇（乡）人民政府城建助理兼任。负责镇村建设规划的编制、实施和管理，承担全镇（乡）市政工程及基础设施建设，参与或主持区（县）、镇（乡）实事工程项目建设，参与和协调全镇（乡）土地管理和农田基本建设等。

第二节　集镇建设

一、规划

1994 年，新农镇制定《1994—2010 年新农集镇总体规划》，集镇占地面积 211.16 公顷，地理位置东至张泾，南至牡丹路向南 200 米，西至石臼浦和新毛路，北至新幸河（一号联办河），形成工业、生活和公共服务三大功能。

2002 年，根据金山区总体发展规划和建立金山北部工业区的要求，新农集镇建设规划作部分调整，占地面积缩减为 131.07 公顷，地理位置东至同三国道（新卫公路），其余不变。形成生活和公共服务两大功能，居住人口 14750 人。

在南镇区（池泾以南）发展成五横五纵的道路框架，重点安排行政办公、文化娱乐、邮政电信、金融税务、商贸餐饮等公共服务业，形成 3 条商业街和 8 个居民小区；在北镇区（池泾以北），改建成“三横三纵”的道路框架，重点安排教育、卫生等公共服务业，改造和扩建现有的学校、卫生院、幼儿园、自来水厂等单位和 1 个居民小区。

二、道路及商住房

20世纪80年代,新农集镇道路布局零乱,市容市貌不整洁。

20世纪90年代起,新农集镇建设全面开展,北镇区(池泾以北)注重改造;南镇区(池泾以南)注重发展。至2004年,新农集镇北镇区,改建成"三横三纵"的道路框架。"三横"是新南路、文化路和三召路;"三纵"是新东路、新中路和康健路。其中新南路、新东路、新中路和三召路为混凝土结构白色路面,文化路和康健路为沥青结构黑色路面,总长1.12千米,投入资金35余万元。其中新南路为商业街,街两侧改建商业专用房6幢,建筑面积2752平方米;商住两用房4幢,其中用于经商建筑面积562平方米。同时,改造和扩建三召路上的新农学校和康健路上的新农卫生院,总建筑面积13832平方米。新农集镇南镇区,建成"四横四纵"道路框架。"四横"是慧浦路、牡丹路、浦银路和池泾路;"四纵"是新宾路、贸易路、新乐路和新洲路,均为混凝土结构白色路面,总长3.66千米;新建或改建了牡丹路上的小温河泾桥、贸易路上的贸易路桥和新洲路上的新农桥,总投入资金415万元。浦银路、贸易路和新洲路为商业街,设置人行道和绿化带,安置不锈钢果壳箱等设施。其中浦银路为中心商业街,其人行道铺设彩色水泥道板,安装路灯、画廊和灯箱广告牌等。镇政府机关、邮政电讯、农村商业银行、商业超市和农贸市场等主要公共服务单位先后建在浦银路上。南镇区3条商业街(路)共建有办公、商业专用房17幢,建筑面积11416平方米;商住两用房46幢,用于经商建筑面积8284平方米。

2004年,新农集镇建有道路14条(街道4条、道路10条),总长4.78千米,建桥梁3座、地下排水窨井210口,道路植树600余棵,投入资金450余万元。街道两侧建有办公、商业用房45幢,建筑面积33941平方米;商住两用房80幢,建筑面积11532平方米。

1986—2004年新农集镇道路情况表

表18-1

路名	长度(千米)	宽度(米)	起讫地点	路面结构	建修年份	位置
合计	4.78	—	—	—	—	—
慧浦路	0.60	12	新洲新村—吕新路	混凝土	2004	新镇区
牡丹路	0.90	8	新卫公路—新洲路	混凝土	1998	新镇区
浦银路(街)	0.80	12	新宾路—石臼浦	混凝土	1994	新镇区
池泾路	0.30	6	贸易路—新洲路	混凝土	2004	新镇区
新南路(街)	0.30	6	新东路—康健路	混凝土	2002	老镇区
文化路	0.15	6	新东路—新中路	沥青	1996	老镇区
三召路	0.20	4	新东路—康健路	混凝土	1995	老镇区
新宾路	0.25	6	牡丹路—池泾路	混凝土	1998	新镇区
贸易路(街)	0.28	12	牡丹路—亭枫公路	混凝土	1997	新镇区
新乐路	0.25	6	牡丹路—池泾路	混凝土	1998	新镇区

续表 18－1

路　名	长度（千米）	宽度（米）	起讫地点	路面结构	建修年份	位　置
新洲路（街）	0.28	10	牡丹路—亭枫公路	混凝土	1994	新镇区
新东路	0.20	5	亭枫公路—新农水厂	混凝土	1995	老镇区
新中路	0.15	8	新南路—新农学校	混凝土	2003	老镇区
康健路	0.12	6	亭枫公路—新农卫生院	沥青	1996	老镇区

1986—2004 年新农集镇桥梁情况表

表 18－2

路名	桥名	跨越河道	跨径（米）	宽度（米）	结　构	级别	建修年份
牡丹路	小温河泾桥	小温河泾	5.2	16	板梁式	汽 20	1997
新洲路	新农桥	池泾河	20	10.6	板梁式	汽 20	1994
贸易路	贸易路桥	池泾河	29	12.6	板梁桩式	汽 20	2004

1986—2004 年新农集镇办公、商务房情况表

表 18－3

路名	房屋数量（幢）	其中				建筑面积（平方米）	修建年份
		层高		类型			
		1～2 层（幢）	3～4 层（幢）	办公（幢）	商业（幢）		
合计	45	27	18	27	18	33941	—
浦银路	14	10	4	8	6	10019	1994—1998
池泾路	2	1	1	—	2	2680	1986—2004
贸易路	1	1	/	1	—	1005	1997—2002
新洲路	2	2	/	2	—	392	1994—2001
新南路	6	4	2	—	6	2751	1986—2002
文化路	6	4	2	4	2	2853	1987—2000
三召路	3	1	2	1	2	1512	1986—1990
新中路	8	2	6	8	—	10329	1986—2004
康健路	3	2	1	3	—	2400	1986—2004

1986—2004年新农集镇商住房情况表

表18－4

路名	房屋数量(幢)	其中					建筑面积(平方米)	其中	建造年份
		层高			类型			经商建筑面积(平方米)	
		1~2层(幢)	3~4层(幢)	5~6层(幢)	独体(幢)	联体(幢)			
合计	80	71	9	—	18	62	31842	11532	—
牡丹路	12	12	—	—	—	12	3938	1576	1998—2000
浦银路	37	31	6	—	—	37	160054	5422	1994—1998
池泾路	18	15	3	—	18	—	4440	1110	1986—2004
新南路	4	4	—	—	—	4	1687	562	1986—2002
贸易路	6	6	—	—	—	6	3651	1826	1997—2003
新洲路	3	3	—	—	—	3	2072	1036	1994—2001

三、居民新村

1986年,新农集镇居民新村仅有幸福新村1个,有楼房21幢(层高2层的联体楼房1幢,层高3~4层的联体楼房20幢),建筑面积11345平方米,居民235户、531人。

1990年起,新农集镇居民新村建设步伐加快,在南镇区(池泾以南)先后建成浦银一村、浦银二村、浦银三村、浦银四村、浦银五村、金旭新苑、新慧新村、新洲新村8个,共有楼房237幢(层高2层的独体楼房198幢、层高5~6层的联体楼房39幢),建筑总面积161219平方米,居民1057户、3183人。

2004年,新农集镇共有居民新村9个,占地面积24.09公顷,楼房258幢,建筑面积172564平方米,总投资12000余万元(由镇政府、有关部门、房地产单位和居住户等集资筹措)。居民1292户、3714人,户均面积106.9方米,人均面积37.19平方米。

1986—2004年新农集镇居民新村房屋情况表

表18－5

居民小区名称	房屋数量(幢)	其中					实际使用面积(平方米)	居住户数(户)	居住人数(人)	建造年份
		层高			类型					
		1~2层(幢)	3~4层(幢)	5~6层(幢)	独体(幢)	联体(幢)				
合　计	258	199	20	39	198	60	138119	1292	3714	—
幸福新村	21	1	20	—	—	21	11345	235	531	1986—1989
浦银一村	17	15	—	2	15	2	8906	87	233	1990—1993

续表 18－5

居民小区名称	房屋数量（幢）	其中					实际使用面积（平方米）	居住户数（户）	居住人数（人）	建造年份
		层高			类型					
		1～2 层（幢）	3～4 层（幢）	5～6 层（幢）	独体（幢）	联体（幢）				
浦银二村	60	60	—	—	60	—	12336	60	193	1994—1995
浦银三村	10	—	—	10	—	10	22200	239	706	1995—2002
浦银四村	8	8	—	—	8	—	2016	8	30	1997—2002
浦银五村	11	6	—	5	6	5	14289	144	368	1996—2003
金旭新苑	4	—	—	4	—	4	14172	132	356	2003—2004
新慧新村	109	109	—	—	109	—	23665	109	327	2002—2003
新洲新村	18	—	—	18	—	18	29190	278	970	2004—2005

说明：幸福新村中，不含幸福一组的 178 户、442 人

四、物业管理

2001 年前，新农集镇北镇区（池泾以北）的住宅物业，由原松隐房管所（后为松隐物业管理有限公司）承接管理。管理范围是幸福新村的住宅房和新南路两侧的商住两用房，计 25 幢，建筑面积 13032 平方米，绿化面积 900 平方米，地下排水窨井 61 口。南镇区（池泾以南）未实施物业管理，如发生房屋漏水、水电故障、下水道阻塞和环境污染等问题，由镇村规划建设办公室负责协调，居委会、土地所、用电站、建筑公司和自来水厂等单位联合解决。

2002 年，新农镇成立上海市梦天苑物业管理有限公司（镇级），开始对集镇南镇区的住宅实施物业管理。公司配备正、副经理各 1 人，管理人员 2 人。下设工程队 1 个，有固定作业工 6 人（水电工 2 人，泥木工 2 人，绿化管理 2 人）。管理范围是浦银一至五村、金旭新苑的住宅房和牡丹路、浦银路、池泾路、贸易路、新洲路两侧的商住两用房，计 186 幢，建筑面积 104074 平方米，绿化面积 13840 平方米，地下排水窨井 317 口。坐落在南镇区南侧、规模最大的新洲新村（A、B 两区）的 18 幢住宅房，建筑面积 29190 平方米，绿化面积 1 万平方米，地下排水窨井 100 口。由朱泾镇云居物业有限公司管理。

2004 年，新农集镇实施物业管理的居民小区住宅房和商住两用房共 229 幢，建筑面积 146296 平方米，绿化面积 24740 平方米，地下排水窨井 508 口，占集镇区物业管理总数的 86.6%。

2004 年新农集镇居民住宅物业管理情况表

表 18－6

居民小区及道路名称		房屋			相关设施		物业管理开始年份	物业管理单位
		数量(幢)	使用面积		绿化面积(平方米)	地下排水窨井(口)		
			居民小区住宅房(平方米)	商住两用房(平方米)				
合 计		229	114454	31842	24740	508		
北镇区	幸福新村	21	11345	—	900	46	—	松隐物业发展有限公司
	新南路	4	—	1687	—	15	—	
南镇区	浦银一村	17	8906	—	720	12	2002	梦天苑物业管理有限公司
	浦银二村	60	12336	—	3200	80	2002	
	浦银三村	10	22200	—	3300	35	2002	
	浦银四村	8	2016	—	500	12	2002	
	浦银五村	11	14289	—	4320	17	2002	
	金旭新苑	4	14172	—	1800	16	2003	
	新洲新村	18	29190	—	10000	100	2004	云居物业管理有限公司
	牡丹路	12	—	3938	—	26	2002	梦天苑物业管理有限公司
	浦银路	37	—	16054	—	89	2002	
	池泾路	18	—	4440	—	20	2002	
	贸易路	6	—	3651	—	22	2002	
	新洲路	3	—	2072	—	18	2002	

第三节　乡村建设

一、镇级公路及桥梁

20 世纪 80 年代,新农乡(公社)建有乡村公路 8 条(吕新路、新慧路、爱五路、沈三路、新光路、新牧路、新毛路、新长路),总长 19.24 千米,车行道宽 4～5 米,路面均为泥结碎石结构,有桥梁 20 座,投入资金 236 万元。

20 世纪 90 年代起,新农镇(乡)乡村公路快速发展。建成后,实行管理责任制,落实维修经费,配备护路人员,实施分段管理;分批分期进行改建和扩建,逐步升级达标。

1995 年,新牧路改建为车行道宽 5 米,沥青路面,路线终点由新新河延伸至张泾河水闸,全长 4.3 千米,新建和翻建桥梁 6 座,投入资金 145 万元。

1997 年，吕新路改建为车行道宽 6 米，混凝土路面，路线终点由万年分场延伸至吕巷镇界，全长 5 千米，新建桥梁 1 座，投入资金 206 万元。

1998 年，新光路改建为车行道宽 5 米，混凝土路面，路线终点由新新河延伸至三图机口，延伸段为沥青路面，全长 3.4 千米，翻建桥梁 2 座，投入资金 92 万元。

2000 年，新慧路改建为车行道宽 6 米，混凝土路面，长 4.2 千米，翻建桥梁 4 座，投入资金 276 万元。

2001 年，新毛路改建为车行道宽 5 米，沥青路面，长 2.1 千米，投入资金 37 万元。

2002 年，爱五路和沈三路改建为车行道各宽 5 米，沥青路面，长 5.7 千米，翻建桥梁 1 座，投入资金 106 万元。

2004 年，新建新慧南支路（万年村—干巷镇界），车行道宽 6 米，混凝土路面，长 1.2 千米，桥梁 3 座；新建新慧西支路（新慧路—吕新路），车行道宽 6 米，泥结碎石路面，长 1.5 千米，建桥梁 1 座，投入资金 91 万元。至 2004 年，全镇建有达标乡村公路 8 条，总长 25.3 千米（新长路和新毛路因镇域变动不计在内）。其中，混凝土路面 3.5 条，长 12.1 千米；沥青路面 3.5 条，长 11.7 千米；泥结碎石路面 1 条，长 1.5 千米。桥梁 30 座（桁架拱桥 18 座，板梁式桥 12 座）。路、桥建设共投入资金 1152 万元。

乡村公路

2004 年新农镇镇级公路情况表

表 18－7

路名	起讫地点	境内长度（千米）	路面宽度（米）	路面结构	建修年份	路途桥梁（座）
合计	—	25.3				30
吕新路	牡丹路—吕巷镇界	5.0	6	混凝土	1997	6
新慧路	亭枫公路—万年村	4.2	6	混凝土	2000	6
爱五路	吕新路—金张公路	3.3	5	沥青	2002	1
沈三路	吕新路—金张公路	2.4	5	沥青	2002	3
新光路	亭枫公路—三图机口	3.4	5	混凝土、沥青	1998	4
新牧路	亭枫公路—张泾	4.3	5	沥青	1995	6
新慧南支路	万年村—干巷镇界	1.2	6	混凝土	2004	3
新慧西支路	新慧路—吕新路	1.5	6	泥结碎石	2004	1

2004年新农镇镇级公路桥梁情况表

表18－8

所属道路	桥梁名称	跨越河道	跨径（米）	宽度（米）	结构	级别	建修年份
吕新路（6座）	工艺品厂桥	后桥港	15	4	桁架拱桥	汽10	1986
	桥港桥	桥港	13	4	桁架拱桥	汽10	1982
	新浜桥	新浜港	13	4	桁架拱桥	汽10	1982
	吕新路桥	新景河	20	4	桁架拱桥	汽10	1975
	石鼓桥	石臼浦	24	4	桁架拱桥	汽10	1985
	旗杆桥	归泾	15	5.6	桁架拱桥	汽10	2000
新慧路（6座）	池泾桥	池泾	33	7.6	板梁式桥	汽20	2004
	新风河桥	新风河	6.6	6	板梁式桥	汽20	2004
	后桥港桥	后桥港	5.2	5.6	板梁式桥	汽20	2002
	高宅基桥	新景河	26	7.6	板梁式桥	汽20	2004
	徐浜桥	徐浜河	15	4	桁架拱桥	汽10	1977
	楮家埭桥	陆浜河	13	4	桁架拱桥	汽10	1997
爱五路（1座）	爱五路桥	卖盐港	15	4	桁架拱桥	汽10	1986
沈三路（3座）	加工厂桥	石臼浦	20	4	桁架拱桥	汽10	1973
	沈三路桥	小西港	15	4	桁架拱桥	汽10	1981
	沈三路桥	南朱泥泾	20	4	桁架拱桥	汽10	1991
新光路（4座）	界泾桥	1号联办河	4	5.6	板梁式桥	汽20	2000
	沈村桥	2号联办河	15	4	桁架拱桥	汽10	2002
	塘圩桥	新新河	18	4	桁架拱桥	汽10	1979
	横泾桥	横泾港	12	4	桁架拱桥	汽10	1986
新牧路（6座）	横楼桥	1号联办河	13	4	桁架拱桥	汽10	1998
	奶牛场桥	2号联办河	13	4	桁架拱桥	汽10	1998
	蒋家埭桥	新新河	18	5.6	板梁式桥	汽20	2003
	郭图村桥	杨家奄河	8	5.6	板梁式桥	汽20	2003
	南机口桥	小张泾	13	5.6	板梁式桥	汽20	2003
	北机口桥	小张泾	10	5.6	板梁式桥	汽20	2002
新慧南支路（3座）	徐浜桥	徐浜河	11	4	桁架拱桥	汽10	1977
	机口桥	归泾	5.5	5.6	板梁式桥	汽20	2002
	横塘桥	横塘港	5.2	5.6	板梁式桥	汽20	2004
新慧西支路	横泾桥	后桥港	5.2	5.6	板梁式桥	汽20	2004

二、村级道路及桥梁

20 世纪 80 年代起，新农镇(乡)的村级道路，从单一的泥结碎石路面，逐步改成混凝土或沥青路面，适当扩大道路宽度或延伸长度，新建或翻建部分桥梁。至 2004 年，全镇村级道路有 118 条，总长 54.91 千米(混凝土路面 16 条，长 9.69 千米；沥青路面 46 条，长 22.18 千米；泥结碎石路面 56 条，长 23.04 千米)。桥梁(农桥)123 座。路、桥建设投资总额 882 万元。

2004 年新农镇村级道路及桥梁(农桥)情况表

表 18－9

村名	机耕路									桥梁		
	数量(条)	长度(千米)	平均宽度(米)	路面结构						数量(座)	类别	
				混凝土		沥青		泥结碎石			机耕桥(座)	人行桥(座)
				条	千米	条	千米	条	千米			
合计	118	54.91	—	16	9.69	46	22.18	56	23.04	123	65	58
五龙村	22	11.58	2.8	3	3.12	—	—	19	8.46	14	6	8
三浜村	8	5.48	2.8	—	—	7	4.98	1	0.50	16	8	8
牡丹村	15	7.14	3.3	—	—	9	4.72	6	2.42	22	13	9
万年村	18	8.95	3.6	4	3.2	—	—	14	5.75	17	7	10
慧农村	15	5.42	3.2	7	2.22	5	2.1	3	1.1	18	9	9
温河村	19	6.57	3.0	—	—	17	6.12	2	0.45	20	11	90
光华村	21	9.77	3.3	2	1.15	8	4.26	11	4.36	16	11	5

三、工业园区道路及桥梁

新农镇工业园区坐落在温河村和光华村境内。2001 年起，全面实施道路与桥梁建设。至 2004 年，工业园区建有新顺路、鸿安路、东日路、其昌路、北环路 5 条道路，形成“二纵三横”的道路框架，总长 5.20 千米，路宽 9～18 米，均为混凝土路面。建有板梁式桥梁 4 座。路、桥建设投资总额 1118 万元。

2004 年新农镇工业园区道路情况表

表 18－10

路名	长度(千米)	路面宽度(米)	起讫地点	路面结构	建修年份	路途桥梁(座)
合计	5.20	—	—	—	—	4
新顺路	0.85	9	亭枫公路—池泾	混凝土	2001	—
鸿安路	2.00	16	亭枫公路—高压铁塔	混凝土	2002	3

续表 18－10

路名	长度(千米)	路面宽度(米)	起讫地点	路面结构	建修年份	路途桥梁(座)
东日路	1.00	12	小张泾—张泾	混凝土	2003	—
其昌路	0.45	18	张泾—新光路	混凝土	2004	1
北环路	0.90	18	小张泾—光华 7 组	混凝土	2004	—

2004 年新农镇工业园区桥梁情况表

表 18－11

所属道路	桥梁名称	跨越河道	跨径(米)	宽度(米)	结构	级别	建修年份
鸿安路(3 座)	一号河桥	一号联 办河	5.2	18	板梁式桥	汽 20	2002
	二号河桥	二号联办河	5.2	18	板梁式桥	汽 20	2003
	新新河桥	新新河	8.8	18	板梁式桥	汽 20	2004
东日路	小张泾桥	小张泾	13	24	板梁式桥	汽 20	2004

四、农户建房

20 世纪 80 年代,新农乡(公社)农户新建或翻建房屋,大多为二上二下或三上三下的楼房,另加平房辅舍。房屋均为砖木结构,外墙石灰粉刷,屋面小瓦或平瓦。建房前须办理审批手续,由乡政府(公社)根据农户人口数,控制房屋占地面积和建筑面积。建房地点以村民小组(生产队)为单位的居住规划点上,由各村(大队)统一安排,严格把关。1987 年起,贯彻《中华人民共和国土地管理法》,农户建房须缴纳农村宅基地有偿使用费、宅基地超占费和土地登记费(1993 年取消)。农户新建或翻建房屋竣工后,凡符合建房规定的,由乡土地管理所颁发"农村宅基地使用证"。如违法占地或违章建筑的必须整改或拆除,责任自负。1989 年,全乡 14 个村,有 4719 户村民新建或翻建楼房,占全乡农户总数的 70.2%,总建筑面积 1245816 平方米。

20 世纪 90 年代,新农镇(乡)农户新建或翻建房屋,开始讲究美观、牢固和式样,逐步由联体式房屋向独体式房屋过渡,由长方形房屋向多角形、别墅式或欧美式房屋发展。由砖瓦结构改为钢筋混凝土结构,屋面由小瓦、平瓦改为琉璃瓦,门窗由木质逐步改用钢质、铝合金或塑钢,有的还用不锈钢门窗。外墙粉刷由石灰改用砂浆、汰石子、贴马赛克或面砖。房屋内部大多数建有卫生间,安装抽水马桶和浴具等。进行室内装潢,吊平顶、地面磨石子、贴地砖、铺木地板或地毯,装饰护墙板、贴墙纸或墙布、或粉刷高档涂料等。至 1995 年,全镇 98%以上村民家庭新建或翻建房屋。

1996—2004 年,因同三高速公路、亭枫高速公路、金石公路、亭枫公路、西气东输管网、上海新天鸿高尔夫球场、上海马术运动场及镇工业园区等重大项目开发建设,全镇有 468 户村民住房先后被动迁,其中 180 户村民迁至所在村规划居住点,自建独体式二层楼房 180 幢,建筑面积 39600 平方米;288 户村民被安置在集镇居民新村的 12 幢多层联体住房内,建筑面积 43200 平方米。

至 2004 年，新农镇先后新建或翻建房屋的村民有 4765 户，占全镇村民总户数的 95.53%，共建造房屋 3471 幢，建筑面积 1252693 平方米，总投资 5 亿多元。其中建平房 63 户，占建房总户数的 1.32%，房屋 63 幢，建筑面积 8064 平方米；建楼房（2 ~ 3 层）4479 户，占建房总户数的 94%，房屋 3185 幢，建筑面积 1195569 平方米；建别墅 223 户，占建房总户数的 4.68%，房屋 223 幢，建筑面积 49060 平方米。全镇村民户均居住面积 251.2 平方米，人均居住面积 85.71 平方米。

21 世纪村民住宅

2004 年新农镇农户建房情况表

表 18 - 12

村　名	建房情况			其　中								
				平房			楼房（2 ~ 3 层）			小别墅		
	户数	幢数	建筑面积（平方米）	户数	幢数	建筑面积（平方米）	户数	幢数	建筑面积（平方米）	户数	幢数	建筑面积（平方米）
合计	4765	3471	1252693	63	63	8064	4479	3185	1195569	223	223	49060
五龙村	821	593	220340	16	16	2048	780	552	212792	25	25	5500
三浜村	611	441	166179	3	3	384	588	418	161395	20	20	4400
牡丹村	703	510	191053	8	8	1024	669	476	184309	26	26	5720
万年村	524	381	141064	6	6	768	500	357	136336	18	18	3960
慧农村	505	391	127896	5	5	640	416	302	108776	84	84	18480
温河村	741	535	187268	12	12	1536	707	501	180892	22	22	4840
光华村	860	620	218893	13	13	1664	819	579	211069	28	28	6160

1996—2004 年新农镇征地动迁农户新居情况表

表 18 - 13

项　目	动迁户数			新居面积		
	小计（户）	自建（户）	安置（户）	小计（平方米）	自建（平方米）	安置（平方米）
合计	468	180	288	82800	39600	43200
金石公路	37	30	7	7650	6600	1050

续表 18－13

项　目	动迁户数			新居面积		
	小计(户)	自建(户)	安置(户)	小计(平方米)	自建(平方米)	安置(平方米)
同三高速公路	60	40	20	11800	8800	3000
亭枫高速公路	94	90	4	20400	19800	600
亭枫公路(拓宽)	9	—	9	1350	—	1350
西气东输	18	18	—	3960	3960	—
高尔夫球与马术场	248	—	248	37200	—	37200
工业园区	2	2	—	440	440	—

五、给水

新农自来水厂1982年建成投产,制水能力为每小时60吨,供水范围为新农集镇居民和部分乡级企事业单位的生活用水。1987年,新农自来水厂进行第一次扩建,制水能力提高至每小时220吨,供水范围扩大到全乡乡级企事业单位和集镇周边的村民小组。1993年,新农自来水厂进行第二次扩建,制水能力提高至每小时450吨,供水范围扩大到全镇(乡)14个行政村的农户和企业。2002年,新农自来水厂进行第三次扩建,制水能力提高至每小时900吨,满足全镇人民生活和企业生产用水的需要。

2004年,新农自来水厂拥有固定资产267.2万元。制水设备有一级泵4台、二级泵8台,总功率251千瓦。从业人员24人,年供水量360万吨,年产值259万元,利润4.80万元。

1990年起,新农乡开展第一次农村改水工程,安装贯通全乡农村的自来水管网,实现村村户户饮用自来水。改水工程为期4年,于1993年底竣工通水,共投入资金419.21万元(由县政府、乡政府和农户三方集资),铺设和安装自来水管网222千米。全乡自来水用户增至6600户,普及率为98%。1994年,在市、县第一次农村改水工作总结评比中,新农镇(乡)被评为上海市农村改水先进集体和金山县农村改水实事工程建设先进集体。新农自来水厂厂长徐桂林被评为县农村改水实事工程建设先进个人。

2001年,新农镇开展第二次农村改水工程,对全镇自来水管网进行规范设计、调整改造、更新增量,以满足用水需要,确保供水质量。改水工程为期3年,于2003年竣工,共投入资金383.79万元(由区政府、镇政府和农户三方集资),改造和更新自来水管网244千米,全镇自来水用户增至6740户,普及率100%。2004年,在区第二次农村改水工作总结评比中,新农自来水厂厂长朱仁根被评为金山区农村改水实事工程建设先进个人。

六、用电

1986年起,新农乡电网及设施,进行第一次改造和更新,电杆由方杆改为7米圆杆。导线由三相一地制改为三相四线制,农户电表由村民小组安装一只一级分表改为5～6户安装一只一级分表,共投入资金200余万元。1993年,全乡供电线路145.5千米(高压线路36.7

千米、低压线路108.8千米）；各类千伏变压器69台，总容量12130千瓦（150kV以上变压器6台）；各种马力电动机3424台，总动力11839千瓦；照明用电6806户，动力用电269户，年用电量2419万千瓦时；有持证电工124人（高级工2人、中级工8人、初级工114人）。

1994年起，新农镇每年投入一定资金，用于农村电网及设施的维修和保养。1996年，新农镇被评为“电气化”达标镇。1999年，新农镇农村电网及设施，进行第二次改造和更新，全部电杆由7米圆杆改为9米和11米圆杆，导线更新，农户电表由5~6户安装一只一级分表改为每户在室外安装一只一级分表，并配备触电保安器，总投入资金245.5万元。2004年，全镇有供电线路178.5千米（高压线路45千米，低压线路133.5千米）；各类kV变压器174台，总容量26220千瓦（150kV以上变压器12台）；各种马力电动机6768台，总动力23400千瓦；照明用电6205户，动力用电383户，年用电量6828万千瓦时。持证电工208人（高级工8人、中级工42人、初级工158人）。

1985年起，新农镇（乡）的用电管理，由乡用电管理站负责。1994年起，由新农镇用电管理站负责，配备站长1人、工作人员3人。2002年起，新农镇用电管理站并入上海市电力公司金山供电分公司吕巷营业站。

1986—2004年，新农镇（乡）农村用电，坚持每年开展农忙用电检查、防汛防台用电检查、百日无事故用电竞赛和高温季节避峰用电等活动，全镇（乡）实现安全用电，未发生触电伤亡严重事故，多次被评为区（县）安全用电先进单位。

第四节　土地管理

一、地籍

1987年前，新农乡（公社）的地籍管理滞后，使部分土地界址不清、权属不明。1988年，根据金山县土地管理局关于开展地籍普查工作的要求和部署，新农乡成立地籍普查领导小组，组建工作班子，培训普查人员，全面开展地籍普查工作。普查应用航片图（1∶2000），采用小平板实测、皮尺勘丈和修补绘图等方法，按照“界址清楚、面积正确、权属合法”的原则，进行用地登记、申报和发证，历时4年。1991年，新农乡基本完成地籍普查工作，绘制出新农乡土地利用现状图（1∶2000）4份、（1∶25000）100份，（1∶2000）地籍图72份。签订乡与乡、村与村之间土地权属境界接边协议书19份。全乡14个村的土地划分为1418个丘，总面积3460.3公顷，其中，农业用地2507.3公顷，占总面积72.46%；建设用地416.8公顷，占总面积12.04%；交通用地113.4公顷，占总面积3.28%；水域用地360.4公顷，占总面积10.42%；其他用地62.4公顷，占总面积1.81%。经县土地使用发证领导小组批准，全乡颁发土地使用证7525份，其中，国有土地使用证102份，集体土地使用证237份，临时土地使用证28份，农村宅基地使用证7158份。1992年，新农乡地籍普查工作通过县、市两级验收，在乡土地管理分所建立地籍资料档案室，落实专人管理。

1994年，根据金山县人民政府（金府252号）批文，新农镇304公顷面积划归朱泾镇管辖，涉及3个村15个村民小组，即幸福村7个村民小组、长浜村7个村民小组、三浜村1个村民小组。2002 年,根据金山区人民政府(金府发 233 号)批文,新农镇 416 公顷面积划归朱泾镇管辖,涉及 2 个村 22 个村民小组,即新范村 11 个村民小组(全部)、幸福村 11 个村民小组(全部)。2003 年,根据金山区人民政府(金府发 107 号)批文,松隐镇 89 公顷面积划归新农镇管辖,涉及松隐镇南星村 5 个村民小组。2004 年,新农镇撤并成 7 个村,全镇总面积为 2829 公顷(28.29 平方千米),其中,农业用地 1610.13 公顷,占总面积 56.92%;建设用地 873.3 公顷,占总面积 30.87%;交通用地 113.40 公顷、总面积 4.01%;水域用地 183.1 公顷,占总面积 6.47%;其他用地 49.08 公顷,占总面积 1.74%。3 次镇域面积调整,地籍资料均作及时变更。

1991 年新农乡土地资源情况表

表 18 - 14　　　　单位:公顷

地类名称			合计	五龙村	爱国村	三浜村	沈庄村	万年村	慧农村	牡丹村	幸福村	长浜村	新范村	温河村	新民村	光华村	三图村
总面积			3460.3	222.2	237.1	359.8	246.3	318.4	332.6	157.5	333.1	237.3	221	201.7	180.9	229.8	182.7
农业用地面积	小计		2507.3	166.5	178	252.3	194.1	246.5	254	109.7	206.1	168.5	161.6	141.2	132.5	166.8	129.5
	耕地	集体	2258.6	152.9	159.4	228.7	173	215.8	234	95.67	183.9	149.9	145.3	126.3	121.9	151.6	120.4
		自留地	202.3	12.23	12.24	21.85	13.54	21.22	18.41	10.25	19.18	12.41	13.99	14.13	9.36	14.76	8.73
	园林地		46.4	1.32	6.35	1.81	7.61	9.48	1.65	3.77	3.07	6.19	2.35	0.78	1.22	0.44	0.3
建设用地面积	小计		416.8	28.09	26.75	45.52	21.71	32.2	35.42	21.81	74.12	19.07	27.09	26.31	17.94	23.11	17.64
	集镇		15.8	—	—	—	—	—	—	4.44	10.4	—	1	—	—	—	—
	工副企业		66.2	1.97	0.21	11.1	1.89	1.18	1.47	0.64	32.92	1.05	0.66	8.27	0.77	2.69	1.35
	农村宅基		334.8	26.12	26.54	34.42	19.82	31.02	33.93	16.73	30.83	18.02	25.43	18.04	17.17	20.42	16.29
交通用地面积	小计		113.4	8.08	11.44	14.07	5.38	8.05	10.08	8.26	13.27	5.69	4.88	7.93	5.06	7.15	4.06
	国家公路		32.8	1.82	2.7	7.21	2.38	0.38	0.69	3	8.25	—	—	3.66	—	2.75	—
	乡村道路		80.6	6.26	8.74	6.86	3	7.67	9.39	5.26	5.02	5.69	4.88	4.27	5.06	4.4	4.06
水域用地面积	小计		360.4	15.99	17.3	41.11	21.73	26.86	28.77	14.35	30.9	40.16	24.01	20.65	22.91	26.53	29.14
	河流		229.4	7.98	10.47	30.92	12.21	16.01	15.43	7.66	23.81	31.61	16.15	7.52	12.07	16.15	21.36
	鱼塘		63.7	4	3.88	4.52	4.33	7.05	4.26	3.8	—	5.33	4.53	6.65	7.69	3.97	3.67
	沟渠		67.4	4.01	2.95	5.67	5.19	3.8	9.08	2.89	7.09	3.22	3.33	6.48	3.15	6.41	4.11
其他用地面积			62.4	3.53	3.61	6.77	3.37	4.76	4.35	3.38	8.66	3.89	3.39	5.56	2.54	6.22	2.4

2004 年新农镇土地资源情况表

表 18－15　　　　单位：公顷

地类名称			合计	五龙	三浜	牡丹	万年	慧农	温河	光华
总面积			2829.01	459.8	338.47	499.00	316.64	332.51	384.14	498.45
农业用地面积	小计		1610.13	345.64	233.69	163.16	225.03	185.97	194.48	262.16
	耕地	集体	1313.38	278.32	178.32	132.78	174.78	136.99	178.63	233.56
		自留地	130.35	21.98	28.56	9.33	17.62	13.14	12.86	26.86
	园林地		166.4	45.34	26.81	21.05	32.63	35.84	2.99	1.74
建设用地面积	小计		873.3	69.51	55.06	287.35	47.63	106.42	139.73	167.6
	集镇		129.1	—	—	129.1	—	—	—	—
	工副企业		475.1	16.85	20.64	113.2	16.61	72.49	104.42	130.89
	农村宅基		269.1	52.66	34.42	45.05	31.02	33.93	35.31	36.71
交通用地面积	小计		113.4	17.07	15.07	17.42	17.83	18.75	15.65	11.61
	国家公路		51.48	5.52	7.21	9.16	10.16	9.36	7.32	2.75
	乡村公路		61.92	11.55	7.86	8.26	7.67	9.39	8.33	8.86
水域用地面积	小计		183.1	24.04	28.11	22.33	20.86	18.4	30.84	37.52
	河流		93.37	12.15	17.92	12.66	10.01	9.43	11.69	19.51
	鱼塘		59.13	7.88	4.52	8.59	7.05	4.26	14.34	12.49
	沟渠		30.6	4.01	3.67	4.08	3.8	4.71	4.81	5.52
其他用地面积			49.08	3.54	6.54	7.74	5.29	2.97	3.44	19.56

二、规划

1990 年，新农乡编制《1991—2000 年新农乡土地利用总体规划》。1994 年，新农镇修编《1996—2010 年新农镇土地利用总体规划》，并报金山区人民政府批准。2010 年，全镇规划有耕地 2097 公顷、占镇土地总面积的 66.57%，其中，列入基本农田保护 1902 公顷，占耕地总面积的 90.70%；一般农田保护 195 公顷，占耕地总面积的 9.30%；园林地 53 公顷，占镇土地总面积的 1.68%；居民点及工矿用地 652 公顷，占镇土地总面积的 20.70%；交通用地 127 公顷，占镇土地总面积的 4.03%；水域用地 221 公顷，占镇土地总面积的 7.02%。2002—2003 年，新农镇经历第二次镇域调整，调整后的全镇土地总面积为 2829 公顷。

1996—2010 年新农镇土地利用总体规划情况表

表 18-16　　单位:公顷、%

地类名称	1996 年		2000 年		2010 年	
	数量	占总数	数量	占总数	数量	占总数
总面积	3150	—	3150	—	3150	—
耕地面积	2012	63.87	2012	63.87	2097	66.57
园林地面积	18	0.57	36	1.14	53	1.68
居民点及工矿地面积	848	26.92	787	24.99	652	20.70
交通地面积	75	2.38	116	3.68	127	4.03
水域地面积	197	6.26	199	6.32	221	7.02

三、用地

1987 年,《中华人民共和国土地管理法》(简称《土地管理法》)开始实施。

1989 年,成立新农乡土地管理分所。1994 年,改名为新农镇土地管理所。1997 年,改名为新农镇房屋土地管理所。其职权是实施《土地管理法》、办理土地权属变更手续、完善农民建房用地手续、协办建设项目征地手续、协助整治违法用地、违章建筑等事宜。

建设用地　凡国家、企事业单位建设用地,必须由征地单位向乡人民政府提交申请报告,列入建设项目,并报县(或市)人民政府批准,方可使用土地。征用耕地 3 亩以下,使用耕地 5 亩以下,其他用地 10 亩以下,由县人民政府批准,超过权限由市人民政府批准。1992 年起,凡征用耕地 5 亩以下或规划区内使用耕地 10 亩以下,由县人民政府批准,超过权限由市人民政府批准,并开始土地批租,其手续均由县土地管理部门统一办理。1995 年起,征用耕地 50 亩或划拨国有土地 100 亩以下,由县人民政府批准,超过权限由市人民政府批准。建设项目竣工后,由县或市土地管理局予以验收,合格的发给登记证。1986—2004 年,新农镇(乡)建设用地 567.15 公顷。其中,国家征用 359.57 公顷,乡、村基建 207.58 公顷。

1986—2004 年新农镇(乡)建设用地情况表

表 18-17　　单位:公顷

年份	小 计	国家征用	乡村基建	年份	小计	国家征用	乡村基建
合 计	567.15	359.57	207.58	1990	9.47	1.27	8.20
1986	14.14	—	14.14	1991	10.80	5.70	5.10
1987	9.94	2.87	7.07	1992	6.48	2.48	4.00
1988	18.00	9.13	8.87	1993	16.58	1.58	15.00
1989	22.67	11.07	11.60	1994	6.25	0.25	6.00

续表 18－17

年份	小 计	国家征用	乡村基建	年份	小计	国家征用	乡村基建
1995	0.37	0.37	—	2000	12.15	1.35	10.80
1996	11.45	0.65	10.80	2001	11.16	11.16	—
1997	11.96	2.46	9.50	2002	112.03	89.13	22.90
1998	2.92	0.92	2.00	2003	138.18	101.88	36.30
1999	—	—	—	2004	152.60	117.30	35.30

农户建房用地　农户必须向所在村民委员会提交申请，经村民委员会同意后，按建房用地标准填写建房申请表上报审批，如建房使用非耕地，由镇（乡）土地管理所审核，镇（乡）人民政府批准，如建房使用耕地，须经镇（乡）人民政府审核，报县人民政府批准。建房者接到使用土地批文后，方可动土建房，房屋竣工后，由镇（乡）土地管理所予以验收。1993 年起，农户建房用地实行公开办事制度，严格把好前、中、后三关，实施全程管理。如发现违法用地或违章建房的将及时制止和处理。

新农镇（乡）农户建房用地标准于 1984 年制定，规定小户（5 人以下）可建正房 2 间加辅助房，建筑占地面积为 112 平方米，使用土地面积为 168 平方米。大户（6 人以上）可建正房 3 间加辅助房，建筑占地面积为 176 平方米，使用土地面积为 252 平方米。1996 年后，因涉及国家、区级公路（新农段）和镇工业区等重大项目建设，被征地动迁的自建房屋农户，在指定规划区建造，规定小户（5 人以下）可建正房 2 间，无辅助房，建筑占地面积为 115 平方米，使用土地面积为 168 平方米。大户（6 人以上）可建正房 3 间，无辅助房，建筑占地面积为 121 平方米，使用土地面积为 176 平方米。1986—2004 年，新农镇（乡）农户建房使用土地面积 269.1 公顷，其中，耕田 148 公顷，非耕地 121.10 公顷。

四、农田保护

新农镇基本农田保护面积，1996 年为 1746 公顷，占镇土地总面积的 55.43%；2000 年调整为 1880 公顷，占镇土地总面积的 59.68%。

1992—2004 年，新农镇（乡）开展上海市政府提出的创“无违法批地、无违法管地、无违法用地”的“三无”活动，连续获得“三无”乡镇的荣誉称号。

1996 年、2000 年新农镇基本农田保护划定面积情况表

表 18－18　　单位：公顷、%

村　名	土地总面积	1996 年		2000 年	
		基本农田保护面积	占土地总面积	基本农田保护面积	占土地总面积
合　计	3150	1746	55.43	1880	59.68
五　龙	222	146	65.77	151	68.02

续表 18 - 18

村　名	土地总面积	1996 年		2000 年	
		基本农田保护面积	占土地总面积	基本农田保护面积	占土地总面积
爱　国	237	143	60.34	164	69.20
三　浜	339	197	58.11	215	63.42
沈　庄	246	160	65.04	169	68.70
万　年	318	206	64.78	221	69.50
慧　农	333	183	54.95	183	54.95
牡　丹	194	32	16.49	32	16.49
幸　福	244	128	52.46	160	65.57
新　范	221	79	35.75	76	34.39
温　河	202	116	57.43	116	57.43
新　民	181	105	58.01	120	66.30
光　华	230	136	59.13	155	67.39
三　图	183	115	62.84	118	64.48

五、整理、复垦

1986 年,为贯彻国务院《关于加强土地管理,制止乱占耕地的通知》精神,新农乡开展复垦“三废地”(农民老宅基地、集体报废的仓库地、畜牧场地和闲散荒地)工作,挖掘土地潜力,增加耕地面积。1986—1996 年,全镇(乡)13 个村复垦土地 130.86 公顷,新增耕地 16.34 公顷。

1997 年,新农镇进一步开展土地的整理与复垦工作,对未充分利用的土地和农业基础设施落后的农田,进行综合治理和调整复垦工作,均安排在冬春的农闲季节进行。前后分为 4 个阶段,即当年 10 月 15 日至 11 月 14 日为第一阶段,进行土地整理与复垦的准备工作(包括调查摸底、地上物处置和现场放样等);当年 11 月 15 日至次年 3 月 31 日为第二阶段,进行机械平整土地和开沟筑路,力争提前完成;次年 4 月 1 日至 5 月 15 日为第三阶段,进行划分田块(每块田宽 20 米),筑好田岸,建成路渠配套、排灌畅通的格子化农田;次年 5 月 16 日至 6 月 15 日为第四阶段,进行土地整理与复垦的检查、验收和整改。1997—2004 年,经市、区土地管理局验收确认,全镇各村整理与复垦土地 970.12 公顷,新增耕地 120.86 公顷。土地利用率 90% 以上,土地产出率明显提高。

1997—2004 年新农镇土地整理与复垦情况表

表 18 - 19　　单位:公顷

年份	单位(村)	整理与复垦土地	新增耕地
合计	—	970.12	120.86

续表 18－19

年份	单位(村)	整理与复垦土地	新增耕地
1997	爱国	29.71	6.15
	牡丹、幸福、三浜	46.84	2.33
	沈庄	55.48	4.23
1998	沈庄、三浜	54.50	7.24
	温河、光华	42.21	5.38
1999	万年	40.52	6.69
	沈庄	0.95	0.95
2000	万年、慧农	90.12	11.03
	爱国、沈庄	6.11	3.93
2001	万年	55.73	4.81
	沈庄、慧农	29.00	2.21
	五龙、三浜、温河	7.78	5.46
2002	三浜	81.51	8.48
	五龙	83.97	7.91
2003	三浜	133.01	13.03
	五龙	161.66	25.74
2004	万年	51.02	5.29

第五节　建　　筑

一、集体建筑企业

1985 年，金山县建筑工程总公司新农工程公司，属乡办集体企业，有职工 180 余人，取得房屋建筑工程总承包三级资质证书。除修建民宅外，能承建框架结构的 6 层以下楼房、中小型厂房和市政工程。1987 年，公司投资 26.80 万元，自建办公楼 1 幢，层高 3 层，建筑面积 670 平方米。1992 年，公司有职工 280 余人，开设工地 20 多处，固定资产 228 万元。主要设备有载重汽车 2 辆、塔吊 1 台、井架 15 只、混凝土搅拌机 8 台、砂浆机 16 台、卷扬机 15 台、中型锯板机 1 台、中型压路机 1 台等。1985—1992 年，公司完成施工面积 72752 平方米，年均完成施工面积 9094 平方米；创产值 3292.10 万元，年均创产值 411.51 万元。被市、县建设委员会和住宅建设立功竞赛领导小组评为先进集体。先后承建的市级项目有上海吴泾焦化厂厂房、上海利华造纸厂厂房、闵行部分住宅楼房、亭枫公路新农段拓宽等工程，其中亭枫公路新农段拓宽工程获市公路处优良工程奖。承建县级项目有教育局、卫生局和供销联社的办公楼,金山中学、罗星中学和朱泾中学的部分校舍,人民医院手术室,农业机械厂厂房,胜利新村、南圩新村和临源二村的住宅楼等工程。承建新农乡项目有乡机关办公楼、供销社营业楼、卫生院门诊及住院楼、银行及信用社营业楼、文化站及广播站办公业务楼、学校校舍、乡办企业办公楼及生产用房等工程。

1993年,新农工程公司改名为上海求新建筑市政实业总公司,后更名为上海求新建筑市政工程有限公司,继续实行集体经营,并与上海第二市政工程公司合资建办上海江夏市政建筑实业公司(属求新公司分支企业,于2000年歇业),后改名为上海江夏市政建筑工程有限公司。1999年起,求新建筑市政工程有限公司实行个人承包经营。2004年,求新建筑市政工程有限公司有职工350余人,其中高、中级工程技术人员50余人。公司设立7部3室(经营部、施工部、物资部、设备部、质监部、财务部、安全部和经理室、办公室、档案室),下设10个工程队。固定资产308.80万元,其中机械设备原值207.90万元,机械设备总台数179台,机械设备总动率1175.40万千瓦。1993—2004年,求新建筑市政工程有限公司(含江夏市政建筑工程有限公司)完成施工面积920746平方米,年均完成施工面积76729平方米;创产值56702.44万元,年均创产值4725.20万元。先后承建的市级主要项目有上海政立路拓宽、上海八万人体育场地面、上海内环线2.1标段、外环线2.1标段、外环线仙霞路跨线桥等工程。区(县)级项目有:房管局住宅房、公积金运用中心住宅房、房产经营公司住宅房、亭林工商所办公楼、上海鸿越实业有限公司商品住宅房、上海信捷置业有限公司商品住宅房(闵行区)、上海升力工贸有限公司生产车间(松江区)、上海俞剑建材有限公司生产车间(松江区)、上海瑞奥服饰有限公司办公楼及生产车间、上海亨井联接件有限公司生产车间、金山压缩机厂厂房、五龙禅寺扩建等工程。镇(乡)级主要项目有新农集镇居民小区住宅房、敬老院院舍、社区活动中心业务房、上海大众金山特约维修站办公楼及业务用房、上海腾麒机械制造有限公司生产车间、上海普秀织造有限公司办公楼及生产车间、上海神滨化油器有限公司办公楼及生产车间、上海可利地安环保科技有限公司办公楼及生产车间、上海科林实业有限公司生产车间、上海顺坚服饰有限公司生产车间、上海捷骄服饰有限公司生产车间、上海康马电器有限公司办公楼及生产车间等工程。多数竣工项目在验收后被评为优良及合格工程。2000—2004年,公司连续5年被区人民政府评为“星级企业”,并获“上海市人才培育奖”。

1985—2004年新农镇(乡)建筑企业生产情况表

表18-20　　单位:平方米、万元

年份	小计		新农工程公司		求新工程公司		江夏工程公司	
	竣工面积	产值	竣工面积	产值	竣工面积	产值	竣工面积	产值
合计	993498	59994.54	72752	3292.10	877559	54166.79	43187	2535.65
1985	4579	183.16	4579	183.16	—	—	—	—
1986	5266	210.64	5266	210.64	—	—	—	—
1987	6922	276.89	6922	276.89	—	—	—	—

续表 18 – 20

年份	小　计		新农工程公司		求新工程公司		江夏工程公司	
	竣工面积	产值	竣工面积	产值	竣工面积	产值	竣工面积	产值
1988	8158	326.30	8158	326.30	—	—	—	—
1989	10125	405.00	10125	405.00	—	—	—	—
1990	12136	606.79	12136	606.79	—	—	—	—
1991	12557	627.85	12557	627.85	—	—	—	—
1992	13009	655.47	13009	655.47	—	—	—	—
1993	13267	663.36	—	—	10700	535.01	2567	128.35
1994	15622	781.10	—	—	12622	631.10	3000	150.00
1995	21062	1263.68	—	—	16411	984.63	4651	279.05
1996	26600	1596.10	—	—	17250	1035.00	9350	561.10
1997	34249	2054.93	—	—	21165	1269.88	13084	785.05
1998	62520	3751.17	—	—	51985	3119.07	10535	632.10
1999	83897	5453.30	—	—	83897	5453.30	—	—
2000	129032	8000.00	—	—	129032	8000.00	—	—
2001	129558	8032.60	—	—	129558	8032.60	—	—
2002	132958	8243.40	—	—	132958	8243.40	—	—
2003	135255	8385.80	—	—	135255	8385.80	—	—
2004	136726	8477.00	—	—	136726	8477.00	—	—

二、个体建筑企业

20 世纪 80 年代，不少建筑手艺较好的泥、木匠自发组成个体建筑户（小包作头），承建农民住宅楼及集体生产用房，施工中分别接受乡（公社）基建办公室和乡（公社）房屋修建队的监督和指导。1989 年，全乡共有个体建筑户 20 多个，总人数 160 余人。

20 世纪 90 年代后，个体建筑户有的自动解散，有的兼并组建为较有规模的个体建筑企业，备置建筑设备，依托求新建筑市政工程有限公司等有建筑资证的企业，承建部分镇（乡）村企业的生产及业务用房。2004 年，全镇较有规模的个体建筑企业有 5 家，职工 250 余人，年完成施工面积 3000 多平方米，年创产值 2000 多万元。

第十九章　精神文明建设

20世纪80年代起，新农镇（乡）党委、政府把精神文明建设放在重要议事日程，坚持“两个文明一起抓”，扎实开展精神文明宣传教育和群众性创建活动，不断提高社会文明程度和人民群众的文明素质。

第一节　组织机构

1982—1996年，新农镇（乡）成立精神文明建设领导小组，党委书记任组长，下设办公室，具体负责全镇（乡）精神文明建设的宣传、教育和创建活动。1997年1月，新农镇成立精神文明建设委员会，党委书记任主任，党委副书记、镇长任第一副主任，党委副书记任常务副主任，各有关部门负责人任委员。精神文明建设委员会下设办公室，简称“文明办”，党委宣传委员任主任。镇精神文明建设委员会贯彻落实上级关于精神文明建设要求，制定和落实规划，指导和组织、检查和总结全镇（乡）精神文明建设创建活动，推广精神文明建设先进典型，不断提高精神文明建设水平。各村、企事业单位和居民区成立精神文明建设领导小组，由主要领导（一般为党支部书记）任组长。精神文明建设领导小组根据各自实际情况开展形式多样、内容丰富、生动活泼的精神文明创建活动。

第二节　精神文明教育

一、思想道德教育

20世纪80年代起，新农镇（乡）通过办班学习、集体辅导、专题报告等形式，在党员、群众，特别是在青少年中开展“三热爱”（热爱中国共产党，热爱社会主义，热爱祖国）教育活动。

每逢“三八”“五四”“七一”“十一”“一二·九”及长征、反法西斯胜利纪念日等重大节日和纪念日。镇（乡）党委及有关部门，通过报告会、党课、团课及文艺活动等形式，开展革命传统教育。

每年3月5日学雷锋日，镇(乡)工会、团委、妇联等部门组织和发动广大团员、青年、妇女、中小学生以各种不同方式上街为群众服务(开展义诊、健康宣传、法律咨询、义务理发、修车、修电器、缝纫等)，参加环境卫生整治，到敬老院为老人开展健康检查、打扫卫生、洗衣被等；在敬老日，慰问敬老院老人，送上果品，组织演出一些文艺节目，让老人欢度节日。

1988年3月，新农镇开展学雷锋活动

1988年，新农乡率先在机关、企事业单位中开展"三德"教育(职业道德、社会公德、家庭美德)，组织职工学习职业道德条例，制订规章制度。之后，结合文明单位(村)、"五好家庭""新风户""好媳妇""好婆婆""好妯娌""比翼双飞模范佳侣"及"学习型家庭"的评选，开展家庭美德教育。

1990年1月，新农乡在学校中实施师德考核制度；在机关、医院及其他事业单位，把职业道德、社会公德作为年度考核中一项重要内容。其间，机关及各单位认真组织学习、贯彻落实中央颁布的《公民道德纲要》《公民道德建设实施纲要》和中共中央十四届六中全会作出的《中共中央关于加强社会主义精神文明建设若干重要问题的决议》精神，县和乡关于精神文明建设的规划和实施意见，不断推进"三德"教育深入开展。

结合"三德"教育，乡在各个阶段开展不同的主题教育实践活动。1989年，提出"我为家乡建功立业"要求，开展岗位竞赛，献计献策活动。在职工、群众中开展建功立业活动。是年，全镇有1200余名职工提出合理化建议1500多条。

1990年3月，新农乡开展"谈乡情、看国情"教育活动，先后组织党员干部和群众座谈改革开放10年来祖国与家乡变化的体会；分期分批去浦东、石化、枫泾等地考察，看发展成果。开展"看成就，谈体会"及"爱我新农，发展新农"的主题教育活动。1995年，新农镇党委在党员、干部中开展学习人民好公仆孔繁森事迹活动。

1996年，上海市颁布"七不规范"(不随地吐痰，不乱扔垃圾，不损坏公物，不破坏绿化，不乱穿马路，不在公共场所吸烟，不说粗话、脏话)。新农镇开展广泛宣传，迅速行动，掀起一个"从我做起，从自身做起"，人人遵守"七不规范"的热潮。在各单位及公共场地等处竖立写有"七不规范"内容的宣传牌；在公共场所，交通要道张贴警示标志；在各单位、集镇区、公共场所增设果壳箱；学校派出教职员工在学生上学、放学穿马路时维持交通秩序。

1997年，全镇开展学习张鲜军烈士舍己救人的先进事迹活动，展开理想与价值观的讨论。通过学习、全镇爱集体、争先进成风。在特大龙卷风袭击长浜村中，长浜七组组长吕亚金负伤救人、不顾自己家园。在泖港圩堤缺口抢险中，广大党员、干部、群众不顾个人安危，奋战30余小时，确保圩区600多户村民和67公顷农田免遭水灾。

2003年，新农镇开展"责任意识"主题教育活动。围绕"责任意识"展开讨论，提出"新农要发展，我们怎么办?"的思考，开展"我是家庭一员，应对家庭负责"的专题座谈会，就生活方式,家庭伦理,环境建设发表意见,对不重视学习、轻视老人、参与赌博、教育子女方法不当等问题深入分析,提出看法,找出解决问题的方法。是年,在全镇开展“职业精神大讨论”,加强对职工的教育。

二、文明礼貌教育

1982年起,新农乡开展以“五讲四美”(讲文明、讲礼貌、讲卫生、讲秩序、讲道德;心灵美、语言美、行为美、环境美)为主要内容的文明礼貌教育活动。各单位制订文明守则,各村制订村规民约,提出具体要求,规范职工、村民的行为。以大兴“五讲”达到“四美”要求,倡导社会主义新风尚、新道德。每年3月(1989年后改为4月)作为“文明礼貌月”活动,重点治理脏、乱、差,动员各方力量积极参加环境整治。

1996年,新农镇开展以整治镇容镇貌、厂容厂貌和建设卫生村为重点的环境美创建工作,拆除违章建筑,严禁在镇区内养家禽。1997年,开展制止“三乱”(乱扔垃圾、乱堆物、乱停车)和环境整治活动,优化镇区形象。1999年,镇政府组织有关部门开展整治乱设摊、乱招贴、乱占公共场地及违章建筑行动,发动各单位对卫生死角、河道及320国道两侧环境进行重点治理,在治理中发挥监督执法队伍作用,及时处理群众意见多、反映强烈的问题。

三、崇尚科学教育

1990年起,新农镇(乡)各行业开展“双学双比”(学文化、学技术;比贡献,比成绩)和“三学”(学知识、学科学、学技术)教育活动。由镇(乡)成人学校举办培训班,组织有关人员学习工业机械技术、农副业实用技术、企业经营管理及会计、电工等专业技术知识。通过学习,许多人成为各行业的技术骨干和科学技术的带头人。1990—2001年,新农镇(乡)获金山区(县)“双学双比”先进个人28人。

每年春节前后,镇(乡)党委、政府积极开展移风易俗宣传教育活动,要求全镇(乡)人民群众,特别是党员、干部开展反对迷信,反对盲目攀比,反对奢侈浪费,倡导科学文明的生活方式。

2004年,新农镇进一步加强新风尚建设工作,要求村民、居民在操办丧事中,对一些迷信活动和陈规陋习进行抵制和改革。由居委会、村委会提供“四个一”(干部上门慰问一次,免费提供一台录音机和哀乐磁带,送一只花圈,补助1000元)服务。提倡厚养薄葬,丧事简办,树精神文明新风俗。

第三节 精神文明创建

一、文明单位创建

1984年起,新农镇(乡)开展文明单位创建活动,创建标准6条:领导班子团结,党风建设好;加强思想教育,道德风尚好;生产稳定发展,工作成绩好;重视教育、科学、文化建设,计划生育好;安定团结,公共秩序好;环境整洁美观,安全生产好。1984—1986年,全乡每年评选一次。1987年起,每两年评选一次。

评选由单位申报,镇(乡)精神文明建设委员会对创建单位工作进行检查、考核,报请区(县)精神文明建设委员会审核,由区(县)委、政府批准命名。创建市文明单位,原则上在区(县)文明单位中择优选拔,报请市精神文明建设委员会审核,由市委、市政府批准命名。对创建成功的单位颁发相应的文明单位证书和牌匾。

1986—2004年,新农镇(乡)被评为市农口文明单位1个1次,金山区(县)文明单位26个70次。

1986—2004年新农镇(乡)获上海市农口、金山区(县)文明单位名录表

表19-1

授予年份	获评称号	获评单位
1985—1986	上海市农口文明单位	上海鑫佑实业公司
1986	金山县文明单位	新农砖瓦厂
1987—1988	金山县文明单位	金山毛新厂、新农化工厂、新农工艺品厂、新农第二服装厂、新农服装厂、新农粮管所
1989—1990	金山县文明单位	金山毛衫厂、金山电视元件厂、新农工艺品厂、新农服装厂、新农化工厂、新农粮管所、牡丹村
1991—1992	金山县文明单位	金山毛衫厂、新农化工厂、新农工艺品厂、金山电视元件厂、上海中达丝绸时装有限公司、慧农村
1993—1994	金山县文明单位	上海鑫佑实业公司、金山毛衫厂、金山电视元件厂、上海中达丝绸时装有限公司、新农中学、龙井机械实业有限公司、金新化工厂、新农粮管所、新农派出所、慧农村
1995—1996	金山县文明单位	上海鑫佑实业公司、上海中达丝绸时装有限公司、上海金达针织有限公司、上海旺泰实业公司、上海新阳纺织厂、新农自来水厂、新农粮管所、新农派出所、新农卫生院、新农学校
1997—1998	金山区文明单位	上海旺泰实业公司、上海鑫佑和服有限公司、上海金达针织有限公司、上海新阳纺织厂、新农自来水厂、新农粮管所、新农派出所、新农卫生院、新农学校
1999—2000	金山区文明单位	上海鑫佑和服有限公司、上海芙其高针织有限公司、上海新阳纺织厂、新农自来水厂、新农卫生院、新农学校、新农派出所
2001—2002	金山区文明单位	新农自来水厂、新农学校、上海新阳纺织厂、新农卫生院、上海芙其高针织有限公司、新农幼儿园、上海茂茂服装有限公司
2003—2004	金山区文明单位	新农自来水厂、新农学校、上海新阳纺织厂、上海芙其高针织有限公司、新农卫生院、新农幼儿园、上海茂茂服装有限公司、新农经济小区

二、文明村创建

1997 年,新农镇开展创建文明村活动。创建标准 10 条:党支部、村委会班子健全,单位职责明确,工作网络完善,运作正常,干群关系好;年可支配收入达 20 万元以上;达到卫生村标准;达到安全小区标准;无计划外二胎和早婚早育;重视文、体设施建设,并经常开展活动;重视生产、交通安全,年千人死亡率低于上级下达指标;坚持村务公开和村民代表会议制度;无封建迷信活动,无不正常宗教活动;家家户户都有"村民常用服务电话一览表"。

1997—2004 年,被评为市文明村 2 个 2 次,区文明村 4 个 16 次。

1998—2004 年新农镇获上海市、金山区文明村名录表

表 19-2

授予年份	获评称号	获评单位
2003	上海市文明村	光华村
2004	上海市文明村	牡丹村
1998	金山区文明村	慧农村、光华村、牡丹村
1999	金山区文明村	慧农村、光华村、牡丹村
2000	金山区文明村	牡丹村
2001	金山区文明村	光华村、牡丹村
2002	金山区文明村	光华村、牡丹村
2003	金山区文明村	光华村、牡丹村、五龙村
2004	金山区文明村	牡丹村、五龙村

三、卫生村创建

1994 年,新农镇开展卫生村创建工作,创建村合格卫生室,加强对家禽的饲养管理,进行农村改厕和生活垃圾收集处置等工作。1997—2004 年,全镇先后有牡丹、光华、温河、五龙、慧农 5 个村被评为上海市卫生村。

四、文明小区创建

1998 年起,新农镇开展文明小区的创建和评选工作。创建标准 8 条:环境整洁优美;社会秩序稳定;公共服务全面;道德风尚良好;文化生活丰富;年内未发现重大刑事案件;未发现制假贩毒或走私窝点;未发生违反《上海市人口与计划生育条例》现象,无常住人口计划外生育。

1999—2004 年,被评为金山区文明小区 3 个 11 次。

1999—2004 年新农镇获金山区文明小区情况表

表 19－3

授予年份	获评称号	获评单位
1999	金山区文明小区	浦银三村
2000	金山区文明小区	浦银二村、浦银三村
2001	金山区文明小区	浦银二村、浦银三村
2002	金山区文明小区	浦银三村
2003	金山区文明小区	浦银二村、浦银三村
2004	金山区文明小区	浦银二村、浦银三村、浦银五村

五、五好文明家庭创建

1982 年开始，新农镇（乡、公社）开展五好文明家庭的创建工作，以家庭美德建设为重点，以培养"四有"（有理想、有道德、有文化、有纪律）新人为目标，营造良好的村风、民风，建立互相关心、互相帮助的新型邻里关系。

五好文明家庭标准是：爱国守法，热心公益好；学习进取，爱岗敬业好；男女平等，尊老爱幼好；移风易俗，少生优生好；勤俭持家，保护环境好。五好文明家庭每二年评选一次。1982—2004 年，全镇（乡、公社）被评为全国五好文明家庭 1 户；市五好文明家庭 2 户，市敬老五好家庭 1 户，市好妈妈 1 户；区（县）五好文明家庭 49 户 56 次，镇（乡、公社）五好文明家庭每年在 20～30 户。

1986—2004 年新农镇（乡）获全国、上海市、金山区（县）五好文明家庭情况表

表 19－4

户名	所在单位	授予年份	荣誉称号
何宝芳	万年 13 组	1986	全国五好文明家庭
陆灵美	五龙 8 组	2003	市五好文明家庭
戚连华	光华 2 组	2000	市五好文明家庭
杨芬莲	三图村	1990	市好妈妈
邵照福	三图 10 组	1986	金山县五好文明家庭
高仕章	沈庄 10 组	1986	金山县五好文明家庭
何宝芳	万年 13 组	1986	金山县五好文明家庭
张飞鹏	万年 9 组	1986	金山县五好文明家庭
叶明昌	牡丹 4 组	1986	金山县五好文明家庭
徐水林	幸福 9 组	1986	金山县五好文明家庭

续表 19－4

户名	所在单位	授予年份	荣誉称号
张德余	慧农 4 组	1986	金山县五好文明家庭
姚照林	五龙 6 组	1986	金山县五好文明家庭
高桂华	幸福 4 组	1990	金山县五好文明家庭
朱伯贤	三图 5 组	1990	金山县五好文明家庭
许凤秀	牡丹 3 组	1990	金山县五好文明家庭
徐金明	万年 18 组	1992	金山县五好文明家庭
朱仁法	光华 2 组	1992	金山县五好文明家庭
朱明华	五龙 7 组	1992	金山县五好文明家庭
沈永清	慧农 2 组	1994	金山县五好文明家庭
顾生法	三浜 10 组	1994	金山县五好文明家庭
邵照福	三图 10 组	1994	金山县五好文明家庭
沈保林	万年 4 组	1996	金山县五好文明家庭
沈中和	新范 5 组	1996	金山县五好文明家庭
朱仁法	光华 2 组	1996	金山县五好文明家庭
倪春书	长浜 3 组	1998	金山区五好文明家庭
杨正喜	新民 9 组	1998	金山区五好文明家庭
吴永芳	牡丹 4 组	1998	金山区五好文明家庭
程辉荣	浦银 3 村	1998	金山区五好文明家庭
汤保云	爱国 11 组	1998	金山区五好文明家庭
朱仁法	光华 2 组	1998	金山区五好文明家庭
沈爱娟	新范 2 组	1998	金山区五好文明家庭
潘积仁	幸福 1 组	1998	金山区五好文明家庭
沈力东	温河 1 组	1998	金山区五好文明家庭
陆桂花	五龙 5 组	1998	金山区五好文明家庭
王广英	牡丹 6 组	2000	金山区五好文明家庭
徐善明	新民 6 组	2000	金山区五好文明家庭
陈娟宝	三浜 6 组	2000	金山区五好文明家庭
吴忠林	五龙 1 组	2000	金山区五好文明家庭
朱志清	光华 11 组	2000	金山区五好文明家庭

续表 19－4

户名	所在单位	授予年份	荣誉称号
沈小弟	沈庄 3 组	2000	金山区五好文明家庭
胡东辉	温河 1 组	2000	金山区五好文明家庭
姚掌林	幸福 9 组	2000	金山区五好文明家庭
邵照福	三图 10 组	2000	金山区五好文明家庭
程辉荣	浦银 3 村	2000	金山区五好文明家庭
沈保林	万年 4 组	2003	金山区五好文明家庭
王兰英	慧农 16 组	2003	金山区五好文明家庭
陈宝方	牡丹 2 组	2003	金山区五好文明家庭
张奎林	五龙 1 组	2003	金山区五好文明家庭
葛象新	三浜 15 组	2003	金山区五好文明家庭
屠金妹	沈庄 8 组	2003	金山区五好文明家庭
高秀芳	温河 4 组	2003	金山区五好文明家庭
刘明华	新民 2 组	2003	金山区五好文明家庭
朱仁法	光华 2 组	2003	金山区五好文明家庭
朱仁弟	三图 2 组	2003	金山区五好文明家庭
叶文军	浦银居委会	2003	金山区五好文明家庭
吴巧华	浦银居委会	2003	金山区五好文明家庭

六、"新风户"评选

1988 年起，新农乡开展评选"新风户"活动。"新风户"评选条件是 10 个"无"：无计划外生育，无非正常死亡，无赌博和封建迷信活动，无恋爱婚姻问题中不道德行为，无虐待老人和家庭纠纷，无流生现象，无抛荒田和多占宅基地，无婚嫁丧葬大操大办，无不卫生习惯和脏乱差。是年，全乡首次评出"新风户"600 多户。1988—1991 年，全乡共评出"新风户"5000 多户，占全乡总户数的 85%。对评出的"新风户"加强管理，由镇（乡）妇联组织有关人员进行检查，听取广大群众的意见，对反映不好、意见大的"新风户"摘牌。1991 年，全乡摘牌 12 户。

七、献爱心、送温暖活动

20 世纪 80 年代起，新农镇（乡）的村（居）委会、民政、妇联、红十字会、慈善机构、宗教团体、学校、民营企业等社会各界，对家庭经济贫困的学生，通过结对帮困或捐资助困等形式，对这些学生的杂费及书簿费、午餐费，甚至校服费等，给以不同程度的减免或补助。每年受助学生在40余人。新农学校党支部开展“托起明天的太阳”——党员认领贫困生活动。支部30多位党员，对学校7位学生定期帮困直至初中毕业。镇党委、人大、政府领导班子成员对贫困学生进行一帮一结对帮困。

新农镇(乡)团委、妇联、武装部与村委会，组织一支30多人志愿服务队，对部分烈军属、残疾人家庭及其他因缺少劳力而耕种困难家庭助耕帮困，种好责任田。

20世纪90年代起，新农镇(乡)每年都开展献爱心、送温暖募捐活动，向当地及云南、四川、安徽等受灾地区和西部贫困家庭捐钱、捐物，帮困解难。1991年8月，新农乡长浜村遭受龙卷风袭击，受损严重，全乡捐款55253元。1995年起，镇党委每年组织党员进行“一日捐”活动，在机关、事业单位干部职工中开展“一日捐”，帮助镇、灾区贫困地区困难群众。2001年开始，全镇党员、干部、职工参加帮助西部地区的“幸福工程”及“千万人帮千家”“千名机关干部帮万名困难群众”募捐活动。新农镇(乡)团委、工会、妇联、红十字会、居委会、个体协会及学校、医院等单位的志愿者服务队经常开展活动，为残疾人、孤寡老人上门服务；参加环境整治，上街为民服务；开展设点咨询、民事调解、交通安全及法制宣传等活动；开展义诊和义务献血、遗体捐献宣传动员；为贫困家庭、受灾地区募捐钱物等。1995—1997年，镇妇联组织的家庭志愿者服务队，有796户、1512人参加服务活动。浦银居委会有11位退休人员组成的志愿者服务队，积极参加社区的宣传、调解、帮困等公益活动，为群众服务。新农学校学生志愿者服务队20多名团员、学生，坚持为学校师生、为社区做好事，2002年被评为金山区新长征突击队。

八、建功立业活动

1990年，新农砖瓦厂开展“职工提建议，企业增效益”的活动，被评为金山县记功立业“50件好事”之一。

1994年，新农镇党委、政府实施广厦工程，营造一流住宅活动，被评为金山县记功立业“20件好事”之一。

2001年，新农镇大泖港圩堤抢险工作被评为金山区精神文明十佳好事。

2002—2003年，牡丹村陆金华被评为金山区精神文明建设优秀组织者。

2003年，上海芙其高针织有限公司缝头工段被评为金山区“十佳巾帼文明岗”。

第二十章　教　育

1986 年，新农乡有初级中学 3 所，学生 1142 人，教职工 75 人；小学 13 所（中心小学 1 所、村校 12 所），学生 2583 人，教职工 176 人；中心幼儿园 1 所、村办幼儿园 18 所，幼儿 730 人，教养员 65 人。

2004 年，新农镇有九年一贯制学校 1 所，中、小学生 1427 人；幼儿园 1 所，幼儿 236 人；外来民工子弟学校（希望小学）1 所，中、小学生 420 人；成人中等文化技术学校 1 所，开展文化补习、技术培训、学历进修等教育。

第一节　幼儿保教

一、概况

1986 年，新农乡有中心幼儿园 1 所，村办幼儿园 18 所，共有幼儿 730 人。1989 年，村办幼儿园合并为 12 所。中心幼儿园受中心小学领导和管理，村办幼儿园由各村民委员会领导和管理，教学业务由中心幼儿园辅导。

1990 年，中心幼儿园单独建制，定为二级二类幼儿园。2000 年升为二级一类幼儿园。2003 年升格为 B 级幼儿园。

村办幼儿园的园舍，除 4 所附设在村小学内，14 所由村自行建造。幼儿园设备普遍购置小方桌、小床、小椅子等生活用具和风琴、电子琴、转椅、木马、荡船、小脚踏车、跷跷板等教玩具。

1994 年，五龙村在 4 组征地 1400 平方米，投资 15 万元建造新幼儿园，园舍建筑面积 400 平方米。是年，慧农村建幼儿园新园舍 600 平方米。1996 年，爱国村建造幼儿园新园舍 340 平方米。1997 年，中心幼儿园投资 5 万元，在保健室和值班室上加楼，增加园舍 80 平方米，作为幼教老师的办公室。2003 年，投资 33 万元，改建食堂和幼儿活动室。

1999 年开始，实施村际联办幼儿园。由原 12 所幼儿园撤并为五龙、爱国、慧农、光华 4 所幼儿园。2002 年 8 月，撤并爱国、光华 2 所幼儿园，剩五龙、慧农 2 所幼儿园。2003 年 8 月，村办幼儿园全部撤点，并入镇中心幼儿园。是年，镇中心幼儿园有大、中、小 7 个班级，入园幼儿 236 人、教养员 25 人（幼儿教师 19 人、保育员 6 人）。

二、保教

幼儿园的保教内容有生活、卫生、体育、品德、语言、常识、计算、音乐和美术等。开设的课程有计算、语言、常识、体育、美工、音乐6门。

1994年,新农中心幼儿园积极开展幼儿素质保教。培养4~6岁幼儿的语言表达能力和自我服务能力。2002年,镇中心幼儿园依托社区成立"亲子俱乐部",开展0~3岁散居婴幼儿家庭多元化指导工作,利用双休日开放中心幼儿园的所有活动场所,吸引社会上婴幼儿到园参加活动。2003年,中心幼儿园根据改编的"生活活动""运动""游戏活动""学习活动"等幼教课程,开展幼儿保教,成效显著。倪坤、陆夏怡、盛忆玲、徐隽祎4位幼儿参加金山区"小青蛙"故事演讲比赛获等第奖。

第二节　小学教育

一、概况

1986年,新农乡有中心小学1所,村校12所,共有班级88个,学生2508人,教职员工164人。是年秋起,村校逐步进行撤并,至1995年,全镇有爱国、慧农、三浜、新民、新范5所村校,班级27个,学生701人;中心校27个班级,学生1017人。

1996年7月,新农中学与新农中心小学合并,组建为九年一贯制学校——新农学校。小学部有1~6年级20个班,学生914人;辅导区5所村校,34个班级,学生804人。1999年8月,村校全部撤点,学生并入新农学校。至此,小学部33个班,学生1522人。

2004年,新农学校小学部有19个班级,学生683名。

1986—1995年新农镇(乡)中心校辅导区小学基本情况表

表20-1

年份	学校数(所)		班级(个)	学生(人)	教职工(人)	备注
	中心小学	村校				
1986	1	11	84	2583	176	沈庄小学撤点
1987	1	11	87	2491	167	—
1988	1	9	81	2693	177	撤长浜、三图小学
1989	1	8	76	2657	176	撤光华小学
1990	1	8	72	2428	160	—
1991	1	7	72	2230	161	撤幸福小学
1992	1	7	67	1972	153	—
1993	1	7	64	1992	154	—

续表 20－1

年份	学校数(所)		班级(个)	学生(人)	教职工(人)	备注
	中心小学	村校				
1994	1	7	56	1747	145	—
1995	1	5	54	1718	137	撤五龙、万年小学

二、教育、教学

1986 年,新农乡按照《中华人民共和国义务教育法》和《上海市普及九年制义务教育条例》,规定儿童 6 周岁入学,小学为六年制。1～5 年级学科有语文、数学、英语、体育、音乐、自然美术、生活与劳动、体锻、阅览等课程。六年级减少自然及生活与劳动 2 门学科。学生每周在校学习时间总量为 31 课时至 34 课时,每节课为 40 分钟。

1993 年,新农中心小学贯彻《中国教育改革和发展纲要》,实施教育"转轨"制,从应试教育转向全面提高国民素质教育,向学生加强基础知识讲授和基本技能训练。学校在抓常规、抓基础、抓质量的同时,抓创新发展。教学管理采用"柔性管理",对备课、教研、教学要求、进度等,不搞整齐划一,贯彻以人为本,发挥教师的个性特长。1995—1996 学年,新农学校认真开展教科研活动,与松隐小学联合开展"小学语文学法指导"课题研究,获金山县教科研成果一等奖。

2000 学年起,根据市教育委员会精神,金山区实行"五四"学制分段,小学六年级改为初中预备班,由中学部负责教学和管理。

第三节　中学教育

一、概况

1986 年,新农乡有新农中学、爱国中学和新民中小学 3 所初级中学(新民中小学仅有初中建置,无初中班级)。新农中学有初一至初三共 21 个班,学生 1021 人;爱国中学设初一年级、3 个班,学生 121 人。两校教职工 75 人。1987 年,爱国中学撤点,学生并入新农中学。是年,新民中小学撤销初中建制,为单一完小。

1996 年 7 月,新农中学与新农中心小学合并,组建为九年一贯制学校——新农学校。中学部有 7～9 年级、21 个班,1031 名学生。

1986—1995 年新农镇(乡)初中学校基本情况表

表 20－2

年份	学校(所)	班级(个)	学生(人)	教职工(人)
1986	3	24	1142	75
1987	1	25	1153	79
1988	1	23	1021	79

续表 20－2

年份	学校(所)	班级(个)	学生(人)	教职工(人)
1989	1	20	902	91
1990	1	20	900	85
1991	1	22	1059	82
1992	1	25	1236	83
1993	1	25	1249	83
1994	1	27	1380	81
1995	1	24	1217	82

1996—2004 年新农学校基本情况表

表 20－3

年份	年级数(个)	中学部		小学部	
		班级(个)	学生(人)	班级(个)	学生(人)
1996	9	21	1031	53	1781
1997	9	16	755	61	1764
1998	9	15	670	44	1729
1999	9	18	800	33	1522
2000	9	25	1177	26	1128
2001	9	25	1185	24	968
2002	9	22	1036	23	885
2003	9	19	831	21	769
2004	9	16	744	19	683

二、教育、教学

1986 年,新农中学贯彻执行《中华人民共和国义务教育法》和《上海市普及九年制义务教育条例》,开设学科有语文、数学、英语、体育、音乐、美术、地理、历史及体锻、阅览等课程。初二增设物理课程,初三增设化学课程。

1987 年,新农中学成立政教处。1988 年,实施《德育大纲》,印发《中学生行为规范》手册,强化学生日常行为规范的教育与训练,教育学生"自尊、自爱、自重、自理"。贯彻实施《上海市青少年保护条例》,邀请派出所民警和交通警察到校讲课,提高遵纪守法和自我保护能力。

1991 年 3 月,上海市教育局在全市中、小学进行课程改革试点,新农中学参照课改要求,在教学上重视"提高素质,发展个性",以德育为核心,培养学生创新精神和实践能力。课程安排必修课外增加选修课,八年级选修民防教育课。1992 年,学校对学生加强中国近、现代史和国情教育,激发学生爱国精神。

1999 年,新农学校组织学生学习《中华人民共和国预防未成年人犯罪法》,邀请镇司法干部上法律知识课。

2002年,新农学校结合二期课改,在教学上坚持以学生为本,让课程适应学生的终身发展。学校组织"名师工程"活动,在岗教师参加,并申报区级首席教师、导师和学科带头人。2003年11月,新农学校举办以有效教学为主题的"2003年教学节",有17位教师参加教学比赛。"构建初中化学教学中合作互动校本教学研究平台的行动研究"被立为市级研究课题,"提高初中语文课堂教学效益的有效策略研究""市郊初中数学教学中实施有效教学的行动研究"和"初中物理实验教学中培养学生自主探究能力的研究"被立为区级课题。

第四节　成人教育

1987年,新农乡投资10万元,在集镇文化路28号建造教学专用楼,成立新农乡成人中等文化技术学校,统一实施全乡的职业教育和业余教育。1996年,成立金山县老年学校新农镇分校,实施终身学习和终身教育战略。1998年,成立金山区家庭教育总校新农镇分校。分校以其长期性、生活性、情感性、随意性为教育模式,向社区居民,尤其是青少年进行行为规范,心理健康,文明礼仪,遵纪守法等教育。

2000年9月,新农镇召开成人教育工作会议,制定成人教育工作规划。2002年,新农镇把培训重点转移到农村富余人员转岗创业培训和农村实用技术培训上来。2003年4月,新农镇成立成人教育校务委员会。

一、扫盲、文化补习

1986年,新农乡有文盲339人。经过一年扫盲教育,251人被摘掉文盲帽子。1993年,全乡非文盲率94.5%。1986年9月,全乡应补初中文化1728人,通过文化补习班学习,有1089人语、数两门课程及格,占应补习人数的63%。1987、1988年继续开展青工文化补习,有1260名35岁以下青工和青年农民参加普及初中教育。1994年4月,经金山县教育局验收,新农乡"双基"(基本普及九年制义务教育,基本扫除青壮年文盲)教育达标合格,获颁合格证书。

二、专业、技术培训

1986—2004年,新农镇(乡)成人中等文化技术学校,先后举办技术、岗位培训59班,专业有车工、钳工、电焊、铸造、测绘、财会、畜牧兽医、计算机、电脑、办公自动化等,参加受训4470人次,有348人获得技术等级证书。

新农镇成人中等文化技术学校培训班

镇成人中等文化技术学校在1997—2004年,举办"燎原计划"专项培训7个课题。1998年水稻"8优161"杂交制种技术和白玉蜗牛养殖中试、2000 年杂交稻“寒优湘晴”高产栽培技术、2001 年“伊丽沙白”甜瓜和绿色蔬菜种植、2003 年草莓提纯复壮和绿肥与优质稻配套栽培技术,850 人次参加培训。

1990—2004 年,新农镇(乡)有 228 人参加区(县)农业广播学校绿色证书培训,专业有农牧业、农机驾驶和维修、林业、农业技术及农村经纪人等。

三、学历教育

1989 年起,新农镇(乡)成人中等文化技术学校,开办学历提高班,至 1997 年共开办 13 班(大专班 3 班、中专班 10 班)。其中 9 人参加金山区(县)农业广播学校开设的农业推广专业大专班学习,3 人参加日语大专班,4 人参加农村经济管理大专班学习,均取得毕业文凭。

1988—2004 年新农镇(乡)成人中等文化技术学校办学情况表

表 20－4

办班形式		1988	1989	1990	1991	1993	1994	1995	1997	1998	1999	2000	2001	2003	2004
技术培训	班数	21	—	—	6	—	—	—	—	—	—	10	—	4	12
	人数	1321	247	—	539	—	—	—	—	—	—	1088	—	300	430
岗位培训	班数	—	2	—	—	—	—	—	—	—	—	4	—	—	—
	人数	—	56	—	—	—	—	—	—	—	—	489	—	—	—
中央农业广播学校	班数	1	—	—	—	4	1	—	—	—	—	—	—	—	—
	人数	11	—	—	—	113	32	—	—	—	—	—	—	—	—
学历教育	中专	—	—	—	—	—	43	30	—	—	—	—	—	—	—
	大专	—	—	—	—	17	—	—	24	—	—	—	—	—	—
长、短班	班数	—	—	29	—	—	31	—	—	—	—	—	—	—	—
	人数	—	—	3741	—	—	2820	—	—	—	—	—	—	—	—
职业班	专业	—	—	—	—	—	—	—	—	—	—	—	—	—	—
	人数	—	—	—	—	—	36	43	625	—	38	—	—	—	—
再就业培训	班数	—	—	—	—	—	—	—	—	1	—	—	—	—	—
	人数	—	—	—	—	—	—	—	—	53	—	—	—	—	—

1990—2004 年新农镇(乡)参加金山区(县)农业广播学校绿色证书学习培训情况表

表 20－5　　单位:人

培训对象与专业	参加人次	考核结果	培训对象与专业	参加人次	考核结果
村企妇女干部	21	全部合格	办公自动化、会计、统计、审计专业(中专文凭)	1	合格

续表 20－5

培训对象与专业	参加人次	考核结果	培训对象与专业	参加人次	考核结果
农副业村长蔬菜种植	14	全部合格	绿色证书与继续教育、中专文凭	52	合格 33 人
蚕桑专业	1	合格	畜牧兽医专业	2	合格
农业推广专业	2	合格	农机专业	64	全部合格

第五节 教育管理

一、机构

1986 年，实施市、县、乡分级管理教育，由新农乡政府负责制定全乡教育事业发展规划。11 月，金山县教育局将乡教育工作联席会统一更名为乡教育委员会，由分管副乡长担任教委主任，另配专职副主任 1 人。下设办公室，具体负责全乡教育业务、财务管理等行政工作。学校教学与其他行政管理由校长负责。通过教职工代表大会等形式，保障教职工参与民主管理和监督。

二、经费

1985 年 5 月，新农乡教育经费由乡财政所编制预算，经乡人民代表大会审议通过后，逐月足额拨付。县教育局对校舍修建、教学设备添置给予补贴。1989 年，县财政以 1987 年年底为基数，每年递增 5.2% 拨给，其余均由乡财政解决。

1986 年，新农乡向乡、村企业征收教育附加费，征收比例为税前利润的 3‰，1993 年调整为销售产值的 2‰。同时、发动社会力量开展捐资助学活动，1989—1993 年，募得捐资助学款 68.1 万余元和一批教学器材。1989—2004 年，征收教育附加费 209.23 万元。教育附加费和捐资助学款，均由镇（乡）教委设立专门账户，全部用于中小学校舍修建。

新农中心幼儿园向入园幼儿收取管理费。1986 年，每人每月 21 元，以后有所增加。2004 年，调整为小班每人每月 180 元，中、大班每人每月 150 元。入园幼儿父母有工作单位的，双方单位各承担三分之一。管理费一部分用于教学，另一部分用于补充民办教师的报酬和福利。

1995 年起，新农镇政府在安排每年财政收支时，优先考虑和安排教育经费，且每年有较大幅度的增长。

1986—1995 年新农中、小学教育经费使用情况表

表 20－6　　单位:万元

年份	人员经费		专项经费		年份	人员经费		专项经费	
	小学	中学	小学	中学		小学	中学	小学	中学
1986	33.67	16.43	19.54	31.12	1991	67.29	39.04	37.24	14.85
1987	45.53	30.90	2.61	18.85	1992	81.29	42.65	30.08	38.97
1988	49.24	28.92	5.92	18.41	1993	101.94	58.53	25.78	23.91
1989	56.81	29.13	—	—	1994	146.42	86.14	15.30	24
1990	60.79	28.31	16.47	19.23	1995	183.70	116.20	1.9	21.68

1996—2004 年新农学校教育经费使用情况表

表 20－7　　单位:万元

年 份	人员经费	专项经费	年 份	人员经费	专项经费
1996	340.7	34.48	2001	561.80	94.11
1997	399.9	53.59	2002	746.61	93.38
1998	393.9	32.34	2003	820.57	89.50
1999	457.8	34.07	2004	677.17	170.14
2000	450.7	36.68			

第六节　师资队伍

一、结构

1986 年后,教育管理部门加强对在职教师的业务培训,学校分批安排低学历教师参加进修,逐步补充大学和中师毕业生。1987 年,教师队伍实施职称评定,分为初级、中级、高级三等。1996 年开始,对在职教师实行五年一期的业务培训,培训期间实行学分制,规定中级职称需学满 24 学分,高级职称需学满 54 学分。新农学校开设校本培训课程,通过看录像,听报告,写专题文章等方式,提高教研水平和教学技能。

2004 年,新农学校有中小学教师 130 人,其中,大学本科 27 人,大专 48 人,中师 19 人。中学教师韩秉威、蒋保忠、叶雷明、高纪良、黄敏芳先后被评为中学高级教师,评为中级职称的中学部有 35 人,小学部 63 人,其余教师均具有初级职称。

2004 年新农学校师资结构情况表

表 20－8 单位:人

在编教师		学历结构				职称状况		
		本科	大专	中师	其他	高级	中级	初级
小学部	78	27	48	19	36	—	63	15
中学部	52					5	35	12

二、待遇

(一)政治待遇

1986 年起,每年 9 月 10 日为教师节,新农乡(镇)以各种形式慰问教师。学校党、团组织关心教师成长,对工作积极、要求上进的教师吸收参加中国共产党和共青团组织。1986—2004 年,有 41 名教师加入中国共产党。工作上有突出贡献的教师给予政治荣誉,先后有 19 名教师获上海市园丁奖,40 多位教师获金山区(县)园丁奖及先进工作者等称号。1993 年,新农中学校长韩秉威获市优秀教育工作者称号。1995 年,新农中学副校长叶雷明被评为全国优秀教师。1996 年,新农学校戴绚被评为市塑造学生心灵的十佳好老师。1998 年,新农幼儿园王蓉娟被评为市家庭教育先进个人。2003 年,新农学校沈洁华被评为区十佳师德标兵。

(二)经济待遇

1987 年,教师评定职称,工资与职称挂钩。1989 年,教师退休时满 30 年教龄的,享受原工资待遇。1993 年起,教师享受"四金"(住房公积金、养老统筹金、失业保险金、医疗保险金)待遇。2002 年,教师享受年终岗位目标奖,奖金每年有适当提高。1992 年,政府建造 440 平方米集资房,解决教师住房困难。1995 年实施"广厦工程",新农镇集资 160 余万元,建造二幢多层住宅,总建筑面积 2330 平方米,以平价供应教师,有 14 位教师每人享受 1 万元住房补贴。学校工会为教职工患病住院、团体意外、女职工团体险等各项保险,做好续保和理赔工作。安排教职工暑期休养,定期上门探望、慰问教职工,举行教职工集体生日活动等。对家庭生活困难的教师,每年给以经济补助。

新农中心幼儿园民办教师工资由镇财政承担,工资收入不低于镇办企业人均分配水平。

第七节 学校简介

一、新农中学

坐落在新农集镇新中路 63 号。1986 年,校舍总建筑面积 4067 平方米。当年,由县、乡集资 9 万元,建造 555 平方米的教学实验楼。1987 年,投资 20 万元建教学楼 897 平方米。1988 年,投资 12 万元建中学语音室 341 平方米。1990 年,投资 9.3 万元建田径运动场 4662

平方米。1992年,投资80万元建造1515平方米教学楼一幢。1996年7月,撤销新农中学与新农中心小学建制,合并成立新农学校。是年,新农中学被评为上海市民防教育先进集体。2004年,中学部有班级16个,学生744人。

二、爱国初级中学

坐落在爱国村东新镇(今五龙村东新镇)。1986年有初一年级3个班,学生121人。校舍邻爱国小学。同年8月,爱国初级中学撤点,学生并入新农中学,校舍归爱国小学。

三、新农学校

1996年7月,由原新农中学和新农中心小学合并组建而成,是金山县第一所九年一贯制义务教育试点学校。初中部有班级21个,学生1031人;小学部有班级53个,学生1781人;教职工218人。设校长室、教导处、政教处、总务处,实施中小学教学与行政管理。

1996年秋,新农学校建造食堂1085平方米,楼上为多功能会议厅,总投资100万元。1997年,新农学校被评为全国群众体育先进单位。

1999年8月,镇域内5所村校全部撤点,并入新农学校。2001年,新农学校分别设立中学教导处和小学教导处。是年,学校被中国福利会《儿童时代》评为少年儿童国庆献礼手工制作大赛优胜集体。

2002年,新农学校被金山区列入"重点加强初中建设"学校,实施达标工程。暑期,拆除老校舍2800多平方米,投资490余万元新建合班教室、综合楼、传达室、配电房,总建筑面积3700余平方米,新建的综合楼由图书阅览室、电脑房,实验室,多媒体教室、音乐室以及美术室组成。并创建电视、电脑、广播三网合一的校园网络。是年,市人大常委会副主任胡正昌、教委副主任夏秀蓉考察新农学校;新农学校获全国少年儿童"心中有祖国,心中有他人"主题教育先进集体称号。

2003年7月,新农镇政府投资50万元,为新农学校改建3300平方米运动场,六道环形煤渣跑道改建成沥青跑道,中间是标准足球场。投资30多万元,对西部行政楼和教工宿舍进行装饰和改建。2004年暑期开始,新农镇政府和金山区教育局投资100万元,对东部3幢教学楼实施"着装工程"(对校舍进行全面装潢)。是年,新农学校占地面积29617平方米,建筑面积11432平方米,绿化面积4353平方米,绿地覆盖率17%。中学部班级16个,学生744人;小学部班级19个,学生683人;教师130人,其中具有本科学历27人、大专48人、中师19人;有小学中级教师63人、初级教师15人;中学高级教师5人、中级教师35人、初级教师12人。有区语文导师1人、物理学科带头人1人。是年,学校增设副校长室和信息科技室。校长高纪良撰写的《新农学校推进九年一贯制学校的内涵发展》一文,在2004年6月上海三联书店出版的《新世纪论坛丛书·改革纵谈》上发表。

1996—2004年,新农学校学生获上海市少年科技制作竞赛奖30多项、269人次,获区级竞赛奖680多人次。1998—2004年,新农学校连续被评为金山区文明单位。

四、新农镇成人中等文化技术学校

1987年成立，坐落在新农镇文化路28号。学校有教室、办公室、会议室、油印室等用房，建筑面积456平方米。配有校长、副校长，会计各一人，专职教师3人，兼职教师5人，勤工2人。1994年撤乡建镇后，改名为新农镇成人中等文化技术学校。教学上坚持"以政治教育为先导，以岗位培训为重点，以文化教育为基础"的办学思路，实施按需办学，因材施教，运用多渠道、多层次、多门类办学模式，为农村培养各种技术人才和管理人才。1999年，新农镇成人中等文化技术学校停办，校舍由新农学校一年级借用。2000年8月，新农镇成人中等文化技术学校并入新农学校，又开始正常招生办班。由新农学校实施基础教育和成人教育一起抓，贯穿终身学习和终身教育理念。2004年，新农镇成人中等文化技术学校有兼职教师20余人。

五、新农中心小学

坐落在新农镇新中路63号。1986年，新农中心小学有班级19个，学生666人。学校承担12所村校的教学辅导工作。年内，由县、乡二级集资10余万元，建造946平方米教学楼一幢，当年秋投入使用。1988年，建造综合教学楼887平方米，由乡财政出资25万元。1992年，征地0.57公顷，投资24万元(国家投资4.5万元)建运动场，四周为200米环形跑道，内有小足球场与小篮球场各一块。1994年，征地0.40公顷建运动场二期工程，改建成250米环形跑道。1995年，新农中心小学有班级20个，学生914人，教职工43人。1996年7月，新农中心小学及其辅导区5所村校，与新农中学合并，组建成九年一贯制学校——新农学校。

六、五龙小学

1986年建造，坐落在五龙村三组，有校舍674平方米，开设班级6个，学生185人。1994年，五龙小学有3个班级，学生64人。1995年8月，五龙小学撤点，学生一部分转入三浜小学，一部分转入新农中心小学。

七、三浜小学

学校原分南中北三部分，以中部为主，南北二部设1~4年级，5年级以上在中部入学。1986年，由县、乡、村集资10万元，在村部西侧建造704平方米新教学楼，南中北三部合并一校。有班级10个，学生299人。1999学年第一学期，三浜小学有班级4个，学生89人。是年8月撤点，学生并入新农学校。2000年9月，校舍租于安徽寿县开办的希望小学。

八、爱国小学

坐落在爱国村东新镇。1986年有班级9个，学生258人。1999年第一学期，有班级4个，学生114人。是年8月撤点，学生转入新农学校。

九、万年小学

坐落在万年村南部。1986 年,有班级 7 个,学生 190 人。1995 年,有班级 2 个,学生 36 人。是年 8 月学校撤点,学生分流到爱国小学、慧农小学和新农中心小学。

十、慧农小学

坐落在慧农村八组。1986 年,有班级 7 个,学生 192 人。1999 年春,有班级 2 个,学生 46 人。是年 8 月撤点,学生转入新农学校。

十一、幸福小学

坐落在杨家村(幸福村十组)。1986 年,校舍 626 平方米,活动场地 660 平方米,有班级 7 个,学生 177 人。1991 年第一学期,有 4 个班级,学生 95 人。是年 8 月撤点,学生转入新农中心小学。

十二、光华小学

坐落在光华村张家阁(光华村七组)。1986 年,有班级 4 个、学生 98 人。1989 年第一学期有班级 2 个、学生 41 人。是年 8 月撤点,学生转入新民小学和新农中心小学。

十三、新民小学

坐落在新民村四组。1986 年,有班级 9 个,学生 278 人。1992 年,在新阁路西侧征地建造新教学楼 1067 平方米,总投资 47 万元,其中国家拨款 9 万元,其余由乡政府筹集。1999 年,新民小学有班级 2 个,学生 27 人。是年 8 月撤点,学生转入新农学校。

十四、三图小学

坐落在三图村一组。1986 年,有班级 3 个,学生 48 人。1987 年 8 月撤点,学生转入新民小学。

十五、新农希望学校

由安徽省寿县人徐能海筹备。2000 年 9 月,经金山区教育局备案批准成立,借用原三浜小学校舍,解决外来民工子女入学难问题。学校设 6 个年级、6 个班,学生 140 人。2004 年,9 个年级、9 个班,学生 420 人。任课教师向社会公开招聘,以外省市教师为主,共有教师 15 人,具有教师资格证书 13 人。其中本科生 1 人,大专生 2 人,师范生 5 人,中师生 3 人,中专生 1 人,幼师生 1 人。

新农希望学校使用全国统编教材,按照《中国教育改革和发展纲要》开设课程。在教育与教学上,按照教育部《基础教育课程改革纲要》的要求,结合本校生源来自不同地区,差异性大等特点,从抓行为规范着手,重视素质教育,培养学生的团队精神,提高道德素养。学生完成九年义务教育后,回原籍参加升学考试。

学校教育经费,除向学生收取教育部门规定的费用外,主要由安徽省寿县教育局拨付。

学校备有接送学生校车2辆。

十六、新农中心幼儿园

坐落于新农集镇文化路56号。1986年，有教学楼一幢和附属用房，建筑面积640平方米。入园幼儿200人，分大、中、小班各2个，教职工17人（教养员12人，保育员3人，勤杂工2人）。教学业务、行政事务由中心小学管理。

1990年9月，新农中心幼儿园独立建制，直接受镇教委管理。设园长室、教导处和后勤组。设辅导员，指导和帮助村办幼儿园搞好管理和教学工作。

1991年，幼儿园改造保健室和值班室。1997年，加建楼房，作为幼教老师的办公室。2001年，添置大型室外玩具。2002年，铺设塑胶场地。2003年，投资34万元改建食堂和幼儿活动室。2004年添置钢琴3架。

2000年，新农中心幼儿园为二级一类幼儿园，2003年升格为B级幼儿园。办学宗旨是：一切为了孩子，为了孩子的一切。坚持“以幼儿发展为本的教学理念”，为幼儿提供自主、和谐、健康发展的条件和机会。

2004年，新农中心幼儿园占地面积1408平方米，建筑面积732平方米。在园幼儿236人，分小班1个，中班、大班各3个。教职工25人，其中公办教师11人，均为全日制幼儿师范学校毕业；教师全部取得教师资格证书；小教高级职称6人；具有大专学历9人，中专学历5人；6名保育员取得上岗证书。5人获金山区“园丁奖”。

2001年6月，新农中心幼儿园被评为1999—2000年度金山区“优秀家长学校”。2003年4月，被评为2001—2002年度“金山区文明单位”。

第二十一章　文　　化

20世纪80年代起，新农镇（乡）坚持举办两年一届“文化艺术节”和“十月歌会”，推动社区文化、校园文化、企业文化蓬勃开展。

1985—1986年，新农乡收集整理《新农歌谣、故事、谚语》3套集成资料本13万余字。1992—1997年，新农镇（乡）先后获评上海市达标文化站、上海市标准图书馆和上海市图书网络建设先进乡镇。

2004年，新农镇有社区文化服务中心、图书馆、老年活动中心等文化活动场所10个。

第一节　机构设施

一、新农镇（乡）文化中心（站）

1984年3月，由新农公社文化站改名为新农乡文化站。1989年10月，改名为新农乡文化中心，坐落在北集镇区文化路8号。1994年9月，新农乡文化中心改名为新农镇文化中心。2000年，迁址南集镇区新宾路100号，改名为新农镇文化体育活动中心，占地面积4795平方米，建筑面积604平方米，内设图书室、阅览室、棋牌室、乒乓室、茶室、游戏机房；建有标准型露天水泥场1个，铺设草坪1700平方米、安装各类健身器30件。历任主任朱茅苟、陈补林、陆建忠。

二、新农镇文化广播影视服务中心

2001年7月，新农镇文化中心、新农镇广播站合并，建立新农镇文化广播影视服务中心，办公地点设在浦银路438号镇政府内。主任陆建忠。

三、新农镇（乡）大礼堂

坐落在北集镇区文化路，建于1968年，占地面积1121平方米，建筑面积701平方米。有楼厅、舞台、化妆室等。1987年，维修舞台144平方米，添置调音台和灯光设备，更换大幕等。1991年2月投资68万元，原地翻建为多功能大礼堂，占地面积扩展到1707平方米，建筑面积812平方米，更换翻板椅754个，安装电动大幕，改进声光设备，开设新艺综合经营部和录像放映室等业务。1992 年,更新 35 毫米电影放映设备一套,配置钢结构框架式电动大银幕、天幕、屏风幕;添置灯光、调音台、控制台等音响设备和遮光设施;增设录像机、投影机;安装电风扇 24 个。2001 年 5 月,新农大礼堂资产置换,终止电影放映、文艺演出和会务等活动。

四、新农镇(乡)图书馆(室)

建于 1960 年,坐落在北集镇区三召路。1984 年,有藏书 4476 册,读者 487 人。1988 年秋,乡图书室迁至新落成的乡文化活动中心二楼,有藏书室、阅览室等,面积为 64 平方米,新添半开架藏书厨 4 个,双立式书架 8 个,阅览枱 10 个及椅子等设备。

1994 年,新农乡图书室改名为新农镇图书馆,实行开架选借,开设"新书推介""读者园地"等栏目,开展红领巾读书、家庭读书、书评等活动。1997 年,新农镇建立镇、村(居)二级图书网络。全镇 14 个村民委员会和 1 个居委会均建立图书室。镇图书馆向光华、慧农等村图书室赠书 2000 册。

2000 年,新农镇图书馆迁至南集镇区新宾路 100 号文化体育活动中心。是年,读者发展到 1080 人,图书流动 12856 册。2001 年,图书外借实行每周 56 小时开放制度。2003 年,镇图书馆迁至贸易路 55 号镇社区活动中心。2004 年年底,镇图书馆有藏书 16200 多册,各类报纸杂志 69 种,书架总长度 120 米,阅览座 35 座,读者 1630 多人次,全年图书流动 1800 多册次。1997 年,新农镇被评为上海市社区图书网络建设先进乡镇。同年,新农镇图书馆经上海市文化局审定为标准图书馆。1998 年,镇图书馆被评为上海市二级图书馆。

五、新农镇(乡)电影放映队

建于 1975 年。1986 年,放映队有 FL - 16 毫米放映设备 1 套,放映员 2 人。1988 年,新农乡电影放映队实行承包责任制。1989 年,因片源不足,经费困难等因素,巡回放映逐渐减少,年底,停止放映。1992 年,金山县电影管理站撤销新农大礼堂放映点,新农乡电影放映队购置松花江 35 毫米放映设备,接管大礼堂放映点。2001 年,因大礼堂资产置换而终止大礼堂放映业务。1997 年,新农镇电影放映队购置井冈山 104 - X35 毫米放映设备,恢复下乡巡回放映电影。是年,放映电影 102 场,影片 80 部,观众 4 万多人次。

六、新农镇(乡)有线广播站

始建于 1960 年 3 月。1984 年,农村大队始建广播室,至 1992 年除牡丹村外,全乡 13 个行政村均建立广播室,初步形成乡、村两级广播网络。2001 年,新农镇广播站有职工 5 人,其中在编人员 4 人,设站长、编辑、播音员各 1 人,技术员 2 人。历任站长:严志明、朱冲华、蔡荻菠、严邱观、杨君喜、干亚明、严正飞、褚水龙。

七、新农镇有线电视转播站

1996 年,因金山县有线电视网延伸扩展,镇域内上海服装二十四厂红星联营厂和三浜村第七村民小组 35 户率先接通有线电视。1997 年,新农镇政府投资 395.6 万元,建立镇有线电视转播站,配备光收机 1 台、光发机 5 台、分路器 4 台、调制器 2 台等设备和自备发电机 1

台,可转播50多个频道。是年12月,镇区内有214户居民率先安装有线电视接收终端。2001年,有线电视网络覆盖全镇,实现有线电视村村通。至2004年,全镇拥有有线电视用户3549户,其中镇区729户,农村2820户,入户率53.87%。

第二节 群众文化

1985年起,新农乡开展收集和整理民间文学艺术遗产等活动。至2004年,全镇(乡)共汇编新农歌谣、故事、谚语三套集成资料,13万余字。内有民间歌谣44首、故事44篇、谚语870余条。其中《张小二智斗狡财主》《陈友谅赶麻鸟》等8篇故事,被编入《中国民间文学集成·上海卷·金山故事分卷》。新农乡万年村9组张国芳,被上海市文化局授予"优秀乐师"称号。

一、民间歌谣

新农民间歌谣丰富,有劳动歌、时政歌、仪式歌、情歌、生活歌、抒情民歌、儿歌等。这些民歌大多使用方言口语演唱,形式多样,词句简练,风格朴素清新,内容生动活泼,表达了劳动人民情感,反映了新农镇域风俗习惯和社会生活。

(一)劳动歌

勤俭歌

男人勤俭有饭吃,女人勤俭有衣穿。
铁鎝头佬出白米,锭子头佬出黄金。

农事歌

正月沓沓过,二月难得过。
三月排车做秧田,四月扎谷落早起。
五月种秧朝后退,六月里耘稻山歌唱来呱哩哩。
七月摇纱织布机,八月修船打油灰。
九月割早稻尝新鲜,十月早稻晚稻齐收起。
十一月牵砻还租米,
十二月囤里呒没米,床上没有被,睏啦人家柴间里。

懒汉歌

早晨露水大,不如午前做。
中午热难受,不如夜风凉。
夜里蚊子咬,待到明早佬。

手拿铁鎝柄

手拿铁鎝柄,心里冷冰冰。

眼望高烟囱,心理热烘烘。

夜里开夜工

日里磨洋工,夜里开夜工。
开会打瞌睡,吃饭打冲锋。

(二)时政歌

民歌指向社会生活的各个角落,针砭世俗时弊。

头发白松松

头发白松松,不做不成功。
大衣捧佬捧,不做也有三百工。

注:讽刺某些农村干部。

针对社会上一些腐败现象进行讽刺。有民歌曰:"早晨上班车轮转,中午沿着圆台转,晚上围着裙子转。""酒盅一碰,政策两样。""有权不用,过期作废。""研究研究,全靠烟酒。"

(三)仪式歌

造屋歌

风吹竹叶响啁啁,两边闲人不要多开口。
一只台子四角尖,香炉蜡烛供八仙,
水果物事摆完全,携出老相公老娘娘,
一拜天,二拜地,三拜张班鲁班两大仙。
擎起银壶酒来洒,生铜钥匙拿出来,
一只橱箱开出来,拿出八只金八只银,
每只元宝重八两,只只元宝点红心。
后河头撑船开起来,顺风顺水扯蓬起,
逆风逆水装橹行,日里摇船鹦鸪叫,
夜里摇船凤凰声,摇过几个好乡村,
摇过几个好桥门。
一摇摇到上西山,上山师傅看见走出来,
迎接老相公老娘娘,到客堂浪厢身坐定,
厨房间泡出送香茗,吃过茶来饭留定。
上山师傅问老相公老娘娘:木头要买几个山?
木头要买七个山。
七个山头木头砍下来,问老相公老娘娘,
木头啥晨光送下来?等到八月十八潮头生日大起来,
木头送到后河滩,大木头藏在东边场,
小木头藏在西边场。

邀起香山众匠人，看了黄道吉日做起来。
做好十埭房子九天井,隔河照墙画麒麟,
门前出翘旗杆有八根,打起石鼓石板,
邀起漆匠师傅,漆起红绿旗杆,
邀起车木师傅,车起葫芦头结顶,
邀起裁衣师傅,做起红绿旗帜,
南风头吹起来红旗扬扬,北风头吹起来绿旗飘飘。
初杯美酒洒梁头,子孙代代上高楼。
二杯美酒洒梁中,子孙代代束金套。
三杯美酒洒梁梢,子孙代代手里拿元宝。
脚踏扶梯步步高,抛梁馒头抛梁糕。

哭七七

头七到来哭哀哀,手拿被头盖上来,
风吹红被四角动,好像我夫活转来。

二七到来姐思量,思思量量哭一场,
月亮里点灯空好看,好比春梦做一场。

三七到来起道场,亲戚朋友都到场,
廿四个和尚道士团团转,我小妹着白守孝堂。

四七到来姐梳妆,梳妆台前好风光,
梳妆台上青铜镜,只照我来不见我郎。

五七到来望香台,望看香台哭哀哀,
大男小女嚎啕哭,哭得我丈夫活转来。

六七到来去关梦,关看我夫见阎王,
牛头马面两边立,当中独跪我夫郎。

七七到来辞白灵,白罗短衫白罗裙,
我有良心戴侬三年孝,呒良心七里就嫁人。

一路走来一路行,到你棺材横头哭三声,
不要怪我女人心肠硬,只怪侬丈夫寿不长。
一路走来一路行,交待公婆大人二三声,
姆妈爷爷勿要怪我媳妇心肠硬,只怪那儿子命归阴。

一路走来一路行，交待儿郎二三声，
不要怪我姆妈心肠硬，只怪那爹爹早亡身。
一路走来一路行，交待那东邻西舍二三声，
小囡淘相打相骂拉拉开，照应我小囡我会报恩。

（四）情歌

采石榴

姐在园内采石榴，郎在外头扔石头，
郎啊郎，要吃石榴采只去，要见妹妹请到黄昏后。

（五）生活歌

四句头山歌多佬多

四句头山歌多佬多，共有十万八千箩，
多余放在灶山上，蟑螂啃脱几淘箩。

山歌不唱忘记多

大路不走草成窝，坐立不正背要驼，
快刀不磨锈就起，山歌不唱忘记多。

扇子扇凉风

扇子扇凉风，扇夏不扇冬，
若要向我借，待到八月中。

（六）抒情民歌

十二月虫蚁花名歌

正月梅花阵阵香，蜻蜓叫船游春长，
螳螂飞来挡支橹，蚱蜢飞来把篙撑。

二月杏花白淡淡，蜜蜂开起茶馆来，
梁山伯（粉蝶）来开水倒，坐帐台小姐祝英台。

三月桃花满枝红，来了茶客铁黄蜂，
麻雀说起家常事，无毛蟋蟀难过冬。

四月蔷薇含苞开，春蚕吐丝上高山，
苍蝇外面嗡嗡叫，蚊子搭口明朝来。

五月端阳石榴红,蝴蝶常伴花丛中,
知了(蝉)树上嘎嘎叫,地鳖虫吓来不敢动。

六月荷花白艳艳,蟑螂发脚跳出来,
萤火虫撑灯前头走,蝼蛄打洞掘进来。

七月庭边凤仙开,织布娘房中哭青天,
灶鸡走来常相劝,金蛉子常住姐身边。

八月木樨阵阵香,叫哥哥外出偷婆娘,
廊下蜘蛛偷情看,急坏私情纺织娘。

九月重阳菊花黄,发兵打仗是蚂蟥,
蛄牛身背大炮台,打得蚂蚁一败亡。

十月芙蓉映小春,青蛙田鸡想偷人,
蛤嘟登在旁边不敢响,酱糊虫咬出臭名声。

十一月水仙白洋洋,癞蛤蟆兴师摆擂台,
红头蜈蚣台主做,蝮蛇发火打擂台。

十二月蜡梅花儿黄,虱蚤有钿开典当,
徽州白蚤朝奉做,臭蚤当件破衣裳。

十二生肖花名

正月梅花一粒焦,老鼠眼睛像胡椒,
半夜三更寻食吃,看见有猫命来逃。

二月杏花头叉头,阎罗王许配我一只种田牛,
四、五、六月耕地种,秋九、八月过烧酒。

三月桃花满树红,西山老虎果然凶,
商客吃脱无其数,武松打虎称英雄。

四月蔷薇花蕾多,兔子双双去寻窝,
人人讲我呒大婿,年年月月落一窝。

五月石榴叶尖尖,白龙取水在天边,

好龙取我山湾水，老龙修成上天庭。

六月荷花一头园，小青蛇出世草里钻，
田鸡蛤嘟吃掉无其数，头搭尾巴一大团。

七月凤仙七秋凉，老甲子骑马上高粱，
缩头歪脑难服侍，手托火种放野枪。

八月木樨满园香，阎罗王许配一只老母羊，
三股头麻绳切得头颈咕咕叫，眼白洋洋到杀场。

九月菊花开得鲜，花果山猢狲真稀奇，
翻跟斗发兔子样样会，扬州人牵去赚铜钿。

十月芙蓉碎切切，乡下人家养只大雄鸡，
冬至不杀年夜杀，小姑娘烧水拔毛衣。

十一月水仙花开白飘飘，阎罗王许配我一只汪汪汪！
好粥好饭没我份，霜打落雪我来熬。

十二月里蜡梅开，棚里猪猡捉出来，
麻绳扎脚呒人劝，计斤估两有人来，
白刀子进红刀子出，一劈劈仔两爿爿，
大户人家挑一担，小户人家拎一捻（点）。

十只台子

第一只台子四角方，岳飞枪挑小梁王，
武松手托千斤石，姜太公八十遇文王。

第二只台子凑成双，辕门斩子杨六郎，
诸葛亮要把东风借，三气周瑜芦花荡。

第三只台子桃花红，百万军中赵子龙，
文武双全关夫子，连环巧计是庞统。

第四只台子四角平，吕蒙正落难破窑蹲，
朱买臣落难剿柴卖，何文秀落难唱道情。

第五只台子是端阳,莺莺小姐去烧香,
红娘月下偷棋子,勾引张生跳粉墙。

第六只台子荷花放,阎媳姣活捉张三郎,
宋公明投奔梁山去,沙滩救驾小秦王。

第七只台子是七巧,蔡状元起造洛阳桥,
观音娘娘来做法,四海龙王免来潮。

第八只台子只只好,昆仑月下闹江潇,
判断阴阳包文正,张飞喝断霸陵桥。

第九只台子菊花黄,王婆照应武大郎,
潘金莲搭识西门庆,谋杀亲夫见阎王。

第十只台子唱完成,唐僧西天取真经,
孙行者先行前头走,山中遇着怪妖精。

(七)儿歌

儿歌,俗称“小囡山歌”,曲调句式短小,易唱易记,富有儿童情趣。

骑竹马

唧唧唧,唧唧唧,
骑马到松江,
松江城里有只缸,
缸里有个蛋,
蛋里有个方(黄),
方(黄)里有个小和尚,
嗯哩嗯哩吵来要叫梨膏糖。

天上星地上星

天上星,地上星,
阿妈叫我拿点心,
拿啦啥点心,
豆腐炒面筋,
面筋咸,买只篮,
篮漏,买包豆,
豆香,买只羊,

羊叫，买只鸟，
鸟飞，买只鸡，
鸡啼，买只犁，
犁驶脱人家三亩地。

小弟弟小妹妹

小弟弟，小妹妹，
叫那（你们）两个有志气，
明朝领那（你们）上街去，
青皮甘蔗买不起，
买仔一只坏生梨，
我吃肉来你吃皮。

新娘子

新娘子，揩台子，
揩着一粒西瓜籽，
西瓜籽发芽，
新娘子做阿妈。

二、民间故事

新农镇（乡）域内民间口头流传的传说、神话、伦理道德、机智人物和寓言故事较多，大多反映劳动人民情感、愿望和心声。主要有神话故事《聚宝盆和智慧袋》《穷人也有穷人福》《施老爷娶亲》《六砖也有翻身日》等，人物故事《朱元璋小传》《陈友谅赶麻雀》《蔡状元建造洛阳桥》《聚宝楼》等，传说故事《被头官司》《得胜回朝》《癞蛤蟆报恩》《卖盐港》《五龙禅寺》《秦家牡丹花》《泥刀为啥不到河里汏》《施肥前为啥先要"嘘……"一声》等，伦理道德故事《兄弟分家》《孝顺娘娘》《孟忠哭笋》等，歌颂聪明才智故事《张小二智斗狡财主》《智取白银一百两》和寓言故事《猫和狗为何成为冤家》等。

附：故事四则

秦家牡丹花

相传，两百多年前，坐落在杭州湾畔金山县境北郭家兜村里，住着一户秦姓人家，家中有一位勤劳朴实的主妇秦老太太，秦老太每天五更起来，淘米烧饭，料理家务。

一天，天刚蒙蒙亮，秦老太翻身起床，匆匆忙忙到家门前河滨里淘米，为一家人准备早饭。当秦老太走到河边，俯身淘米时，发现滩渡边有一枯树枝在水中忽隐忽现，就随手捞了起来，看了看就漫不经心地将枯树枝往河里一丢，淘好米后若无其事地往家中走去。第二天，秦老太照例到河滨里去淘米，刚走到河边，一眼就看见昨天被自己丢掉的那棵枯树枝又在老地方出现。秦老太也并不介意，捞起来，再次将枯树枝丢掉，待到她将要脱手时，心想不对，为啥，只怪自己手脚太软，丢得太近，今朝要用点力气扔得远一点，让潮水冲到别处去，不使枯树枝一而再，再而三地搁在自家滩渡边，碍手碍脚。可第三天早上，秦老太去河滩边，这枯树枝不但没有被水冲走，还是不偏不离地搁在原位。这时的秦老太感到有点奇怪，想到这里就小心翼翼地把枯树枝捞了上来，左看右看，还是没看出啥名堂，但转而一想，那枯树枝几次三番搁在自家滩渡上不愿离开，看来也是一个缘分，还是拿回家去再讲。回到家里，秦老太因急于烧饭，把刚捡回来的枯树枝随手往门后天井东南角一放，就不再留意。

这事说来也颇怪，自从秦老太将那棵枯树枝捡回来之后，秦家屋里变得热闹起来。每天清晨，屋内屋外总是雾气缭绕，百鸟时而在屋顶上盘旋，时而结集屋顶叽叽喳喳喧闹不止，待到东方破晓之时又恢复了平静。一开始，秦家并不在意，这样一连数日，天天如此，闹得秦家难以忍受。秦老头终于耐不住了，就对老伴讲："近日来，每天清晨总是雾锁家园，百鸟齐鸣，你觉得怪不怪，莫非……"，老伴还没等老头讲完，脸色突然骤变。秦老头一看这架势，真是丈二和尚摸不着头脑，急忙上前扶住老伴安慰了几句。老伴缓过气来，就把自己在几天前从河里捡回来一棵枯树枝的经过一五一十讲给秦老头听。秦老头听罢，还是一头雾水，百思不解其意。为查个水落石出，秦老头走到天井里，拿起那棵树枝端详一遍，发现树枝返青，并长出了叶芽。此时，秦老头早已忘记连日来百鸟喧闹之苦，顿时眉开眼笑连声讲："好兆头，好兆头。"讲完就兴高采烈地将树枝原封不动地种在天井东南角里，每天细心照料，精心养护，翌年枝茂叶盛，长势喜人。

第三年，立夏之前三天，牡丹花含苞待放，一片生机盎然的景象。

从此，秦老头像得宝贝一样，逢人就讲，见客就说。一时间，郭家兜秦老头家有一棵牡丹花之说传遍三里五乡，每年农历立夏前后赏花品茗的人络绎不绝，骑马、坐轿的都有。

至今，新农牡丹村的村名以此得名。

陈友谅赶麻雀

陈友谅赶麻雀的故事，发生在元朝末年，当时时政腐败，民不聊生，各地起义队伍风起云涌，加速了元王朝的灭亡。

元朝灭亡后，以江西陈友谅和朱元璋为首的二大帮派，平息了其他帮派，将当时元朝统治的地方割裂为两大对抗势力。这两大对抗势力都想称王称霸。他们之间不断互相侵吞，使普天下老百姓无法耕作，只好扶老携幼，背井离乡，处处呈现出一片惨凉景象。

这件事，被玉皇大帝知道了。他想，元朝时政腐败、业已灭亡，现在应有新的君主来统治中国。但目前二人都想称帝，这叫我如何是好，还是召集天宫中各路仙家，神兵天将来商量一下，想完就回殿召大家来议事。在议论中，大家也各说各的理，有的讲朱元璋好，有的讲陈友谅合适，一时难下结论。正在这时候，有一位仙家讲：如果让陈友谅当皇帝好是好，不过陈友谅气量小，做不出大市面。玉皇大帝听罢，就请王母娘娘下凡去看个究竟，如果陈友谅确有小人之心的话，那么皇帝还是上朱元璋当。

王母娘娘接旨，脚踩五彩祥云出南天门，直向江西王陈友谅住所而去，待王母娘娘飞到陈友谅储藏粮食的仓库上空，就将手中的拂尘一甩作起法来，顷刻间只见成千上万只麻雀直向陈友谅的粮仓里飞去。看管粮仓的官吏，看到这么多的麻雀，破门破窗蜂拥而入，吃粮仓里的谷，一时没了主意，马上差人急报陈友谅。陈友谅闻讯也不奇怪，只对差人讲："几只小小麻雀，无须挂齿，让它们尽吃无妨。"第一个差人刚出去不久，第二个差使又来急禀："大王不好了,麻雀已将几个大间粮食吃光了。”陈友谅一听,感到事情有点蹊跷,正在犹豫之时,第三个差使又来报告:“不好了,几十个大粮仓被麻雀吃得十室九空,这些麻雀不但吃,还将仓库里的粮食整袋整袋衔出去。”陈友谅一听,气急败坏地对差使讲:“你们都是死人吗?还不赶忙集中所有官兵到仓库里去赶麻雀?”差使得令,马上回去传令。粮官一听,也不敢怠慢,立刻组织人力,到粮仓去捉麻雀,等这些赶麻雀的人到粮仓时,所有麻雀已逃得无影无踪了,再看看仓库里的粮食,却还是原封不动。

这些都是王母娘娘使的法。王母娘娘看看陈友谅气量真的不大,连麻雀吃脱一点粮食也要赶,看来真是做不了大事。也就回天宫向玉帝诉述下凡看到陈友谅赶麻雀一事。玉皇大帝一听连连摇头,当即朱批:“陈友谅赶麻雀不成大器。”

聚宝盆和智慧袋

从前有一个村庄,村里有一富户,富户的隔壁是一户种田的农户。这一年,富户的老婆和农户的老婆都生了一个儿子,富户的儿子取名叫“福财”,农户的儿子取名叫“勤儿”。由于是同年出生,又是隔壁邻居,两个孩子从小就在一起玩,都很要好。一晃十几年过去了,两个孩子都已长大成人,富户家请了一位私塾先生给福财教书,农户的儿子勤儿有时也到福财家隔窗偷听教书。

一天,勤儿在山上砍柴时,看到一位白发苍苍的老人,背着一捆柴正气喘吁吁在向上攀登,勤儿很同情,就上前帮老汉背柴上山。到了老大爷家,老人十分感动,对勤儿讲:“我这里没有什么东西送给你,只有聚宝盆、智慧袋和长力丹三样宝贝。你不嫌我老,还帮我背柴上山,我就送一样宝贝给你,现在你自己拣吧!”勤儿连忙说:“老大爷,帮你背一点柴算不了什么,无须赠物,况且你这三样都是宝贝,我更不敢要了。”老人道:“我老了,快到入土之年了,这些东西留在我身边也无啥大用场。看你是个诚实的孩子,不要说一件,就是三件一道送给你,我也愿意。”听了老人的话,勤儿也不再推辞了,对老人讲:“既然老伯伯肯把宝贝叫我拣,我是个种田汉,将来还需靠种田吃饭,种田需要的是力气,老伯伯就把这粒长力丹送给我吧!”老人笑了笑,忙到屋里拿出长力丹让勤儿服下。勤儿吃了长力丹,顿觉浑身热血沸腾,全身有一股使不完的力气。

勤儿谢过老人之后,挑起自己的柴担,轻轻松松地下山去了。走了一段路,正好看到福财也在山上打猎取乐,福财看到勤儿走过,忙招呼一起下山,并把打到的一只小狼,也让勤儿一块儿挑回去。这时勤儿浑身是劲,不要讲增加一只小狼,就是增加十只也不在话下。福财看到勤儿今天挑这么多东西还显得非常省力,觉得奇怪,就问:“你怎么会有这么大的力气呢?”勤儿是个老实人,他把今天碰到的事体一五一十地讲给福财听。福财听后,心里却暗暗地打起了坏主意。到了家里,勤儿又把长力丹之事告诉了父母亲,二老听后很高兴地说:“我们种田人的确是要有力气,但种田人没有钱读不起书,没有知识总是被人欺,要是向那老人要了这只智慧袋,以后也就不怕被人欺了。”勤儿想,老人一共只有三样宝贝,给自己一样已经是很器重自己了,我有了力气,还要智慧袋,好象太不知足了。但想到自己一家由于穷不识字,常被福财一家欺,我何不去借用一下,今后好治一治福财家的傲气。

再说福财听了勤儿的话后,把勤儿遇到的事讲给爹娘听,福财的爹娘一听,就命儿子第二天也上山去把老人的聚宝盆骗来。

第二天天刚亮,福财打扮成穷人上门去见老人,可怜巴巴地向老人诉说家里遭受不幸,要老人发发慈悲,救他一家的命。老人见福财说得可怜,就拿出二样宝贝,叫福财拣。福财一见这两样宝贝后心花怒放,心想智慧袋对我来讲没啥用场,聚宝盆是个好宝贝,它会使我家越来越富。想到这,福财马上拣起了聚宝盆,欢天喜地地下山去了。福财走后,勤儿也到了老人的住处,并把自己的想法如实地告诉了老人,老人听后很高兴,就把智慧袋送给了勤儿。

这年冬天,皇帝要找献宝状元,在全国张榜招贤,如献的宝最好,即可得头名献宝状元,又可招为驸马。

消息传到福财和勤儿的耳中,两人暗暗高兴。福财想,我把聚宝盆送给皇帝,皇帝一定会加倍宠信我,到时既得头名状元,又可做驸马,享不尽的荣华富贵。勤儿想,我把智慧袋献给皇帝,皇帝一定对我刮目相看,到时得了状元,再也不怕别人欺了。两人打着各自的算盘,都在盘算如何向皇帝献宝。

第二天,两人打点行李,急急地上路了。到了京城,皇帝先让福财把聚宝盆拿出来看看,于是福财解开肩上的包袱,拿出聚宝盆献给皇上,皇上看后很是高兴,心想,我皇宫中有许许多多宝物,但大都很平常,像聚宝盆这样的宝贝确实少见。当即高兴地收下了。福财看到皇帝高兴地把聚宝盆收下了,心里高兴得不得了,心想这次头名状元和驸马是稳坐泰山了。

皇帝收了福财的聚宝盆后,又对站在一旁的勤儿道:"把你要献的宝贝拿出来让我看看。"勤儿从贴身口袋里拿出了智慧袋献给皇上,皇帝看了看这只同平常衣服口袋差不多的口袋,也无啥特别之处,只是稍微重一点,就问勤儿:"这件宝贝有何用处?"勤儿道:"这只袋是我上山砍柴时,山上一位老人送的,不管啥人无论碰到什么疑难,只要向智慧袋里看一看,再听一听,就能解决问题。"皇帝听了有点半信半疑,心想这只口袋真有如此大的法力?要真如此,那么这只袋确实是件无价之宝。想到这里,皇帝开口道:"耳听为虚,眼见为实。我要看看你这口袋的法力到底灵不灵!最近正好皇宫里失窃了十万两黄金,已经查了两个多月,耗费了好多人力和物力。你能用这只宝袋在短期内查出偷窃黄金的人吗?"勤儿听了后,拿起了智慧袋,向口袋里看了看,又听了听,随后走到皇帝面前说:"破这案子不难,我马上就能破案。"皇帝听后就叫两旁的人都退下。勤儿看看两旁人都退下了,就说:"破此案并不难,只要皇上为我安排一间暗室,把手下的人都叫齐,让他们从前门进去,后门出来,我就能认出那个偷黄金的贼。"皇帝马上叫手下人准备一间有前后门的暗室,勤儿又亲自去厨房里拿来一只烧过饭的锅子,反过来放在暗室里,一切准备就绪后,就把皇宫的人统统集中到暗室前。人到齐后,勤儿说:"今天我要破黄金案,你们听着,这一房子里有一只宝钟,你们一个个从前门进去,摸一摸宝钟再从后门出来,偷过黄金的人摸到宝钟后,宝钟会自动响起来;没有偷黄金的人摸宝钟,宝钟绝对不会响,这样我就能识出谁是偷黄金的贼了。"

于是,这些人一个接一个地从前门进去,摸了"宝钟",手黑黑地从后门出来。最后摸得剩没几个人了,这时出来两个人,看到他们手干干净净后,勤儿就让皇帝把这二人抓起来。经过审问,黄金果真是他们偷的。案子终于破了。皇帝非常高兴,问勤儿:"你是如何认出他们偷黄金的?"勤儿就把破案经过告诉了皇帝。

皇帝对勤儿的智慧很是赞赏,当即封勤儿为头名状元,并招为驸马。福财白白损失了一只聚宝盆,只好垂头丧气地回家去。

猫和狗为何成冤家

从前光华村的张大伯最喜爱养宠物。他孤身一人,就去集市上挑选了一只猫和一只狗,精心饲养,以宠物作伴。谁知,这两只宠物成了冤家。

传说,张大伯在一个冬天,得到了一条龙尾巴。据传,张大伯对龙尾巴讲出要求,要啥有啥。

这消息被江西识宝人得知,于是识宝人想方设法偷走了龙尾巴。张大伯发现龙尾巴失窃后,急得不得了。猫和狗看到主人垂头丧气的样子,也很难过。猫和狗商量了一阵,对张大伯说:"主人,不要伤心。我俩去把龙尾巴找回来。"张大伯喜出望外,连连点头。

猫和狗出了门后,狗用鼻子嗅了嗅,说道:"偷龙尾巴的人往北面去了。"于是,猫跟着狗往北走去。走了一阵,前面有条大河挡道,猫不会游水,狗就让猫驮在背上,背着猫游过了河。翻山涉水,狗一直关心着猫,直到找到偷宝的那户人家。

狗说:"这龙尾巴一定是这户人家偷的。但不知龙尾巴藏在何处?"

猫说:"我去把这户人家的老鼠抓来问问。"经过审问,老鼠果然知道龙尾巴藏的地方。于是,猫和狗把识宝人偷去的龙尾巴终于找到了。

猫和狗拿到龙尾巴后,一刻不停地往回跑。跑到河边,狗把衔在嘴里的龙尾巴让猫衔着,又背着猫游水过河。刚游到河中,突然河里蹿起一条鱼,猫看到鱼后,忍不住"咪吾"一声,把龙尾巴掉在河中心。狗一看,气啊!到了对岸,破口大骂:"你这只贪食猫,紧要关头还要贪食。现在龙尾巴掉在河中,回去怎么向主人交代呢?"狗骂了一阵后,又下水到河底去捞这段龙尾巴。狗历尽了千辛万苦终于把龙尾巴找到了。狗到了岸上,由于累得筋疲力尽,躺在河边已不能动弹。猫看到狗上岸后,想到自己被狗骂得狗血喷头,产生了报复心理。猫假惺惺地对狗说:"你捞龙尾巴辛苦了,就在河边多休息一会儿吧!我把龙尾巴先拿回去,免得再出意外。"狗看猫讲得很有道理,就点头让猫先回去。

猫回到主人家后,把龙尾巴交给了张大伯。张大伯很高兴,但发现狗还没回来,就问:"狗为什么还没回来?"

猫瞪大了眼睛,一转口风说:"这只懒狗,只晓得吃饱喝足睡觉呢!我俩去找龙尾巴,可它却在河边睡觉,我只得独自去找龙尾巴了,回来时看到它还在河边睡觉。"

张大伯听了谗言半信半疑。猫怕张大伯不相信,又说:"主人如不信的话,你亲自到河边去看看。"张大伯听了猫的话后,跟着猫来到河边,看到狗真的在河边睡觉,心想,还是猫对主人忠心。这只狗贪吃懒做,对主人没一点忠心,当即气呼呼地叫醒了狗,一起回到了家。

当晚,张大伯对猫和狗就有了两样对待,他让猫到桌上一起吃鱼吃肉,让狗在桌下吃肉骨头。狗感到很伤心,但又不知主人如此对待它的原因。张大伯家里的老鼠替狗抱不平,就把猫如何向主人诬告偷懒的事告诉给狗听。狗听了后十分恼火,对猫恨之入骨,它每当看到猫,就上去咬猫。猫由于心虚,所以见到狗就会转身就跑。

从此以后,猫和狗就成了冤家。

三、创作故事

1989年起，新农镇(乡)姚喜观在不到20年的时间内先后在《故事会》《故事大观》《故事家》《上海故事》等多家省市和国家级故事刊物上发表中、短篇故事30多篇，其中《车祸之谜》《斗鸡眼打鸽子》2篇故事分别获第六届、第九届《故事会》全国优秀作品大奖赛二等奖和三等奖;《缘份》获中国新故事学会全国首届微型故事奖;故事《小英救夫》《天降横财》分别获金山区综治专题故事创作、区第二届文化艺术节故事大赛二等奖;《伍仟元的故事》获金山县家庭美德故事三等奖。1995年，姚嘉观被吸收为上海市民间文艺家协会会员。

2001—2004年，在金山区举办的新故事创作大奖赛活动中，新农镇共创作故事19篇，其中朱茅苟创作的故事《夕阳红》《原来是他》分别获区第三届、第四届新故事创作大奖赛三等奖和入围奖，沈东创作的故事《一只红布钱包》获金山区第三届新故事创作大奖赛入围奖。

1989—2004年，新农镇(乡)共创作故事86篇，在各种刊物上发表65篇，其中获市级以上奖7篇，获区级奖8篇。

1989—2004年新农镇(乡)创作故事获上海市级以上作品奖情况表

表21-1

年份	作者	作品	奖项	等级
1989	姚喜观	《黑蝙蝠越过边境》	《故事会》第四届全国优秀作品大奖赛	二等奖
1991	姚喜观	《车祸之谜》	《故事会》第六届全国优秀作品大奖赛	二等奖
1992	姚喜观	《缘份》	中国新故事学会全国首届微型故事赛	微型故事奖
1994	姚喜观	《斗鸡眼打鸽子》	《故事会》第九届全国优秀作品大奖赛	三等奖
2002	姚喜观	《主任人选》	上海市“金山杯”故事邀请赛	入围奖
2003	姚喜观	《一张火车票》	上海市抗“非典”专题作品征集	创作奖
2004	姚喜观	《悲欢三十万》	华东六省一市“梅龙杯”法制故事比赛	优秀奖

1996—2004年新农镇(乡)创作故事获金山区级作品奖情况表

表21-2

年份	作者	作品	奖项	等级
1996	姚喜观	《伍仟元的故事》	金山县家庭美德故事	三等奖
2000	姚喜观	《买房子》	金山区“崇尚科学　破除迷信”故事创作	入围奖
2000	姚喜观	《报应之谜》	金山区“崇尚科学　破除迷信”故事创作	入围奖
2001	姚喜观	《小英救夫》	金山区综合治理专题故事大奖赛	二等奖
2001	姚喜观	《天降横财》	金山区第二届文化艺术节故事大赛	二等奖
2003	朱茅苟	《夕阳红》	金山区第三届新故事创作大奖赛	三等奖
2003	沈　东	《一只红布钱包》	金山区第三届新故事创作大奖赛	入围奖
2004	朱茅苟	《原来是他》	金山区第四届新故事创作大奖赛	入围奖

附：创作故事一则

车祸之谜

黑山脚下有条大河叫黑河，河宽水急。“七五”规划期间，经过造桥工人整整一年的努力，在黑河上架起了一座气势雄伟的大桥，取名叫“灵光大桥”。

灵光大桥桥名取得响当当，可是正式通车不到一个月，车祸却一桩接着一桩，而且事故都发生在风和日丽的大晴天，汽车都撞在桥右侧五号路灯杆旁。

闻讯而来的桥梁专家们云集灵光大桥，进行技术鉴定。结论是桥梁设计完全合乎科学；施工要求全部达到标准。再通过交通队对驾驶员进行调查，既没发现违章行驶，也没发现车辆性能失常，出事的驾驶员几乎是异口同声地说：“车子开得好好的，突然眼前强光一闪，霎时满脑子云雾腾腾，醒来时，汽车已经撞到五号路灯杆上。”这到底是怎么回事呢？

让专家们百思不解，那边黑河两岸的老百姓却是议论纷纷，都说灵光大桥造得不是地方，触犯了桥下的神灵，遭到了神的惩罚。

说起这事话就长了，在灵光大桥引桥的五号路灯杆下，原来有一棵上百年的老银杏树，被人视为“神灵”，每天都有大批善男信女在树下烧香磕头，求神许愿，据说十分灵验。如今因为造桥，老银杏树被挖掉了。为此，当地的香客们一直耿耿于怀。现在车祸不断，且又查不出原因，那些香客们便认定五号路灯杆下老银杏树显灵了。于是一传十，十传百，这些天香客们提篮挎包，成群结队地来到出事地点，点香跪拜，一时间，烟雾缭绕，把个崭新光亮的路灯杆熏得墨墨黑。

灵光大桥上香火越烧越旺，好端端的大桥简直成了寺庙。但更使人称奇的是：自从人们烧香磕头后，老银杏树真的显灵了，灵光大桥上竟神奇般地太平起来，连续几天未出车祸。这又到底是怎么回事呢？

这些天，最着急的要数交通队事故组的组长孙飞龙。他是个无神论者，当然不会相信那些无稽之谈，可是面对现实，他又束手无策。这天他刚踏进办公室，就听见里面电话铃声骤响，孙飞龙心头一颤，以为是灵光大桥又出车祸了，忙拿起电话，听了几句，紧张的心情才慢慢平静下来。电话是交通队的队长打来的，告诉他，刚刚接到市政府办公室的通知，明天有一批北京科学家的车队要进黑山作科学考察。鉴于灵光大桥屡发车祸，原因尚在调查之中，因此要求他们务必全力以赴，保证北京客人顺利通过灵光大桥。

放下电话，孙飞龙想到灵光大桥那乱哄哄的场面，赶紧叫上几个人驱车来到现场，把香客们统统劝走，然后又亲自动手，把被烟火熏得黑不溜秋的五号路灯杆洗刷干净，完了还在桥两头各竖上一块大铁牌，上书：大桥地段禁止烧香，违者以扰乱交通秩序论处！

第二天，阳光灿烂，又是一个大晴天。为确保万无一失，一大早，孙飞龙亲自驾驶着警车在灵光大桥探路。孙飞龙紧握方向盘，睁大眼睛，全神贯注地注视着前方，警车小心翼翼地驶过了灵光大桥，一切顺利。孙飞龙抹去头上的汗珠，又把车倒回来，然后稍稍加快了车速，警车第二次驶过灵光大桥，依然风平浪静，什么事也没有发生。孙飞龙不由得轻轻舒了口气，心里暗想，什么老银杏树显灵，全是不着边际的鬼话。为了证实自己的看法是正确的，孙飞龙又一次把车倒回来，第三次驶上灵光大桥。警车闪着红灯，蜂鸣器呜呜地响着，快要靠近五号路灯杆时，孙飞龙突然感到不对劲，还没有反应过来，就觉得眼前强光一闪，身体顿时像被电击一般，两眼一黑，便失去了知觉。

多亏孙飞龙上桥前已经有所准备,系好了保险带,脚下、胸前都裹了大块海绵,连车窗玻璃都用胶布粘牢,因此没受多大的伤,不一会便苏醒过来。他睁眼一瞧,不由得大吃一惊,车头不偏不倚正好撞在五号路灯杆上。想想刚才的感觉,和那些出事司机说的一模一样。怪呀?真是怪了?

这时,闻讯赶来的老百姓已经把警车围得水泄不通,人们又纷纷议论开了:"报应呀,报应呀!昨天把烧香人赶走了,今天就撞了车,不死人,还算是大幸哩……"孙飞龙在大家的帮助下,艰难地下了车,他刚想作些解释,就听见远方传来一阵喇叭声。几辆小车组成的车队,正由远而近朝大桥驶来。孙飞龙见是北京科学家的车队来了,不由得心头一沉,暗叫不妙,为了科学家们的安全,他把心一横,跑步向车队奔去。孙飞龙拦住车队,向科学家们详细地汇报了灵光大桥一个月来发生的种种怪事,心有余悸地恳求道:"为了大家的安全,我看你们还是下车步行吧。"

不料,科学家们听完孙飞龙的汇报,一个个眼睛发亮,兴奋异常,性子急的忍不住催驾驶员赶紧开车赶路。这到底是怎么回事呢?孙飞龙一时如坠入云雾之中。

原来,最近深山老林内的一个部队观测站发现有一天外飞来的不明物发生故障降落山林,因为事关重大,此事一直属机密,从未向外界公开过,当地政府部门和老百姓自然都毫无知晓。今天,这批科学家就是专为这不明天外飞来物而进黑山的,因此他们听了孙飞龙的汇报,自然把大桥上神秘车祸和这事联系起来,都急着要进山探个究竟。最后,为了说服孙飞龙让他们的车队通过灵光大桥,他们破例答应让孙飞龙随车一起进山。

车队这次过灵光大桥特别顺利。车队在弯弯曲曲的林间小道上行驶着,不久便没了路,大家只得下车步行,走了一个多小时,他们终于来到了不明天外飞来物的降落地。

此刻,银光闪闪形态怪异的不明天外飞来物正静静地躺在山崖上,它的机头正对着灵光大桥。科学家们忍不住一阵欢跃,他们在猜想,这会不会就是人们一直传说的飞碟呢?科学家们打开随身带来的测试仪,正准备进行科学考察,谁知突然天外飞来不明物扁平光滑的弓形背上,探出了两支飞翅样的金属薄片,在阳光的照射下闪闪发光,接着又是一阵尖声吱叫,几乎要把在场的所有人的耳膜都刺破。大家正在目瞪口呆的时候,天外飞来不明物身上的三支管状动力枪口蓝光一闪,整个大山颤抖起来,尖叫声越响越烈,机身猛然颤动,有人高喊:"快闪开!有危险!"但科学家们毫无畏惧,纷纷拿起摄像机、照相机,正准备将这一珍贵的资料拍摄下来,可谁想到,"呼"地刮过一阵旋风,摄像机和照相机都自动冒烟燃烧起来。又是"轰隆隆"一声巨响,那因故障在山崖中躺了一个多月的天外飞来不明物竟腾空而起,很快冲上了高高的天空,渐渐失去了踪迹,把那些科学家们后悔得捶胸顿足,长叹不已。

科学家们围坐在一起,认真地分析起这一奇怪的现象。看来:这天外飞来不明物主要是靠接收太阳光能源,自动调节,自行排除故障。那遥指着灵光大桥的动力喷射管发射的超强度磁力源,一旦遇上大晴天,超强度磁力源便正好直射五号路灯杆,并与灯杆上新型涂料漆发生化学作用,瞬间产生一股光磁爆炸磁场。如果此时恰巧有人驾车经过,那么便会因暂时昏厥而撞车。说到这里,孙飞龙想到一个久藏心中的疑团,他忍不住问道:"那么为什么当地老百姓一烧香,便不再出车祸了呢?"科学家们一时无言可答,一时间谁都不再开口,陷入了沉思。过了好一会,有人推断道:"是不是香烛的烟雾熏黑了五号路灯杆,使光磁爆炸现象形成力大为减弱,从而出现了短暂的太平,以后孙飞龙他们擦去灯杆上的烟雾,又无意中使光磁爆炸物发生了作用，便又出现了撞车事故。”这一番分析，博得了大家一致的赞许。看来，神秘的车祸之谜算是搞清楚了，但那天外飞来不明物究竟是不是飞碟？那只有待后人来解释了。

四、书画

20世纪80年代，公社文化站组织业余书法、绘画爱好者，开展书画创作活动，举办书画培训班，建立少儿书法美术兴趣小组和老年人书画活动小组，书画爱好者队伍逐步扩大到60人左右。

新农镇（乡）书画以国画为主，还有农民画、水粉画、年画等。国画有顾乃安写意花卉山水，蔡仁甫、朱茅苟的工笔花鸟，朱永金、沈小妹的农民画，张爱军的写生、水粉画等。书法有严望莲、胡巧华、袁连生、叶荣铭的草书，杨君喜的行书。这些书画作者的作品先后入选全国、市、区（县）书画展并获奖。朱永金的农民画《菜篮子》获迎农运全国农民书画大赛一等奖，《船头鱼桶》分别获中国农民画优秀作品展优秀奖、市第八届江南之春画展二等奖，《厨房飘香》获市第十届江南之春画展三等奖；朱小妹的农民画《出工去》获市第八届江南之春画展二等奖，《春耕忙》获首届中国个体劳动者“光彩杯”二等奖；黄燕锋、杨旭勤分别获全国“双龙杯”少年画大赛银奖；严望莲的书法作品，获金山县首届文化艺术节书画展三等奖；朱茅苟的工笔《花鸟图》《水仙》《国色天香》分别入选金山县文化艺术节首届、第二届书画展；杨君喜等4位书法作者的4幅作品入选县首届书画展；顾乃安的写意国画《并蒂花开传喜讯》和吴巧华、袁连生、叶荣铭草书作品均入选金山区十五届老年节书画展。

1985—2004年，新农镇（乡）举办书画展5次，共展出书画作品332幅。

五、摄影

20世纪80年代，新农乡文化站购置一套摄影器材，组织业余摄影爱好者开展摄影活动。建立业余摄影小组和老年人摄影兴趣小组。举办摄影技巧、摄影艺术培训班，组织业余摄影爱好者外出创作活动，举办摄影展览，为业余摄影爱好者提供和展示作品平台。20世纪90年代后期，新农镇（乡）涌现一批老年业余摄影队伍，由镇文化广播影视服务中心不定期组织活动，交流经验，探讨摄影艺术，举办影展等活动。1989—2004年，新农镇（乡）先后举办摄影展3次，画廊展10余期，展出作品350多幅，其中摄影作品《等待》《晨运》《农家乐》等作品入选金山县第一届、第二届摄影艺术展览。

第三节　群众文艺

一、文化艺术节

1985年9月，新农乡举办首届文化艺术节，开展形式多样的文艺演出。文化艺术节每两年举办一次。

1987年9月14日，在新农大礼堂举行新农乡第二届文化艺术节文艺会演，全乡有28个单位参加,参演人员320人次,观众1000多人次。

1989年,新农乡第三届文化艺术节从6月14日举行开幕式至9月底闭幕。其间,围绕“双庆”(金山解放40周年和中华人民共和国成立40周年),举办文艺演出活动6次,参加单位23个,参演人员307人次,演出节目207个,观众5000多人。

1991年,新农乡第四届文化艺术节,坚持“为人民服务、为社会主义服务”方向,贯彻“百花齐放、百家争鸣”方针,突出时代主旋律,弘扬民族文化和地方特色,年初开始筹备,4月开幕为全县最早。

1993年,新农乡第五届文化艺术节,共组织演出9场,举办演唱技巧和音乐演奏培训班各1期,组队参加县举办的“歌曲”卡拉OK、“戏曲”大奖赛竞赛活动。

1995年,新农镇举办首届文化艺术节。文化艺术节主要以校园文化为重点,突出爱国主义教育。艺术节期间,举行百部爱国主义优秀影视片放映和歌曲演唱活动。

1997年,新农镇第二届文化艺术节,以“庆香港回归”和“中国共产党诞生76周年”为主题的文艺演出活动,参加单位18个,参演人员360人次,演出文艺节目24个,观众1000人次。

2001年,新农镇第四届艺术节,承办和选拔节目参加金山区第二届文化艺术节(新农片)初赛演出活动,观众2000多人次;组队参加金山区庆祝新中国成立52周年文艺会演和区政协中秋联欢会演出。

2003年3—10月,新农镇第五届文化艺术节,开展故事创作和演讲、小品创作和表演等活动;承办金山区新故事演讲(新农)赛区初赛活动,参赛故事员12人,观众60多人次;举办“青春的节日”——让青年走近经典演唱活动。同时,承办上海青年文艺巡回演出新农专场,演出节目15个,观众2500人次;创作小品1个,参加金山区第三届文化艺术节小品专场演出,获演出优胜奖。

二、十月歌会

1986年3—9月,新农乡举办首届《十月歌会》。全乡14个行政村、11个企事业单位、机关参演,演职人员220多人次,演唱歌曲40多首,观众1200多人次。评出一等奖1个,二等奖1个,三等奖2个,鼓励奖2个,金山毛衫厂胡娟获乡首届歌会一等奖。

1988年,新农乡第二届十月歌会,从4月开始到9月结束。其间,共举行三次(初赛、复赛和国庆汇报)演唱活动。全乡28个村、企事业单位参演,演出节目80多个,有民乐合奏、二胡独奏、独唱、民间舞蹈等节目,参演人员80多人次,观众1000多人次。

1992年,新农乡第四届十月歌会,以“社会主义在我心中”为主题,歌颂改革开放成就。整届歌会共举办各类文艺演出22场,参演人数众多,观众12000多人次。同时,组队参加“四乡一镇文艺交流演出”。

1994年,新农镇举办首届十月歌会。歌会以“弘扬新农精神,激励全镇人民为建设富裕文明的新农而努力奋斗”为主题,全镇先后举办14场演出活动。

1996年,在庆祝新农撤乡建镇两周年之际,镇举办第二届十月歌会专场演出,全镇有17支歌唱队伍参加演出,参演人员530人次,观众900多人次。有6个单位获得本届歌会一、二、三等奖。是年,还举办、协办“迎春联谊会”、“元宵有奖猜谜活动”、“六一”营火晚会、“中秋文艺晚会”、“纳凉晚会”、“反法西斯战争暨抗日战争胜利五十周年歌咏会”等12项活动，参演人员1800多人次，观众8000多人次。

2000年10月，“十月歌会”大合唱

1998年，新农镇第三届“十月歌会”，参演单位11个，220多人次参加演出，观众700多人次。是年，获得区卡拉OK大赛三等奖和组织奖。

2000年，新农镇第四届“十月歌会”，演出节目18个，参演人员120多人，观众500多人次。是年，会同新农学校、幼儿园举办“十月歌会”和庆“六一”文艺演出活动；组队参加区第二届十月歌会，参演内容有歌曲、戏曲、综合类演唱比赛，获金山区第二届十月歌会优胜奖。陆牡丹获“金山戏曲之星”荣誉称号。

2002年，新农镇第五届“十月歌会”系列活动，参演人员90人次，观众2000多人。获金山区歌曲演唱优胜奖。

2004年，镇第六届“十月歌会”，其间与区文化馆联合举办“迎接世界女子沙排赛，当好文明东道主，家庭责任意识教育”文艺巡回演出和区“文艺、科技、卫生”三下乡新农专场演出，观众800多人次。组队参加区第四届十月歌会全部竞赛项目，获团体优胜奖。

第四节　档　　案

一、政府（镇、乡）档案

新农镇（乡）档案工作始于1957年。1987年，乡政府购置档案设备，建立综合档案室。库房内保存文书、会计、科技、地籍、照片、荣誉等类目档案，收集和保管与档案内容有关的文件资料、图书。1990年，配备专职档案管理人员。2004年，新农镇政府档案室有综合档案库房1个，阅档室、办公室各1间，档案箱17幢、计75个，荣誉档案橱2个，电子计算机1台，激光打印机1台，除湿机1台，空调1台。

二、基层（村、企业）档案

1987年，金山县档案局在新农乡开展基层单位建档试点工作。同年7月17日，县档案局在新农乡召开基层单位建立档案工作现场会。1989年，全乡32个基层单位建立档案室，初步形成乡、基层单位二级档案工作网络。1992年起，全乡范围内开展创建合格档案室活动。1993—1996年，先后有10个工业企业单位创建为合格档案室，合格率占全镇（乡）工业企业单位的58.8%。1998年开始，村级单位开展创建合格档案室活动，当年有5个村档案室创建为合格档案室。至2000年,全镇14个村级档案室全部创建为合格档案室,达标率100%。

三、档案管理

健全档案管理体制,建立由分管镇(乡)长、办公室主任、档案专职干部及各组、站、室和基层单位档案工作网络,完善档案管理制度;各级档案室必须建立全宗卷,编制文号对照表,干部任免、先进人物等专题索引,汇编大事记、组织机构沿革、工农业生产数据、党政重要文件、历届党代表大会和人代会资料,实行集中统一管理。至2004年,新农镇档案室共保管各类档案5307卷(册、本),其中文书档案3196卷;会计档案2066册(本);科技档案27卷;地籍档案18卷;声像档案中有照片档案10本,收集照片589张,底片330张;光盘11张;荣誉档案中有奖状48张,荣誉证书18本,奖品23件;各类文件汇编124卷,图书182本。

1992年,新农乡档案室被评为金山县机关档案管理工作先进单位。1993年12月,新农乡机关档案管理工作被评为上海市(二级)机关档案先进单位。1995年,新农镇档案管理员朱茅苟被评为市档案系统先进工作者。1996年,金山县电视台摄制电视短片,介绍朱茅苟档案工作先进事迹。2000年12月,新农镇机关档案室被评为市(一级)机关档案先进单位。

第二十二章　文物古迹

新农镇域历代遗存一些文物古迹和古树名花，由于年代久远，至2004年，所存无几。

第一节　古寺、庙

一、五龙禅寺

前身为五龙庙。位于今五龙村第七村民小组（归泾河北，金张公路东侧），因西傍五龙港而得名。建于明嘉靖年间，清同治、光绪年间曾修缮过。共建有庙舍8间，建筑面积658.2平方米，占地面积3301平方米。

庙内供奉宋朝将军施锷（字伯成，封号靖江王镇海侯）塑像。庙前有一座石桥，名广仁桥。庙正南有一座节孝坊，前后有四只石狮子。庙旁有碑二块（一块为道光十五年立，另一块为同治年立，碑文内容均系禁止当地乞丐纠众强讨事）。庙旁还有银杏树2棵，紫藤树1棵。庙内西侧设武圣宫，宫内供奉关公、岳飞、猛将、观音和弥陀等神。

五龙禅寺

五龙庙历来香火旺盛，有信徒数千人，有的患病痛者，都来烧香求治，有的人家把子女从小过寄给施谔，以求得“太平无事”。故“施寄爹”“施老爷”名闻江、浙、沪。旧时，每年农历八月初八施老爷生日，五龙庙举行庙会，俗称“老爷出会”。庙会三年两次。每次庙会，演草台戏三天。将装扮一新的施老爷神像从庙里请出，巡游各处，家家户户供奉香烛、糕点、祭品，彩旗招展，锣鼓喧天。是金山地区重要的庙会之一。

1962年10月，五龙庙被列为金山县文物保护单位。1969年秋，五龙庙舍被拆除，建五龙小学。

1988 年 1 月,落实党的宗教政策,学校迁移。重建、开放五龙庙。新庙舍的大雄宝殿,供奉释迦牟尼佛,前埭供奉施谔,始成为寺庙合一。1990 年夏,五龙庙改名为“五龙禅寺”。

1994—1998 年,五龙禅寺向五龙村七组征地 5.29 公顷,投资 437 万元,新建伽蓝殿、观音殿、天王殿、玉佛楼、卧佛殿,翻建大雄宝殿和玉佛楼,建筑面积 2446.48 平方米。2005 年 5 月,增建放生地,同时重塑观音菩萨、如来佛、四大金刚等金身。至 2006 年,五龙禅寺初具规模。禅寺的山门上有“五龙禅寺”4 个熠熠生辉的大字,为已故上海市佛教协会名誉会长明旸法师所题。寺内有七殿一池,即天王殿、大雄宝殿、卧佛殿、伽蓝殿、三圣殿、观音殿、玉佛殿及放生池。殿内分别供奉着释迦牟尼佛、观音菩萨、阿弥陀佛、施谔老爷等神像。其中玉佛殿内供奉的释迦牟尼佛像,乃是从缅甸请回册一尊玉佛,十分珍贵。卧佛殿小巧玲珑,配有现代化的音乐喷泉设施。寺院内还建有厢房和寮房等配套设施。如今五龙禅寺有和尚及管理人员 20 多人,每年举行 6 次大型法事、法会活动,香客达十多万人次。特别是逢年过节,香客络绎不绝,香火格外旺盛。

1988—2004 年,五龙禅寺方丈为达缘法师。历任监院:达缘、静兴、自修、妙悟和善忍法师。

二、大觉寺

俗称培蒲庙。位于慧农村珍字圩西南,建造年代无考,但从寺西两棵银杏树树龄(约 680 年)推算,建寺应在元代。寺庙原有前后二埭,两旁有厢房,厢房中间天井封顶,作为香客留作休息场所。山门上有横匾,上书“大觉禅寺”。前埭正殿是弥勒佛,背后是韦驮神,两边有四大金刚,西南是六神堂(培浦庙)。后埭莲花台上有观音菩萨坐像,两边立有雷公、雷婆。内祀威灵公、照天侯、万寿王、靖江王、永福侯和忠献公等神。清同治七年翻造大觉寺,培浦庙与大觉寺合二为一,故大觉寺又名陪蒲庙。

大觉寺香期,农历六月十九观音生日,俗称观音香。正月初一烧“头门香”预卜丰年。正月二十日晓“开印香”,月半(正月十五日)烧太平香,十二月二十日烧“封印香”,香火很盛。

1960 年,大觉寺改为慧农蔬菜场办公室。1967 年 7 月,大部分寺房被拆除。

2003 年 11 月,新建高尔夫球场时,赞助 3.8 万元,将大觉寺迁至今慧农村 17 组与牡丹村 7 组交界处,新建大觉寺两间,占地面积 120 平方米,建筑面积 64 平方米。寺内供奉观音菩萨、弥陀佛等像。原大觉寺内墙壁中保存的碑文也迁至新大觉寺,砌在东间南墙中,保存完好。

碑文如下:

署理江苏金山县知事书朱为

给示勒石以垂永久事:据公民姚汝贤、叶心岩、徐正、姚其廉呈称:窃本邑东一乡七保十一二图地方有大觉寺,俗称培蒲庙,历来已久,溯本乡姚绅文曾于前清同治七年八月,将七保十一二图光字第一百八十六号则田二亩肆厘玖毫,正租叁石陆斗,捐置该寺,为惜字善举费用在案,迄今已有五十余载。后来有普陀僧开定为该寺主持,其徒了学亦能耐苦勤修,师徒两人慈心和气,不愧为法门弟子,结成香火因缘,继而该僧积有余金,并募集捐款,重新改造该寺房屋前后二进,并置买本图奈圩第七十五号田叁亩肆分捌厘柒毫正,正租叁石伍斗伍升。以上两项田产亟应谋一永久保存方法,公民等熟思之再,似非呈请立案给示勒石,则不可,为此检呈方单请求准于立案给示勒石等情到县。据此查该项寺田由故绅姚文采捐弃暨该寺僧开定购置,收租纳赋,历有多年,暨据呈请勒石保存以垂永久事属可行,除批示立案外,给行出示晓谕,为此示仰该乡居民地保人等知悉,须知该寺田产为惜字善举费用,自行保存。自示之后,如有不肖之徒,藉端侵扰,一经觉察或被指告,定即拘究不贷,各宜禀遵,毋违特示。

中华民国九年十二月十六日给示

告呈人沈士元书丹

松江朱炳生刻

金山县印

三、日晖墩庙

俗称佘来庙。位于大泖港南原三图村杨家厍东(现温河村二十四村民小组)。原有庙舍东西8间,前后3埭,前埭天井中有打唱台。庙中供奉靖江王、永福侯、万寿王、忠献公、照天侯五尊金神,有信徒数千人。始建年月莫考。《金山县志乾隆·光绪版》第404页中提到:“康熙二十八年(1689年)甲寅秋七月,斜桥旁地忽折裂有声,约二尺许陷为潭。数月后有木像浮于水面。土人异之,为之建祠焉,即佘来庙。”此说虽近神话,但建庙当在三百年前。明万历年间,乾隆五十九年(1794年)和民国22年(1933年),佘来庙曾三次大修。佘来庙在鼎盛时期,每三年举行一次庙会。庙会又称庙市,既是有宗教性质的百姓民间娱乐活动,又是物资交流的商业活动。佘来庙庙会,在唐代已有。庙会一般在农闲(农历三月上旬或霜降前后)举行,其间演草台戏三天。民国后期,庙会逐渐冷落,解放后废除。解放初,有和尚留守主持僧事。1958年,因疏浚张泾河时被拆(仅剩1间小屋),将庙内所有神像集中于小屋内。1964年,拆除小屋,烧毁神像,石碑被移作石驳岸。

第二节　古树名花

一、银杏树

银杏树,俗称白果树、公孙树,新农镇域内原有古银杏树5棵,现存3棵。1986年,曾砌墙、围栏、开沟,加以保护。是年8月,上海市园林管理局、新农乡人民政府对古银杏树立“古树名木保护碑”标志。

五龙禅寺内有2棵,两树南北相隔15米。北首一棵树龄约470年,树高约18米,径围3.55米。为雌树,会结白果,每年八月生满白果。南首一棵位于伽蓝殿东南角,树龄约170年,树高约12米,径围1.87米。为“雄”树,不生白果。1962年10月,两棵银杏树和五龙庙均列为金山县文物,加以保护。2000年5月,列为金山区古树名木,予以保护。2002年12月起,上海市人民政府、市绿化管理局重立保护标志牌。其中大的一棵银杏树立为一级古树名木,编号为0081;小的一棵银杏树立为二级古树名木,编号为0406。

新天鸿高尔夫球场(原大觉寺)内有2棵,现存1棵,树龄约680年、树高约14米,径围3.6米。1960年秋,曾被台风折断树梢;1965年见蛇钻入树洞,用烟熏而引发火灾,用大型喷雾机将火扑灭,现有树洞5个直通树顶;1987年,金山县人民政府、上海市园林管理局立"古树名木保护碑"。另一棵高约20米,径围3.08米。1996年,因连续暴雨大风,泥土松动倒伏在鱼塘里死亡。

原白松庙内有1棵,地处杨家村(今幸福村十组),树龄130年,树高约20米,径围2.17米。1995年因水患,树身地面以上部位已枯死,但在根部重新长出银杏树苗若干株,树苗高1~2米,树干直径在1~2厘米不等。

二、紫藤树

位于五龙禅寺内伽蓝殿东侧,树龄约420年,是上海地区最古老的一棵紫藤树。直径0.226米,径围0.71米,藤高2.5米,树冠35平方米,为名贵树木。树身粗壮,叉藤盘结,枝叶茂盛,春夏之交,花开满枝。

紫藤树

1962年10月,列为金山县文物,加以保护。1978年3月,由金山县文化馆加以整修,搭建水泥棚架,划定保护范围,重立保护标志碑一方。1986年,上海市园林管理局、新农乡人民政府砌墙围栏,加以保护。1988年,金山县博物馆对紫藤树加砌围墙,与香火隔离。1989年3月起,委托庙内人员兼管看护,清扫卫生。1995年,由五龙禅寺出资,把围墙改为铁栏栅。2002年12月,列为上海市古树名木,编号为1367。2005年5月起,列为金山区古树名木,交区农林部门加以保护。

三、牡丹花

位于杨家埭(今牡丹村第二村民小组)秦姓天井里,十分名贵,有200多年历史。传说全国只有两株,此花是其中之一。

牡丹花

牡丹花在立夏前三天盛开,花色深红,花心金黄,花瓣卷而浓厚,花期较长且不分株。俗称红牡丹,又称牡丹之异物,堪称花中之王。相传,在清末时期,天刚破晓之时,群鸟集于屋顶,笙簧齐奏,凤凰绕飞。据说,此花结蕊多少,可预测当年棉花丰歉。每年立夏季节,赏花者络绎不绝，深受广大民众的喜爱。牡丹村以此得名，1969 年 10 月，因施肥（牛血）不当，造成肥害，于翌年死亡。

第三节　古　　迹

一、阁老坟

位于烟（安）浜（今五龙村爱国第九村民小组）。系清代武英殿大学士赠少傅谥文恭王顼龄的坟墓。占地面积 6.67 公顷，坟墓四周有坟河，光是坟河以内占地面积约 1.33 公顷。坟南二百米处东西竖有二根石旗杆。过坟屋有一条 3.5 米宽、百米长的石铺甬道，两边依次排列石翁仲（石人）、石羊、石龟、石狗、石马等。过石桥约 50 米，是一座 50 米的高大土坟，坟前有石碑，坟后两边有两座小坟，俗称“保驾坟”。坟四周 100 多米浚有坟河。

1956 年 7 月，阁老坟被拆毁开廊。廊中有三具尸体，其中一具尚未腐烂，金银珠宝甚多；坟旁的石人、石马、石羊、石龟等，有的被推在坟河里，有的就地深埋，有的被拆后作为建筑材料。1958 年，在平整土地中又掘出一块石碑，石碑印刻文字已看不清楚。据嘉庆二十三年（1818 年）《松江府志》，阁老坟的碑文为一品大学士张廷玉所题写。

碑文如下：

国家谊笃旧臣，礼隆良弼。其有协恭夙夜，克慎始终。懋宣励相之劳，蔚著老成之望，是宜丝论诞贲，琬炎丕典至钜也。王顼龄性资端重，学术淹通。圣主仁皇帝，拔自庶僚，登於词苑，趋象讲幄，洊登乡贰之班，棕辖冬官，旋擢钧衡之任，小心翼翼，表仪范於群工，黄发皤皤，为岩廓之元老。联心眷倚，宫傅优崇，稠叠恩波，顾耆年而加渥；垦辞禄位，颁手敕以慰留。方予告之有期，忽沉疴之难起。遣良医以诊视，命亲王以监丧赠秩，赐金殿辍朝加祭，易名象形曰“文”曰“恭”。於戏！三事久登，纶阁犹传风度；九重宠锡，泉扃长荷辉光。杰峙贞珉，用垂无载。

雍正四年□月□日

现在，坟河以南，为一片农田；坟河以北，为桃李果园。阁老坟的遗迹，犹可寻踪。

二、草鞋墩

位于卖盐港西、归泾北（今五龙村第三村民小组），草鞋墩原长十多米，宽四五米，高一米多的土墩。两头大，当中凹，类似草鞋底形。传说一：仙人丢失一只草鞋，这只草鞋成为土墩。在《松江府志》《金山县志》都有记载：“归泾北田间有土阜形如草履。”传说二：吴起王钱镠遗址。据《干巷志》记载，吴王钱镠途经此地，曾题《草鞋墩》七律一首：

水云滃滃阴孤村，此地钱王迹尚存，
铁券至今销劫火，草鞋终古剩高墩。
贱时谁识英雄异，后日方知贩盐尊，
料得歌风归故里，锦衣到处尽沾恩。

三、杨家庵石桥（又名求安桥）

位于阁图村（今温河村第十村民小组），建筑年代无考。1970 年，曾维修过一次，但之后，该桥南堍石段险情重现。对此，2005 年 1 月，由金山区文物保护管理所进行修缮、并定为古文物建筑石桥。

杨家庵石桥

第二十三章　体　育

1987 年，成立新农乡体育运动委员会，由乡长任主任，一名副乡长任副主任，体育专职干部任秘书长。具体负责体育工作和赛事活动。各村、企事业单位分别配备一名干部兼管体育工作。1991 年，成立新农乡农民体育运动协会。1996 年成立新农镇健身领导小组。是年 8 月，成立新农镇体育辅导站，由体育专职干部任站长。1998 年 4 月，新农镇被评为上海市体育先进乡镇。

1986 年，新农乡有简易运动场和篮球场各一块，位于新农中心小学。1988 年，新农乡政府投入 39.5 万元，在集镇文化路建文化体育中心，占地面积 0.09 公顷，建筑面积 640 平方米，设乒乓室、棋牌室、桌球房；在新农中学东侧征地 0.47 公顷建篮球场，供学校使用，同时向社会开放。

2000 年 8 月，新农镇政府投资 65 万元，在集镇新宾路 100 号建文化体育中心，占地面积 0.48 公顷，建筑面积 604 平方米，内设乒乓室、溜冰场、桌球房，室外有标准篮球场一块，东侧建健身苑，置健身器材 30 件。

第一节　群众体育

一、健身活动

1986 年，新农乡全民健身活动以乒乓、跳绳、踢毽、棋、牌为主，大多为自发活动。1988 年，全乡有乒乓球队 13 支，中国象棋队 13 支，男、女篮球队 4 支，田径运动队 3 支，拔河队 3 支，足球队、羽毛球队、射击队、排球队、消防运动队和康乐球队各 2 支。1999 年 8 月，上海市体委、金山区体委各出资 2.4 万元，在新农镇政府大院内建健身苑，置太空漫步机、双杠、滚筒等健身器 8 件。

1996 年 6 月，新农学校教师费泉根家庭参加金山县“广电杯”健身操比赛，获一等奖。是年，参加上海市“浩通杯”家庭健身操比赛，获优胜奖。1997 年，新农镇组队参加金山区“全民健身宣传周”系列竞赛活动，获全民体育知识竞赛三等奖。新农学校教师杨雪花参加上海市“快乐时光”健身操比赛，获金山赛区第三名。2001 年，新农镇男、女毽子队参加上海市第四届社区健身大会“喜悦牦牛杯”踢毽子比赛，获一等奖。

村民健身点

2002 年,新农镇组建老年拳操队,队员 45 人。每天活动 1 ~ 2 小时。2003 年,拳操队选拔 17 名队员参加金山区拳操会演,获优胜奖。

至2004 年,新农镇建健身点 12 个,占地面积 0.62 公顷,置健身器材 161 件,每天参与健身活动 500 余人次。

二、体育赛事

(一)举办赛事

1988 年 5 月 19 日,新农乡举办第三届消防运动会,200 余名运动员参加接力、传递、灭火等比赛项目。1995 年 5 月,新农镇举办首届农民运动会,设棋类、球类、桥牌、拔河 4 个项目,22 支代表队、324 名运动员参赛。慧农村获拔河第一名;中学获篮球第一名;新农小学获乒乓、扑克(打红心)第一名;镇机关获桥牌、中国象棋第一名。1996 年 9 月,新农镇举办"迎国庆,迎农运"运动会,设中国象棋、拔河、球类、自行车慢速、短跑等比赛项目,12 个代表队、152 名运动员参赛。1997 年 9 月,举行"迎国庆,迎八运"火炬传递活动暨新农镇运动会。200 余名运动员参加拔河、球类等 5 项竞赛。1998 年 10 月,新农镇举办"敬老日"老年体育运动会,设中国象棋、拔河、门球、保龄球、垂钓、套环、扑克等比赛项目,参赛运动员 84 名。1999 年 5 月,新农镇与松隐镇联合组织"新松杯"足球友谊赛。新农镇足球队获"优胜杯"。2003 年 9 月,新农镇协办"上海市千台万人乒乓球大赛"金山区新农赛区比赛,全区 11 个乡、镇、街道运动队,30 名运动员参加角逐。2004 年 6 月 6—11 日,新农镇举办 2004 年"全民健身周"和"体育健身日"活动。设乒乓球、中国象棋、扑克(打红心)、门球、拔河等比赛项目,参赛运动员 28 名。是年,组织参加上海市郊千人垂钓等活动,被评为金山区先进单位。

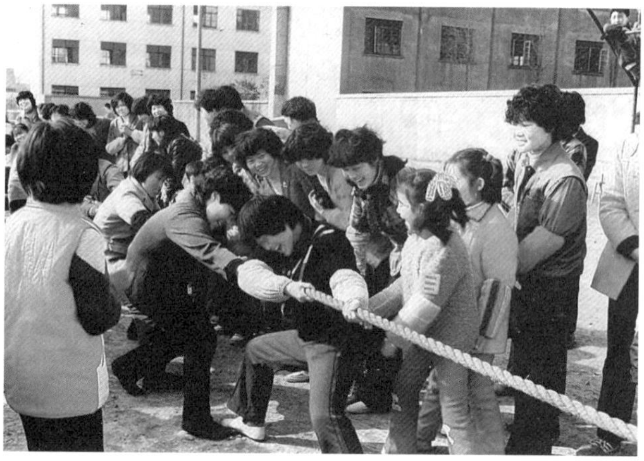

拔河比赛

(二)参加赛事

1986 年 6 月,新农乡参加金山县第五届运动会,获成年组田径赛团体第七名。1991 年 10 月,在上海市第三届残疾人运动会上,新农乡残疾人运动员杨伟权夺得铅球、标枪两块金牌，被评为精神文明运动员。1997年6月，新农镇参加金山区全民健身宣传周系列比赛，镇男子篮球队获亚军，男子拔河队获三等奖。1998年，新农镇参加金山区体委主办的中国大众体育邀请赛。获"粽子球"团体第一名、家庭赛第三名、中国象棋二等奖、桥牌三等奖、橄榄球一等奖。1999年10月，新农镇男子拔河队代表金山区参加上海市第四届农运会。11月，残疾人运动员杨伟权入选金山区体育代表队，参加上海市第五届残疾人运动会，杨伟权夺得铁饼、铅球、标枪三项第一名。2000年5月，残疾人运动员杨伟权与金山区庄国民、彭国强3人，入选上海市男子坐式排球队，参加全国第五届残疾人运动会男子坐式排球赛，上海队夺得金牌，全国残联主席邓朴方为他们颁奖。

2001年，在金山区第一届运动会上，新农镇95名运动员参加田径、篮球、足球、乒乓、中国象棋、围棋、桥牌、射击、拔河、保龄球、自行车载重、广播操、绳毽接力13个项目比赛。男、女绳毽队分别获得接力赛金牌；100米短跑、跳远铜牌；自行车载重个人第五名；拔河、门球、射击团体第六名。新农代表团获三等奖和组织奖。

2002年11月，残疾人运动员杨伟权与庄国民、彭国强入选国家男子坐式排球队，参加在韩国釜山举行的第八届远东及南太平洋地区残疾人运动会，中国队获男子坐式排球赛第四名；光华1组肢残运动员赵锋获男子200米自行车赛铜牌。12月，新农学校教师严春辉参加在湖南长沙举办的全国"英派斯杯"个人健身路径比赛，获男子个人第四名。2003年9月，残疾人运动员杨伟权入选上海市队，参加在南京举行的全国第六届残运会，获男子坐式排球赛金牌。10月，新农镇自行车载重队，代表金山区参加上海市第五届农运会自行车载重比赛。

第二节　学校体育

1988年，新农乡政府在新农中学东侧征地0.47公顷，建造由200米环形4跑道组成的简易运动场，中间有非标准足球训练场，南侧建标准篮球场。1992年，新农乡政府在中心小学西侧征地0.53公顷建6条250米环形跑道的运动场，中间为非标准足球场、田径训练场、篮球场。2003年，新农镇政府投资50万元，对新农学校西块运动场进行改造，煤渣跑道改为沥青跑道，足球场植草皮，田径训练场置双杠2副，三联单杠4副，跳箱4节，跳山羊2只。东块运动场改成单一篮球场，更换了篮球架。在多功能大楼里设乒乓室，有乒乓台4副。

新农学校体育场

1986年起，新农乡各学校根据国家体委颁布的《国家体育锻炼标准》和《体育教学大纲》，每周设二节体育课，二节体锻（活动）课，每天一次广播操，一次眼保健操。体锻达标测试,根据跑步、跳跃、投掷、技巧、耐力5个项目评定。每项成绩不得低于30分,总成绩在250分以上为及格,350分以上为良好,420分以上为优秀。是年,全乡1所初级中学、1所中心小学和10所初级小学,建有足球队4支,篮球队4支、乒乓球队6支、中国象棋队2支、长跑队2支、绳毽队4支和活动兴趣小组20余个,在体育教师指导下开展业余训练。新农中学和新农小学还分别组建教工足球队、篮球队、乒乓球队。1995年,金山县体育工作会议将新农中学(足球)命名为体育传统项目学校;命名新农小学(足球)运动队为金山县高水平运动队。是年,金山县教育局将新农中学定为女子篮球队训练基地。1986—1995年,新农中学、新农中心小学每年分别举行秋季田径运动会。1996年,新农中学、新农中心小学合并组建为新农学校。是年,被评为上海市体育达标先进学校。至2004年,新农学校共举办2届春季田径运动会,7届秋季田径运动会。

1996—2004年新农学校学生体育锻炼达标情况表

表23-1　　单位:人、%

年份	学生数	达标人数	达标率	年份	学生数	达标人数	达标率
1996	2823	2611	92.49	2001	2153	1968	91.41
1997	2515	2304	91.61	2002	2921	2654	90.86
1998	2383	2162	90.73	2003	1600	1462	91.38
1999	2343	2140	91.34	2004	1427	1298	90.96
2000	2306	2185	94.75	—	—	—	—

获奖情况

1986年,在金山县第五届运动会比赛中,新农中心小学学生杨向东破少年男子标枪金山县中学生纪录,成绩56.68米;学生许红梅获女子跑步3000米第一名。在上海市第八届运动会(郊区组)比赛中,新农中心小学学生杨向东获少年男子标枪第三名。

1990年,新农中学女子篮球队获金山县初中组女篮冠军;新农中心小学乒乓球队获金山县小学生乒乓比赛团体第二名。

1992年,新农中学男子乒乓球队获金山县中学生乒乓赛团体冠军,学生蒋志浩、陈臻誉获个人冠、亚军;新农中学女子篮球队获上海市第六届中学生运动会初中组女篮比赛第五名。

1993年,新农中心小学男子足球队获金山县小学男足亚军。

1994年,新农中心小学男子乒乓球队获金山县小学乒乓赛团体第二名。

1996年,新农中心小学男子象棋队在上海市小学生象棋赛中获团体第三名,学生赵峰获个人第5名;新农中心小学女子足球队获金山县小学足球赛亚军,并代表金山县小学生足球队参加上海市第七届小运会。

1998年,新农学校小学部篮球队获金山区小学生篮球赛女子乙组第一名。

1999年,在参加金山区中小学生迎春长跑赛中,新农学校中学部男、女组分获团体第四名;小学部男、女组分获团体第二名。

2000 年,新农学校学生张雅如获金山区中学生运动会女子 1500 米跑步第一名。

2001 年,新农学校男子足球队获上海市第八届中学生运动会足球赛基层组第七名,获金山区中学生运动会足球赛第四名;新农学校小学部在金山区第五届中小学生跳踢比赛中获团体第二名。

2004 年,在金山区田径运动会上,新农学校学生盛锋获男子 200 米跑步第一名;新农学校小学部在金山区第八届中小学生跳踢比赛中,获单项团体第三名。

第二十四章　医疗卫生

20 世纪 80 年代起，新农镇（乡）医疗卫生事业发展较快。至 2004 年，全镇建成镇、村相结合的医疗卫生网络，实行医疗保险制度，基本满足人民群众医疗保健需求。同时，坚持开展以除害灭病为中心的爱国卫生运动，使各种传染病得到控制，环境卫生得以改善。

第一节　医疗机构

一、新农镇社区卫生服务中心

前身为新农公社卫生院。1984 年，改名为新农乡卫生院。1994 年改名为新农镇卫生院。1994 年 11 月，被评为一级甲等医院。2004 年 12 月，改名为新农镇社区卫生服务中心，共有建筑面积 2410 平方米，其中住院楼（二层）1080 平方米，门诊楼（二层）850 平方米，综合楼（二层）480 平方米（底层食堂、二楼多功能会议室）。各科室、病房等全部安装空调，医疗设施完善、设备先进，属标准化社区卫生服务中心。

2004 年新农镇社区卫生服务中心医疗设备（5000 元以上）情况表

表 24－1

购置年份	设备名称	金额（元）	购置年份	设备名称	金额（元）
1992	1200 毫安 X 光机	46130	1997	血液分析仪	82000
1992	B 超机	37000	1998	三导联心电图机	26500
1992	心电图机	5000	1998	洁齿器	5000
1992	火焰光度计	6200	1999	血液分析仪处理器	35000
1993	尿液分析仪	13500	2000	尿液分析仪	15000
1994	牙科治疗仪	5400	2002	B 超机	200000
1995	毫米波治疗仪	7800	2004	X 光机	256000

二、村卫生室

前身为大队卫生室。1986 年,全乡有 14 个村卫生室,各配备卫生保健员 1 人(当时称"赤脚医生"),后增至3 ~4 人。1987 年,村卫生室实行村办乡管。1990 年年底,全乡 14 所村卫生室全部被评为合格卫生室。1994 年,开展创建甲级卫生室工作,经考核验收,全镇卫生室全部达标。2000 年 7 月,村卫生室实行镇、村一体化管理,由镇医疗保健基金会统一管理考核。2002 年起,利用三年时间,各村卫生室均创建为标准化卫生室。2004 年年底,新农镇行政村合并后,全镇有 7 个村卫生室和 1 个居民区保健站。村卫生室建立初期,各村(大队)均利用原有房屋或借用民房作卫生室,设备仅有一些简单的诊疗仪器及药橱等。1990 年,各村均创建合格卫生室,全部达到合格要求(面积不少于 28 平方米,且分设门诊室、治疗室及药房)。1994 年,创建甲级卫生室时,各村卫生室全部达到创建要求(面积不少于 38 平方米,同时给药房配备冰箱、空调,治疗室安置简易观察床)。2002 年,创建标准化卫生室,做到门诊、治疗、注射、观察、药房、健康教育和计划生育 6 室分开。开始运用电脑进行管理和治疗。

三、学校、企业医务室

1990 年,全乡有 3 所学校及 12 家工厂企业设医务室。学校、企业医务室建立初期,房屋、设施、器材均为简单。1994 年起,逐步完善。经考核验收,成为合格医务室。但随着企业经营体制变化及社会保障体系的完善,企业医务室逐渐减少。2004 年,全镇 2 家企业建有医务室。

四、私人诊所

2002 年,退休医师陈月华在新农集镇区开设"陈月华中医内科诊所",主治支气管炎、哮喘、糖尿病、心血管病、肠胃病、肾炎等疾病。年门诊人数在 3000 多人(次)。

第二节 医疗技术

一、新农镇社区卫生服务中心

1986 年年底,新农乡卫生院有医生、护士及后勤等 46 人,具有专业技术职称 30 人(医师 3 人,医士 21 人,员级 6 人)。开设的门诊有内科、外科、妇产科、中医科、推拿科,还有医技方面的科室。2004 年年底,新农镇社区卫生服务中心在编人员 51 人,具有专业技术职称 41 人(中级 8 人、初级 33 人)。开设内科、外科、儿科、妇科、中医推拿科、口腔科、预防保健科;医技科室有化验、B 超、心电图、放射等。诊疗项目有儿保、儿科、妇保、内科、外科、推拿、中医、结核、麻醉、传染、精神、医学检验、医学影像、口腔等。2004 年,新农镇社区卫生服务中心年门诊量在 27000 余人次。后因实施计划生育,年接生婴儿减少,经主管部门布局调整,产科于 1998 年撤销。

院中推拿科为特色门诊。推拿医生邵照福主治的跌打扭伤、腰椎间盘突出、腰肌劳损、小儿斜颈、落枕等疗效显著,除本地区患者外,也吸引了不少附近区县乃至外省市病人来院治疗,年门诊量近万人次。

2001年起,新农卫生院每年选送2~3名医生参加全科医师培训,还选送1~2名医务人员到上级医院进行技术培训。对未达到大专学历的医务人员,继续进行学历进修。

1999年,新农卫生院护理组被评为金山区先进集体。新农卫生院卫防组被评为2003—2004年度金山区先进集体。

二、村卫生室

建立初,各室均配备1~2人卫生保健员(后称"赤脚医生")。1986年起,"赤脚医生"通过培训考核,合格者成为乡村医生并颁发乡村医生证书。至1997年,全镇有57人获得乡村医生资格证书;2003年,57人乡村医生经考核又获得执业助理医师资格证书。根据上级关于每1500人配备乡村医生不少于1人的要求,2004年,全镇共有乡村医生27人。

1998年,对乡村医生实行聘任制,通过平时检查和考核,不断提高乡村医生的责任心和业务水平。1998年,牡丹村胡美新被评为全国优秀乡村医生。

三、学校、企业医务室

学校、企业医务室的医务人员,大多是从社会上招聘的卫校毕业生、乡村医生,医院退休的具有一定医务知识的医务人员,担负单位职工卫生保健和常见病的防治等工作。

第三节　疾病防治

一、血吸虫病防治

查螺灭螺　1993、1994、1997年先后3次,在万年村朱泥泾河段与松隐地区交界的芦苇塘内发现钉螺。新农镇政府及时组织专业灭螺队伍,通过堵坝、除草、投药、喷药、围塘、水冲等措施进行灭螺。1998—1999年,镇对慧农、光华、三图、温河等28条村级河道,面积4万多平方米,进行查螺,未发现钉螺。1999年后,每年对螺点进行2次清查,均未发现钉螺。

查病、治病　1995年前后,新农镇对血吸虫病开展普查,未发现血吸虫病感染者。此后,重点开展对外来人员的血吸虫病检查,未发现感染者。

二、传染病防治

肺结核病　卫生院重视对肺结核病的普查,加强防治。1986—2004年,新农镇(乡)共发现肺结核患者172人,都转入专科医院治疗。卫生院对结核病患者做好随访和医学指导工作。

传染性肝炎　20世纪80年代起,新农乡域肝炎病患者转至县传染病医院治疗,使肝炎病的传染得到有效控制。1980—2004年,新农镇(乡)域发生传染性肝炎277例,都得到及时治疗。

非典型肺炎　2003 年 4 月，“非典”疫情中，新农镇全面开展“非典”防治工作。成立领导小组，制订预防方案，培训监督员 50 余人，培训相关人员 430 人次。划出专项资金，落实应急物资。卫生院设发热病房，村卫生室及企事业单位医务室设监测点，做好发热病人的登记、上报、住院工作。对学校、商场、饮食业、娱乐场所等公共场所加强管理，做好消毒工作。各单位对来往人员做好监测、登记。对来沪返沪人员进行医学观察和健康检测。在五龙村卫生室增设外来人员观察室，置床位 8 只，配备医护人员 3 人。学校、幼儿园等单位每天做好晨检工作。在各单位办公室及活动场所装紫外灯、喷药水消毒。暂停一切大型会议和活动。五龙寺推迟开光日，一些村（居）民家庭推迟庆宴酒席时间，对到镇应聘的打工人员劝其暂时回乡，对到镇探亲的人员上门测体温、消毒并登记。预防“非典”期间，全镇有 76 人纳入医学观察。

肠道传染病　新农镇（乡）卫生院开设肠道门诊。每年夏秋季为多发期。20 世纪 80 年代，每年患病率约为 170 人/10 万人；90 年代，为 100 人/10 万人；2000 年后，略有上升，为 120 人/10 万人。对患者主要通过药物治疗、卫生消毒等措施进行防治。

三、其他疾病防治

心脑血管病　新农镇（乡）卫生院对 35 岁以上人员做好心脑血管防治，冬季测血压，进行相关预防知识教育和治疗。1995 年 10 月至 1996 年 3 月，对全镇 35 岁以上 11576 人测血压，血压在临界以上的有 1441 人，受检率 96%，患病率 11.95%。1998 年，对 60 岁以上老人测血压，受检人数 3718 人，患者 1730 人，患病率占受检人数 46.3%。2001 年，对 35 岁以上人群测血压，患病率略有上升。

狂犬病　20 世纪 90 年代起，镇域内养犬数量逐年增多。1996 年，全镇有犬 100 多只，1999 年 300 多只，2004 年 1000 多只。被犬咬伤的现象时有发生。镇政府重视对犬类管理、采取措施、控制犬量、降低犬咬事件。1996 年开始，由镇有关部门每年对犬类防疫打针一次。在一般情况下，做到年初摸底统计，4 月防疫办证，6 月组织检查，对未防疫的犬进行捕杀。准养犬一律要求实行栓养，否则作违章犬处理。2002 年，全镇有犬 903 只，接种 302 只，捕杀违章犬 588 只。2004 年，受理办证免疫犬 536 只，自行或依法捕杀违章犬 194 只。全镇无一例狂犬病患者发生。

第四节　卫生保健

一、妇女保健

围产期保护　对围产期（怀孕 28 周到产后一周）妇女，由镇（乡）卫生院做好产前检查，产程观察，产后访视及宣传孕产知识，加强围产期保护工作。1986—1990 年，受检人数与回访人数每年约 300 人。1990—1999 年，年均 220 人左右。2000 年，150 多人。产前检查，产后回访率达 100%。

妇女病防治 2000年前,每三年开展一次妇女病普查工作,之后每两年普查普治一次。1989—2002年,全镇(乡)应查28294人,实查19202人,共查出轻度妇女病患者9488人,占受检人数的33.57%;重度患者31人,占受检人数的0.11%。其中乳房小叶增生、子宫肌瘤和息肉的比例逐年上升。经过普查,发现可疑病症,做到早诊断,早治疗。

二、儿童保健

健康检查 1986年起,新农乡卫生院配合有关部门,对全乡婴幼儿进行体检和健康评比,并传授科学育儿知识。1988年4月开始,对7岁以下儿童定期进行健康检查。每年对在校中小学生和新进幼儿园的儿童进行内外科、口腔、眼睛、血常规等健康检查,设立学生体质健康卡,每人一卡,纳入学生档案。幼儿园每天对入园儿童进行卫生检查,加强卫生教育,养成卫生习惯。

视力保护 学校每学期检查学生视力一次。1990—2004年,近视眼的新发病率小学生在2.5%、初中生在4.6%左右。视力不良率小学生在20%、初中生在42%左右。学校改善教室采光条件,开展眼保健操,加强用眼卫生教育,降低近视的发病率。对沙眼患者进行药物治疗,对有传染性的疾病,如“红眼病”及时治疗,并采取相应的措施防止传染。

头虱与龋齿防治 20世纪80年代,学生患头虱比例较高,特别是女同学,有些班级达到50%以上。学校加强学生洗发灭虱工作,常抓不懈。90年代,头虱基本得到根治。幼儿及中小学生中龋齿患者约占学生数的50%。采取药物治疗、补牙等措施,加强对学生口腔卫生和“爱牙”教育,提高“护牙”自觉性,龋齿患者大为减少。

预防接种 预防接种是婴幼儿防治各种传染病、常见病和多发病,增强体质的重要措施。1986—2004年,全镇(乡)婴幼儿接种率均100%(对外来镇域的务工、务商、务农人员的婴幼儿全部纳入在内),确保婴幼儿个个健康成长。

1988—2000年新农镇(乡)婴幼儿预防接种情况表

表24-2　　单位:人

接种情况	麻疹	灰髓炎	百日咳	卡介苗	乙脑	精百破	流脑
接种人数	17101	30897	13476	2700	12653	12877	13659
接种率(%)	100	100	99.8	100	99.9	99.5	99.6

三、初级保健

1991年1月,金山县成立初级卫生保健委员会,新农乡成立“初保”组织,并制订“初保”计划。“初保”计划由组织管理、社会文化、经济水平、卫生服务、卫生保健、健康水平6个方面组成,涉及财政、农业、工业、文化、教育、卫生、计划生育等部门,分阶段实施。通过“八五”和“九五”计划的实施,达到中央提出的“到2000年人人享有卫生保健”的要求。1995年10月,经市“初保办”跟踪考评,镇“初保”工作全面达标。1998年,镇合作医疗管理站在福建厦门由中华医学会召开的会议上作题为《狠抓管理,完善制度,进一步推进我镇合作医疗保险健康发展》的交流发言(该文发表在《中国初级卫生保健》杂志上)。2000年,新农镇被评为上海市“初保”先进集体。

第五节 公共卫生

一、除“四害”

1957年起,新农镇(乡、公社)每年开展以除“四害”为重点的爱国卫生运动。根据“四害”的生长繁殖规律,发动群众开展除“四害”活动。一般春秋季灭鼠,夏季灭蚊蝇、灭蟑螂。由村民小组(生产队)按户发放除“四害”药物(鼠药、粘蝇纸等),收到一定效果。

2002年,经镇爱卫委组织人员测定:灭鼠前密度测定为2.18%,灭鼠后测定为0.88%,达到国家控制标准。全年用灭鼠药249千克,投药户数6005户。灭蟑螂通过二次投药二次检查,监测101间房屋,蟑螂侵害率未超过规定标准。2004年3—11月,全镇设置55个捕蝇笼,及时更换饵料。对公厕、垃圾房、垃圾填埋场、绿化地等蚊蝇孳生地,定期用药除害。2004年,全镇投药及人工费用计2.5万元,迅速降低鼠患的密度指数。

1991年,新农乡被评为金山县灭鼠工作先进乡。

二、粪便管理

20世纪80年代,新农乡全面开展粪便管理。农村搬迁河边粪缸,安置合适地点,统一搭棚加盖,定期喷药灭蛆。集镇居民小区粪池均改建成三格无害化粪池,住宅设置卫生间,使用抽水马桶。1989年,全乡14个村的7089只河边粪缸,全部迁移并搭棚加盖,迁移率和搭棚加盖率均100%;集镇的居民小区,234户居民使用抽水马桶。

20世纪90年代,农户家庭逐步取缔粪缸,建造“小三格”无害化粪池,设置卫生间,使用抽水马桶。1994年,新农镇成立农村改厕领导小组,各村建立改厕专业队伍,指导和帮助村民建造“小三格”无害化粪池及配套设施,资金由国家、集体、个人三方负责,每建一个“小三格”无害化粪池(约300元),国家和集体补贴50%,个人出资50%。新农镇农村改厕工作于2000年基本完成,共建造“小三格”无害化粪池6283个,投入资金190.53万元,改厕覆盖率98.9%。

2004年,全镇共有“三格”无害化粪池6955个(集镇居民小区418个、企事业单位182个、农户家庭6351个),集镇达标公共厕所4个。新农镇被评为金山区农村改厕实事项目建设先进单位,俞绍林和朱仁弟被评为金山区农村改厕实事项目建设先进个人。

1999年起,对达到百头牛、万头猪规模的3家畜牧场进行牲畜粪便治理。至2004年,先后投入资金120万元,建造牲畜粪便沉淀池4个,安装牲畜粪便处理设备4套,经处理,3家畜牧场的畜牧粪便排放达到无害化标准。

2004 年新农镇企事业单位及居民小区建造无害化粪池情况表

表 24－3

单位名称	房屋数（幢）	户数（户）	建无害化粪池	
			型号	数量(个)
合　计	528	1756	—	600
企事业单位	108	216	中	182
幸福小区	22	234	大	16
浦银 1 村	45	146	小	45
浦银 2 村	88	90	小	88
浦银 3 村	28	262	大	28
浦银 4 村	105	145	小	105
浦银 5 村	5	144	大	5
金旭新苑	4	132	大	4
新洲新村	18	278	大	18
新慧新村	109	109	小	109
爱国村	472	6	467	98.9
三浜村	667	8	659	98.8

1994—2000 年新农镇农村改厕工作情况表

表 24－4

村名	户数(户)	改厕队伍(人)	改厕数量(个)	改厕率(%)
合计	6351	86	6283	98.9
五龙	471	6	466	98.9
沈庄	424	6	420	99.1
万年	610	8	603	98.9
慧农	652	8	645	98.9
牡丹	352	5	349	99.1
幸福	418	6	413	98.8
长浜	236	4	388	99.2
新范	495	7	490	99.0
新民	375	5	371	98.9

续表 24－4

村名	户数(户)	改厕队伍(人)	改厕数量(个)	改厕率(%)
温河	412	6	407	98.8
光华	392	6	388	99.0
三图	375	5	371	98.9

三、垃圾处置

1980 年起，新农乡（公社）爱国卫生运动委员会每年多次发动群众开展环境大扫除，清除日常生活中的污物、垃圾，而且开始实施垃圾管理。至 1989 年，全乡集镇和企事业单位设有水泥垃圾箱 28 个。农村设有垃圾坑 5671 个。

1990 年起，新农镇（乡）结合创建二级卫生镇，进一步加强垃圾管理。1994 年，在集镇街、路及居民小区，安置不锈钢垃圾箱 20 个。1998 年，在集镇新建垃圾房 4 座，拆除原有的水泥垃圾箱。安排卫生保洁员 8 人，配备人力垃圾车 8 辆和小拖拉机 1 辆，每天有保洁员收集垃圾，用小拖拉机运往垃圾堆埋场处理。2000 年，在 13 个行政村新建垃圾房 25 座，安排卫生保洁员 46 人，配备人力垃圾车 46 辆和小拖拉机 13 辆，分发给农户垃圾桶 6339 个。每天早晨，卫生保洁员挨家挨户收集垃圾进垃圾房，再由小拖拉机运往垃圾堆埋场处理。至 2004 年，全镇有垃圾房 29 座、垃圾箱 30 个、占地面积 1.67 公顷的垃圾堆埋场 1 个；人力垃圾车 54 辆、小拖拉机 14 辆；卫生保洁员 54 人、垃圾桶 6339 只，总投入资金 42 万元。

2000—2002 年，新农镇和慧农村、牡丹村、三图村分别被评为金山区垃圾处置工作先进集体。镇爱卫办主任朱仁弟被评为区垃圾处置工作先进个人。

2004 年新农镇生活垃圾处置设施及保洁员情况表

表 24－5

单位名称	垃圾房(座)	手拖垃圾车(辆)	保洁员(人)
合计	29	54	54
五龙村	4	9	9
三浜村	3	5	5
牡丹村	4	7	7
万年村	2	4	4
慧农村	3	5	5
温河村	4	8	8
光华村	5	8	8
新农集镇	4	8	8

四、食品卫生

20世纪80年代初,根据《上海市食品卫生许可证发证细则》实行卫生许可证制度,加强卫生检查、检测和监督。区(县)防疫站、镇(乡)卫生院对企事业食堂、饮食业、旅馆、理发店、浴室、商店、食品加工场、娱乐场所等从业人员,每年进行一次预防性健康检查,对合格者颁发健康证。从业人员中检查出有传染病的,调离工作岗位,及时进行治疗。全镇每年有400余人接受健康检查。平时,对食品的生产、销售单位及食堂和饮食业,加强卫生检查、抽查。检查的重点是餐具、用具和场所的消毒卫生、食品的保管情况,加大监督力度。

五、饮水卫生

1982年,新农自来水厂建成,因规模小,仅供应镇区居民及企事业单位。1993年,新农自来水厂扩建,全乡农户基本都用上自来水,受益人口25375人,占总人口的98.2%。1990年代中期起,大多数单位、部分村(居)民家中,用上桶装水作饮用水。20世纪90年代初,学生饮用沙滤水,20世纪90年代后期,全部供应桶装饮用水。

六、河道保洁

1998年,结合创建市二级卫生镇,新农镇的主要河道(含区级河道),在做好疏浚的基础上,开展清除河边垃圾杂草,打捞河中漂浮污物等河道保洁,具体工作由镇爱卫办主管。首先实施保洁的河道是,流泾镇域的区级河道池泾河,全长5.1千米,配备河道保洁员2人,5吨水泥船1艘和专用保洁工具1套。至2002年,该河道清除各种垃圾污物2550余吨、年均清除垃圾污物510吨。

2003年,新农镇成立镇、村河道保洁领导小组,制订河道保洁长效管理机制和目标任务,具体工作由镇河闸管理站主管。镇级河道保洁,由河道保洁服务社负责,配备河道保洁员10人,5吨水泥船3艘和专用保洁工具3套,落实保洁员岗位责任制。实施保洁的河道是池泾河、新新河、小张泾、石臼浦、朱泥泾(南)、后桥港共6条河道,全长23.4千米。村级河道保洁由各村负责,每个村均根据河道数量,配备一定数量河道保洁员和专用保洁工具,与保洁员签订责任书,划定责任区。实施保洁的村级河道共87条,总长60.3千米。至2004年,全镇镇、村二级河道保洁,清除各种垃圾污物17100余吨、年均清除垃圾污物8550余吨,河道保洁基本达到面清、岸洁、畅流、水净。

新农镇的河道保洁覆盖率和抽验合格率均名列金山区前茅。镇爱卫办主任朱仁弟被评为1999年、2000年上海市河道综合治理先进个人;镇河道保洁员唐善松,被评为2004年度金山区河道保洁先进工作者。

七、污染监测

1980年起,新农乡安全生产领导小组负责污染监测工作,乡工业主管部门(工业公司)配备环保员1人,专管全乡的污染监测和环境保护。有污染("三废")排放的工业企业,均安排专职或兼职治理员1~2人,配置处理设施,开展监测治理。

1989年,全乡有污染排放企业8家,共配备污染处理设备14套,其中污水处理设备8

套,烟气处理设备6套,投入资金190余万元。绝大部分有污染排放的企业达到市、县环保部门规定的排放标准,达标率95%。

1990年起,新农镇(乡)成立环境保护领导小组,负责污染监测工作,配备环保助理1人,专管全镇(乡)污染监测和环境保护。1991年,乡投资140万元,在工业污水排放企业较集中的地方,建造污水处理厂1座,日处理污水1000吨,可解决周边4家企业的污水处理。其余有污水排放的企业均加大投入力度,完善处理设施,实现排污达标。同时,镇区生活污水和副业单位污水也开始实施监测和治理,逐步达到无害化排放。

2001年起,新农镇工贸办公室负责污染监测工作,配备环保员1人,专管全镇的污染监测和环境保护。2003年,镇开展创建1.5平方千米的"烟尘控制区",投入资金40余万元,改造炉灶81只,达标率100%。

2004年,全镇有污染排放企业26家(工业20家,副业4家,事业单位2家),配备污染处理设备44套(其中污水处理设备24套、烟尘废气处理设备20套)总投资2770万元。年处理各类污水24万吨、控制烟尘6.92吨和废气(二氧化硫)27.7吨,回收工业废品1600余吨。2004年新农镇被评为金山区环境保护目标责任书考核工作先进单位。

2004年新农镇环境污染治理和控制情况表

表24－6

指标名称	单　位	实　绩
工业污水排放达标率	%	100
烟尘、废气排放达标率	%	100
工业废品收及利用率	%	100
副业污水治理及达标率	%	80
集镇生活污水治理及达标率	%	77
污染治理设施运转率	%	100

八、卫生创建活动

1997年,新农镇投入34万元,改建镇区内的厕所,增设垃圾箱,加强对环境卫生的管理,拆除违建房屋,整治镇区内及320国道旁的环境等。是年9月,新农镇被评为金山区卫生镇。

1997年,牡丹村率先对农户生活垃圾进行专人收取,定点倒放,集中处置。对房前屋后鸡鸭棚及路边、河边环境卫生全面整治。年底,被评为上海市卫生村。1998年光华村、2001年幸福村先后被评为上海市卫生村。新农镇城乡环境管理所获2003—2004年度上海市爱国卫生先进集体称号。

第二十五章　社会生活

第一节　人民生活

20世纪80年代起,新农镇(乡)人民群众经济收入不断提高,生活水平明显改善。1986年,全乡年劳均收入1104元,人均收入674元。2004年,全镇劳均收入11546元,人均收入6899.9元。与1986年相比,分别增加10.46倍和10.24倍。

1986—2004年新农镇(乡)农民收入情况表

表25-1

年份	总人数(人)	总劳力(个)	劳均收入(元)	比上年增长	人均收入(元)	比上年增长
1986	25766	15329	1104	—	674	—
1987	25850	15797	1307	203	809	135
1988	25824	16142	1458	151	940	131
1989	25784	15964	1702	244	1094	154
1990	25956	15590	1715	13	1057	-37
1991	25840	15703	1774	59	1089	32
1992	25840	14519	1826	52	1070	-19
1993	25684	14639	2616	790	1524	454
1994	25503	14524	4046	1430	2496	972
1995	25331	12940	4422	376	2764	268
1996	23154	12986	5011	589	2997	233
1997	22906	13031	5320	309	3133	136
1998	22618	13265	5020	-300	3142	9
1999	22353	12585	5210	190	3175	33
2000	22176	12356	6072	817	3745	570
2001	22116	12113	7390	1318	4479	734
2002	18949	12022	7575	185	4599	120

续表 25－1

年 份	总人数(人)	总劳力(个)	劳均收入(元)	比上年增长	人均收入(元)	比上年增长
2003	18358	9594	9505	1930	5700	1101
2004	19258	8736	11546	2041	6899.9	1119.9

一、服饰

20 世纪 80 年代,新农乡民众穿着时兴各种化纤和毛料织物,服饰有风衣、皮夹克、太空衫、羊绒衫、皮大衣、滑雪衫、羽绒衫、牛仔裤等。20 世纪 90 年代,新农镇(乡)民众穿着有镶、绣、拼花、贴花等服饰。进入 21 世纪,新农镇民众穿着喜欢穿纯棉织品衣服,服饰趋向时装化,时尚型,个性化。

二、饮食

20 世纪 80 年代始,新农乡粮油、副食品供应日益丰富,民众饮食荤素搭配多样化。90 年代起,新农镇(乡)民众饮食,粮食消费日趋减少,肉食类食品(猪肉、牛肉、羊肉等)常见于家庭餐桌,鸡、鸭、蛋和水产品成为家常菜。逢年过节,喜庆筵席,有黄鳝、河鳗、甲鱼、螃蟹、虾等时鲜佳肴。丧事一改过去“豆腐饭”传统,菜肴丰盛。饮料以茶为主,农村尤喜红茶。橙汁、可口可乐、雪碧等新型饮料日渐普遍。酒类,除白酒、黄酒、啤酒外,兴饮葡萄酒。小孩及老年人喝牛奶者渐多。滋补品成为中老年调理身体,延年益寿的大众化保健食品。

三、居住

1985 年起,新农乡农户翻建楼房逐年增多。楼房的款式多见于“二上二下”(二间二层楼),也有“三上三下”(三间三层楼),加厢房和辅助用房,建筑面积户均在 140 平方米左右。建筑材料为砖砌直山墙,混凝土预制楼板做楼面,屋顶用小瓦或平瓦盖面,室内装潢简单。1990 年后,新农镇(乡)农户所建楼房设计新型,款式各异。屋面用琉璃瓦,外墙装饰有汰石子、贴马赛克、釉面砖、刷涂料等,有的在屋脊和山墙上雕塑戏名。室内装潢讲究,内墙用涂料,镶阴角、贴线条、做灯窝,房间用高档木地板或免漆地板。使用现代化灶具、卫生设施。部分安装空调。至 2004 年年底,新农镇共有农户 4988 户、14619 人,住房建筑面积 125.27 万平方米,户均 251.14 平方米,人均 85.69 平方米。

四、出行

20 世纪 80 年代,自行车成为新农乡青壮年民众出行必备品。90 年代,摩托车、汽车进农家。2004 年,新农镇共有汽车 216 辆(2 吨以上运输车 42 辆,客货两用车 97 辆,轿车 77 辆),摩托车 5702 辆(摩托车 5285 辆,电力助动车 417 辆),户均 1.14 辆。途经镇域公路有 A30 高速和金石、金张、亭枫等公路;过境公交车有沪金、南金、金漕、金张支、朱石、莲金和莘金线 7 条线路;全镇乡村道路四通八达,人们出行普遍以车代步。

五、用品

1980 年起,新农乡民众生活用品逐年改变,现代化生活用品进入千家万户。1989 年,全乡有电视机1086台(彩电85台),缝纫机3190架,收音机3081台,录音机282只,洗衣机20只,手表1155只,电风扇2451台,电冰箱8台,沙发841只。

1990年后,新农镇(乡)民众家庭用品渐趋时尚、新颖。液化气灶具代替了柴灶,电冰箱、全电脑洗衣机、微波炉、电饭煲、脱排油烟机、吸尘器,空调、数码相机、摄像机、家庭影院、手机、电脑等开始在农户家庭流行。黑白电视机逐渐减少,大屏幕彩电、液晶彩电进入村民家中。2004年,全镇民众家庭拥有彩电5535台,户均1.1台,与1989年相比净增5450台,增加64.12倍;手机5548部,平均每3人拥有1部;电话机4204部,空调1105台,热水器3485台(太阳能热水器750台),饮水器2520台,照相机162架,摄像机20架,洁具8008套(户均1.6套)。

六、照明

20世纪80年代起,新农镇(乡)民众家庭室内灯光配置日趋完善,有门灯、走廊灯、楼梯灯、壁灯、吊灯。客厅内有转灯、射灯、彩灯等各种灯具。房间装饰时尚,灯光设置个性化,灯具安装、光源配备各具一格。2000年起,随着社会经济的发展,新农集镇和主要乡村道路都先后安装了路灯。

第二节　岁时节庆

一、传统节日

(一)春节

农历正月初一为春节。从腊月二十起至除夕,家家户户办年货。农历十二月二十四,家家户户掸烟尘大扫除。同时,人们理发、洗澡、剪指甲、拆洗被褥,以示辞旧迎新。除夕夜,各家竞放鞭炮和礼花,以示吉祥。大年初一,小辈给长辈拜年,长辈给小辈"压岁钿"。路上遇熟人互道"新年好";走亲访友,互道"恭喜发财"。节日期间,各单位开展拥军优属、慰问离退休老干部、教师、劳模、贫困户和高龄老人。

(二)接财神

正月初五,俗称"五路财神日"。商家或经商人为新年开市大吉,生意兴隆,财源广进,设香案,供财神,磕头礼拜。大年初五零时鸣放鞭炮竞争第一,抢先将财神爷接进店里。

(三)元宵节

农历正月十五日上元节,俗称"正月半"。民间有做圆子、吃汤圆的习惯。农村有做稻棵圆团习俗,祈求迎来一个丰收年。同时看蒸熟后圆团上凹陷程度,积水多少,预测当年每个月降雨量,此俗已难见。旧时还有舞龙、民间娱乐活动。20世纪90年代后,猜灯谜,吃汤圆,开展有益的文体娱乐活动。

(四)清明节

人们有踏青游玩和吃青团习惯。是日,家家户户去祖坟,给墓地除草培土,置贡品,烧纸钱,磕头跪拜祭祀祖宗。政府机关、群众团体和学校教职员工、学生到烈士陵园公祭,缅怀先烈，接受革命传统教育。

（五）立夏

5 月 5—6 日前后，万物生长旺盛。此日，有吃青蚕豆、咸蛋、青梅、茅针和称体重的习俗。现除吃青蚕豆外，其余已逐渐废弃。

（六）端午节

农历五月初五，亦称“当午日”。新农地区仍有“五月五，买条黄鱼过当午”之说。故有吃五黄（即黄鱼、黄鳝、黄瓜、黄梅子、雄黄酒）习俗。还有家家户户包粽子、吃粽子的习惯。午时，室内燃苍术、艾蓬等物以烟熏驱虫。门上挂大蒜头、桃枝、菖蒲、艾蓬等“镇邪”。

（七）七巧节

农历七月初七，相传牛郎织女于鹊桥上相会。姑娘们向织女乞求智巧。人们用面粉做巧果食品，教女儿刺绣缝织，使姑娘们玲珑乖巧。

（八）七月半

农历七月十五为中元节，俗称“七月半”。是祭祖日。此时，农村正值青黄不接，备一些荤素菜肴拜祭祖宗，以表心意，故有“苦恼七月半”之称。当地对人死后不到一年的，其家属要做“新七月半”，到庙宇进香，为死者“赎罪”。挚亲好友前往祭祀，此俗沿袭至今。

（九）中秋节

农历八月十五，俗称“八月半”。食月饼、赏月亮盛行。旧时，一到晚上，家家设香案，桌上陈列瓜果、月饼，全家团聚拜月、祭月，祭毕，分食月饼。穷苦人常自制面饼代替月饼。此日，还有食毛豆、吃芋艿习惯，称谓“毛一千”“余一万”，讨个吉利，今尚存。吃月饼的习俗沿袭下来，并成为馈赠亲友的时尚礼品。

（十）重阳节

农历九月初九为重阳节。民间有吃重阳糕、赏菊、饮菊花酒的习惯。此时，正值新糯米登场之时，农家碾糯米粉做重阳糕为多，现自做的渐少，但吃重阳糕习俗相沿至今。1988 年，上海市规定每年农历九月初九为“敬老日”。是日，各级政府或单位运用召开老年人座谈会、茶话会等形式，开展各种爱老敬老活动。

（十一）十月朝

农历十月上旬为“十月朝”，是祭祖时日。此时正值农村新谷登场，祭祖菜肴较为丰盛，故有“苦恼七月半，大富十月朝”之说。此俗一度消除，今又流行。

（十二）冬至

12 月 21—23 日。此节也是祭祖之日。多数人家备菜祭祖，少数因接近年关而省略，故有“冬至年夜一包捎”做法。民间有“冬至日动土无禁忌”之说，故在冬至期间，落葬迁坟现象较为常见。

（十三）除夕

农历十二月三十（如遇十二月小为二十九日），俗称“年三十”，又称“年夜”。是日，家家户户备酒菜祭祖。合家团聚吃年晚饭。除夕之夜，人们贴春联、福字，以示明年吉祥如意，金福满堂。边吃瓜果，边看春节文艺晚会、电视节目至深夜，长辈给孩子“压岁钿”。子夜零时，新年钟声敲响，燃放鞭炮、烟火，以示辞旧迎新。20 世纪 90 年代后，亲友间用电话、手机发短信，互祝新春快乐。

二、国定假日

元旦 1月1日。党政机关、事业单位放假1天,悬挂国旗,迎接新一年的到来。因人们习惯于春节过“大年”,故对元旦过年意识淡薄,节日气氛欠盛。但仍有举行婚礼等喜庆活动。

春节 是民间最古老的传统节日,农历正月初一至初三,国家规定休假3天,欢度新春佳节。20世纪90年代后期始,把节日前后的双休日相连在一起,形成7天长假,成为集娱乐休闲、购物消费、走亲访友、婚嫁迎娶、观光旅游的黄金周。

“五一”国际劳动节 5月1日,俗称“五一节”。此节气候适宜,举家外出旅游的渐多。利用节日前后的双休日,成为第二个长假。长假期间,举行婚礼、乔迁等吉庆活动较多。

国庆节 10月1日为国庆节。规定休假2天,从2000年起增加1天,加节日前后双休日共7天,成为第3个长假。节日里,党政机关、企事业单位张灯结彩,悬挂国旗。开展大型文化、艺术演出和展示活动。人们利用长假,外出旅游购物,欢度佳节。

第三节 婚丧习俗

一、婚嫁

(一)订婚

又称“定亲”。旧时男女婚姻均由父母之命,媒妁之言,男女双方不能自主。解放后,订婚形式尚存,但订立婚约均由男女自主。男女青年经人介绍或相互看中后,由介绍人领女青年及父母等亲戚去男青年家相亲(俗称“认门头”),看男青年相貌、家庭居住条件和经济状况。男女青年则另选一处单独交谈,如男女双方情投意合,愿结为终身伴侣的,选择良辰吉日,办理订婚仪式。订婚那天,男家摆酒席(俗称“定亲酒”),介绍人带彩礼、首饰、糖果等,陪同男青年到女家吃中饭。午后,介绍人及男青年陪同女青年到男家吃夜饭。相互会见双方长辈及亲戚,接受长辈的“见面钱”。此日,男女双方一来一往,俗称“走通脚头”。

(二)彩礼

男女双方定亲后,男方送信物给女方家,谓之“彩礼”。20世纪80年代前,男方选择传统佳节,如春节、农历二月十二(俗称“百花生日”)、“五一”、国庆节等节日送彩礼至女家,时称“小盘”。第二次在结婚前将彩礼送到女家,一般以现金为主,当女家收下彩礼,此时男家将婚期告知女家,女家如无异议,婚礼按期进行。偶有女家不收彩礼,需往返多次后才收下。21世纪,送彩礼的习俗有所改变,除送现金外,还有金银首饰、高档烟酒、滋补品等物品,也有未婚夫相伴去商城选购金银挂件、婚礼服饰等。

(三)结婚

男方称“好年”,女方称“嫁囡”。结婚那天,男女双方都邀请亲朋好友,设宴招待(俗称“吃喜酒”)。解放后,迎娶新娘,由步行、拖拉机送、大卡车接送,到坐轿车。20世纪90年代始,婚嫁车队渐趋庞大,车型越来越高档。婚礼当天,新郎在介绍人陪同下,带礼品坐彩车到女家(俗称“一日清”),吃过中饭后即回家。到下午3时左右,新郎再次到女方家接新娘。那时,介绍人一再催促女家发妆。待到4时左右,父母及哥嫂和亲友将姑娘送出门。离别时,有的父母要痛哭一番,多数含笑而别。此时女家鞭炮齐鸣,新郎携新娘随送妆车队回男家。新农北部地区,有送妆、接妆习俗,待女家送妆车队一到,男家安排人员接妆,那时鸣放鞭炮以示迎接。新娘及送妆人走到男家场上就待立在门前,等候公婆出门迎接新娘进入客堂。

二、其他婚俗

(一)再嫁

也称寡妇改嫁。寡妇再婚为封建宗法所不容。再婚妇女所带前夫的子女,受人冷遇,被称为“拖油瓶”。今这种观念逐渐改变,再婚再嫁视为正常现象。

(二)入赘

俗称“招女婿”。在漫长的封建社会里,上门女婿地位低下,生产劳动、经济生活受岳父母的支配。入赘后,不但要更名改姓,所生的子女从女方姓氏。20世纪80年代,入赘女婿有权不改姓名,子女也有随父姓。

三、丧葬

(一)出丧

人死亡后,子女为死者揩身,将死者平时用的衣被、鞋袜等烧掉,旧时称“烧落床衣”。然后安排人四处报丧。吊唁上一天,家人和亲属穿白戴孝,妻子和子女披麻戴孝、着白鞋子,同辈和亲属束白带、或佩黑纱以表悼念。是夜,将遗体移至客堂,接受亲友吊唁。入夜,将所焚物品(衣、被、鞋袜、箱子、锡箔等)全部堆放在场上,并用白石灰画一个圈(意防野鬼抢钱物),然后点火焚烧,此时家人和亲友人人手执棒香,围绕火堆兜三圈哭送(称谓“送行衣”)。行毕,请理发师理发。第三天为死者穿衣(衣服有三个、五个、七个领头不等)、着鞋。待所有亲友到齐后,由灵车将遗体送至殡仪馆吊唁大厅,举行遗体告别仪式。遗体火化后,部分家属重迷信,急赴五龙禅寺内“看像”,观看亡者魂灵到否。

(二)做七

人死亡之日起,每七天为一个“七”,自头七起七七(断七,终七)共49天,逢七祭奠。其中三七和五七为大七,祭奠隆重,尤其是五七,全亲们都会上门祭奠亡者,送酒菜、水果和锡箔之类。有的丧家为亡者请道士念经,超度亡灵。此习在20世纪60年代中期破四旧、立四新中破除,今又死灰复燃。其余“七”期,纯由家人祭祀。“六十日”“百日”“周年”,均举行祭祀悼念,以表哀思。

(三)落葬

也称做风水。旧时,先请阴阳先生选定墓地,称“选穴”。选定吉日,挖土成穴,称“开金井”,砖砌成廓,棺木入廓,垒土成坟。实行遗体火化后,大多把骨灰盒先存放在自家客堂内,也有存放小屋内,然后择日再举行安葬仪式。安葬都选择在清明节和冬至日为多,但必须要按(一年、三年、五年……)单数进行。因逢“双”的双字,同当地的“丧”字读音相同,视为不吉利。20世纪90年代始,随着公墓兴建,部分农民为亡者购墓穴,安葬在公墓地内。

第四节　喜　　庆

一、生育

婴儿出生第三天,宴请亲朋好友,称“做三朝”。此时分红蛋、红胡桃等以示喜庆。20世纪90年代末至21世纪初,在熟鸡蛋上贴个“喜”字,不再用染料染红蛋和胡桃。近年来,有专门制作红蛋的企业推销红蛋,产妇家更省事。满1个月,摆“满月酒”。“满月”那天,为婴儿剃除胎发,俗称剃“满月头”,开始戴帽。满1年,又称“周岁”,摆周岁酒招待亲友,长辈大多数给婴儿“压岁钿”。此俗依然盛行。

二、庆寿

又称“做寿”。儿女为尊敬老人,设酒宴邀请亲朋好友,为父母祝寿。一般以五十、六十、七十、八十、九十、百岁为祝寿之年。祝寿时,设香案,挂寿星图,点寿香、寿烛,供糕点、寿桃、寿面、糖果和水果,亲友向寿翁或寿婆祝贺拜寿。酒宴要吃寿面、蛋糕,以示代代高寿。此俗延续至今,但一般不设寿堂,不挂寿星图,不举行鞠躬拜寿仪式。

三、参军、升学

子女参军或升学,尤其是考上大学,为吉庆要事,邀请亲朋好友设宴欢聚庆贺,亲朋好友以礼品或现金相赠,以示祝贺。

第五节　宗　　教

一、佛教

五龙禅寺

佛教传入新农地域时间较长,信奉佛教者较为普遍。1966年,“文化大革命”开始后,宗教活动被禁止。1978年,落实党的宗教政策恢复宗教活动。1987年,普陀山派僧达缘法师到五龙庙主持香火。1988年重建五龙庙,1990年改名为五龙禅寺。善男信女每逢初一、月半,除到五龙寺烧香拜佛外,还到附近朱泾东林禅寺、松隐禅寺拈香祈祷。年末岁初,善男信女租用旅游车,结伴到杭州、苏州、普陀山、九华山、五台山、峨眉山烧香拜佛者渐多。

二、道教

新农地域道教传播历史久远。境内解放前夕，有道士12人。主要活动是为丧事人家念经超度亡灵、做道场、归土等。境内解放后，道教活动停止。20世纪80年代始，恢复道教活动。至2004年全镇有道士2人。

三、天主教

天主教在新农地域传播较早。在五龙村、三浜村、南星村各建有天主堂，有教友285人。天主教教友每天早、晚在家念经祈祷，逢星期日（主日）聚集于教堂望弥撒。每年5月为圣母月，部分教友赴松江佘山进行朝圣活动。阳历8月15日为圣母升天节，教友到亭林十三保、张堰百家天主堂望弥撒。每逢12月25日圣诞节，教友便聚集教堂，由主教或神父主持，举行重要的子时弥撒活动。

（一）独圩天主堂

坐落在新农镇五龙村10组，建于民国23—25年（1934—1936年），有房屋10间。1966年后停止宗教活动，教堂移作生产队养蚕。1978年，恢复宗教活动。后由教友自筹资金修复教堂开展正常活动。

（二）三浜天主堂

坐落在原三浜村9组，建造年代无考。解放初尚有活动。1959年，拆去3间，其余用作三浜小学校舍。

（三）松隐八图天主堂

坐落在新农镇光华村7组（原松隐镇南星村3组），又名晓星堂。建于清宣统三年（1911年），1958年被拆除。2000年，当地教友自筹资金，将南星3组集体仓库买下后改建成教堂开展活动。

四、基督教

20世纪80年代始，境内恢复基督教活动，信奉者渐增。信徒以60～70岁老人居多，年轻人占少数，且女性多于男性。信徒主要分布于温河、光华、新民、慧农、万年、牡丹、三浜等村，其中新民村有信徒111人（男40人，女71人），居全镇之首。主要于星期日在教堂“做礼拜”，有祈祷、唱诗、读经、讲道等；平时饭前、睡前做祷告。4月9日叙思亲会、4月30日劳动主日、12月25日圣诞节等，由长老、牧师等教职人员讲道活动。

第二十六章　方　　言

新农镇域内方言属吴语区太湖片，苏、沪、嘉小片中的金山方言朱泾小区。由于邻近浙江，经过长期的经济、文化交流和婚娶往来，语音亦沪亦浙，语气和声调均受浙江吴语的影响。镇域南部（亭枫公路以南）的村落，属金山方言中的朱泾小区口音；镇域北部（亭枫公路以北）的村落，因紧靠大泖港，则带有松江方言口音。20 世纪 80 年代起，随着普通话的推广和电视的普及，镇域内的方言也发生了较大变化。现在除中老年人的方言乡音较重外，少年儿童以讲普通话为主，青年人的语言夹杂普通话，有时带些上海话。

第一节　常用词语

一、天文、地理用语

天好、旺热头：晴天
孵热旺：晒太阳
阴滋天：阴天
阵头雨：阵雨
麻花雨：毛毛雨
天落水：雨水
阵头风：雷阵雨即将来临前的风
浜斗：小河浜
吼势热：天气闷热
黄胖潮：大潮汛
地皮：土地
地园：种植旱作物的土地
雷响：打雷
天打：雷击
发冷头：寒潮
冰胶（音“高”）：结冰
开冻：冰雪消融
雾露：雾
鬼头风：旋风
角落四朝：四周围
河滩头：河边
啥户荡：啥地方
么二角落：偏僻地方
野搭里：很少人去的地方

二、时间、节令用语

年头浪：农历正月半之前
年夜头：除夕前
姜开头：刚才
一歇歇：一会儿

三不时:经常
旧年:去年
开年:明年
月头浪:月初
今朝:今天
明朝:明天
日改日:一天隔一天
日里厢:白天
早起头:清晨
日昼心里:中午
除夜快、夜快头:傍晚
半夜把:午夜前后
勿多歇:没多久
早派势:以前、过去
一日到夜:整天
暗头洞里:黑灯瞎火
热天公:夏天
春长里:春季
夏天公:夏季
秋长里:秋季
寒脚里:冬季
打春:立春
当午日:端阳节
夜里厢:夜晚
莳里厢:夏至到大暑共 15 天　(头莳 3 天,二莳 5 天,三莳 7 天)

三、亲属称谓

大大、阿大:祖父、外祖父
丈母娘、阿妈:岳母
奶奶、阿奶:祖母、外祖母
爷、阿爸:父亲
娘、阿妈:母亲
爷天娘:父母双亲
老伯伯:伯父
妈妈娘:伯母
阿叔:叔父
婶妈、阿婶:叔母(叔父的妻子)
阿哥、大(音杜)佬:哥哥
兄弟:弟弟
阿姊:姐姐
妹子:妹妹
阿侄:侄子
囡、囡姑娘:女儿
阿囡、囡囡:对孩子的爱称
舅佬:妻子的哥哥、弟弟
孙囡:孙女
男客人、当家人、老公:丈夫
老婆、家主婆、屋里相:妻子
阿公、公公:伯祖夫或叔祖父
丈人、阿爸:岳父
亲家母:联姻两家母辈的对称
亲家公:联姻两家父辈的对称
毛脚女婿:未婚女婿
阿姆、姆姆:姑母(父亲的姐姐)
阿娘、娘娘:姑母(父亲的妹妹)
大姨:姨母(母亲的姐姐)
娘姨:姨母(母亲的妹妹)
娘舅、舅舅:舅父(母亲的兄和弟)
舅妈:舅母(舅父的妻子)
慢爷:后父
慢娘:后母
寄爹、过房爷:寄父
寄娘、过房娘:寄母
过房囡:寄女儿
拖油瓶:母改嫁时所带的子女贬称
小叔:丈夫的弟弟
大伯:丈夫的哥哥
公阿爹:丈夫的父亲
婆阿妈:丈夫的母亲
团团头:男孩
阿婆、婆婆:伯祖母或叔祖母

四、人体器官用语

骷颅头:头
额角头:前额
光郎头、和尚头:光头
后头枕:后脑勺
眼窝珠:眼睛
眼仙仁:眼球
头颈:脖子
伲朵:耳朵
结鼓:面颊
手心背:手背
肩架:肩甲
胳肋作:腋窝
臂撑肢;肘
脉息骱:手腕
手节头:手指
背脊骨:后背
肋彭骨:肋骨
心潭:心窝
肚脐眼:脐
食肚:胃
腰子:肾脏
脚馒头:膝盖
黄鱼肚皮:小腿
脚节头:足趾
铲刀头:扁头
鬈螺头发:天生卷发
黄毛头:天生黄头发
麦西:近视眼

五、农、工、商业用语

搭花:棉花地里除草松土
扎塮:施猪肥
扎田粉:施化肥
弹花衣:弹棉花
做圆头:做畦
栈条:用竹篾编织长条物,用以囤谷
坌地:翻地
捉花、拾花:采摘棉花
搁田、拷田:稻田暂停灌水,以利水稻发育
粪料:淘粪用的勺
典当:当铺
打烊:营业结束,商店关门
作马、作凳:木工用凳子
鹰架:脚手架
捻凿:螺丝起子
致钻:锥子
榔头:锤子
钳子:锯子
木模:木制的模型
馆子:饭店
客栈:旅馆
混堂:浴室
戏馆:戏院、影剧场
起码货:质量较差的货物

六、动物、植物用语

田鸡:青蛙
拉司鸽巴:癞蛤蟆
夜狗、老虫:老鼠
弯转:虾
鱼秧:鱼苗
金鲫鱼:金鱼
小寒豆:豌豆
对日红:向日葵
寒豆:蚕豆
毛豆、黄豆:大豆
落苏:茄子
番茄:西红柿

丫鹊:喜鹊
摇铃鸟:猫头鹰
猪狗血:獾
摸鱼公:鱼鹰
百脚:蜈蚣
猪郎:公猪
马乓子:蠓
贺知了:蝉
洋夹:天牛
游火虫:萤
叫哥哥:蝈蝈

洋山芋:土豆
长生果:花生
羊眼豆:扁豆
珍珠米、鸡头粟:玉米
地力:荸荠
乌瓜、饭瓜:南瓜
辣茄:辣椒
裙带豆:长豇豆
山芋:甘薯
东洋草:水花生

七、饮食、服饰用语

开伙仓:买菜
吃酒水:宴会
小夜饭:夜宵
精肉:瘦猪肉
门腔:猪舌头
槽头肉:项圈肉
饭糍:锅巴
线粉:粉丝
酒酿糟:甜酒酿
油炸烩:油条
时件:鸡、鸭内脏
白斩鸡:煮时不加调味品的鸡块
勺腻:下芡
昼饭:午饭

下面:将面条放入沸水煮
面浇头:盖在面条上面的菜肴
衬里布衫:衬衫
包衫:罩衫
布袄:棉袄
领衣、马甲:背心
头绳衫:绒线衫
短出手:短袖子衣服
半裤:短裤
余巾:围巾
汗背心:没有袖子的针织背心
蚌壳棉鞋:老式蚌型棉鞋
莆鞋:用芦花编制成的鞋子
凉帽:草帽

八、文化用语

文房四宝:笔、墨、纸、砚
敲图书:盖印章
砚子:砚台
避野猫:捉迷藏
放鹞纸:放风筝

着象棋:下象棋
闹台:开场前敲锣鼓
出头戏:折子戏
噱头势:引人发笑的;也指人神通广大

九、行为用语

巴结:勤俭
切尺:果断

浪衣裳:晒衣服
伐佬朝:倒垃圾

板扎:行为方正 、处事完美
罗嗦:多话
弄送:捉弄
胡谣:喧闹
茄河:谈天
恩固:踏实、厚道
捏忙:胡说
望野眼:思想不集中
寻相骂:吵架
恶阴损:暗算
着衣裳:穿衣服
出松:走 、溜走
坐盖歇:坐会儿
刁衣裳:缝补衣服
心境:情绪
念头:想法
惬意:舒服
看冷清:袖手旁观
掮木梢:上当受骗
横死横:不顾一切
搬乱说:搬弄是非
得神:自得其乐
硬头颈:倔强
难绷:难受
上场昏:临场紧张
恶形:难看,不堪入目
远脚啥啥:不亲近
污苏:不清洁
哭出乌拉:哭丧着脸
约摸着:做事马虎
吃排头、吃夹档:受到批评、指责
交交关关、莫佬佬:许多
看风使舵:见机行事
辣辣交:狠狠地
寻吼司:挑衅闹事
门槛精:精明、能干
直铁咀:夸夸其谈
坦和和、坦坦叫:别着急
戳壁脚:挑拨离间

第二节 谚 语

一、时政类

党在我心中,我在群众中。
若要富,先筑路。
居安思危,有备无患。
当断不断,反受其乱。
一人当官,鸡犬升天。
上有政策,下有对策。
四菜一汤,生意跑光。
酒盅一碰,政策两样。
有钱之人人服侍,无钱之人服侍人。
穷居闹市无人问,富居深山有远亲。
贪官不怕民穷,阎王不怕鬼瘦。
做官不为民做主,不如回家卖红薯。
政策对了头,一步一层楼。
无工不富,无商不活。
日里多点调查风,夜里少吹枕头风。
一朝权在手,谁敢不低头。
顺我者昌,逆我者亡。
银根收紧,企业关门。
有权勿用,过期作废。
龙搁浅滩遭虾戏,虎落平阳被犬欺。
上梁不正下梁歪,竖脚不正壁要斜。
富人一桌酒,穷人半年粮。
十个梅子九个酸,十个官儿九个贪。
看见大佛搭搭拜,看见小鬼踢一脚。

下乡坐着桑塔纳，隔着车窗看庄稼。
千兵易得，一将难求。
做官一朝烟，种田万万年。
火车跑得快，全靠头来带。
朝中无人莫做官。
走马看花。
清官难断家务事。
村看村，户看户，社员看干部。
新官上任三把火。
研究研究，全靠烟酒。

二、事理类

酒杯虽小淹死人，筷子不粗打断筋。
月有阴晴圆缺，人有旦夕祸福。
不怕不识货，只怕货比货。
有钱能买官来做，千金难买肚里货。
只有稻草捆硬柴，呒有硬柴捆稻草。
刀子越磨越锋利，脑子越用越灵活。
劳动出智慧，实践出真理。
喊破嗓子，不如做出样子。
若要人不知，除非己莫为。
山中无老虎，猴子称大王。
枕头边告状是非多。
百闻不如一见。
人心难料，鸭肫难剥。
无风不起三尺浪。
人不可貌相，海水不可斗量。
会捉老鼠猫不叫。
钟不敲不响，灯不点不亮。
有理走遍天下，无理寸步难行。
路遥知马力，日久见人心。
纸包不住火，狗挡不住路。
入海的水晒不干，人间的知识学不完。
留得青山在，不怕没柴烧。
穷亲休要看得轻，皇帝也有草鞋亲。
外行看热闹，内行看门道。
眉头一皱，计上心头。
吃得苦中苦，方为人上人。
身正不怕影子斜，脚正不怕鞋子歪。
好有好报，恶有恶报。
牯牛身上拔根毛。
嘴唇薄薄两片皮，说东道西全是伊。
千里长堤，毁于蚁穴。
巧媳妇煮不出无米饭。
冷水泡茶慢慢来。
千错万错，马屁不错。

三、社交类

好话一席三冬暖，话不投机六月寒。
一个篱笆三个桩，一个好汉三个帮。
哪怕青菜薄粥，只要待人热络。
君子之交淡如水。
良言一句值千金。
行得春风有夏雨。
强龙斗不过地头蛇。
乖人不吃眼前亏。
枯树无果实，空话无价值。
画龙画虎难画骨，知人知面不知心。
酒逢知己千杯少，话不投机半句多。
人情如纸张张薄，世事如棋局局新。
朋友千个少，仇人一个多。
兄弟一条心，黄土变成金。
人情留一线，日后好相见。
小菜吃鲜头，说话听音头。
有眼不识泰山。
只要风度，不要温度。
吃亏不算傻，让人不算痴。
冤家宜解不宜结。
锣鼓听声，讲话听音。
交一个良友千言万语，了结一个良友三言两语。
叫人不蚀本，只要舌头滚一滚。
闲话多来不值钿。

明人不做暗事,好人不讲脏话。
交人交心,浇树浇根。
酒肉朋友,无钿分手。

四、气象类

春风不着肉,一日东来一日北。
立春雨淋淋,阴阴湿湿到清明。
夏至无云三伏热,重阳无云一冬晴。
早立秋,凉飕飕;晚立秋,热到头。
秋天南风雨淋淋。
一场秋雨一场寒,十场秋雨穿上棉。
二更上云三更开,三更上云雨就来。
三月廿八风雨响,蓑衣笠帽大家抢。
四月初八云盖天,没有水车种熟田。
六月勿热,五谷不结。
八月十六云遮月,预防明年大水淹。
九月十七落了雨,黄鳝游到稻铺里。
吃了端午粽,还要冻三冻。
大暑小暑不是暑,立秋处暑正当暑。
清明断雪,谷雨断霜。
月亮生毛,大雨滔滔。
霜重见晴天,雪多兆丰年。
懒猫伸腰,也是雨兆。
公鸡发愁晒被头,母鸡发愁淹水牛。
狗趴地,天将雨。
泥鳅翻身,雨要来临。
燕子钻天蛇溜道,老牛大叫雨就到。
羊马一开叫,不是风来便是雨。
麻雀囤食要落雪。
春天无烂路,走一步干一步。
春雷叫一声,盐米贵如金。
立夏东南风,雨水会调匀。
秋九八月乱穿衣,有着纺绸衫,有穿皮毡衣。
立冬无雨一冬晴,立冬有雨一冬阴。
正月二十晴,雨水调匀好收成。
二月休把棉衣拆,三月还有桃花雪。
三朝雾露一朝霜,十个车棚九个忙。
五月里雾露,撑船不要问路。
七月初一雷声响,棉花无朵只有梗。
九月南风二日半,十月南风连夜雨。
十月结冰,黄土变金。
吃了重阳糕,夏衣才打包。
春分秋分,昼夜平分。
日落西山满天红,不是雨来便是风。
久雨见星光,来日雨更旺。
燕子低飞蛇过道,不过三天雨就到。
鸡啁风,鸭啁雨,蚂蚁拦路要落雨。
蜻蜓成群绕天空,不过三天雨蒙蒙。
癞蛤蟆搬场,雨落得满浜。
田螺浮水面,风雨已不远。
乌龟上岸发大水。
蟛蜞爬高,要发大潮。
蜜蜂出巢天放晴。

五、生活类

家和万事兴。
在家千日好,出门时时难。
勤俭好比燕衔泥,浪费好比河决堤。
男勤有饭吃,女勤有衣着。
严是爱,宠是害,松松垮垮害三代。
佛靠金装,人要衣装。
饥不暴食,渴不狂饮。
一夜夫妻百日恩,百夜夫妻似海深。
当家方知柴米贵,出门方晓路难行。
金窝窝,银窝窝,不如自家草窝窝。
七石缸经不起引线眼。
懒汉一世苦,勤俭创财富。
千年不断娘家路,万年不断草鞋亲。
三分人品,七分打扮。
天上下雨地上流,小夫妻吵架不记仇。
至亲不伤百日和,夫妻不生隔夜气。

青年夫妻老来伴,一日不见问三遍。
六十勿做债,七十不过夜。
饭后百步走,活到九十九。
笑一笑,十年少;愁一愁,白了头。
养个儿子不养爷,养个孙子吃大大(祖父)。
树高千丈,叶落归根。
兄弟和睦打乾坤,妯娌和谐永不分。
人情薄薄行,亲眷不冷场。
天晴要防天雨时,年少要防年老时。
面皮老,肚皮饱。
想到死,穷到底。
亲兄弟,明算账。
省吃俭用,一世勿穷。
蟑螂配灶鸡,一对好夫妻。
浪子回头金不换。
大路不走草成窝,胸膛不挺背要驼。
晨服盐水汤,一天精神爽。
知足常乐。
越有越算 ,越无越乱。
有缘千里来相会,无缘对面不相识。
跑跑跳跳浑身劲,不走不动多生病。
千金难买老来瘦。
一日笑三笑,无毛无病活到老。
活到老,学到老,一生一世不烦恼。
有福不会享,坐着等天亮。
忤逆不夭打,一代还一代。
爷养儿子糖拌饭,儿子养爷汪白眼。
心急吃勿得热粥,跑马看勿得《三国》。
若要好,老做小。
穷柴仓,富水缸。
千算万算,不如老天爷一算。
有借有还,再借不难。
生出来志气,教出来蠢气。
冬吃萝卜夏吃姜,一世不用看医生。
一饿一撑,单剩两根肋棚。
睡前烫烫脚,胜服安眠药。
水往低处流,人往高处走。

六、农业类

种田不蚀本,全靠手脚勤。
早发棉花晚发稻(指晚粳稻)。
年花年稻,眉开眼笑。
正月初三一朝霜,一个稻棵两人扛。
谷雨无雨,黄梅少雨。
开花时节施肥料,花蕾花瓣都浇落。
种田人不识天,哪能好种田。
牛怕一根绳,稻怕害虫叮。
宁留隔夜地,不种隔夜秧。
大暑里厢三个阵,三石田稻不要问。
苗怕杂草人怕病,锄头角佬出黄金。
黄梅无雨半年荒。
十月无三十,稻谷收不出。
早九湿三春,麦子勿生根。
深水活棵,浅水发棵(水稻)。
花籽河泥拌,出苗快又齐。
头莳花,二莳豆,三莳芝麻绿赤豆。
冬至接连三日阴,来年谷米贵如金。
稻老一夜,人老一年。
春交六九头,棉花像绣球。
惊蛰一声雷,放下生意好种田。
五月廿三回龙雨,碗大青棵不生米。
春雨胜似油,滴滴不白流。
勤望田头,白米三斗。
三年不选种,增产全落空。
清明月亮,蚕豆收一甏。
干鎝棉花湿鎝麻,干干湿湿鎝芝麻。
增产措施千万条,兴修水利第一条。
六月里盖被,十二月里没米。
科学是个宝,种田不可少。
秧要日头麻要雨,蚕要温和麦要寒。
清明谷雨紧相连,浸种催芽做秧田。
白露看花,秋后看稻。
八月雷公公,十个棉铃九个空。

春打六九头,蚕豆小麦吭得收。
麦田多敲敲,胜过下肥料。
若要麦,沟底白。
三麦无沟,产量难收。
九月田鸡咯咯叫,根根稻穗朝上翘。
“夏至”前头鹁登叫,勤劲人给懒惰人笑。
麦要压,菜要鎝。
处暑跟前一点谷,田里无水大家哭。
桃三杏四梨五年,枣树当年就还钱。
六月小,瓜菜落苏当个宝。
寒露麦落泥,霜降麦头齐。
三麦丰收一条沟。
麦田常干燥,麦苗哈哈笑。
六月田中拔稗草,冬至可以吃一饱。
十月映小春,花卉齐返青。
冬雪是麦被,春雪是麦鬼。
五月十六搁一搁,天下多吃一顿粥。
春接海棠夏接桂,秋接茶花冬接梅。

第三节 歇 后 语

脚踏扶梯吃甘蔗——节节甜来步步高。
老鼠钻进风箱里——两头受气。
煮熟的鸭子飞上天——怪事一桩,
该得的得不到。
笼子里的鸟——有翅难飞。
五更天唱曲子——高兴得太早。
和尚庙里借木梳——走错门。
眉毛胡子一把抓——主次不分。
酒杯里洗澡——小人。
胡芦里卖约——不知底细。
秀才碰着兵——有理讲不清。
镜子里看花——中看不中用。
飞蛾扑火——引火烧身。
南天门搭戏台——唱高调。
敲锣卖糖——各干各行。
水中捞月——一场空。
赶鸭子上岸——有意作难。
四金刚摊铺——排场大。
兔子尾巴——长不了。
端着金碗讨饭——装穷,看不清财路。
买了炮仗叫人家放——寿头、傻子。
一五八——要我发。
古庙前旗杆——独一无二。
木匠吊线——睁一只眼,闭一只眼。
斗败了的公鸡——垂头丧气。
千里送鹅毛——礼轻情意重。
敬酒不吃吃罚酒——不识抬举。
鹦哥的嘴巴——会说不会做。
隔靴搔痒——抓不到关键。
飞机上吹喇叭——空响(想)。
癞蛤蟆想吃天鹅肉——异想天开。
抽线木人头(木偶)——幕后有人。
老鼠爬进香炉里——碰一鼻子灰。
大水冲了龙王庙——自家人不认得自家人。
黄连树下弹琴——苦中求乐。
船头上跑马——走投无路。
骑马不带鞭——全靠拍马屁。
半斤八两——算来算去一样。
井水不犯河水——互不相干。
猫哭老鼠——假慈悲。
高射炮打蚊子——大材小用。
班门弄斧——不自量力。
门缝里看人——看扁了。
猪鼻孔里插葱——装象(像)。
银行里打白条——空头支票。
飞机上挂灯笼——高明。
木匠拉锯——有来有去。
瓦匠干活——拖泥带水。
掩着耳朵偷铃——自骗自。
萤火虫屁股——量(亮)小。

戏场里打瞌睡——轧闹猛。
墙上芦头——头重脚轻。
两个和尚打架——抓不到辫子。
茶馆搬家——另砌炉灶。
老鼠过街——人人喊打。
舍不得儿子——套不住狼。
相打手里借拳头——没空。
啄木鸟捉虫——入木三分。
菩萨脸上刮金——刮皮。
脚踏西瓜皮——踩到哪里是哪里。
皇帝不急急太监——瞎担心。
跟仔阿妈吃喜酒——百不管。
牛头不对马嘴——答非所问。
炒虾等勿得红——心急。
头颈里放横刀——作死。
拿着鸡毛当令箭——小题大作。
小鸡踏扁头——吭药吃。
金田螺钓玉蟹——得不偿失。
打开天窗说亮话——明说。
借囡骂媳妇——隔壁敲。
有福不会享,坐是等天亮——寿头、傻子。
吃了灯草(蓑)灰——讲话轻飘飘。
火柴梗无头——光棍一条。
叫化子出灯——穷欢。
乌龟不咬人——吃相难看。
千年铁树开了花——难得。
丢了西瓜拣芝麻——贪小失大。
芝麻落在针眼里——碰巧。
阎罗王贴告示——鬼话连篇。
飞机上吹牛——空对空。
不做媒人不作保——一生一世不烦恼。
小卒过河——横冲直撞。
脚底浪塌油——溜之大吉。
蚊子叮菩萨——叮错人头。
被头筒里放屁——独吞。
三亩竹园一只芽——独苗。
活猢头上贴金——稀奇不煞。
肚皮里做功夫——闷声勿响。
十二月里吃冷水——滴滴在心头。
四金刚跳舞——大出大进。
描金箱子白铜锁——外面好看里头空。
万宝全书缺只角——美中不足。
刘姥姥进大观园——看得出神。
杀人不怪怪磨刀——错怪人。
漾泥沟里泥鳅——兴不起大浪。
独臂将军——有一手。
螺丝屁股——绕头多。
说嘴郎中——吭好药。
脱裤子放屁——多此一举。
猪八戒照镜子——里外不是人。

第二十七章　行政村　居委会　集镇

1985年1月,新农乡生产大队改名为行政村,建立村民委员会,生产队改名为村民小组。1986年,新农乡辖光华、三图、温河、新民、万年、慧农、牡丹、沈庄、三浜、五龙、爱国、新范、幸福、长浜14个行政村,180个村民小组。1993年7月,新农集镇建立浦银居民委员会。

2004年,行政村调整、合并,新农镇辖温河、光华、慧农、牡丹、万年、三浜、五龙7个行政村、126个村民小组和1个浦银居委会,9个居民小组。

第一节　行政村

一、光华村

光华村位于新农镇东北部,东依张泾,与松隐镇浩光村相望;西与温河村、新民村交界;南沿池泾河,与慧农村为邻;北至机耕路,与三图村接壤。2003年6月,村域面积2.26平方千米,耕地面积129.01公顷。村民委员会驻第二村民小组。辖6个村民小组、392户、1413人。自然村宅有界泾埭、三家村、沈村、唐圩、徐浜、堰基、张家阁、横泾、朱家浜、黄场埭等。

1985年1月,由光华大队改名为光华村。2002年,光华村由原来11个村民小组合并为6个村民小组。2003年7月,原松隐镇南星村张泾以西地域划归光华村,全村共8个村民小组。2004年7月,三图村并入光华村,四至范围:东至张泾,西邻温河村,南沿池泾河,北靠大泖港。村域面积4.98平方千米,耕地面积260.4公顷。村民委员会驻第二村民小组。辖14个村民小组,914户,3173人。自然村宅有界泾埭、三家村、沈村、唐圩、徐浜、堰基、张家阁、横泾、朱家浜、黄场埭、沈家阁、龚家阁、杨家厍、钱家浜、北周村、胡家头、大桥头、天主堂、蒋厍浜、西八图等。1986年,村内有光华小学1所,1989年并入新农中心小学。

村域内主要河道有大泖港、张泾、新幸河、新联河、新新河。主要道路有亭枫公路、新光路、鸿安路、东日路等。

农业以种植粮、棉、油为主。1987年,有耕田面积159.68公顷,其中,粮食119.35公顷,公顷产量9972千克,总产1190.19吨;棉花13.61公顷,公顷皮棉495.75千克,总产6.75吨;油菜58.92公顷,公顷产量2035.50千克,总产111.10吨。1993年,调整农业产业结构,种植葡萄、瓜果、蔬菜等经济作物,经济指标逐年上升。1997年,农业总收入321万元,其中,种植业220万元,占68.54%;林业5万元,占1.56%;牧业90万元,占28.03%;渔业6万元,占1.87%。

工业始于1979年。1986年,有玩具厂和袜厂2家,全村工业产值46.36万元,利润0.26万元。1997年,全村工业产值2959万元,利润85万元。

2004年,全村经济总收入7032万元,其中农业收入411万元,占5.85%;副业收入1004万元,占14.28%;工业收入5617万元,占79.88%。可支配资金69.5万元,劳均收入10248万元,人均收入6149元,固定资产191万元。

1992年,自来水管网接到各村民小组,村民饮用自来水。1993年,新建村老年人活动室。1994年,村卫生室创建为甲级卫生室,有助理医师1名。1998年,建立村图书室,藏书量1000多册。2001年,村启动生活垃圾收集处置。2002年,村建立健身苑1处,建筑面积760平方米,配置各种健身器材16件。1998—2003年,改建和新建村水泥路1.3千米,砂石路3.2千米,桥梁12座。

2004年,光华村人均居住面积63.87平方米,有8%村民家庭在集镇建房或购置商品房。村民共有摄像机10台、彩电752台、电冰箱436台、电话机561部、电脑22台、各类汽车32辆(轿车15辆)。

1995—2003年,被评为上海市安全小区。1998年,被评为金山区农村五好党支部。1999年,被评为金山区先进党支部、上海市卫生村。2003年,被评为上海市文明村。

二、三图村

三图村位于新农镇东北隅,东沿张泾,与松江区泖港镇焦家村、松隐镇浩光村相邻;西傍小张泾,与新民村交错;南沿机耕路,与光华村接壤;北靠大泖港,与松江区泖港镇隔水相望。2004年7月,村域面积1.83平方千米,耕地面积128.3公顷。村民委员会驻第一村民小组。辖6个村民小组、337户、1070人。自然村宅有沈家阁、龚家阁、杨家厍、钱家浜、北周村、胡家头等。

1985年1月,三图大队改名为三图村。2002年,全村12个村民小组合并为6个村民小组。2004年7月,三图村并入光华村。

农业以种植粮、棉、油为主。1987年,耕地面积119.94公顷,其中,粮食93.07公顷,公顷产量10371千克,总产964.70吨;棉花11.04公顷,公顷皮棉495.75千克,总产965.30吨;油菜面积47.56公顷,公顷产量1648.50千克,总产78.41吨。1993年,优化农业产业结构,村农业经济发展较快。2002年,农业总收入655万元,其中,种植业90万元,占总收入13.74%;林业2万元,占0.31%;牧业208万元,占31.76%;渔业355万元,占54.19%。

工业始于1958年。1986年有碾米厂、农机服务站、针织厂等企业。1997年,全村工业产值101万元,利润4万元。2002年,引进上海帛姿贸易有限公司和上海金龙科技有限公司两家注册型企业,年产值317万元,利税7万元。

2003年,全村经济总收入680万元,其中,农副业523万元,占76.91%;工业157万元,占23.09%;可支配资金24.03万元,劳均收入9632元,人均收入6355元。

1990年,村民全部饮用自来水。1999年,全村完成改厕工作。2001年,全村实施生活垃圾收集处置,修筑村主干道5.7千米(柏油路5千米);泖港塘、张泾圩堤垒石护坡;建造水闸

2 座、桥梁 6 座。2003 年,新建村老年人活动室和健身苑,占地面积 250 平方米,建筑面积 150 平方米,并配备各种健身器材;是年,村卫生室建成标准化卫生室(与新民村合建)。

三、温河村

温河村位于新农镇东北部。东跨小张泾,与光华村交界;西依温河泾,与朱泾镇长浜村毗邻;南傍池泾,与慧农、牡丹村相邻;北靠新新河,与新民村连接。2003 年,村域面积 1.98 平方千米,耕地面积 144.07 公顷。村民委员会驻第一村民小组(横楼村)。辖 5 个村民小组、412 户、1430 人,其中非农业人口 252 人、农业人口 1178 人。自然村宅有横楼村、长腰浜、庄基村、陆店头、胡长浜、大场村等。

1985 年 1 月,由温河大队改名为温河村。2002 年 6 月,全村由原来 11 个村民小组合并为 5 个村民小组。2004 年 7 月,新民村并入温河村,范围为东与光华村为邻,西至老温河泾,南傍池泾,北濒大泖港。村域面积 3.84 平方千米,耕地面积 191.47 公顷。村民委员会迁至第七村民小组(荷叶楼)。辖 11 个村民小组、793 户、2707 人。自然村宅有横楼村、长腰浜、庄基村、陆店头、胡长浜、大场村、蒋家埭、卫家阁、章家厍、新楼埭、北横楼、北宅、西北厍、阁图村等。

村境内有国道亭枫公路东西穿越,并在横楼村设有公共汽车招呼站;镇级公路新牧路途经全村大部分村民小组。池泾、新新河流经村南、中部,水陆交通方便。

农业以种植业为主。1987 年,粮食面积 98.13 公顷,公顷产量 10270.50 千克,总产 1007.87 吨;棉花面积 9.27 公顷,公顷皮棉 495.75 千克,总产 4.59 吨;油菜面积 43.95 公顷,公顷产量 2113.50 千克,总产 92.86 吨。1990 年代起,调整种植业结构。1997 年,农业总收入 236.5 万元,其中,种植业 145 万元,占 61.31%;牧业 91 万元,占 38.48%;渔业 0.5 万元,占 0.21%。

工业始于 1962 年。先后建办柳条编织厂、碾米厂、服装加工厂、泡塑厂等。1990 年,工业产值 217.47 万元,利润 3.08 万元。20 世纪 90 年代起,村级工业实施多元化发展。2001 年,全村引进注册型企业 12 家。

2004 年,全村经济总收入 3028 万元,可支配资金 72.3 万元,劳均收入 10307 元,人均收入 6185 元。

1991 年,全村全部饮用自来水。1995 年,建村级图书室,藏书 1000 多册,杂志 15 种。1999 年,全村改厕率达 95%。2000 年,建成电话村和开办老年活动室(面积 120 平方米)。2001 年,全村生活垃圾实施集中收集处置。2002 年,修筑村柏油路 3 千米。

2004 年,全村户籍 741 户,有楼房 711 幢,占总户数的 96%。农户共有汽车 24 辆、彩色电视机 784 台、微波炉 298 台、饮水器 367 台、洗衣机 602 台、液化气灶具 690 套,不少农户还有电冰箱、空调等。

四、新民村

新民村位于新农镇东北部偏西。东邻三图村、光华村;西沿老温河泾,与朱泾镇长浜村相连;南傍新新河,与温河村毗邻;北靠大泖港。2003 年,村域面积 1.83 平方千米,耕地面积 110 公顷。村民委员会驻第二村民小组(荷叶楼)。辖 6 个村民小组、352 户、1408 人,其中,农业人口1168人,非农业人口240人。2001、2004年,接收安置三峡移民9户、32人。自然村宅有蒋家埭、卫家阁、章家厍、新楼埭、北横楼、北宅、西北厍、阁图村等。1986年,村域内有新民小学1所,1999年并入新农学校。

1985年1月,由新民大队改名为新民村。

农业以种植业为主。1987年,耕地面积120.06公顷,其中,粮食面积100.37公顷,公顷产量9234千克,总产926.79吨;棉花面积9.27公顷,公顷皮棉495.75千克,总产4.59吨;油菜面积43.95公顷,公顷产量2113.50千克,总产93.14吨。生猪上市523头,活禽上市1512只。1994年后,依托新农奶牛场优势,扩种青玉米、大头菜等经济作物,经济效益显著提高。1997年,全村农业总收入239万元,其中,种植业139万元,占58.16%;牧业95万元,占39.75%;渔业5万元,占2.09%。

工业始于1975年,先后建有劳防服装厂、拉丝厂等,务工人员364人。1986年,工业产值67.46万元,利润1.91万元。2003年,全村有5家企业,职工200余人,年产值600万元。

2003年,全村总收入938万元,固定资产64万元,可支配资金20.38万元,人均收入6525元,劳均收入9632元。

1992年,全村完成自来水管网改造;1999年,全村完成无害化厕所改造;2001年4月启动生活垃圾集中收集处置。2003年,建成标准化卫生室(130平方米),配乡村医生2名。新建老年人活动室(150平方米),配有健身器材。修筑柏油路面7.20千米。

2003年,全村住房面积97720平方米,户均居住面积277.60平方米,人均居住面积69.40平方米。全村农户有彩色电视机389台、洗衣机316台、卫生洁具317套、汽车15辆、手机334部、电话机310部。

1994年,新民村被评为金山县计划生育先进集体。

2004年7月,并入温河村。

五、万年村

万年村位于新农镇东南部。东靠张泾,与松隐镇驳岸村为邻;西依石臼浦,与爱国村交界;南与干巷镇白漾村接壤;北沿桥港,与慧农村相连。2003年,村域面积3.17平方千米,耕地面积222.40公顷。村民委员会驻万年村三组。辖18个村民小组、584户、1984人。自然村宅有莫家村、平家埭、张家埭、尤家埭、施家园、冯家埭、钱家浜、桥埭、项家埭、庙埭、盛家埭、中浜埭、褚家埭、长浜埭、东高宅基、西高宅基、万年浜等。1986年,村域内有万年小学1所,1997年并入新农学校。

1980年,由繁荣大队改名为万年大队。1985年1月,改名为万年村。

村境内河港纵横交织,东有张泾,可通航百吨级船舶;西有石臼浦,能通航10吨船舶;南有归泾河,北有桥港,新景河东西向贯穿全村。有水泥路4.2千米。

农业历来以种植粮食、棉花、油菜为主。1987年,粮食面积171.72公顷,公顷产量9681千克,总产1662.42吨;棉花面积26.13公顷,公顷皮棉497.40千克,总产1.3吨;油菜面积96.77公顷,公顷产量1779千克,总产172.27吨。1990年开始,减少粮、棉、油作物种植面积,扩种蔬菜、西甜瓜等经济作物。1992年,发展蚕桑生产,桑树面积28.67公顷,养蚕纸2580张,产值232.20万元。1997年,农业总收入409万元,其中,种植业274万元,占67%;

林业 2 万元,占 0.49%;牧业 112 万元,占 27.38%;渔业 21 万元,占 5.13%。

工业始于 1957 年,先后建办了草包编织厂、小砖瓦厂、榨菜加工厂、万年塑料厂、万年印刷厂等企业。1997 年,工业总产值 197 万元,利润 17 万元。此后兴办农机服务队,以及新华塑料厂等企业。2003 年,全村工业产值 669 万元,利润 13 万元。主要工业企业有:新华塑料印刷厂、上海依星电器成套有限公司、万年并线社、新众塑料制品厂、万年塑料包装有限公司等。

2004 年,全村农副工总收入 2307 万元,其中,农业收入 344 万元,占 61.51%;可支配资金 40 万元,人均收入 6524 元,劳均收入 10996 元。

1993 年,村民全部饮用自来水。1997—1998 年,全村改厕 523 个。1993 年,复查发现钉螺后,每年春、秋两季镇(乡)、村联合进行查螺灭螺工作,先后检查 18 条河道,至 1998 年,未查到钉螺踪迹。2003 年,村投资 12 万元,翻建村卫生室,建筑面积 120 平方米,添置工作台、检查台、换药台、输液椅、药橱、冰箱等医疗设备,有医务人员 2 人。2004 年,村投资 19 万元,兴建 202 平方米老年人活动室,安装健身器材 12 件。

2004 年,全村 518 户(除渔业队外)村民,有楼房 493 幢,其中,三层楼 288 幢,占全村总户数的 55.60%;二层楼 205 幢,占 39.58%;平房 25 幢,占 4.82%。彩色电视机、液化石油气基本普及,村民拥有摩托车 544 辆、电动车 68 辆、轿车 7 辆,电脑、空调、电冰箱进入农民家庭。

六、慧农村

慧农村位于新农镇中东部。东临张泾,与松隐镇南星村相隔;西至石臼浦,与沈庄村交界;南到桥港(现已平整为农田),与万年村相接;北依池泾,与温河村毗邻。2003 年,村域面积 3.34 平方千米,耕地面积 159.4 公顷。村民委员会驻第八村民小组。辖 17 个村民小组、665 户、2056 人。2001 年,接纳安置三峡移民 4 户、21 人。自然村宅有:新浜埭、叶家埭、横泾埭、南盛村、北十图、蔡库埭、叶家行等。1986 年,村域内有慧农小学 1 所,1999 年并入新农学校。

1985 年 1 月,由慧农大队改名为慧农村。1987 年,全村粮食面积 172.90 公顷,公顷产量 10002 千克,总产 1729.26 吨;棉花面积 28.62 公顷,公顷皮棉 495.75 千克,总产 14.19 吨;油菜 104.25 公顷,公顷产量 1986 千克,总产 207.05 吨。此后调整种养业比例,启动“家家富”工程,村级经济大幅度增长。1997 年,全村农业总收入 340 万元,其中,种植业 224 万元,占农业总收入的 65.88%;牧业 107 万元,占 31.47%;渔业 9 万元,占 2.65%。

工业始于 1958 年,先后建有农机修理、服装加工、编织等工厂。1985 年,投资 100 万元,新建金山蓄电池厂,年工业产值 100 万元,利润 10 万元;1989 年,建上海前进服装厂,年工业总产值 1642 万元,利润 29 万元。2002—2003 年,引进上海威巨工贸公司、上海施杰服饰有限公司、上海庆风木器家具公司等 8 家企业,工业总产值 1309 万元,利润 10 万元。

2004 年,全村农副工三业总收入 2685 万元,其中,农业收入 338 万元,占总收入的 12.59%;副业收入 483 万元,占 17.99%;工业收入 1837 万元,占 68.42%。

1997 年,建图书室,藏书 1500 多册、杂志 21 种,发放借书证 50 多张。1995—1997 年,全村改建无害化粪池 613 个,完成率 96.84%。2000 年,投资 10 万元,建造标准卫生室,建筑面积132平方米,添置治疗台、床位、紫外灯等医疗设备。2001年,建造垃圾箱7个,购置垃圾车7辆,配备保洁员7人,启动生活垃圾集中收集处置。1997—2004年,投资60余万元,修筑村主干道2.3千米、支路4.65千米,均修筑为白色路面。投入资金2万多元,疏浚河道1.15千米,修农桥2座。

2004年,全村633户,2461人。共有楼房505幢,其中,三层楼171幢,占27.01%;二层楼334幢,占52.77%;平房128幢,占20.22%。人均居住面积59.5平方米。拥有各种汽车51辆(轿车23辆),空调252台,摄像机2架,卫生设施1366套,电脑70台,彩色电视机831台、户均1.31台。

村境内有大觉寺(培蒲庙)、银杏树等文物古树。

1992—1994年,连续4次被评为上海市安全小区。1987—1988年,被评为金山区文明村。1997年,被评为金山区五好党支部。2000—2001年,被评为金山区安全小区。2002年,被评为区扶贫帮困先进民兵连。2004年,被评为区老龄工作先进单位。

七、牡丹村

牡丹村地处新农镇中心,东与温河村、慧农村交错;西沿金石公路、石臼浦,与三浜村、沈庄村为界;南依小温河泾,与慧农村毗邻;北傍池泾,与朱泾镇长浜村相望。2003年,村域面积2.11平方千米,耕地面积60公顷。村民委员会驻第二村民小组。辖11个村民小组、443户、1589人。自然村宅有毛家阁、匠人埭、杨家埭、王家浜、皇字圩等。

1985年1月,由牡丹大队改名为牡丹村。2003年1月,原新农镇幸福村三组、五组划入牡丹村。2004年7月,经金山区人民政府批准,沈庄村并入牡丹村,范围为东邻慧农村、西傍朱泥泾河、南沿新景河(六弯泾)、北靠池泾。村域面积4.52平方千米,耕地面积217.6公顷。全村812户、3137人。村民委员会驻第二村民小组,辖23个村民小组。

村境内牡丹路横穿东西,与同三高速公路相接,吕新路纵贯全村南北,与亭枫公路相连,亭枫高速公路东西向穿越境域,水陆交通便捷。

农业历来以种植粮、棉、油为主。1983年,实行家庭联产承包责任制,调动农民生产积极性。1997年,全村农业总收入199万元,其中,种植业130万元,占65.33%;养殖业69万元,占34.67%。

2000年后,调整和优化种植业结构,减少棉花、油菜种植面积,扩种西兰花、西甜瓜等经济作物。2003年,农业总收入387万元,比1997年增长94.5%。

工业始于1973年,先后建办牡丹综合厂、水泥预制品场、红牡丹服装厂、上海服装廿一厂二分厂(1994年9月转为上海沙龙杰服饰有限公司)等企业。1997年,村工业总产值121万元,利润7.3万元。1998年,引进企业10家。2003年,村工业产值189万元,利润11.3万元。

2004年,全村农副工三业总收入7032万元,其中,农业411万元、副业1004万元、工业5617万元。可支配资金69.5万元,固定资产191万元,劳均收入10248元,人均收入6149元。

1990年,建立村老年活动室,村民全部饮用自来水;1996年,建成电话村;1998年,全村完成改厕任务,建无害化厕所440个;2001年,全村实施生活垃圾收集处置;2003年,建成村

“三室一点”(村委会办公室、卫生室、老年活动室,村民健身点)和百万家庭网上行活动室。1986—2004 年,全村翻建水泥路 4 千米;新开河道 4 条、1. 52 千米;疏浚河道 2 条、22. 5 万立方米;修建桥梁 5 座。

2004 年,全村 812 户,3137 人,共有楼房 395 幢,其中,三层楼 150 幢,占全村总户数的 37. 98%;二层楼 213 幢,占 53. 92%;平房 32 幢,占 8. 10%,人均居住面积 58. 7 平方米。全村拥有摩托车 732 辆、轿车 10 辆、手机 822 部,电脑 49 台。彩色电视机、卫生设施基本普及,电冰箱 581 台,热水器 522 台。

1998—2001 年,被评为上海市安全小区。1999—2001 年被评为金山区计划生育先进集体。1999—2002 年,被评为上海市人口与计划生育工作先进集体。2000—2001 年,被评为金山区社会治安综合治理工作先进集体。2000—2002 年,被评为金山区文明村。

八、沈庄村

沈庄村位于新农镇中南部。东沿石臼浦,与牡丹村、慧农村相邻;西傍南朱泥泾,与三浜村交错;南沿新景河,与五龙村相隔;北与牡丹村相连。2003 年,村域面积 2. 41 平方千米,耕地面积 114. 38 公顷。村民委员会驻第三村民小组。辖 12 个村民小组、379 户、1548 人。2001 年,接纳、安置三峡移民 4 户、17 人。自然村宅有田家埭、七家村、姚家阁、东河泥、小仓陈、河泥村、施家村、杨家厍等。

1985 年 1 月,由沈庄大队改名为沈庄村。2004 年 7 月并入牡丹村。

村境内主要河道有新景河(六湾泾)、沈庄中心河、石臼浦和南朱泥泾等。主要道路有吕新路、沈三路。水陆交通便利。

农业以种植业为主。1987 年,粮食面积 135. 56 公顷,公顷产量 9894 千克,总产 1341. 35 吨;棉花面积 7. 35 公顷,公顷皮棉 495. 75 千克,总产 3. 65 吨;油菜面积 76. 09 公顷,公顷产量 2052 千克,总产 156. 1 吨。此后加大农业投入,调整种植业结构,全力发展瓜果蔬菜生产。1991 年,建立 20. 67 公顷水稻良种培育基地,获得金山县“科技兴农”一等奖。1997 年,农业总收入 296 万元,其中,种植业 196 万元,占 66. 22%;养殖业 100 万元,占 33. 78%。

工业始于 1970 年,先后建办粮食加工厂、农机修配组、综合厂、上海双安水泥粉磨厂、金环环保设备厂、上海弘拓时装服饰厂等企业。2000 年,全村工业产值 608 万元,利润 20 万元。2002—2003 年,先后引进上海星明印花材料有限公司、上海平花消防器材有限公司、上海赢时通棉绒厂等企业 12 家。

2003 年,全村农副工三业总收入 527. 3 万元,其中,农业 388. 3 万元,占 73. 64%;工业 139 万元,占 26. 36%。可支配资金 27. 26 万元,劳均收入 9221 元,人均收入 5963 元。

1990 年,建立村老年活动室;1993 年,建成电话村;1998 年,完成村改厕任务,建造无害化粪池 379 个;2001 年,村建立保洁员队伍,建造垃圾房 2 座,对村民生活垃圾实行集中收集处置。至 2003 年,全村修筑道路 5. 2 千米(其中水泥路 0. 8 千米,柏油路 1. 5 千米,砂石路 2. 9 千米);建造桥梁 1 座;疏浚河道 2. 40 千米,开挖河道 1. 20 千米;建造标准化灌溉泵站 4 座,水泵 18 台。

2003 年,全村人均居住面积 75 平方米,拥有汽车 17 辆(轿车 5 辆),空调 75 台,微波炉 96 台,洗衣机 276 台,卫生设施 60 套,彩色电视机 411 台。

1999—2000 年，被评为金山区安全小区。2002 年，被命名为金山区科普村。

九、三浜村

三浜村位于新农镇西部。东至南朱泥泾，与沈庄村毗邻；西靠掘石港，与朱泾镇民主村相望；南傍新景河（六湾泾），与五龙村交界；北沿亭枫公路，与朱泾镇长浜村接壤。2003 年，村域面积 3.44 平方千米，耕地面积 146.38 公顷。村民委员会驻第六村民小组（老鼠浜）。辖 19 个村民小组、668 户、1892 人。自然村宅有牯牛浜、老鼠浜、张家浜、油车头、气墩头、沈家埭、杨家浜等。1986 年，村域内有三浜小学 1 所，1999 年并入新农学校。

1985 年 1 月，由三浜大队改名为三浜村。是年，三浜村第四村民小组划归朱泾镇仙居村，辖 19 个村民小组。

途经三浜村域有金石公路、金廊公路、金张公路、亭枫高速公路和沈三路。流经三浜村域河道有掘石港、池泾、新景河、后陈港、南朱泥泾。

农业以种植粮、棉、油为主。1983 年起，推行家庭联产承包责任制，熟制进行调整。1987 年，粮食面积 182.71 公顷，公顷产量 9847.50 千克，总产 1799.24 吨；棉花面积 19.01 公顷，公顷皮棉 495.75 千克，总产 9.43 吨；油菜面积 82.39 公顷，公顷产量 1992 千克，总产 164.11 吨。1990 年起，调整农业产业结构，村级经济快速增长。1997 年，全村农业总收入 336 万元，其中，种植业 295 万元，占 87.80%；养殖业 41 万元，占 12.20%。

工业始于 1960 年，先后建有粮食加工、农机修配、锯板、服装加工等企业。1986 年，村与上海服装二十四厂合资建办红星服装联营厂。1997 年，全村工业产值 1096 万元，利润 10 万元。2000 年，村境内有上海超星服饰有限公司、上海宝新特种沥青混凝土有限公司、上海百事好制衣有限公司、上海阿塔制衣有限公司等 11 家实业型企业和 6 家注册型企业。

2004 年，全村农副工三业总收入 3120 万元，其中，农业 380 万元，占 12.18%；副业 552 万元，占 17.69%；工业 2188 万元，占 70.13%。村可支配资金 39.6 万元，劳均收入 10729 元，人均收入 6377 元。

1991 年，村民全部饮用自来水；1992 年，村建造老年活动室；1998 年，村改厕率达 97.3%；2001 年，村主要河道实施保洁，农户生活垃圾集中收集处置。1999—2000 年，投资 50 万元，修筑村级柏油路 7.7 千米；2003 年，投入 2.5 万元，改建村卫生室。

2004 年，全村农户有楼房 579 幢，其中三层楼 20 幢、二层楼 375 幢，人均居住面积 50 多平方米，有 38 户农户在集镇购买商品房。全村拥有汽车 20 辆，其中轿车 8 辆。电视机、洗衣机基本普及，卫生设施一应俱全。

2003 年，被评为上海市卫生村。是年，村卫生室被评为金山区合格卫生室。2002—2003 年度，被评为金山区安全小区。

十、五龙村

五龙村位于新农镇西南部，东沿石臼浦，与万年村相邻；西傍五龙港；南至归泾河，与吕巷镇太平、蒋巷村交接；北濒新景河，与三浜、牡丹村接壤。2004 年，村域面积 4.6 平方千米，耕地面积 273 公顷。村民委员会驻第七村民小组。辖 24 个村民小组、866 户、3475 人。自然村宅有东周、西周、陈方、东新、西新、姚家、吴封、独圩、五龙等。1986 年，村域内有五龙小学1所,1995年并入爱国小学。

1985年1月,由五龙大队改名为五龙村。2002年7月,经金山区人民政府批准,五龙、爱国村合并为五龙村。

村境内吕新、金石、金廊、金张公路纵贯南北,并在五龙禅寺旁设有公交车停靠站;爱五路横贯东西。五龙港、新景河(六湾泾)、黄家泾等河道流经东西南北,水陆交通便捷。

农业历来以种植水稻、棉花、油菜为主。1987年,种植粮食120.37公顷,公顷产量9720千克,总产1169.93吨;棉花10.53公顷,公顷皮棉538.35千克,总产5.22吨;油菜63.2公顷,公顷产量2203.50千克,总产139.22吨。2000年,调整种植业结构,村建蔬菜场,种植反季节蔬菜,发展家庭养殖业。2003年,全村农业总收入982万元,其中,种植业500万元,占50.92%;养殖业482万元,占49.08%。

工业始于1970年。1986年,有农机修配组、服装加工厂、综合厂等企业。1994年,上海日华时装有限公司等企业落户五龙村,工业生产开始进入快车道。1997年,全村工业产值2386万元,利润28万元。2001—2003年,开展招商引资,村境内有万成制衣有限公司、上海老田制线厂、上海金山鹏达编织厂等9家实业型企业和4家注册型企业。

2004年,全村农副工三业总收入3378万元,其中,农业461万元,占13.65%;副业633万元,占18.74%;工业2284万元,占67.61%。村可支配资金47.2万元,劳均收入11052元,人均收入6620元。

1986年,全村村民饮用自来水;1993年,村建造老年活动室;1999年,建成电话村;2001年,启动生活垃圾集中收集处置;2003年完成全村改厕工作,新建村中心卫生室。2004年,全村人均居住面积64.72平方米,有120户农户购置商品房。村民有手机1398部、热水器648台、卫生设施1624套(平均每户1.8套)、电脑72台、摄像机7架、各类汽车35辆、冰箱549台。

2003年10月,中心卫生室被评为金山区合格中心卫生室。

2004年,被评为金山区文明村。

十一、爱国村

爱国村位于新农镇西南。东沿石臼浦,与万年村交界;西与五龙村交错;南依黄家泾,与干巷镇和平村、吕巷镇太平村为邻;北靠新景河(六湾泾),与沈庄村毗邻。2001年,村域面积2.36平方千米,耕地面积122.65公顷。村民委员会驻第七村民小组(东新镇),辖12个村民小组、441户、1514人。自然村宅有张家浜、烟浜、汤家埭、旗杆头、西周家圩、东周家圩、对方浜、陈家埭等。1986年,村域内有爱国小学1所,1999年并入新农学校。

1985年1月,由爱国大队改名为爱国村,2002年7月并入五龙村。

村境内机耕路四通八达。爱五路横贯东西,吕新路纵贯南北。主要河道有石臼浦、庵浜、张家浜、归泾河、横泾港、斜河泾、陈家港、新景河等,水陆交通方便。

农业以种植粮、棉、油为主。1987年,种植粮食125.43公顷,公顷产量9886.50千克,总产1235.26吨;棉花14.11公顷,公顷皮棉495.75千克,总产7吨;油菜60.57公顷,公顷产量2134.50千克,总产129.29吨。1996年,调整种植业结构,扩种经济作物。建立水利农场(占地面积30.67公顷),种植花卉、苗木,村级经济迅速发展。1997年,全村农副工三业总收入321万元,其中,农业181万元,占56.39%;养殖业93万元,占28.97%;工业47万元,占14.64%。2001年，购置大棚75套，启动“家家富工程”。是年，农业总收入452万元，其中，种植业225万元，占村农业总收入的49.78%；养殖业227万元，占50.28%。

工业始于1973年。1986年，有服装厂、织丝厂两家骨干企业，但规模小、工业产值低。1993年，建办上海东方轻工机械厂、东石木制品厂，村工业产值开始增长。

2001年，全村农副工三业总收入582万元，其中，农业225万元，占38.66%；副业227万元，占39%；工业130万元，占22.34%。劳均收入6705元，人均收入3731元。

1994年，村民全部饮用自来水。1997年，新建村民委员会办公室、卫生室和老年活动室。1996—2001年，修筑道路3.2千米（水泥路2千米、柏油路面1.2千米）。2002年，全村住房面积109870平方米，人均居住面积72.57平方米。村民拥有汽车12辆（其中轿车2辆、客货两用车10辆），电脑39台，空调85台。

十二、新范村

新范村位于新农镇北部。东沿老温河泾，与新民、温河村交界；西依新毛路，与长浜村紧邻；南至新幸河，与幸福村接壤；北傍大泖港与松江区泖港镇相望。2002年，村域面积2.20平方千米，耕地126.7公顷。村民委员会驻第五村民小组（赵华浜）。辖11个村民小组、474户、1624人。自然村宅有横港埭、唐字圩、赵华浜、何家埭、王家埭、三家村等。1986年，村域内有新范小学1所，1998年并入新农学校。

1985年1月，由新范大队改名为新范村。2002年12月划归朱泾镇管辖。

村域内有新老温河泾纵贯南北，新新河、新联河、新幸河横贯东西。新毛路等2条沥青乡村路通往各村民小组，水陆交通便捷。

农业以种植业为主。1987年，种植粮食117.83公顷，公顷产量10267.50千克，总产1209.72吨；棉花11.75公顷，公顷皮棉495.75千克，总产5.82吨；油菜53.8公顷，公顷产量2101.50千克，总产112.6吨。1990年起，扩种西甜瓜等经济作物。1997年，农业总产值246万元。

工业始于1956年。1986年，有制衣厂、雨衣厂、综合厂、毛衫厂等企业。1997年，工业产值124万元，利润21.82万元。2000年起，开展招商引资，引进注册型企业10家，实业型企业2家，使村级经济快速增长。

2002年，全村农副工三业总收入447万元，其中，种植业120万元，占26.84%；养殖业5万元，占1.12%；工业200万元，占44.74%；其他收入122万元，占27.29%。村可支配资金55.81万元，劳均收入4470元，人均收入2752元。

1993—2002年，新范村完成第二次自来水管网改造，建成电话村，有线电视覆盖全村，改厕率达98%，农户生活垃圾实施集中收集处置。修建沥青路面4.5千米，泥石路面1.2千米。

1999年，被评为金山区安全小区。2001年，被评为金山区敬老村、金山区先进基层党组织。2001—2002年，被评为金山区文明村、上海市卫生村、市拥军优属模范村。

十三、幸福村

幸福村位于新农集镇西北侧。东沿老温河泾，与温河村交界；西南傍朱泥泾，与三浜村相隔；西北依机耕路与长浜村接壤；南傍池泾，与牡丹、沈庄村相邻。2002年，村域面积1.93平方千米，耕地139.5公顷。村民委员会驻第十村民小组（杨家村）。辖11个村民小组、443

户、1559人。自然村宅有皇字圩、三召址、田图浜、毛村、陈家埭、东杨家浜、西杨家浜、黄霓浜、罗青湾、高宅基等。1986年,村域内有幸福小学1所,1990年并入新农中心小学。

1985年1月,由幸福大队改名为幸福村;1996年,有7个村民小组划归朱泾镇仙居村;1999年7月,长浜村6个村民小组划入幸福村;2002年12月,幸福村三组、五组划入牡丹村,一组划入浦银居民委员会,其余村民小组划入朱泾镇。2004年5月,幸福村划入长浜村。

村域内河、路密布。河流有池泾、新幸河、新联河、新新河、新温河泾、朱泥泾、石臼浦。道路有金石公路、亭枫公路途经村境,并在三召址、杨家村设汽车招呼站;村级道路与公路相连,通往各村民小组,全村水陆交通便利。

农业以种植业为主。1987年,种植粮食144.21公顷,公顷产量9930千克,总产1432.03吨;棉花14.66公顷,总产7.27吨;油菜69.27公顷,公顷产量2046千克,总产141.72吨。2000年,推行"家家富工程",开始发展大棚养殖业。第三村民小组村民黄娟华管棚养鸡,年饲养量25000羽,创利6.5万元。

工业始于1956年。1986年,有粮食加工厂、雨衣厂和综合厂等企业。1997年,全村工业产值40万元,利润18.09万元。2001年起,村开展招商引资,引进项目5个,其中实业型企业1家、注册型企业4家。是年,村工业产值107万元,利润20.06万元。

2002年,全村经济总收入442万元,可支配资金40.16万元,劳均收入3978元,人均收入2514元。

1992年,村投资35万元建造村民委员会办公室;2001年,投入4万元改造电网和开通有线电视;2002年,修筑沥青路面1.6千米;投资91万元,建造标准厂房1200平方米。

至2003年,全村有44户农户购买商品房,有电视机876台,83.97%农户安装电话机,309户使用石油液化气,302户拥有电冰箱,394户安装抽水马桶,87户装有空调器,18户拥有汽车。

1997年,幸福村被评为金山区安全小区。2001年,被评为上海市卫生村。2002年,被评为金山区交通安全村。

十四、长浜村

长浜村位于新农镇西北。东至新毛路,与新范村交错;西傍掘石港,与朱泾镇秀洲村相对;南依机耕路、斜泾,与幸福村毗邻;北靠大泖港,与松江区泖港镇相望。1998年,村域面积0.8平方千米,耕地58.67公顷。村民委员会驻第五村民小组(庄浜)。辖6个村民小组、188户、747人。自然村宅有望霓浜、鲁家庄、竹园兜、陆家庄、罗青湾、袁家浜等。1986年,村内有长浜小学1所,1988年并入新范小学。

1985年1月,由长浜大队改名为长浜村,辖13个村民小组。1994年12月,长浜村有7个村民小组划入朱泾镇。1999年7月,撤销长浜村,划入幸福村。2004年5月,由幸福、新范、仙居3个村合并,建新长浜村。

长浜村两面环水,西有掘石港,北有大泖港,中有新朱泥泾、新新河纵横贯通。村境内乡村道路密布,均与公路相接,与村民小组相通。水陆交通便捷。

村域地势低洼,属新农北部圩区,经多年建设,减轻洪涝灾害,确保农作物丰收。1987年,粮食面积119.77公顷,公顷产量10237.50千克,总产1226.23吨;棉花8.18公顷,公顷皮棉495.75千克,总产7.71吨;油菜59.02公顷,公顷产量1711.50千克,总产101.01吨。

工业始于 1970 年。1986 年,有雨衣厂、综合厂、柳条编织厂、服装厂、时装厂等企业。

1998 年,全村农副工三业总收入 233 万元,其中,农业 96 万元,占 41.20%;副业 43 万元,占 18.46%;工业 94 万元,占 40.34%。劳均收入 4745 元,人均收入 3119 元。

第二节　浦银居民委员会

1993 年 7 月建立,以浦银路命名为浦银居民委员会,办公驻地新农集镇浦银路 397 号。辖浦银一村、二村、三村、四村、五村、金旭、新洲和幸福新村(北镇区)及幸福一组共 9 个居民小组,居民 1113 户,3357 人。

2003 年,在新农集镇新建集文化、娱乐、体育于一体的社区文化活动中心,内设图书馆、东方社区信息苑、书画室、茶室、人口与计划生育咨询服务站、卫生室、健身房和健身点 3 个,开展文化、体育、休闲等活动。

1999—2004 年,浦银二村、三村连续三次被评为金山区文明小区;2003—2004 年,浦银五村被评为金山区文明小区。

第三节　集　　镇

一、新农集镇(俗称三召址)

地处镇域中心,东起新卫公路,西至石旧浦,南起惠浦路,北至新幸河,东西长 1.4 千米,南北宽 1.1 千米,镇域面积 1.54 平方千米。亭枫公路和池泾横贯镇域,形成南北两个镇区。政府机关驻南镇区(浦银路 438 号)。2004 年,有居民 1292 户,3714 人,其中非农人口 630 人、农业人口 3084 人、流动人口 3000 余人。居民住宅总面积 138119 平方米,户均居住面积 106.9 平方米,人均居住面积 37.19 平方米。

1986 年,新农集镇仅有北镇区(池泾北),镇域面积小。有国营商店、供销社、合作商店各类门市部 34 家,个体零售店 24 家,工业企业 11 家,另有学校、卫生院、邮电局、银行、信用社、大礼堂、文化站等,所有单位多数分布于亭枫公路两侧、无规范街路。市容较差。

新农集镇浦银路

1994 年起,新农集镇实施建设规划,南镇区以发展为主,至 2004 年,先后建成东西长 500 米农民街(浦银路)1 条和牡丹、池泾、新宾、贸易、新乐、新洲、新慧、惠浦 8 条集镇区道路;建邮政支局、电信分局、信用社营业大楼、文化、体育活动中心、社区文化活动中心等服务设施,将南镇区建为新农镇商业、文体、休闲等服务中心。

北镇区,以改造为主。至2004年,先后改建新东、新中、新南、文化、康健路为白色路面,人行道铺设道板,过马路辟建地下立涵等,改建或扩建中小学、幼儿园、成人学校、卫生院、农业银行营业所、自来水厂等。将北镇区建为新农镇教育、卫生服务中心。

新农集镇交通便利,公交线路有辛金、莲金、朱松、南金、金漕、朱亭卫等10余条线路途经新农集镇,每天有100多班次,另有20辆个体出租车运行,人们出行极为方便。

二、西新集镇(俗称西新镇)

地处镇境南部的新景河(六湾泾)南岸(今五龙村十组),又称石鼓桥西镇。

1985年,有个体商店2家,其余是村民住宅。2004年,有个体小商店2家,村民住宅8户,大部分居民已搬迁至农民新村。

三、东新集镇(俗称东新镇)

地处新景河南岸,距西新镇约1千米处(今五龙村爱国七组),南北街长约100米,东西街长40余米。乡村公路爱五路在镇南经过。2002年前,为爱国行政村(大队)驻地。

20世纪80年代,东新镇有供销社开设的五金、交电、农机具、化肥农药门市部。新农商业分公司开设的南杂、百货门市部。新农食品公司开设的肉店。爱国村(大队)建办的服装厂、修配组、豆腐店、茶馆、理发店、碾米厂、园木作坊和大队医务室等。另有中学、小学、村幼儿园等,市集极为繁荣。

1996年,商业经营体制改革,撤东新镇营业网点。1999年8月,爱国小学撤并至新农中心校,部分居民逐渐搬迁到新景河南农民新村,集镇逐渐冷落。2002年后,因爱国、五龙村合并,建高尔夫球场,部分居民动迁,集镇不成规模。仅有酒馆、茶室、南杂、理发和部分村办企业。

四、五龙庙集镇(俗称五龙庙)

地处西南部的惠高泾(五龙港)东(今五龙村七组),金张公路穿越集镇,并设有公交招呼站,交通方便。是五龙村村民委员会驻地。

20世纪80年代,五龙庙集镇有新农商业分公司开设肉店、南杂百货店,村(大队)建办的服装加工厂、修配组、木工厂、茶馆和豆腐店,一所完全小学,集镇东侧建有农民新村。

2004年,五龙庙集镇东西宽约80米,南北长约500米,面积约4公顷,集镇有南杂百货、肉店、水产、茶室、饮食、理发等店铺34家。村办服装厂、木器厂等企业4家。

集镇上有五龙禅寺,寺内的古银杏、古紫藤,被列为上海市文物。

第二十八章　人　　物

新农镇(乡、公社)建置历史较短(1957.7—2005.3),域内各界知名人物绝大多数已载于1987版《新农志》,不作重复。本章收录人物传略3人、人物名录138人(其中市级以上劳动模范和先进工作者54人、正处级以上领导干部33人、离休干部6人、高级知识分子12人、高级专业技术人员33人)。

第一节　人物传略

马阿塔(1946—1998)　三浜村人,1946年3月出生。1982年前是一名木工(俗称"木匠"),1983年起,发展规模化养鸡,成为金山地区闻名的养鸡专业大户。

1984年,他创办三浜种鸡场,从养育种鸡着手,发展到孵化苗鸡和饲养肉鸡,规模逐渐扩大。在养殖上他讲究科学、重视管理,自行设计铺网加层养法,善用鸡舍空间,增加饲养密度;针对种鸡、苗鸡、成鸡不同的生长时期,配制不同的喂养饲料,注意做好防病卫生等工作。经常向同行取长补短,不断改进鸡的饲养方法,取得种鸡产蛋率高、苗鸡成活率好、肉鸡饲养周期短的成果和一定的经济效益。1990年,种鸡场初具规模,建有鸡舍6栋,计84间,建筑面积2100余平方米;建有孵化房1栋,配置孵化箱10个和应急用的小型发电机1台等设备,固定资产150余万元。

1990年后,他把全部盈利都用于完善配套设施和发展再生产,积极开展优质肉鸡产品研制和企业技术改造。1991年,他建造中型冷冻库1栋,购置自动屠宰机械设备1套,形成从种鸡养育到肉鸡成品的一条龙生产流水线。为确保屠宰货源,他与本地区及外省市的多家养鸡专业户开展合作饲养肉鸡,由他提供苗鸡,传授养殖方法,成鸡全部收购。并将种鸡场改建为大桥肉类食品厂。1992年,他通过反复实践,研制出肉鸡加工新技术,形成"阿塔鸡"品牌的优质肉类产品,经有关部门联合论证、验收,获得"上海市科技成果二等奖"。从而打开产品销路,在上海、杭州、苏州、黄山等地拥有众多客户,产品供不应求。是年,肉类食品厂更名为阿塔食品有限公司。1994年,他在有关专家的帮助指导下,又研制开发"八彩野味鸭"新产品,在私营企业产品质量评审中,通过鉴定和认证。产品推向市场,深受用户欢迎。

1995年起,他对企业进行技术改造,每年投入一定资金,改建一批生产用房,更新一批生产设施,增强企业活力。至1997年,阿塔食品有限公司发展成为具有较大生产规模、较强生产能力和较高知名度的私营企业。企业固定资产1000余万元,在支持"上海菜篮子工程"中发挥一定作用。1998年8月,因企业生产用房改建工程发生事故,不幸身亡,享年52岁。

马阿塔从业养鸡15余载,1992年他被吸收为金山县工商联合会会员;1995年,被授予"上海市优秀民营企业家"称号,是金山县900多家私营企业主中唯一获此称号者。

朱永秀(1927—2004) 沈庄村人。1927年6月4日出生于农民家庭。1949年10月参加工作,1949年12月加入新民主主义青年团,1951年3月加入中国共产党。1949年10月至1957年7月,历任朱泾区新农乡(小乡)东姚村农会主任、县良种总场副场长、人民银行金山县支行副行长等职。1957年8月至1970年6月,历任新农乡(人民公社)党委委员、党委副书记、乡长、社长、革委会召集人和副主任。1970年7月至1973年3月,历任钱圩人民公社党委副书记、革委会召集人和副主任。1973年4月至1981年6月,历任松隐人民公社党委副书记、书记,革委会召集人、副主任、主任。1981年7月至1984年2月,任新农人民公社党委书记。1984年3月至1987年6月,任中共金山县委农工部协理员。1987年7月退休。

朱永秀经历多次的职务升迁和岗位调动。他带领班子人员下企业、访农户,听取群众最想说的话,收集群众最关心的问题,兴办群众最需求的事。在他长期工作过的新农、钱圩、松隐等乡镇,均能根据广大群众的意见和要求,切实解决农村的生产设施,交通道路和饮用水等许多实事。

他有支气管炎等疾病,经常带病工作,每年除节假日回家外,其余时间不是外出开会,就是吃住在工作单位。爱人长期在家务农,三个子女就业问题,也只是教育和鼓励他们自行去招工单位应聘,但他对农村困难家庭却给予无微不至的关怀,特别是对这些家庭的劳动力及子女就业等重视,经常督促有关部门和单位酌情解决,因而赢得人民群众的赞扬和信赖。

2004年11月19日,因病逝世,享年77岁。

陈志香(1938—2005) 牡丹村人,1938年4月出生。1961—1971年,任牡丹大队第四生产队植保员。1972—1993年,任新农种子场(乡办)技术员,1979年加入中国共产党。

陈志香任生产队植保员期间,正是金山地区农业全面实行"三熟制"之时,植保工作面广量大。他一面虚心向农业科技人员求教学习,努力掌握植保知识,一面深入田间,观察农作物病虫害的发生过程,摸索出一套防治农作物病虫害的规律和方法。同时,他还主动协助生产队长认真做好育苗播种、田间管理和种子选育等工作,为夺取农作物全面丰收献计出力,生产队粮食作物常年亩产900千克以上,多年名列新农公社第一。

因植保工作成绩出色,陈志香被调到新农种子场任技术员,负责粮食作物优良品种的引进、制种和繁育。进入种子场后,他每年均抽出一定时间,走南闯北,引选高产品种,潜心研制试验,成功培育出许多粮食作物优良品种,被大面积推广应用。如大麦品种有"大麦1号""沪麦4号""沪麦8号""沪麦10号"等,其亩产均在350千克以上。早稻品种有"原丰早"新早9号""广元28号""二九青"等,其亩产均在400千克以上,其中,"新早9号"和"广元28号"品种,在1982年分别获金山县科技进步三等奖和二等奖。晚稻品种有"加农482""加农485""加农15""双丰1号""加农新选""寒优湘晴"等,其亩产均在425千克以上,其中

“寒优湘晴”品种是利用粳稻杂交制种而成，其亩产稳定在600千克以上，被列为上海市水稻优良品种。1993年，获金山县科技进步二等奖。

陈志香在农业的植物保护和种子培育岗位上，为推广科学种田，夺取农作物丰产丰收作出一定成绩，也赢得民众和社会的赞誉。1979年，他荣获“上海市劳动模范”称号；1980年，荣获“上海市先进工作者”称号。并多次被评为县、乡优秀共产党员。2005年9月30日，陈志香因病医治无效逝世，享年67岁。

第二节　人物名录

一、市级以上劳动模范和先进工作者

1986—2004年，新农镇（乡）各条战线获市级以上劳动模范和先进工作者（含各类先进个人及奖项者）共54人，其中市劳动模范5人、先进工作者44人，全国条线先进工作者5人。

1986—2004年新农镇（乡）获上海市级以上劳动模范和先进工作者称号名录表（部分）

表28-1

姓　名	性别	出生年份	家庭地址	工作单位及职务	荣誉称号	获奖年份
盛炳新	男	1953	慧农村六组	金山蓄电池厂厂长	市劳动模范	1989 1991
邵照福	男	1938	三图村十组	新农卫生院推拿医生	市劳动模范	1993 1995
顾守云	男	1950	爱国村九组	新农蔬菜场场长	市劳动模范	1997 2000
赵志农	男	1946	慧农村五组	金山区种子培育服务中心技术员	市劳动模范	1997
黄建新	男	1947	慧农村七组	新农镇政府城建办主任	市村镇规划先进个人 市实事建设先进个人 市劳动模范	1995 1997 2003
何宝芳	女	1955	万年村十三组	万年村十三组村民	市“三八”红旗手	1986
朱元妹	女	1954	三图村四组	金山毛衫厂财务出纳	市“三八红旗手”	1986
钱紫红	女	1968	慧农村十二组	金山毛衫厂职工	市“三八红旗手”、市“双学双比”操作能手	1990
沈萍花	女	1962	新范村十一组	金山第二毛衫厂职工	市“三八红旗手”、市“双学双比”操作能手	1990
陆星球	女	1958	温河村七组	双钻衬衫厂副厂长	市“三八红旗手”、市“双学双比”管理能手	1992

续表 28－1

姓　名	性别	出生年份	家庭地址	工作单位及职务	荣誉称号	获奖年份
陈宝珍	女	1953	万年村十五组	新农镇妇联主席	市“三八红旗手” 市妇女权益保障先进个人	1992 1997
倪菊芳	女	1941	长浜村六组	鑫佑和服有限公司经理	市“三八红旗手”	1994
胡仙宝	女	1958	牡丹村一组	金达针织有限公司经理	市“三八红旗手”	1996
马爱英	女	1969	三浜村五组	阿塔制衣有限公司经理	市“三八红旗手”、市“双学双比”管理能手	1998
李凤珍	女	1970	爱国村五组	爱国村妇代会主任	市“三八红旗手”	2000
黄娟华	女	1950	幸福村三组	幸福村三组养鸡专业户	市“三八红旗手” 市“双学双比”养殖能手	2000 2001
徐娟英	女	1969	慧农村十六组	慧农村十六组养鸡专业户	市“三八红旗手”	2000 2002
胡才华	女	1951	光华村十组	光华村十组种蘑菇专业户	市“双学双比”种植能手	1995 1997
陈婉花	女	1957	幸福村三组	幸福村党支部委员、村委会委员	市计划生育先进工作者	1994
周惠英	女	1962	万年村三组	万年村村委会委员、妇代会主任	市计划生育先进工作者	1998 1999
唐亚娟	女	1950	三图村六组	新农敬老院院长	市敬老好儿女金奖	2002
秦浩宏	男	1944	牡丹村二组	新农镇(乡)工业统计	市工业普查先进工作者	1987
马佳杰	男	1959	三浜村五组	三浜村党支部委员、村委会委员	市人口普查先进工作者 市治安系统先进个人	1990 1996 2000
平金明	男	1952	五龙村六组	五龙村党支部书记	市拥军优属先进个人 市农业普查先进个人	1996 1997
彭喜忠	男	1947	光华村九组	新农镇统计助理	市农业普查先进个人	1997
沈保林	男	1952	万年村四组	万年村党支部委员、村委会委员	市农业普查先进个人	1997
严志明	男	1939	慧农村十四组	新农乡工会工作委员会副主席	市乡镇企业工会先进个人	1992
倪水芳	女	1953	长浜村六组	金山毛衫厂党支部委员、工会主席	市乡镇企业工会先进个人	1992
朱志宏	男	1960	幸福村六组	新农砖瓦厂党支部书记、厂长	市新长征突击手	1992
叶仁方	男	1951	温河村八组	新农卫生院党支部书记	市农村卫生事业先进个人 市救灾防病先进个人	1988 1992

续表 28－1

姓　名	性别	出生年份	家庭地址	工作单位及职务	荣誉称号	获奖年份
冯明弟	男	1950	新民村四组	新民村党支部书记、村委会主任	市人民调解工作先进个人	1995
朱茅苟	男	1943	光华村二组	新农镇政府办公室文书	市档案系统先进工作者	1995 1998
马阿塔	男	1946	三浜村五组	阿塔食品有限公司经理	市优秀民营企业家	1995
张华梅	女	1971	牡丹村五组	高发工艺饰品有限公司职工	市农口“十路百家”青年人才	1997
朱仁弟	男	1954	三图村四组	新农镇爱卫办主任	市实事工程立功竞赛记功 市河道综合治理先进个人 市爱国卫生先进工作者	1998 1999 2000 2002
胡志强	男	1948	牡丹村七组	新农派出所民警	市消防工作先进个人	2000 2001
朱金明	男	1957	三图村三组	三图村党支部委员、村委会委员	市人民调解工作先进个人 市综合治理工作先进个人	2000 2002
韩秉威	男	1939	慧农村三组	新农中学校长	市优秀教育工作者	1993
许建平	男	1956	牡丹村三组	新农中心小学教师	市园丁奖	1987
沈雅云	女	1935	温河村八组	新农中心小学教师	市园丁奖	1989
吴巧华	女	1937	池泾路 130 弄	新农中学教师	市园丁奖	1989
顾国荣	男	1958	三浜村十组	新农中心小学校长	市园丁奖	1991
钟敖根	男	1942	三浜村十四组	新农中学教师	市园丁奖	1991
丁美娟	女	1964	爱国村一组	新农中心小学教师	市园丁奖	1993
朱金国	男	1963	长浜村九组	新农中心小学教师	市园丁奖	1993
严正飞	男	1963	新范村二组	新农中心小学副校长	市园丁奖	1995
程辉荣	男	1961	幸福村十二组	新农学校教导	市园丁奖	1997
沈全华	女	1963	五龙村四组	新农学校教师	市园丁奖	1999
姚文杰	男	1972	长浜村十组	新农学校教师	市园丁奖	2003
叶雷明	男	1948	温河村一组	新农中学副校长	全国优秀教师	1995
胡美新	男	1955	牡丹村二组	牡丹村乡村医生	全国优秀乡村医生	1998
高九弟	男	1955	幸福村六组	新农派出所民警	全国优秀民警、市优秀社区民警	1998

续表 28－1

姓　名	性别	出生年份	家庭地址	工作单位及职务	荣誉称号	获奖年份
朱冲芳	女	1951	三图村二组	三图村村委会委员、妇代会主任	全国村(居)优秀计划生育工作者	2000
谢炳芳	女	1965	新范村八组	新范村党支部书记	全国计划生育婚育进万家先进个人	2001

二、正处级以上领导干部

新农籍正处级以上领导干部共33人。

新农籍正处级以上领导干部名录表

表28－2

姓 名	性别	出生年月	家庭地址	工作单位及职务
朱永秀	男	1927	沈庄村五组	新农乡党委书记
陈土根	男	1931	牡丹村六组	金山县畜牧水产局党委书记
胡祖根	男	1931	三图村八组	松江县人大常委会副主任
杨四金	男	1931	三浜村二组	钱圩乡党委书记
沈寒根	男	1932	沈庄村三组	邯郸市总工会副主席
沈益辉	男	1932	沈庄村八组	西安飞机制造厂厂长
沈德明	男	1933	万年村七组	金山县司法局局长
黄志辉	男	1934	慧农村十五组	中国有色金属总公司西北铝厂党委组织部部长
朱岳其	男	1936	三图村四组	金山县农业局党委书记、局长
马照根	男	1936	三浜村十七组	朱泾镇人大主席
干水金	男	1937	沈庄村一组	金山县审计局局长
丁天根	男	1939	五龙村五组	金山区(县)老干部局局长
陈春华	男	1939	慧农村一组	国防科工委给养处处长
叶伯林	男	1941	长浜村二组	金山区水利局党委书记
蒋永明	男	1941	新民村二组	上海高桥热电厂党委书记
唐金法	男	1942	光华村四组	上海远洋总公司干部
郭新华	男	1945	长浜村十一组	金山区民防办公室主任
高雪明	男	1949	幸福村四组	金山区司法局局长
胡亚明	男	1950	三图村八组	上海市消防协会秘书长
陈方林	男	1951	慧农村七组	漕泾镇人大主席

续表 28－2

姓 名	性别	出生年月	家庭地址	工作单位及职务
朱阿塔	男	1951	三图村四组	交通部上海救捞局计财处处长
黄金珠	女	1952	慧农村五组	广东省纺织品进出口美丰服装公司总经理
黄炳安	男	1953	慧农村十三组	金山区招商局副局长
蔡又新	男	1953	三浜村十四组	金山区政协秘书长
朱良宝	女	1954	三图村三组	金山区残疾人联合会理事长
高明华	男	1955	三浜村八组	苏州市人民武装部干部
黄明星	男	1956	慧农村十五组	金山区委统战部副部长
姚建芳	女	1956	新范村二组	宁波市委秘书
王海根	男	1959	牡丹村六组	金山区经济委员会主任
杨明成	男	1962	三浜村二组	金山区民防办公室副主任
陈火林	男	1963	沈庄村五组	解放军总装备部上海 03 基地干部
高水军	男	1963	沈庄村一组	上海消防局九支队队长
王明华	女	1965	三浜村十四组	上海海洋大学工程学院党委书记

三、离休干部

新农镇离休干部有 6 人。

新农籍离休干部名录表

表 28－3

姓 名	性别	出生年月	家庭地址	工作单位及职务	离休年份
刘福亭	男	1918	牡丹村二组	金山县建设局会计	1978
蔡仁甫	男	1927	三浜村十四组	金山县地方志办公室主任科员	1987
张浩申	男	1931	新民村十二组	苏州市人事局局长	1991
汤文典	男	1931	爱国村十一组	福州市对外贸易公司副总经理	1991
马银桃	男	1932	三浜村六组	金山县经委经贸总公司主任科员	1992
杨永生	男	1933	万年村八组	南京军区机械装备部财务处处长	1993

四、高级知识分子

新农籍高级知识分子有 12 人。

新农籍高级知识分子名录表

表 28－4

姓 名	性别	出生年月	家庭地址	学历	职 称	工作单位及职务
陆馥初	男	1906	温河村十组	大学	教授	江苏农学院畜牧兽医系
严布帆	男	1936	温河村二组	大学	教授	山东潍坊医学院附属儿科医院
沈建奎	男	1937	万年村二组	大学	教授	沈阳体育学院
陈根云	男	1945	沈庄村五组	大学	教授	国防科工委 514 医院院长
陈寒根	男	1947	沈庄村五组	大学	教授	上海市灭火研究委员会主任
姚俭建	男	1958	爱国村六组	博士	教授	中国农工民主党中央委员、上海市副主任委员，上海市政协常委
黄忠林	男	1955	慧农村四组	大学	副教授	上海电机学院
朱伟强	男	1968	光华村二组	大学	副教授	华东师范大学
杨时云	男	1962	新民村十组	大学	研究员	江苏省农林厅政研室主任
陈金海	男	1964	牡丹村八组	博士	研究员	美国某大学研究所
黄忠明	男	1952	慧农村四组	大学	副研究员	上海东海水产研究所
沈本贤	男	1968	爱国村十组	大学	副研究员	上海华东化工学院石油实验室主任

五、高级专业技术人员

新农籍高级专业技术人员有 33 人。

新农籍高级专业技术人员名录表

表 28－5

姓 名	性别	出生年月	家庭地址	技术职称	工作单位及职务
汤桐生	男	1905	万年村三组	高级工程师	上海大中华造纸厂
朱鹤鸣	男	1932	三图村二组	高级工程师	上海石化总厂塑料厂
盛明成	男	1933	万年村二组	高级工程师	杭州齿轮箱厂副厂长
蒋进荣	男	1934	五龙村八组	高级工程师	中国空气动力研究中心
陈金方	男	1938	慧农村三组	高级工程师	四川空气分离设备厂生气调度科
高振忠	男	1938	沈庄村一组	高级工程师	上海钢铁三厂
张申忠	男	1940	新民村十二组	高级工程师	上海航天研究所
陈明弟	男	1942	温河村三组	高级工程师	上海新中华机械厂
张钜鑫	男	1942	爱国村七组	高级工程师	陕西钢铁研究所技术科
项三根	男	1945	万年村一组	高级工程师	甘肃春光器材厂技术科
盛正健	男	1946	万年村二组	高级工程师	重庆机械厂技术科科长

续表 28－5

姓 名	性别	出生年月	家庭地址	技术职称	工作单位及职务
何正华	男	1964	新范村六组	高级工程师	中国民航华东管理局适航处副处长
陈金良	男	1964	慧农村十二组	高级工程师	上海磁悬浮列车制造有限公司
秦士及	男	1932	牡丹村二组	高级农艺师	金山县农业技术推广站
陈友弟	男	1939	幸福村十二组	高级农艺师	金山县农业技术推广站
朱洁珍	女	1944	幸福村六组	高级会计师	上海科委执行财务
沈保康	男	1946	万年村二组	高级会计师	上海石化总厂财务科科长
陈向阳	男	1969	慧农村三组	高级经济师	中国外汇交易中心
许治权	男	1945	牡丹村三组	高级政工师	金山区委、区府政策研究室
秦剑翀	男	1942	慧农村八组	主任医师	上海第六人民医院金山分院
沈吉明	男	1947	沈庄村八组	主任医师	海军上海 411 医院
胡士云	男	1952	牡丹村一组	副主任医师	上海眼耳鼻喉医院
沈仁彪	男	1953	新范村五组	副主任医师	复旦大学金山医院
张 斌	男	1964	幸福村十四组	副主任医师	上海长征医院
陈彩明	男	1938	牡丹村五组	中学高级教师	金山区(县)教育局
韩秉威	男	1939	慧农村三组	中学高级教师	上海市新农中学校长
赵秋根	男	1940	三浜村十九组	中学高级教师	桂林航天工业管理学校
马雅君	女	1942	三浜村十七组	中学高级教师	桂林航天工业管理学校
蒋保忠	男	1945	万年村八组	中学高级教师	上海市新农中学副校长
叶雷明	男	1948	温河村一组	中学高级教师	上海市新农学校党支部书记
秦传强	男	1948	慧农村八组	中学高级教师	上海市吕巷中学
陈连忠	男	1966	慧农村一组	中学高级教师	上海电视大学金山分校
黄敏芳	女	1967	慧农村十三组	中学高级教师	上海市西林中学

附　　录

附一

上海市人民政府关于同意金山县松隐乡、新农乡撤乡建镇实行镇管村体制的批复

沪府〔1994〕41 号

市民政局：

沪民基〔94〕第 67 号、第 72 号文收悉。市政府同意撤销金山县松隐乡、新农乡的建制，建立金山县松隐镇、新农镇（均为县属镇），实行镇管村体制。

特此批复

上海市人民政府

1994 年 9 月 19 日

附二

金山县人民政府关于松隐、新农撤乡建镇的通知

金府发〔1994〕201 号

各乡、镇人民政府，县政府各委、办、局：

我县松隐、新农两乡撤乡建镇的报告，分别由市民政局以沪民基〔94〕第 67 号、沪民基〔94〕第 72 号文转报市政府。市政府于 9 月 19 日以沪府〔1994〕41 号文正式批复同意撤销松隐乡、新农乡建制，建立松隐镇、新农镇（均为县属镇），实行镇管村体制。为使工作保持连续性，请有关单位做好宣传工作，办理有关手续，搞好各方面的衔接。

特此通知

金山县人民政府

1994 年 9 月 26 日

附三

金山县人民政府关于朱泾工业区朱泥泾以西区域划归朱泾镇管辖的通知

金府发〔1994〕252 号

朱泾镇人民政府：

你镇朱镇府〔94〕第 99 号文悉。经县府常务会议研究，现批复如下：

一、为适应朱泾工业区开发和朱泾镇建设的需要，县政府同意将新农镇朱泥泾以西，320 国道（新农段）以北的区域划归朱泾镇管辖。具体事项由县计委牵头，会同民政局、土地局、建设局、朱泾镇、新农镇等另行商议，按规定程序办理报批手续。

二、新农镇和朱泾镇的部分区划变更后朱泾工业区的名称、性质不变，总体规划、区域范围不变。

三、朱泾工业区应充分利用朱泾地区的地理资源及基础设施的优势，接纳全县各乡镇、局投资开发，加快建设速度。各乡、镇、局的项目，在服从工业区统一管理的前提下，可实行分产值、分利、分税。

特此批复

上海市金山县人民政府
1994 年 12 月 9 日

附四

上海市金山县民政局关于朱泾与新农两镇行政区划调整的情况报告

金民基〔1995〕第 4 号

县人民政府：

为适应朱泾工业区开发和朱泾镇建设的需要，按照金府〔1994〕第 252 号《关于朱泾工业区朱泥泾以西区域划归朱泾镇管辖的批复》的指示，由县计委、县委政研室，民政局、土地局、建设局、公安局等会同朱泾镇、新农镇人民政府，几经协商于 4 月 8 日达成一致意见，划定了调整后的两镇界线，现将有关情况报告如下：

一、调整原则

为便于交接和管理，确保群众生产和生活不受影响，采取以村民小组整组调整划入的办法。

二、调整范围

调整范围东界朱泥泾,西临掘石港,南至320国道(新农段),北濒大泖港,涉及新农镇3个村15个村民小组。即长浜村7个:2、4、5、6、7、12、13组;幸福村7个:4、6、7、8、9、13、14组和三浜村4组。

通过调整,新农镇划归朱泾镇管辖的区划面积为3.04平方公里(3035638平方米),包括道路、河流),人口2073人。

三、几点建议

1. 朱泾、新农两镇人民政府要组成由主要领导同志负责的交接工作班子,有计划、有步骤地做好交接工作。县有关部门要给予支持和业务指导。

2. 朱泾镇人民政府要做好新建制村民委员会组建的准备工作。选择村委会驻地,物色村委会主任人选尤为迫切。至于新农镇的长浜村(还有8个村民小组)和幸福村(还有6个村民小组)是合并还是维持现状,农业生产设施、生活设施、在较长的一段时间内不要动,以免影响生产和群众生活。至于村集体资产要认真评估清理,妥善处置。

以上报告妥当与否,请指示。

上海市金山县民政局

1995年4月20日

附五

金山区人民政府关于同意
新农镇幸福村和长浜村合并的批复

金府发〔1999〕100号

新农镇人民政府:

你镇新府〔1999〕第63号《关于幸福村和长浜村合并的请示》收悉。经研究,同意幸福村和长浜村合并,合并后的村名为幸福村,总面积为2.92平方公里。村民委员会设在原幸福村。

特此批复

上海市金山区人民政府

一九九九年八月六日

附六

金山区人民政府关于
同意新农镇五龙、爱国村撤并的批复

金府发〔2002〕152号

新农镇人民政府：

你镇新府〔2002〕第88号文《新农镇关于五龙村和爱国村合并的请示》收悉。经研究，同意五龙村和爱国村合并。合并后的村名为五龙村，总面积为4.60平方公里。村民委员会设在原五龙村。

特此批复

上海市金山区人民政府

二〇〇二年七月二十六日

附七

金山区人民政府关于
同意朱泾镇、新农镇行政区划调整的批复

金府发〔2002〕233号

区民政局：

你局金民发〔2002〕第35号文《关于朱泾镇、新农镇行政区划调整的请示》收悉。经研究，现批复如下：

1. 为了进一步增强工业园区的发展后劲，区政府同意对朱泾镇、新农镇行政区划调整。

2. 朱泾镇、新农镇行政区划调整的有关具体事宜按区政府〔2002〕31号会议纪要精神执行。

特此批复

上海市金山区人民政府

2002年12月30日

附八

金山区人民政府关于同意将松隐镇南星村张泾河以西区域无偿划拨新农镇的批复

金府〔2003〕107 号

区民政局：

你局《关于将松隐镇南星村张泾河以西区域划归新农镇的意见》(金民基发〔2003〕5号)收悉。经第14次区政府常务会议讨论,同意将松隐镇南星村张泾河以西区域无偿划拨新农镇。此区划内现有企业的归属不变,并由民政局继续做好划拨后的衔接工作。

特此批复

上海市金山区人民政府
2003 年 7 月 18 日

附九

金山区人民政府关于同意新农镇三图村与光华村、新民村与温河村、沈庄村与牡丹村撤并的批复

金府发〔2004〕128 号

新农镇人民政府：

你镇《关于新农镇三图村、光华村、新民村、温河村、沈庄村、牡丹村撤建的请示》(新府〔2004〕第79号)收悉。为加快村级经济的健康发展,更好地促进村级资源的优化配置,推进"三个集中",按照《中华人民共和国村民委员会组织法》的有关规定,经区人民政府研究,同意你镇三图村与光华村合并,合并后的新建村命名为光华村,村民委员会设在原光华村村民委员会现址;新民村和温河村合并,合并后的新建村命名为温河村,村民委员会设在原新民村村民委员会现址;沈庄村与牡丹村合并,合并后的新建村命名为牡丹村,村民委员会设在原牡丹村村民委员会现址。在实施村民委员会的撤并过程中,要妥善做好村干部的分流安置等工作,组织开展村委会的选举工作,尽早建立基层党组织,确保地区稳定,促进村级经济的持续发展。

此复

上海市金山区人民政府
二〇〇四年七月八日

附十

上海市人民政府关于同意金山区镇级行政区划调整方案的批复

沪府〔2005〕22 号

金山区人民政府：

金府〔2005〕29 号文件收悉。经研究，市政府同意金山区镇级行政区划调整方案，即金山区现辖的 14 个镇、1 个街道调整为 9 个镇、1 个街道，具体批复如下：

一、撤销枫泾镇、兴塔镇建制，建立新的枫泾镇。其行政区域范围为原枫泾镇、兴塔镇的行政区域范围，面积 91.66 平方公里，人口 6.37 万。新的枫泾镇政府驻地在原枫泾镇政府所在地。

二、撤销朱泾镇、新农镇建制，建立新的朱泾镇。其行政区域范围为原朱泾镇、新农镇的行政区域范围，面积 77.11 平方公里，人口 8.88 万。新的朱泾镇政府驻地在原朱泾镇政府所在地。

三、撤销亭林镇、松隐镇、朱行镇建制，建立新的亭林镇。其行政区域范围为原亭林镇、松隐镇、朱行镇的行政区域范围，面积 122.27 平方公里，人口 8.50 万。新的亭林镇政府驻地在原亭林镇政府所在地。

四、撤销吕巷镇、干巷镇建制，建立新的吕巷镇。其行政区域范围为原吕巷镇、干巷镇的行政区域范围，面积 59.79 平方公里，人口 4.30 万。新的吕巷镇政府驻地在原吕巷镇政府所在地。

五、保留漕泾镇、山阳镇、金山卫镇、张堰镇、廊下镇和石化街道。

上海市人民政府

2005 年 3 月 16 日

编 后 记

《新农镇志(1986—2004)》经过我们编写人员的齐心协力,终于付印问世,这是一部反映新农镇(乡)1986—2004 年政治、经济、文化建设和社会发展的真实记录,希望全镇人民群众为之一阅。

由于新农镇(乡)建置区划几经变动,原始资料残缺不齐,给编志工作带来不少困难。为了编好《新农镇志(1986—2004)》,我们编写人员坚持实事求是原则,采取先内后外、先近后远、先易后难、先急后缓、查档与采访相结合、条条与块块相结合等方法,一面去有关档案单位收集资料,一面仔细阅读《金山县志》《金山县续志》《金山建区十年志稿汇编》《金山县地名志》《新农志》等,从中摘录所需资料。与此同时,多次拜访在此期间工作过的新农镇(乡)党委、人大、政府领导成员和镇域内部分老党员、老干部、知情人士,认真考证和充实资料。

《新农镇志(1986—2004)》除总述、大事记外,设 28 章。初稿完成后,报送金山区地方志办公室,经评审后,又作了多次修改,才定稿付印。

《新农镇志(1986—2004)》的编纂工作,因镇撤二建一,先后在新农、朱泾镇党委和政府的领导与重视下进行。其间得到了金山区档案局、金山区地方志办公室等单位或部门的热忱支持;也得到了镇各单位或部门、各村(居)委会和社会各方的鼎力相助,使我们圆满完稿。在此,一并表示衷心感谢!

由于我们编写人员水平有限,尽管积极努力,数易其稿,但志文中仍有错漏和未尽人意之处,敬请读者批评指正。

《新农镇志(1986—2004)》编写组

2018 年 5 月